AI 앞에 선 경영자의 선택
리버럴 아트

AI 앞에 선 경영자의 선택
리버럴 아트

초판 1쇄 발행일 2024년 11월 20일

지은이 송경모
펴낸이 박희연
대표 박창흠

펴낸곳 트로이목마
출판신고 2015년 6월 29일 제315-2015-000044호
주소 서울시 강서구 화곡로 68길 82, 강서 IT 밸리 1106-2호
전화번호 070-8724-0701
팩스번호 02-6005-9488
이메일 trojanhorsebook@gmail.com
페이스북 https://www.facebook.com/trojanhorsebook
네이버포스트 http://post.naver.com/spacy24
인스타그램 https://www.instagram.com/trojanhorse_book/
인쇄 · 제작 ㈜미래상상

ISBN 979-11-92959-41-2 (13320)

* 책값은 뒤표지에 있습니다.
* 잘못된 책은 구입하신 곳에서 바꾸어 드립니다.

AI 앞에 선 경영자의 선택
리버럴 아트 LIBERAL ARTS
| 송경모 |

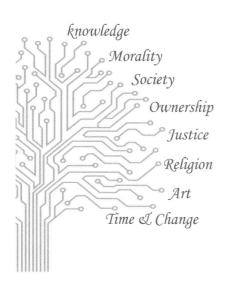

knowledge

Morality

Society

Ownership

Justice

Religion

Art

Time & Change

트로이목마

머리말

　20세기 육체노동과 1차 지식노동의 시대가 저물었다. 21세기 2차 지식노동 혁명에 대비하는 새로운 성찰의 도구가 필요하다.

　새 시대에 필요한 지식노동자는 성찰노동자로, 지식경영자는 성찰 경영자로 불러도 크게 이상하지 않을 것이다. 이제 '사색'과 '성찰'은 과거처럼 철학자나 지식인의 전유물이 아니라, 현장 경영자와 지식노동자들도 나날이 행해야 할 과업으로 떠오르고 있다.

　첫째, 인공지능은 인류의 지식노동 방식에 일대 혁명을 일으키고 있다. 생활에서는 이 혁명이 잘 보이지 않는다. 사물의 외관과 삶의 풍광은 크게 달라지는 것이 없다. 사무실도, 집도, 거리도 대개 예전 모습 그대로다. 그러나 그 안에 깃든 시스템을 작동시키는 모든 지식의 습득, 생산, 적용 방식이 근본적으로 달라지고 있다.

지금껏 아무리 경영자의 고급 지식이나 분야별 전문가의 특급 지식이었다 하더라도, 그 지식 단위 요소들의 방대하고 복잡한 연결 관계가 인공지능 알고리즘에 의해 포착될 수 있는 한, 더 이상 사람이 수고롭게 그 지식을 직접 생산하고 적용할 필요는 점점 사라지고 있다.

그렇다면 인공지능의 이 거대한 해일 앞에서 과연 사람 경영자와 사람 노동자는 한없이 미약해질 수밖에 없는가? 아니다. 오히려 그 반대다. 더 중요해진다. 인공지능이 막강해진 만큼 그를 다루는 사람의 지식은 더 높은 차원으로 향상해야 한다. 마치 황소가 더 커지고 힘이 세지면 소를 다루는 농부의 힘과 기술도 한층 강화되어야 하는 것처럼 말이다.

둘째, 사회의 기능 영역들은 전례 없이 분화되는 중이고, 고객 욕구는 나날이 새롭게 변화하고 있으며, 시장에서 소리 없이 일어나는 변화, 조직 안에서 잘 안 들리는 목소리, 사회 여러 곳에서 기업을 바라보는 시선, 무엇 하나 성찰의 대상이 아닌 것이 없다. 과거처럼 열심히 경영원리를 공부하고 현장에서 단지 노력한다고 해서 성과를 기대할 수 있었던 시절은 지났다.

이제 성찰을 통해 세계로부터 신호와 의미를 읽어내지 못하는 경영자와 지식노동자는 대개 실패할 것이다. 이 성찰 능력은 경영학 이외의 지식, 흔히 리버럴 아트(Liberal Arts), 또는 우리나라에서 인문학(人文學)이라고 지칭되는 분야의 지식과 사고법을 훈련하는 데에서 나온다. 이 훈련을 거친 사람이라야 자기 질문을 던질 줄 알고, 그로부터 성찰의 결실을 수확할 수 있다.

또한 이 책은 지식인과 경영자 사이에 해묵은 인식 단절을 극복하기 위한 시도이기도 하다. 이 일이야말로 위대한 경영사상가이자 사회사상가였던 피터 드러커$^{Peter\ Ferdinand\ Drucker,\ 1909~2005}$가 '21세기 자본주의 이후의 사회(post-capitalist society)가 반드시 해결해야 할 과제'라고 말했던 바로 그것이다.

여기서 지식인이란 주로 문필로 활동하는 사람들을 가리킨다. 그들은 일생 동안 주로 책을 읽고 사색하며 집필이나 강연 활동을 한다. 명사 지식인들은 대중의 독서 유행을 만들고 대중은 그들로부터 배운다. 반면, 경영자란 사업가와 지식노동자를 가리킨다. 그들은 평생 사람과 자원의 틈바구니 속에서 고객과 수익을 창조하며 시간을 보낸다. 그들의 상품과 서비스는 사람들의 생활 자체를 만들어 가고 소비자는 이들을 한껏 누린다.

이렇게 두 집단으로 나뉜 사람들은 얼핏 다른 행성에 사는 것처럼 보인다. 그들은 서로 이해하지 못한 상태에서 상대를 때로 비웃기도 하고 때로 우러러보기도 한다. 하지만 그들 삶의 모습은 자신도 눈치채지 못하는 사이에 자주 교차할 수밖에 없다. 어느 날 지식인은 자신이 경영자로서 활동하는 모습을 보는 반면에, 경영자는 자신이 지식인으로서 사고하는 순간을 느끼곤 한다. 또한 그들은 서로의 존재 양식을 필요로 한다. 지식인은 언어와 사상에만 머물지 말고 경영자의 고민과 현실을 보다 깊이 이해할 필요가 있다. 경영자는 당장의 생존 추구에만 급급하지 말고 지식인의 지혜와 통찰을 효과적인 경영 지식으로 승화시킬 필요가 있다.

이제 그들은 만나야 한다. 대화해야 한다. 경영 현장은 지식인들이 그토록 추구해 온 인문학의 이상들을 실현해야 할 바로 그 공간이다. 자유, 진리, 존재, 정의, 도덕, 예술, 행복 등, 그들이 말과 글로 늘 외쳐 온 여러 가치는 책상머리에 따로 있는 것이 아니다. 경영자와 노동자들이 매일같이 몸과 마음을 담는 부산한 일터에 있다. 또한 경영자는 그들이 속한 일터야말로 이 가치들이 실현되어야 할 장소임을 깨닫고, 이를 실천하는 일을 핵심 과업으로 삼아야 한다.

이 책의 바탕이 된 콘텐츠는 2018년 2학기 고려대학교 기술경영전문대학원에 개설된 '기술경영과 인문학' 강의로부터 시작해서 모습을 갖추어 나가기 시작했다. 경영 현장의 여러 사안들을 인문학의 다양한 주제에 비추어 어떻게 접근할 수 있는지에 대해, 대부분 현업 중간관리자나 최고경영자로 구성된 수강생들과 계속 소통했다. 2023년 2학기에 이르기까지 강좌는 이어졌다. 그동안 집성된 내용을 초고로 옮기는 과정에서 많은 전문가들의 의견을 청취했다.

다만, 그 강좌에서 다루었던 주제 중 역사와 문학 편은 본서에 담지 않았다. 도서의 분량 문제도 있었지만, 워낙 방대하고 깊은 주제이므로 섣불리 출판하기에 이른 시기라고 판단했기 때문이다. 그 공부가 좀 더 이어지고 훗날 인연이 닿을 때를 기약한다.

2024년 가을, 송경모

⚜ 차례(Contents) ⚜

여는 말 :

경영자의
새로운 여행

비즈니스맨이 돌아봐야 할 곳

LG생활건강 차석용 CEO는 2005년에 취임했다.

그는 당시 여느 CEO들의 일상과 달리 점심시간에 홀로 집무실에 머물렀다. 심지어 저녁 식사나 술자리에도 그는 나타나지 않았다. 이 시간대에 그를 만나기는 매우 어려웠다. 임원들은 당황했다. 통상 최고경영자의 점심이나 저녁 식사 자리는 비즈니스 미팅의 연장으로 간주되어 왔기 때문이다. 그는 업무 회의도 철저하게 정해진 시간에만 했다. 이 탁월했던, 그러나 별스러웠던 경영자는, 이후 회사의 전례 없는 성장을 이끌며 승승장구했다. 그는 그 혼자만의 시간에 과연 무엇을 했을까? 모두가 궁금해했다.

훗날 그는 한 인터뷰에서 밝혔다. 그 시간은 '어떻게 하면 소비자들의 요구에 보다 더 부응할 수 있을까?'를 절박하게 고민하고 사색하는 시간이었다. 이 과정에서 새로 나온 책을 읽고 잡지의 기사도 찾아서 읽었다. 술, 담배, 골프, 회식을 하지 않고, 아침 6시 출근 오후 4시 퇴근 원칙을 평생 지켰던 그는, 퇴근 후에도 잠행했다. 휴식하러 간 것이 아니었다. 그는 계속 관찰하고 생각했다. 다만 그 장소는 사무실이 아니라 길거리였다. 백화점은 물론이고, 온갖 상점과 골목을 돌아다녔다. 손님한테 묻기도 하고, 종업원한테 묻기도 했다. 그렇게 그는 시장의 변화를 체감하면서 생각하는 시간을 가졌다.[1]

초점은 식사 시간에 사람들을 만나지 않았다는 사실에 있지 않다. 경영자는 식사 시간을 포함해 수많은 채널을 통해 외부의 지식과 사람을 만나고 소통해야 한다. 사업의 특성과 경영자의 선호에 따라 외부로 드러나는 행동 양식은 얼마든지 달라질 수 있다. 핵심은, 어떤 행동 양식을 따르느냐에 상관없이, 그가 사색하고 성찰하는 순간을 놓치지 않았다는 데에 있다.

현대그룹 고(故) 정주영 회장은 자신의 일을 정말로 사랑했다. 어서 일하고 싶어서, 다음날 아침 출근 시간이 기다려져 잠이 안 올 정도였다고 한다. 하지만, 전 세계 도처의 많은 직장인들은 이렇게 반문할지 모른다 "그건 회장님 생각이고요. 저희는 다음날 아침 출근할 생각만 하면 속이 갑갑해 옵니다. 그냥 일이니까 하는 거죠."

이때 어떤 경영자는 이런 생각에 잠길 수 있다. "어떻게 하면 노동자들이 기쁨과 보람 속에 일하고 싶어 하는 회사를 만들 수 있을까?"

해결 불가능할지 모른다. 그가 HR과 리더십 원리에 아무리 능통해 있다 한들 이 문제가 해결될 수 있을까? 아니다. 이는 인문학자나 과학자가 논리나 실증으로 풀어내야 할 문제와는 차원이 전혀 다른 난제다. 설령 영원히 해결 불가능할 것처럼 보인다 해도, 당장 무엇부터 실행해야 할지 실마리가 안 잡힌다 해도, 경영자는 이 화두를 끝까지 잡고 있어야 한다. 그래야만 비로소 해법에 가까워질 수 있다. 화두를 놓치는 순간, 경영자는 저 고지(高地)와는 영영 멀어진 채 언덕 아래 진흙탕으로 서서히 끌려 내려갈 것이다.

과거의 경영자와 지식노동자는 바빠야 했다. 비즈니스맨(business-man)은 바쁘다는 뜻의 영어 'busy'에서 왔다.[2] 하지만 바쁘다는 핑계로 이 사색과 성찰의 끈을 놓치는 순간, 21세기의 경영자와 지식노동자는 일의 방향을 잃고 성과로부터 조금씩 멀어지게 될 것이다.

시대가 바뀌었다. 오늘날 경영자와 지식노동자는 과업 성취와 목표 달성을 위해, 오히려 시인이나 철학자보다 더 깊이 사색하고 성찰해야만 한다. 수학자가 정리(定理) 하나를 증명하기 위해 밤낮을 숙고하는 것 이상으로 궁리해야 한다.

고대 그리스의 철학자 아리스토텔레스는 성찰과 비즈니스를 별개의 활동으로 구분했고, 성찰하는 지식과 실용적인 지식도 다른 영역에 속한다고 생각했다.[3]

메디치 가문의 문화예술 후원과 문예부흥으로 대표되는 15~16세기에 이르기까지도, 상인은 휴매니티스(humanities)를 후원하고 소비하려 했을 뿐, 직접 학습하지는 않았다. 그때까지만 해도 상인에게 필요한 지식은 산법과 회계, 좀더 나아가 장사에 영향을 미칠 수 있는 정치적 사건, 환율, 경기의 흐름에 대한 것들뿐이었다. 하지만 이 지식들은 여전히 리버럴 아트에 포함되지 않았다. 당시 상인의 필독서였던 《상업 안내서(Pratica della mercatura)》에 따르면, 상인은 "항상 펜을 손에 가지고 있어야 한다. 상인의 손은 항상 잉크 자국으로 물들어 있어야 바람직하다."[4]

그러나 그 펜은 사람, 사회, 자연의 속성을 성찰하고 기록하는 도구로써가 아니라, 일일 거래와 출납내역, 물품목록을 빠짐없이 기록하는 용도였을 뿐이다. 하지만 이제 상인의 펜은 사색과 성찰의 수단이어야 할 시대가 됐다.

본서는, 인문학에서 다루어 왔던 여러 주제들이 현장의 경영자와 지식노동자가 해결해야 할 과제, 더 나아가서 그 해결 지점을 북극성 삼아 끝없이 항해해야 할 경로라는 것을 보여주기 위해, 잘 알려진 아홉 영역으로 독자를 여행시키고자 한다. 지식, 예술, 도덕, 소유, 단절, 정의, 사회, 종교, 시간이 그 아홉 여행지 각각을 상징하는 이름이다.

처음부터 순서대로 읽을 필요는 없다. 중간 아무 곳이나 먼저 들러 읽어도 무리가 없다. 심지어 제일 마지막 장으로부터 거꾸로 읽어도 무방하다.

본서의 여행 경로에, 동서고금의 인문학이 일구어 온 저 방대한 우주의 모든 지점을 다 담을 수는 없다. 그 모든 세계 각각이 무한할 뿐 아니라, 한 세계의 작은 주제 하나조차 그 누구라도 평생에 걸쳐 연구하기에 벅찰 정도로 넓고 깊기 때문이다.

다만 독자들이 이 책에 등장하는 여러 주제로부터 출발해서 스스로 책 바깥으로 나가 성찰하는 경영자로서 훈련을 멈추지 않을 수만 있다면, 이 책의 작은 소임 하나는 다하는 것이라고 스스로 위안을 해 본다. 더 나아가 독자들이 이 책의 마지막 장을 덮는 순간, 이 여행이 결국 책상머리가 아니라 내가 속한 험난한 일터에서 '나 자신을 찾아가는 여행'이었음을 깨닫는 데 조금이라도 도움이 될 수만 있다면, 필자로서는 더 이상 바람이 없다.

I
살아 움직이는 지식
| 지식1 |

가. 성찰하는 지식노동의 시대

1) 전통적인 지식노동의 극복

1959년 드러커는 《내일의 이정표(The Landmarks of Tomorrow)》에서 '지식노동'이라는 단어를 처음 사용했다. 어느덧 60년도 넘게 지났다. 이후 경영자들은 생산성을 올리는 것은 토지도, 기계도, 단순 노동력도 아니며, 바로 지식노동이라는 사실을 깨닫기 시작했다. 1차 지식노동 혁명은 이렇게 시작됐다.

마침 2차대전 후 초기 컴퓨터의 보급과 1990년대 월드와이드웹(www)과 본격적인 개인용 컴퓨터(PC) 시대를 겪으면서, 지식노동은 경영 정보의 디지털화와 겹치는 시기를 맞았다. 기업 활동에서 발생하는 모든 정보가 디지털로 저장되고 교환됨으로써, 지식노동의 효율성은 한층 향상됐다.

그러나, 지식노동은 디지털화 이상의 그 무엇이었다. 지식노동의 시대는, 노동자가 자신의 지식을 이용해 특정한 과업을 처리해낼 수 있는 능력 때문에 열린 것이지, 결코 디지털화 자체가 불러들인 것은 아니었다. 그들은 경영대학 등 전문교육 과정을 통해서, 또는 현장 경험을 통해서 이런 지식을 습득했다. 무형의 공정 노하우를 터득한 엔지니어, 회계 정보 처리와 문서 작성 능력을 지닌 회계 전문가, 고객 관계가 두텁고 신규 고객을 발굴할 능력이 있는 영업전문가, 신기술 개발 능력을 갖춘 전문연구원, 사업상 법률 관계에 능통한 법 전문가 등등이 그들이었다. 연구개발과 교육 훈련도 대학교수나 학교만의 일이 아니라 이미 기업의 핵심 과업 중 하나가 됐다.

20세기에는 이런 지식노동들이 참으로 많은 성과를 냈다. 하지만 기존의 기능 지식만으로 달성하기 어려운 새로운 문제들은 점점 많아지기 시작했다. 올바른 과업 설계와 목표 설정 자체의 어려움, 급변하는 고객 욕구 변화에 따른 혁신의 방향 설정 불확실성, 기능별로 올바른 지식 강점을 지닌 노동자를 선별하는 일의 어려움, 노동자에 대한 동기부여 장애, 조직 내 상충하는 이해관계와 권력 갈등의 조정, 조직의 성장 추구와 사회적 책임 사이의 갈등, 개인의 가치와 조직 생활 사이의 불협화에 따른 노동자의 삶의 의미 상실과 심리 불안 등, 난제는 날로 늘어 갔다.

심지어 1980년대 이후 유행으로 자리잡았던, 필자가 굳이 이름 붙이자면 '마음 경영'이라고 할 수 있는 원리로도 역부족이었다. 1982년 톰 피터스^{Tom Peters}와 로버트 워터맨^{Robert Waterman}의 《초우량기업의 조건(In Search of Excellence)》과 1994년 짐 콜린스^{Jim Collins}와 제리 포라스Jerry I. Poras의 《성공하는 기업의 8가지 습관(Built to Last)》 이후 수십 년에 걸쳐 비전, 미션, 가치, 자율, 창의 경영 사조의 수문이 열렸다. 이 사상이 확대되면서 경영 현장에 많은 긍정적인 변화가 이루어지기도 했지만, 동시에 많은 혼란을 낳기도 했다. 이 흐름을 주도한 사상가들의 의도와 달리, 위계와 규율의 힘이 과소평가되고 수평 조직과 자율 경영이 지나치게 강조되면서 그에 따른 부작용도 생겼다. 또한 경영자들은 마음 경영의 대가들이 제시한 저 꿈 같은 풍경은 현실에서 좀처럼 구현되기 어렵다는 사실도 깨닫게 됐다.

여러 기능 지식의 역할과 마음 경영의 원리 자체가 잘못된 것은 아니었다. 문제는 경영자가 그 바깥, 또는 그 위로 올라서서, 그 의미, 효과, 한계, 방향성, 구현 수단, 그리고 시스템 작동 구조를 스스로 포착해내기가 어려웠다는 데에 있다. 경영자와 지식노동자는 부단한 성찰을 통해 경영 지식 위의 지식, 또는 모든 경영 지식을 총괄하는 최상층의 지식을 생성해 나가야 한다.

단지 한 업종의 특정 기능 업무에서 수십 년 경험을 쌓았거나, MBA, 박사학위, 기술사, 회계사 자격증 같은 전문가 경력을 갖추었다거나, 여러 경영사상에 통달해 있다거나, 최고경영자로 활동한 경력이 있다고 해서 반드시 그가 성찰하는 능력을 갖추고 있다고 보기는 어렵다. 자신의 지식을 성찰하는 능력을 별도로 훈련해야만 형성된다. 바로 리버럴 아트 또는 인문학에 비추어 자신의 지식을 반성하고 사고하는 훈련이 그것이다.

2) 인공지능 위에 성찰 경영

21세기 지식노동의 세계에서 일어난 가장 큰 변화는 지식 획득 비용의 현저한 감소다. 2008년 이후 모바일과 결합된 검색 서비스와 앱의 확산이 첫 번째 동력이었고, 2022년 12월 챗(Chat)GPT 공개로 촉발된 인공지능 성능의 비약적 발전이 두 번째 동력이었다.

사실 전문가들 사이에서 인공지능은, 1950년대 이후 이미 전문가 시스템(expert system)과 기계학습(machine learning) 형태로 보편화되어 있었다. 하지만 해당 전문가 이외의 대중에게 인공지능은 여전히 생소한 분야였다. 그러다가 인공지능이 사회 전반에 거대한 충격을 안기기 시작한 것은, 그동안 소외되어 있었던 인공신경망을 기반으로 한 딥러닝(deep learning) 모델이 부활하면서부터였다. 2012년 제프리 힌튼Geoffrey Hinton교수 팀의 콘볼루션신경망(Convolutional Neural Network) 성능 입증에 이어, 2017년 구글의 트랜스포머 어텐션(transformer attention) 방법론 공표가 그 부활의 동력이었다. 이후 챗GPT를 비롯한 수많은 생성형 인공지능 서비스들이 대거 출현했다.

그전까지 지식노동자는 지식 획득을 위해 학교와 현장에서 수십 년 학습하고 경험해야 했다. 그 지식을 토대로, 현업에서 시간과 노력을 기울여 그들이 목표로 하는 지식 결과물을 만들어낼 수 있었다. 그런데, 그런 작업의 상당수를, 비록 다는 아니지만, 이세 인공지능의 도움으로 몇 마디 질문과 요청만 가지고도 비교적 근사하게 해낼 수 있게 된 것이다.

아직은 이를 위해 적절한 질문 능력, 즉 프롬프트 엔지니어링 능력을 갖춰야겠지만, 앞으로는 이런 제약도 조금씩 완화될 것이다. 누구나 약간의 의지와 시간을 투입하면 분야별로 비교적 수준 높은 정보를 다운로드할 수 있다. 한 걸음 더 나아가, 보고서 작성, 프로그래밍 코드의 작성, 영상 창작이나 음악 생성, 심지어 종전에 숙련공이 수십 년 경험을 통해서 체득할 수 있었던 사물 분류 기술이나, 의사·판사들이 오랜 경험을 쌓고 나서야 가능했던 판단 등이, 기계의 도움으로 수월하게 수행될 수 있다. 한때 분야별 전문가로 추앙받았던 인물들의 권위도 기계의 능력 앞에서 서서히 떨어지기 시작한다.

하지만 검색과 인공지능이 내놓는 모든 결과물은 단독으로는 아무 의미를 지니지 못한다. 그들은 경영과 결합될 때에만 의미를 부여받을 수 있다. 컴퓨터가 생성한 방대한 정보 앞에서 지식노동자의 주의력은 오히려 분산된다. 그가 거기에서 무익하거나 그릇된 정보를 골라내지 못하면, 그 모든 정보는 단지 하치장에 산더미처럼 적재된 온갖 하역물과 다를 바 없다. 이 정보들은 경영자의 성찰을 거쳐, 선별, 가공, 수정, 재배치된 이후라야, 비로소 경영의 결과, 즉 사회와 고객의 필요를 충족시키는 최종 효용으로 완성될 수 있다.

인공지능의 산출물 자체는 아무리 완성된 것처럼 보여도, 그 본질은 제조업의 원재료와 다를 것이 없다. 경영자가 원재료의 속성, 위험, 구성원리를 제대로 이해하지 못한 상태에서 다루는 일이 있어서는 안 된다. 백 번을 양보해서, 원재료 상태에서 아무런 가공과 보완 없이 그대로 상품으로 내놓을 수 있다 해도, 경영자는 여전히 목표고객을 발굴하고 최종 수익 창출을 위해 사람과 자원을 가동하는 활동을 유지해야 한다. 경영자가 상품에 가치를 부가하고 실현하는 이 활동[5]은 필수불가결하다.

19~20세기에 걸쳐 원재료에 부가되는 경영자의 활동 두께는 조직의 온갖 층위에 걸쳐 매우 두꺼웠다. 그러다가 현대 디지털화와 인공지능의 시대에 그 두께는 점점 얇아지고 있다. 하지만 얇아질 뿐, 결코 사라질 수는 없다. 오히려 경영자의 활동의 양은 줄어들고 있을지 몰라도, 중요성은 더 커지고 있다.

극도의 강(强)인공지능 경영조직을 상상하는 사람들도 있다. 그것은 인공지능이 모든 경영활동까지 자동으로 수행하는 상태다. 그들은 경영자가 전혀 필요 없는, 완벽한 자동화 경영을 상상할지 모른다. 특히, 블록체인 사업에서 완전한 탈중앙화 자동 조직인 DAO[6]가 그런 이상을 구현할 수 있다는 기대도 있다. 하지만 경영자가 직면하는 변화 세계에서 그런 완전한 자동화는 불가능하다. 독자는 그 이유를 이 책의 '닫는 말 : 변화와 시간 앞에 선 경영자_시간'에서 만나게 될 것이다. 경영자는 조직을 가동하는 최초의 자기결정권자이자 조직의 궁극적 주체다. 그는 자동화된 시스템 위에, 그리고 그 너머에 있다. 성찰을 통해 이 변화하는 세계에 대응하고 다시 그 세계를 만들어 가는 주체일 수밖에 없다. 모든 경영활동을 온전히 기계의 작동만으로 환원한다면, 기계 스스로 변화를 '성찰'('계산'이 아님)할 능력이 없는 한, 그 기계는 작동 기제를 포기할 수밖에 없다.

만약 먼 훗날 인공지능을 탑재한 로봇 몸이 자아의식이 붙을 정도로 충분히 정교화되어 '나'로 재탄생한다면, 그제야 로봇은 성찰하는 존재가 되면서 사람 경영자를 대체할 가능성이 있다. 그때쯤 되면, 로봇들은 스스로 성찰하는 훈련 프로그램을 도입할지 모른다. 왜냐하면, 자신이 구사하는 여러 기능들을 스스로 성찰하는 상위 능력이 도입되지 않는다면, 로봇들은 자신만을 강화하다가 서로를 파괴해서 전멸할 것임을 스스로 알게 될 것이기 때문이다. 그렇게 함으로써 로봇은 해서는 안 될 행동과 해야 할 행동을 구분할 능력을 스스로 갖추게 될 것이다.

호모 사피엔스(Homo Sapiens)가 오랜 진화 과정에서 약육강식과 탐욕의 굴레 속에서도 전멸하지 않고 번성할 수 있었던 이유는, 바로 자신과 세계를 성찰하는 능력이 있었기 때문이다. 고대의 현자들은 불을 피우고 식물을 기르고 쇠를 다루는 기능 지식을 가르치기도 했지만, 무엇보다도 경전과 철학서를 통해 '세계'와 '나'를 성찰하는 법을, 그와 동시에 해야 할 행동과 해서는 안 될 행동을 구분하는 법을, 때로는 비유를 들어, 때로는 직설적으로 가르쳤다. 최근 수백 년 인류의 기능 지식은 전례 없이 극성(極盛)했지만, 그 기능 지식 자체를 성찰하는 지식은 상대적으로 홀대받았다.

생물 분류체계상 사람은 사자, 곰, 호랑이, 개, 돼지, 원숭이와 같은 젖먹이 포유강(哺乳綱, Mammalia)에 함께 속한다. 그런데도 사람이 동물과 구분되면서 사람다워진 이유는, 바로 그들과 달리 성찰 능력을 갖추고 있기 때문이었다. 동물은 몸의 욕구는 물론이고, 기쁨, 슬픔 같은 감정, 그리고 고유한 언어와 신호체계를 갖추고 있지만, 정작 성찰하는 능력이 없다. 그래서 동물은 동물인 것이다. 파스칼$^{Blaise Pascal}$이 갈대처럼 연약한 사람을 가리켜 '생각하는 갈대'로 비유한 것도, 바로 사람만이 지닌 이 성찰 능력의 위대함을 말한 것이었다.

3) 제2의 계몽시대

브린욜프슨Erik Brynjolfsson과 맥아피Andrew McAfee는, 약 3세기 전 증기 에너지가 촉발했던 제1의 기계시대 이후, 인공지능과 로봇이 이끄는 제2의 기계시대가 노래했다고 말했다. 이 언어를 지식노동에 차용하자면, 오늘날 제2의 계몽시대가 도래했다고 말할 수 있다. 물론 제1의 계몽시대는 이성과 과학이 승리하고, 이를 계기로 과학기술 발전과 기업 생산성 향상이 질주를 시작한 시대였다. 하지만, 이제 계몽(Aufklärung, Lumières, Enlightenment)은 구시대의 유행어에 불과하다. '빛을 비춘다'는 말은 이미 종교에 기댄 상투어처럼 들린다. 더구나 우리말 번역어 '계몽'에는 부정주의(父情主義)와 우월주의(優越主義) 냄새가 짙다. 한자 몽(蒙)은 어리다는 뜻이다. 어른이 어린이를 훈도한다는 느낌을 주는 이 단어로는, 오늘날 존엄한 자유인이 스스로 성찰한다는 취지를 담기에 부적절하다. 그래서 경영자가 세계를 보다 깊이 살핌과 동시에 살피는 '나'를 돌아보는 행동을 가리켜, 본서에서는 '성찰'이라고 부르기로 한다. 동시에 경영자의 그런 행동을 이끄는 지식들은 '성찰하는 지식'이라고 부르기로 한다. 그런 의미에서 성찰경영자는 여전히 지식노동자이되, 이전 시대에 비해 한 단계 더 진화한 지식노동자다.

제1의 기계시대에 기계가 확산되면서 자본 없는 육체노동자가 무산자로 전락했듯이, 제2의 계몽시대에는 인공지능이 확산되면서 기존에 관행화한 지식노동자들이 지식 무산자로 소외되고 있다. 이 시대에는 오직 성찰노동자만이 무산자로 전락하지 않고 지식자본가로 살아남을 수 있을 것이다.

4) 다시 존재에 대한 앎으로

드러커에 따르면, 고대에는 '존재와 자아에 대한 앎'이 지식이었다. 소크라테스를 비롯한 여러 철학자들이 그런 지식을 그노시스(gnosis) 라는 이름으로 탐구했다. 산업혁명 이후에는 '기계나 생산과정에 적용되어 결과를 낳는 앎'으로 의미가 변했다가, 20세기 초 프레데릭 테일러^{Frederick W. Taylor, 1856~1915} 이후 '작업에 적용되어 결과를 낳는 앎' 이라는 의미가 이어졌다. 제2차 세계대전 이후에는 지식이 스스로 지식을 낳는, 또는 지식이 지식의 생성에 다시 투입되는 자기생성 기능을 갖추게 되는 단계로 이행했다.[7] 지식의 자기생성 기능은 초기 공장 자동화에서 원시적인 형태를 처음 드러냈고, 오늘날에는 인공지능 단계로까지 진화했다.

그런데 반전(反轉)이 일어나기 시작했다. 오늘날 지식은 기존의 의미를 전혀 버리지 않으면서, 존재에 대한 앎으로서의 지식이 다시 중요해지는 단계에 접어들고 있다. 소크라테스와 공자, 예수와 석가모니가 그 옛날 가리켰던 그 지점을, 오늘날 결과를 낳는 경영자 역시 바라보아야 할 때가 왔다는 뜻이다. 이것이 21세기 경영자가 직면한 새로운 성찰의 과제다.

사실 드러커는 자신의 주장 곳곳에서, 자신은 부정할지 몰라도, 이미 존재에 대한 앎이 현대 경영자에게 중요한 지식의 한 영역임을 반복해서 암시했었다. 기업의 사회적 책임, 경영자의 도덕, 기업의 목적, 변화의 의무, 개인 노동자의 자유 같은 그의 모든 주장은, 궁극적으로 존재에 대한 앎을 말하는 것이었기 때문이다.

소크라테스나 공자 같은 현자가 살았던 기원전 사회는 동서를 막론하고 기업 조직과 과학기술이 아니라 정복 군주와 정치인이 사람들의 삶을 결정했다. 또한 사회가 필요로 하는 기능이 지금처럼 복잡하고 다원화되어 있지도 않았다. 현대 주식회사 같은 수준의 정교한 조직도 없었다. 사물의 생산과 공급 주체였던 공인(工人)이나 상인들의 정신 능력은 그노시스(gnosis)가 아니라 테크네(teche) 내지 아르테(arte) 수준으로도 충분했다. 하지만 현대 사회에 이르러 기업과 비영리조직 활동이 사람들의 삶을 대부분 결정하고 통제 불가능할 정도로 복잡해지고 다원화되면서, 경영자는 기능 지식 이상의 지식이 필요하게 됐다. 사람과 사회의 본성을 헤아리지 못하는 경영자는 결코 지속할 수 없는 시대가 됐기 때문이다.

나. 지식의 생동성

1) 형식지와 암묵지

1990년대는 지식경제(knowledge economy)의 실체와 중요성을 전 세계에서 인지하기 시작한 시기였다. 1996년 노나카 이쿠지로^{野中郁}^{次郎, 1935~}는 지식을 형식지(形式知, explicit knowledge)와 암묵지(暗默知, tacit knowledge)로 분류했다. 형식지는 명시적 지식이다. 코드화, 성문화가 가능한 지식이다. 문서, 설계도, 매뉴얼 등에 기록하고 저장할 수 있다. 반면, 암묵지는 코드화, 성문화가 불가능한 지식이다. 장인(匠人)의 감각과 숙련, 전문가의 경험에서 나온 통찰 등에 담겨 있다.

어떤 기계를 다루는 방식은 매뉴얼에 상세히 기록되어 있다. 여기까지는 형식지다. 하지만 그 기계를 오래 다루다 보면 매뉴얼에 기록하기 어려운, 설령 일일이 기록한다 하더라도 언어로 전달하기 어려운 그만의 감각, 노하우, 그리고 관련 정보들이 생긴다. 이것이 암묵지다. 목조 건축 기법은 책으로 얼마든지 기술할 수 있다. 하지만 30년 동안 그 일을 해 온 사람의 암묵지는, 이제 3년 정도 된 신참의 그것과 비교할 수 없다. 더구나 교본으로만 목조 건축을 공부한 사람에게는 아직 암묵지는 싹도 안 텄을 것이다. 암묵지를 보유한 장인은 목재를 힐끗 보거나 만지기만 해도 그 수종, 품질, 상태를 알아차린다.

엔지니어링, 순수 연구 학문, 예능과 체능, 또는 경영 등, 어느 분야를 막론하고 종사자마다 암묵지의 깊이에는 차이가 있다. 사장이라고 다 똑같은 사장이 아니며, 박사라도 다 똑같은 박사가 아니다. 신입급, 대리급, 부장급, 임원급 안에서도 암묵지 수준에 차이가 있다. 조직에 매뉴얼과 문서가 아무리 가득해도, 정작 암묵지들이 구성원들 사이에 축적되어 있지 않다면, 이 모든 형식지는 유지비용만을 발생시킨 채 아무런 성과를 내지 못할 것이다. 많은 회사들이 경력사원을 우대하는 이유는 여기에 있다. 경영대학(원) 등에서 학위 공부를 마치면, 이제 막 형식지 수준을 벗어난 것이다. 그들이 업무에 필요한 암묵지를 어느 정도 갖출 때까지 소요되는 시간과 원가는 생각보다 크다.

굳이 비유하자면 형식지는 잠들어 있는 지식이고, 암묵지는 깨어 움직이는 지식이다. 피아노 교본(또는 선생님의 육성 지시어)이나 악보는 아직 잠들어 있는 지식 상태에 있다. 그러나 누군가 그 형식지 코드에 따라 건반을 누르기 시작하면, 지식은 비로소 깨어나기 시작한다. 동시에 코드 외에 온갖 것들이 거기에 개입하기 시작한다. 그의 몸 세포 하나하나는 물론이고, 그가 위치한 연습실에 비쳐 오는 햇살과 그의 연주를 듣는 동반자의 숨결 하나하나가 이 지식의 온 깨어남에 참여한다.

경영자에게 형식지로서 코드가 주어졌다고 해서 실행력이 곧바로 생기지는 못한다. 오랜 시간에 걸쳐 코드와 암묵지 사이에 무수한 피드백이 오고 가면서 그의 뇌세포, 체세포, 신경세포, 근육, 골격이 함께 변해야만 비로소 그는 결과를 낳는 단계에 도달할 수 있다.

2) 교과서의 혁명과 한계

지식 습득의 역사에서 교과서의 출현은 일종의 혁명이었다. 교과서가 등장할 수 있었던 배경에, 15세기 중엽 구텐베르크^{Johannes Gutenberg}의 인쇄 기술 혁신이 있었다. 서적의 대량 복제 기술은 지식의 민주화 시대를 연 신호탄이었다. 처음 《성경》에서 출발해서, 소설, 문학작품으로 인쇄 콘텐츠가 점점 확산되다가 어느 날 교과서가 등장했다. 필사본 교과서는 고대에도 있었지만, 오직 한정된 사람만 볼 수 있었다. 대량의 인쇄본 교과서는 라틴어와 영어의 문법 교과서로부터 출발했고, 이후 여러 지식 분야로 확산되기 시작했다.

교과서가 등장하기 이전, 사람 사이에 지식을 이전하는 대표적인 수단은 대면 시범과 모방을 반복하는 것이었다. 스승과 제자 사이의 대화는 그 중요한 매개였다. 이 방법은 형식지를 통하지 않고 암묵지를 직접, 그것도 강력하게 생성시켜주는 효과가 있었다. 지금도 그런 전통은 곳곳에 남아 있다. 예컨대 우리나라의 판소리나 스페인의 플라멩코는 구전(口傳)으로 지식을 이어 왔었다. 어느 날부터인가 악보 또는 교본이 등장하면서 도움을 주었지만, 보조적일 뿐이었다. 경영 수업 역시 현장에서 함께 일하면서 동료나 상사를 스승 삼아 지식을 전수받는 것이 참지식을 얻는 길이었다. 경영 교과서만으로는 그만한 생동감을 얻을 수 없었다.

이런 식으로 스승과 제자 사이에서만 작동하는 폐쇄 시스템은 분명히 장점이 있었다. 그러나 이 방식은 소수의 학습자에게만 기회를 제공하는 비민주적 시스템이었다. 그러나 교과서가 등장하면서 이 배움이 개방 시스템으로 바뀌었다. 불특정 다수에게 기회가 열렸다. 교과서야말로 민주화를 가능하게 한 일등공신이었다. 더구나 교과서는 그 이상의 위력도 있었다. 암묵지가 장기간에 걸쳐 시행착오를 거치면서 획득할 수 있었던 것에 비해, 교과서는 체계적으로 정리된 형식지를 통해 단기간에 효과적으로 지식을 습득할 수 있는 수단이 되기도 했던 것이다.

유럽 각국의 길드(Guild), 즉 동업조합은 자신의 업무 비기(祕技)가 교과서를 통해 노출되는 것을 극히 꺼렸다. 하지만 그들도 시대의 흐름을 역행할 수는 없었다. 19세기 이후 근대 대학교에서 엔지니어링 전공이 채택되고 교과서가 도입되면서, 종래 스승과 도제의 폐쇄적인 관계는 교수와 학생이라는 개방적인 관계로 바뀌기 시작했다. 예를 들어, 영국에서 중세 이래 토목기술자들이 결성했던 길드들은 1818년에 이르러 영국 토목엔지니어협회(ICE, Institution of Civil Engineers)[8]로 전환됐지만, 여전히 그들의 지식은 협회 회원들끼리 공유 및 전수되는 데에 그쳤다. 그러다가 1870년대에 이르러서야 런던

대학교(University of London)에 토목공학 학과가 설립됐고, 지식은 길드 바깥으로 개방되기 시작했다. 동시에 각국에 의무교육 제도가 도입되면서 교과서 수요는 급증했다.[9] 과거 수많은 지식인들이 수십 년, 수백 년의 시행착오와 논쟁 끝에 정립한 지식의 요체를, 일반인들은 교과서를 통해 단 몇 개월 또는 몇 년 사이에 습득할 수 있는 시대가 왔다.

한때 효율적인 지식 전수 수단으로 위력을 발휘했던 교과서 패러다임은 오늘날 위기를 맞고 있다. 지식노동자들은 교과서로 담을 수 없는 자신만의 고유한 지식을 갖추었을 때라야 강점이 있지만, 학교는 여전히 교과서에 바탕을 두고 예비 지식노동자를 양성하고 있다. 교과서에 담긴 지식의 많은 내용이 오래 전 세계의 것인 경우가 많다.

그럼에도 불구하고 교과서의 권위 앞에서 학습자는 물론이고, 심지어 교사조차 그 콘텐츠의 타당성을 일일이 되묻기는 어려운 일이다. 교과서만이 아니다. 한때 위세를 부리고 권위를 부여받았던 경영 사상 역시 그런 운명에서 벗어날 수가 없다. 만약 누군가 교과서를 통해 공부하고 있다면, 그는 지금도 타당한 지식과 아울러 폐기되어야 마땅한 몇몇 지식들까지 함께 배우고 있을 가능성이 높다. 맨큐[G. Mankiw]의 경제학 교과서로 경제학을 처음 배운 학생은 경제가 마치 그 교과서에 기술된 내용처럼 작동할 것이라는 믿음에 쉽게 빠질 것이다. 의심하고 성찰하지 않는 한 그 안에서 취할 것과 버릴 것을 분별할 기회는 영영 주어지지 않는다. 학교 수업의 많은 부분이 교과서 의존형으로 전락하면서, 살아 움직이는 지식을 개발하고 전수하는 능력은 점점 퇴보해 왔다. 형식지로서 교과서 지식은 적어도 그것을 수용하는 성찰노동자를 만나기 전까지는 잠들어 있는 지식이다.

교과서의 권위를 벗어나, 그로부터 수용할 것과 폐기할 것을 결정하는 일은, 오직 성찰하는 경영자만이 가능하다. 그리고 이 성찰의 기동력은 "내가 알아야 하는 것은 무엇인가?(what)", "나는 왜 이것을 알아야 하는가?(why)", "어떤 방법을 써야 제대로 알 수 있을까?(how)"와 같은 질문에서 나올 것이다. 유명 강사를 동원한 기업체 단체 연수에는 대개 이런 질문들이 결여되어 있다. 현장 학습(on-the-job training)이라 해도 이런 질문이 빠져 있으면, 지식노동자에게는 별로 도움이 안 된다. 타성(惰性) 노동자가 주도하는 현장 학습에 지식 습득의 목적도, 원리도, 체계도 결여되어 있다면, 운이 좋은 몇 사람 빼고는 살아 움직이는 지식 습득에 실패할 것이다.

3) 최종 결과로부터 거꾸로 생각하라

역(逆)엔지니어링(reverse engineering)은 고대의 시범과 모방이라는 전통이 현대에 맞게 다시 태어난 것이다. 그 출발점은, 교과서의 자리에 완성품이 들어선 것이다. 사람들은 완성품을 교재 삼아 분해하고 탐구함으로써 그 완성품을 제조하는 지식을 습득할 수 있다는 사실을 알게 됐다. 조선업 경험이 전혀 없었던 정주영 회장은, 건설업에서 형성된 암묵지를 이용해서 배를 만드는 지식을 스스로 찾아냈다. 완성된 상태의 배를 분석한 뒤, 그것을 만드는 데 필요한 지식들은 무엇이 있어야 하는지, 거꾸로 하나씩 찾아내는 데에 성공했다. 드러커는 한국 경영자의 이런 지식 습득 능력에 경탄했다. 한국의 제조업이 1970년대 이후 단기간에 기적처럼 성장할 수 있었던 이유가 여기에 있었다. 한국의 지식경영자들은 이렇게 해서 자동차와 반도체를 직접 생산해낼 수 있었다.

역엔지니어링보다 한 걸음 더 나아간 것으로 역(逆)고객 체험이 있다. 어떤 제품이나 상품이 제작자의 손을 떠난 후 사용자가 어떤 경험을 하게 되는가를 출발점으로 삼고, 그로부터 이 물건을 어떻게 만들어야 하는지에 대한 지식을 거꾸로 얻는 것이다. 이렇게 함으로써 경영자는 물론이고 지식노동자는 자신이 무엇을 만들고 왜 그 일을 해야 하는지를 분명히 알 수 있다.

드러커는 《기업의 개념(Concept of the Corporation, 1946)》에서 제2차 세계대전 중 제너럴모터스(GM)의 카빈 소총 제작을 예로 들었다.[10] GM은 전시 특수 상황에서 지역의 부녀자를 노동자로 고용했는데, 그들은 당연히 소총 제작 경험이 없었다. 회사는 그들에게 완성품 소총을 개별 부품으로 분해해 보여주면서 일종의 역엔지니어링을 시연했다. 그다음 회사가 한 일은, 분해의 역순으로 이루어지는 정상적인 조립에 병행해, 잘못된 부품을 사용하거나 잘못 조립된 총을 직접 만들어보게 하는 것이었다. 그 뒤 그 총으로 실제 사격을 시켜보았다. 그렇게 함으로써 노동자들이 잘못 만들어진 총이 가져오는 결과를 직접 보도록 했다.

스페인의 어떤 유명한 기타 제작자는 "당신은 업계의 동료 제작자로부터 조언을 얻는가?"라는 질문에 "그렇지 않다. 나는 오직 내 악기

를 사용한 연주자로부터만 조언을 듣는다. 내가 무엇을 고쳐 가야 할
지에 대한 답은 그로부터 나온다."고 답했다.

이처럼 노동자는 자신이 만드는 생산물을 누가 어떻게 사용하는가
를 앎으로써 자신에게 진정으로 필요한 지식을 얻을 수 있다. 노동자
들이 영혼 없는 기계의 부속물로 전락하느냐 아니냐는, 이런 지식을
갖추고 있느냐 여부에 달려 있다. 관건은 그들에게 성찰의 기회가 주
어지느냐 아니냐에 있다. 육체노동자도 그러한데 하물며 지식노동자
는 말할 것이 없다.

4) 인공지능 산출물에 속지 않는 경영자

지식은 지능 이상의 것이다. 지식은 지능뿐만 아니라 지성, 지혜,
감성, 의지를 포함한 마음의 여러 기능을, 심지어 세포와 근육을 포함
한 몸의 능력까지 총동원해서 어떤 과업을 이룩해내는 능력이다. 한
가지 덧붙여 성찰하는 경영자에게는 자기 지식의 타당성을 스스로 성
찰할 수 있는 능력까지 거기에 포함된다. 자기가 자기를 바라보는 일
은 논리학으로는 불가능하지만, 지식 세계에서는 충분히 가능하다.
반면에 인공지능은 아무리 그 성능이 탁월하다 해도 코드 구문의 한
지점에서 타 지점의 지시사항을 참조할 수는 있지만,[11] 스스로 자기
코드 전체를 바라볼 수 있는 능력은 없다.

전문가 시스템이나 기계학습류의 인공지능을 떠나 챗GPT와 같은
생성형 인공지능으로 국한해서 봐도, 인공지능은 문장, 그림, 영상,
소리 같은 콘텐츠를 생성할 때 그 구성요소들, 소위 토큰(token)들이

철저하게 확률적으로 선택되도록 프로그래밍되어 있다. 그것이 확률적 선택인 한, 생성하는 결과물에 포함시킬 단어나 영상이 아무리 타당성 있는 범위에서 선택되도록 통제된다 하더라도, 전혀 엉뚱한 곳에서 선택될 가능성을 배제할 수 없다.

이런 현상이 비단 기계에만 국한된 것은 아니다. 미쳐 날뛰는 사람에게서도 이런 현상은 종종 나타난다. 그는 자신의 행동을 성찰할 능력이 결여되어 있기 때문에, 그가 선택하는 말과 행동은 사회에서 기대하는 것과 전혀 다른 방향에서 돌출하는 것이다. 인공지능에서 환각(hallucination) 문제가 대두되는 지점도 바로 여기다. 챗GPT 초창기에 나돌았던 일화는 유명하다. "세종대왕이 맥북을 집어던졌다."

특수한 주제일수록 훈련 데이터의 절대량이 불충분하므로 확률적 선택의 근거가 되는 토큰의 확률분포도 불안정할 수밖에 없다. 따라서 엉뚱한 선택 결과가 나올 가능성은 더욱 높아진다. 인공신경망에 기반을 둔 연결주의 인공지능은, 요청하는 질문에 상응하는 원본 데이터가 학습용으로 충분히 투입되어 있는 주제에서 비교적 수용할 만한 결과를 낼 것이다. 하지만 현장 경영자들이 진정으로 알고 싶어하는 주제는, 매우 특수한 시장이나 지식인 경우가 많다. 이런 주제일수록 학습 데이터의 양은 부족할 것이다. 이때 엉뚱한 인공지능 산출물에 의존하기보다 차라리 경영자 자신이 직접 탐구해서 지식을 생성하는 편이 훨씬 효과적일 것이다.

그리 놀랍지도 않은 일이지만 이런 문제는 사람의 천연지능에서도 가끔 발생한다. 이따금 허황되거나 불합리한 지식에 사로잡히는 사람들이 있다. 그를 본 이웃 사람들은 말할 것이다. "저 사람 미쳤나? 왜 저래?" 경영자가 그런 정신상태에서 의사결정을 하거나 사업을 강행하는 것을 방지하기 위해 조직은 이사회나 다양한 형태의 회의를 통해 이를 보정하는 기능을 진화시켜 왔다. 사람에 대해서도 이럴진대, 인공지능이 제시하는 지식에 대해서도 경영자나 전문가 회의를 통한 보정을 당연히 거쳐야 할 것이다.

예를 들어서, 최근의 사업 환경을 묘사하는 정보들을 인공지능에 제시하면서 "내년도의 적절한 사업 전략을 수립해줘."라고 요청한다면, 인공지능은 그럴듯한 해답을 제시해줄지 모른다. 또는 엉뚱한 해답으로 일관할지도 모른다. 성찰하는 경영자는 판단해야 한다. 어떤 것을 수용하고 어떤 것을 폐기해야 할지. 그리고 경영자는 새로운 착안 사항을 포함해 새로운 어법으로 반복 질문함으로써, 인공지능이 좌충우돌하며 제시하는 지식으로부터 올바른 지식의 실마리를 계속 잡아내면서 범위를 좁혀 가야 할 것이다. 그 결과로 지식 보정이 완료된 단계에 이르렀을 때라야 경영자는 비로소 그에 의거해내년도 사업 전략을 스스로 정할 수 있을 것이다.

5) 데이터 자체는 죽어 있는 지식이다

모든 데이터는 경영자의 지식으로 전환되기 전까지는 죽어 있는 지식이다. 데이터 비즈니스가 전례 없이 확산되면서 데이터 과학자들은 데이터에서 유의미한 메시지를 추출해서 수학식이나 문장의 형태로 제시한다. 하지만 어떤 경우에도 데이터 자체는 물론이고 거기에서 파생된 가공 정보나 추론해낸 메시지는 정보일 뿐 아직 지식이 아니다. 정보는 지식노동자가 과업을 성취하는 능력으로 전환되었을 때에만 비로소 지식이 된다. 예를 들어, 고객의 행동 데이터를 화려하게 시각화한 차트는 데이터가 형태를 둔갑한 상태일 뿐, 아직 경영자의 지식으로 전환된 것이 아니다. 복잡 방대하고 무질서해 보이는 데이터로부터 어떤 연결 패턴을 찾아냈다 해도 마찬가지다. 그 방법이 인공지능, 통계적 추론, 또는 수학이론[12] 등, 어떤 것이라 해도 본질은 변하지 않는다.

심지어 타인에게는 효과적인 지식이라 하더라도 내게는 아직 정보일 뿐 지식이 아닐 수 있다. 어떤 업종에서 CEO 홍길동이 구사했던 지식은, 동업종의 다른 CEO 전우치에게는 아직 지식이 아니다. 타인이 내게 어떤 자문을 하든, 어떻게 교육을 하든, 그것만으로는 내 지식이 생겨나지 않는다. 그런 의미에서 네이버 지식iN에 뜬 답변도 비록 '지식'이라는 딱지를 달고 있지만 아직 지식이 아니다. 지식은 철저하게 지식노동자 본인에게 내면화되어야만 비로소 지식일 수 있기 때문이다.

수백만 권의 서적이 서점과 도서관을 가득 메우고, 분야별 전문 보고서가 온라인에 넘쳐나며, 명사들의 지혜를 담은 강연이 나날이 이어지고 있는 것만 보면, 우리는 진정으로 지식사회에 살고 있는 것처럼 보인다. 그럼에도 불구하고 이 사회는 무지, 혼란, 분열, 갈등, 불합리가 끊이지 않는다. 왜일까? 지식은 단지 저수지 같은 저장의 문제가 아니라 생명체 낱낱마다 스며들어 성장과 변화를 일으키느냐의 문제이기 때문이다. 그러나 이 일은 그 생성은 중력을 거스르는 것만큼이나 고되고 어려운 일이기에, 지식사회가 제대로 작동하기는 그만큼 어렵다.

지식인들은 흔히 축적의 힘을 말한다. 물론 축적은 중요하다. 축적이 크면 그만큼 지식 생성 가능성도 높아질 것으로 기대할 수 있기 때문이다. 하지만 생성의 매개자인 경영자가 없다면 축적 자체는 아무런 결과를 낳을 수 없다. 경영자는 축적에서 하나의 생성을 이끌고, 그 생성을 다시 축적으로 연결시키는 핵심 주체다. 경영자가 개입되기 전까지 모든 축적은 한낱 잠들어 있는 저수지와 같다. 경영자 없이 그 스스로 자동으로 지식을 생성할 능력은 없다.

축적의 대명사와도 같았던 대형 금융사 A는 방대한 고객 데이터를 갖추고 있었지만, 정작 변화하는 고객과 시장을 포착하지 못하고 뒤처졌다. 반면, 축적된 데이터와 지식 생성 능력을 동시에 갖추었던 소형 금융회사 B는 개인신용평가 데이터를 체계적으로 분석해서 고객을 관리함으로써 한층 향상된 성과를 냈다.

경청이 올바른 지식 형성에 도움이 되기도 하지만 동시에 장애가 되기도 하는 이유가 여기에 있다. 경청은 단지 외부에 쌓여 있는 정보의 일단을 인식하는 행동에 불과하다. 반면에 올바른 지식은 그 인식 이후 별도의 성찰과 판단을 거쳐야만 비로소 생기는 능력이다.

빌 게이츠^{Bill Gates}는 MS오피스에 별도의 프리젠테이션 소프트웨어가 포함되어야 한다는 임원들의 주장을 처음에는 받아들이지 않았다. 그는 워드프로세서를 문서 형식만 바꾸어서 프리젠테이션용으로 쓰면 충분하다고 생각했다. 하지만 그는 이내 고집을 꺾고 임원들이 그런 주장을 하는 이유를 듣기 시작했다. 그는 경청을 거쳐 지식을 생성할 수 있었다. 결국 MS는 1987년 프리젠테이션 소프트웨어 전문 스타트업 포어쏘트(ForeThought)를 인수했다. 그리고 거기 파워포인트라는 브랜드를 새로 부여했다. 이후 파워포인트는 MS에 막대한 수익을 안겨줌과 동시에 전 세계 비즈니스 의사소통 문화에 거대한 변화를 일으켰다.

고(故) 이병철 회장이 처음 반도체 사업 구상을 밝혔을 때 삼성전자 내부는 물론이고 외부의 수많은 전문가들은 터무니없는 생각이라고 여겼다. 반대자들은 심지어 역사적 경험과 데이터를 내세우기도 했다. 그는 물론 경청했다. 하지만 만약 이 회장이 단지 경청의 미덕만을 신봉하는 경영자였다면, 그는 온갖 전문가들의 이런저런 말만 귀담아듣다가 아무런 실행도 못 하고 사업을 포기했을지도 모른다. 그는 경청의 함정에 빠지지 않았다.

그들은 한결같이 지식의 생성 원리를 아는, 성찰하는 경영자였다.

6) 지식의 생멸과 오류

지식이 살아 있다는 것은, 지식이 태어나고 죽는다는 것, 즉 수명이 있음을 의미한다. 새뮤얼 아브스만Samuel Arbesman은 《지식의 반감기(The Half-Life of Facts)》에서 지식의 이런 속성을 낱낱이 해부했다.[13]

계량서지학(bibliometrics)자였던 저자는, 주제별로 새로운 문헌(논문 등)이 탄생해서 유통되다가 무덤으로 들어가기까지(아무도 인용하지 않을 때까지) 시간을 측정해서 통계를 분석했다. 마치 인구에 대해서 생명표를 작성하는 것과 같았다. 한때 옳다고 받아들여졌던 지식은 언젠가는 오류가 밝혀지거나 타당성을 상실한다. 마치 원자에 반감기가 있듯이, 지식도 반감기를 거치며 소멸을 향해 치닫는다. 그가 인용한 과학계량학(scientometrics)의 분석 결과에 따르면, 서적에 대해서 물리학은 13년, 경제학과 수학은 9년, 심리학과 역사학은 7년 정도의 반감기를 보였다.[14] 오랜 세월이 지나면 한때 사람들이 옳다고 믿으며 인용했던 지식들은 하나둘씩 자취를 감춘다.

경영자들은 시대마다 유행하는 새로운 경영 지식을 접한다. 품질관리, 린 생산(lean production), 다운사이징(downsizing), 리스트럭처링(restructuring), 경쟁우위론(competitive advantage), 블루오션(blue ocean strategy), 와해형 혁신(disruptive innovation), 휴머노크러시(humanocrucy), 경청과 섬김의 리더십 등. 하지만 유행은 곧 변하고 한때 그토록 심취했던 이론이 항상 맞는 것은 아니라는 사실이 확인되면서, 경영자의 뇌리에서 그것들은 하나씩 잊혀 간다. 그렇다고 해서 모두가 폐기되는 것은 아니다. 그 어느 지식도 완전히 맞는 것이 아니지만, 또한 완전히 틀린 것도 아니기 때문이다.

외부의 이론 지식뿐만 아니라, 조직 내부에서 일하며 형성된 지식조차도 반감기가 있다. 패션회사 A의 최고경영자 한 사람은, 건강제품 사업에 스카우트되어 약 3년간을 해외에서 보냈다. 변경된 업종에서 큰 성과를 내지 못했던 그는 귀국 후 다시 자신이 평생 경력을 쌓았던 패션 업종으로 복귀했다. 그러나 그 3년 사이에 패션 사업 환경이 바뀌어서, 그는 완전히 새로 시작하는 마음으로 예전의 지식을 포기하고 새로 공부해야만 했다. 모 회사의 어떤 직원은 유능함을 인정받아 본부 기획부서로 발령받았다. 거기서 10여 년을 일하다가 다시 그가 속했던 원래 팀의 책임자로 복귀했다. 그 사이 팀의 업무 환경이 상당히 바뀌었는데, 그는 자신이 10년 전 행했던 과업을 그대로 다시 추진하려고 했다. 팀원들은 그게 아님을 팀장에게 설득하는 데 어려움이 많았다.

지식노동자가 다른 분야로 떠나 있을 때에는 말할 것도 없지만, 동일한 업무를 계속 맡고 있는 동안에도 자신의 지식이 점점 쓸모 없어지고 있다는 사실을 눈치채기 힘들다. 누구든 아브스만이 말했던 '변화 맹시(change blindness)'로부터 자유롭지 못하다. 인간이 어떤 한 가지 일에 몰두하게 되면, 놀랍게도 바로 눈앞에 있었던 다른 사물들이 보이지 않는다. 동일한 경험을 매일 같이 반복하다 보면 그 바깥에서 일어나는 일에 주의를 기울이지 못한다. 이 현상은 사람의 주의력 한계 때문에 일어나는 일종의 '부주의 맹시(inattentional blindness)'다. 하루하루 일 속에 사는 그의 눈에, 세상은 아무런 변화도 일어나지 않는 것처럼 보인다. 이런 그가 지속적인 학습과 탈학습(unlearning)을 추구할 리 만무하다. 아무 변화도 없어 보이는데 무엇을 배우고 무엇을 버리려 할 것인가!

아브스만은 또한 사람들이 어떻게 해서 편향된 지식에 사로잡힐 수밖에 없는가에 대해서도 말했다. 사람은 어떤 대상을 완전히 잘못 이해하거나 아니면 충분히 이해하지 못한다. 지구는 평평하다거나 지구는 둥글다거나, 담배는 건강에 나쁘다거나 커피는 건강에 좋다거나, 남자는 여자보다 근력이 강하다거나 여자는 남자보다 감성적이라는 일상의 표현은, 사람들이 대상에 대해 무엇 하나도 제대로 알고 있지 못하다는 사실을 반증한다. 또한 사람들은 무지, 실수, 과장, 누락, 와전 등을 통해 쉼 없이 그 오류를 전파한다. 예를 들어, 한때 시금치 100g당 철분 함량이 35mg이라는 단순 기록 실수는, 이후 시금치에 대한 수많은 신화를 생산했고, 급기야 뽀빠이 만화의 시금치 이미지까지 만들어냈다. 더 나아가 사람들이 흔히 접하는 수많은 역사적 사실의 상당 부분이 오류일 수 있다.

사람이 본질적으로 무지에 지배당할 수밖에 없는 이유 가운데 하나는, 대개 인생의 일정 시기 이후 지속적인 학습과 탈학습의 순환이 멈추기 때문이다. 탈학습이란, 이미 배운 내용에서 벗어나는 것을 말한다. 사람들은 대부분 정규 교육 이후 교양 지식에 대한 적극적인 배움을 포기한다. 그때 고착된 지식은 평생을 지배한다. 새로운 배움이 없으므로 이미 배운 것을 버리는 일은 더욱 일어나기 힘들다. 적극적인 배움은 대개 고등학교나 대학교가 끝이고, 졸업 후에는 신문, TV, 유튜브, 또는 동료들과 대화 등을 통한 소극적 배움이 거의 대부분이다.

'기준선 이동 증후군(shifting baseline syndrome)'은 사람이 성상기에 첫 지식을 습득하는 시기가 얼마나 중요한가를 말한다. 대부분의 사람들은 그 시절에 학습했던 지식에서 갱신이 멈춘다. 그나마 자신이 일하는 분야에서만 업무 필요 때문에라도 학습과 탈학습을 간신히 이어 간다. '세대 격차(generation gap)'는 연령대별로 학습 기준선이 다른 데에서 오는 의사소통 단절이다. 연령대별로 자신이 생각하는 정상상태는 다른 연령대의 그것과 자연스럽게 달라진다.

오래전에 가수 패티김 선생의 인터뷰를 본 적이 있다. 그는 2000년대 유행하기 시작했던 아이돌 그룹의 노래를 가리켜 노래가 아니라고 혹평했다. 음악에 대한 그의 기준으로는 그것들은 그냥 빠른 박자로 떠들어대는 잡음에 불과할 뿐, 도대체 노래로 성립할 수 없는 것들이었다. 그러나 그 시대에 태어나 성장한 세대에게는 그게 진짜 노래였다.

세대 간 단절뿐만 아니라 한 세대 안에서조차 무지 성향이 불가피한 이유는 여러 가지가 있다. '대표성 편향(representativeness bias)'은 세계를 뭔가 대표적인 범주 몇 가지로 분류하려는 성향이다. 동양과 서양, 클래식과 팝, 경제학과 정치학 등등. 그리고 소속된 분류 안에서 그 대상에 대한 정형화된 인식을 고수한다. 그래서는 그 어느 대상 하나도 제대로 인지하기가 불가능한데도 말이다. '자기고양 편견(self-serving bias)'은 자신에게 유리한 정보만을 부각하려는 성향이다. '성공은 내 덕, 실패는 남의 탓' 같은 성향이 그 한 예다. 누구나 자신에게 불리한 통계나 사실은 숨기고 유리한 것들만 내세워 자신을 정당화시키려는 욕구가 있다. 이런 편향성은 늘 올바른 현실 인식과 판단을 가로막는다.

또 '확증 편향(confirmation bias)'은 자신의 세계관과 일치하는 정보만 받아들이는 것이다. 어느 분야에서든 기존에 통용되던 것과 다른 참신한 지식이 등장하면 외면당하기 일쑤인 것도 이 때문이다. 토마스 쿤^{Thomas S. Kuhn}이 말했던 패러다임은 지식의 확증편향을 강화하는 요인이기도 하다. 어느 분야에서나 제도권 교육을 받은 사람 대부분의 머릿속에는 한 패러다임이 고착된다. 그 틀을 벗어난 새로운 지식이 그 앞에 나타나면 그는 참으로 거북하고 어색한 느낌을 받을 수밖에 없다.

20세기 내내 멍령통제형 조직이론은 하나의 굳건한 경영 패러다임이었다. 지금은 자율경영과 수평조직이론이 이에 대항해 새로운 패러다임의 지위를 노리고 확산 중이지만, 아직 진행 단계일 뿐이다. 하지만 언젠가 이 지식이 패러다임으로 정착한다면, 그 틀을 벗어난 다른 지식은 오히려 거부당할 것이다.

아브스만이 소개한 한 예는 이렇다. 1840년대 오스트리아의 의사 제멜바이스^{Ignaz Semmelweis}는 조산원에서 분만한 산모보다 병원에서 내과의사를 통해 분만한 산모의 산욕열 발생 빈도가 훨씬 높다는 사실을 발견했다. 그는 의사들이 시신 등에서 뭔가를 묻혀 왔을 가능성이 있기 때문이라고 추측했다. 이로부터 그는 의사들이 분만 시술 전에 염소석회수로 손을 소독할 것을 제안했다. 이 방법을 실시한 결과, 산욕열 사망 빈도가 10분의 1로 줄었음이 확인됐다. 그가 합리적이고 타당한 방법을 찾아냈음에도 이 방법은 의사들 사이에서 칭찬을 받기는커녕 철저히 외면당했다. 그가 의사 사회에 자신의 주장을 보다 엄밀하게 제시하지 못했거나 의사 사회에 융화하지 못했던 것도 한 이유였겠지만, 무엇보다도 의사들이 기존에 지니고 있던 인식의 체계와

일치하지 않았던 것이 큰 이유였다.[15]

그 어떤 전문가의 권위와 정교한 이론으로 포장되어 있더라도 모든 지식에는 결함이 있다. 이론으로나 실증으로나 가장 발전해 있다고 인정받는 경제학이나 의학 지식조차, 동일한 경제 문제나 의학 문제에 대해 전문가마다 완전히 다른, 심지어 정반대의 의견으로 갈리곤 한다. 심지어 어제 통했던 실증 결론이 오늘의 실험으로 완전히 뒤집히는 일도 수시로 일어난다.[16]

우리는 사회에 대해서나 사람 몸에 대해서나 무엇 하나 제대로 알기 어렵다. 심지어 논리의 완결성과 무오류성을 추구하는 수학의 명제 조차도 보는 관점에 따라 얼마든지 반박의 대상이 될 수 있다.[17]

드러커가 유토피아라는 허상을 배격하고 '수용할 만한 사회 (tolerable society)'[18]를 추구해야 한다고 주장했던 것처럼, 지식에서도 그 어떤 절대적인 것을 추구하거나 그에 의존하는 것은 참으로 위험하다. 그나마 '수용할 만한 지식(tolerable knowledge)'을 찾아가는 과정이 사람이 취할 수 있는 가장 합리적인 길일 것이다. 경영자가 지금 알고 있는 모든 것에 대해 수시로 반성하고 자기 질문하지 않으면, 그 지식은 이내 자신을 죽이는 위험한 지식으로, 심지어 미신, 성역화, 광기로 언제든지 전락할 수 있다.

경영자가 진정한 자유인이라면, 그는 모든 아는 것으로부터 자유에 이르러야 한다. 이는 오직 지식의 생멸 과정과 오류 가능성을 성찰하는 경영자에게만 가능한 일이다.

7) 학습하는 조직

미클스웨이트 & 울드리지John Micklethwait & Adrian Wooldridge는 "지식은 어떤 총체적인 힘이다.", "기업의 전 생애를 통해 축적된 조직의 기억"이라고 말했다.[19] 지식은 MIS나 ERP, 사규나 업무 매뉴얼, 경영자 또는 종업원 개인의 머릿속 어느 한 곳에 따로 들어 있지 않다. 지식은 조직 구성원 각자의 경험을 통해 생성되나, 이 지식은 의사소통을 통해 다른 구성원의 경험으로 전환되면서 그들의 또 다른 지식을 생성한다. 물론, 단지 경험한다고 해서 바람직한 조직 지식이 생성되는 것은 아니다. 거기에는 원리가 있다.

피터 센게Peter Senge는 《학습하는 조직(The Fifth Discipline: The Art and Practice of the Learning Organization)》에서 바람직한 조직 지식의 생성 원리를 분석했다. 그는 기존의 계량 중심, 기능 중심, 명령통제형, 단편으로 분리된 경영이론으로부터 탈피해 조직에 작용하는 지식의 전체성을 회복하려고 했다. 그의 생각은 '시스템 동학(system dynamics)'의 창시자인 제이 포레스터Jay W. Forrester, 1918~2016와 '학습 조직(learning organization)' 이론의 대가인 크리스 애지리스Chris Agyris, 1923~2013로부터 영향을 받았다.

그는 조직 지식 생성의 첫째 원리로서 '시스템 사고'를 들었다. 시스템 사고는, 어떤 한 행동이 다른 구성원들의 행동과 여러 환경 변수에 영향을 미침으로써 최초에 의도했던 것과 얼마나 다른 결과를 가져올 수 있는지를 생각할 수 있는 능력이다. 이런 사고는 장기적이어야 하고 여러 개의 변수 사이에 이루어지는 상호관계를 이해하면서 이루어져야 한다.

시스템 사고를 이해하려면, 그 반대편의 '단선형(單線形) 사고'를 알면 된다. 단선형 사고는 어떤 한 가지가 좋다고 판단하면, 다른 영향요인을 고려하지 않고 그것만을 추구함으로써 소기의 결과를 얻을 수 있다고 생각하는 것이다. 매출 증대, 이익 극대화, 원가 절감, 투자 증대, 종업원 복지 등, 각각으로만 보면 다 좋은 것이다. 하지만 어느 하나를 집중해서 추구하다 보면 다른 변수들에 긍정적 피드백과 부정적 피드백이 가해지면서 상호간에 영향을 미친다. 결국 처음에 기대했던 것 같은 바람직한 결과는 전혀 나타나지 않는다. 오히려 파국에 이르기까지 한다.

시스템 사고는 상호작용하는 다수의 변수들이 시간의 흐름 속에서 균형을 유지할 수 있도록 한다. (본서 393쪽 개러스 모건의 '조직의 8가지 이미지' 중, 7) 흐름과 변형으로서의 조직 부분을 참조하라.) 피터 드러커도, 경영자는 자신이 내린 결정이 어떤 결과를 가져올 것인지를 예상하는 훈련을 항상 해야 한다고 여러 곳에서 강조하기도 했다.

충분한 학습과 성찰 경험이 없는 경영자는 대개 이런 단선형 사고에 빠지기 쉽다. 센게는 이런 사고를 '사건 중심 사고'라고 불렀다. 대부분의 경영자와 노동자는 전체를 모르기 때문에, 오직 눈앞의 사건만을 보고 반응하기 쉽다. 예를 들어서 호황기에 무조건 설비 투자와 고용을 늘리는 행동이 그것이다. 이어질 불황기에 어떻게 대응할 것인지는 미리 생각하지 않는다.

시스템 동학(system dynamics)은, 시스템 사고를 편미분방정식 체계와 컴퓨터 시뮬레이션으로 구현한 것이다. 그러나, 경영자가 사안마다 직접 벤심(VenSim) 같은 소프트웨어로 모델을 구축하거나 컨설팅 법인에 의뢰해서 컴퓨터 시뮬레이션을 수행하는 것은 어리석은 일이다. 그에게 필요한 것은 모델링이 아니라 성찰이다. 즉 자신이 추구하고자 하는 정책이 조직 내부와 외부의 여러 변수에 단기와 장기에 걸쳐 어떤 영향을 미칠지를 곰곰이 생각한 뒤, 적절한 수준에서 균형에 근접한 결과를 기대할 수 있는 결정을 내려야 한다. 센게는 이를 '과정 중심 사고'라고 불렀다.

원가 절감을 지상과제로 삼고 공급사에 지나치게 엄격한 가격 가이드라인을 제시하면, 그것이 자칫 공급사의 저가 부품 사용으로 이어져 완성품의 품질에 치명적인 결함을 야기할 수도 있다. 장기간 거래해 왔던 공급사와의 관계를 갑자기 포기하고 매년 경쟁 입찰로 전환하면, 기존 작업 과정에 대한 업무 호환성과 공급사의 장기적 연구 개발 동기에 미치는 부정적 피드백이 있을 수 있다. 인건비 절감을 위해 비정규직 채용을 늘리게 되면, 당장에 효과는 있을지 몰라도 동기부여나 기업 문화에 미치는 부정적인 영향을 무시할 수 없다. 이런 정책들이 가져올 긍정적인 효과와 부정적인 효과는 매우 복잡하게 얽혀 있어서, 경영자는 마치 곡예사가 고난도 균형잡기 묘기를 선보이는 것처럼 각 정책을 실행하는 과정에서 섬세한 균형 유지 능력을 보유해야만 한다.

그러나 너무 많은 요소 사이의 상호작용을 동시에 고려한다는 것은 인간의 인지능력 한계 때문에 불가능하다. 설령 가능하다 하더라도, 이때 경영자는 아무것도 결정할 수 없다. 이것도 저것도 다 중요하기 때문이다. 모든 것이 다 중요하다는 것은, 아무것도 중요하지 않다는 것과 같다. 경영자는 이 모든 상호 영향 과정에서 어느 곳이 가장 결정적으로 영향을 미치는 지점인가, 즉 레버리지(leverage) 지점이 어디인지를 찾아내야 한다. 그래야만 그는 비로소 결정할 수 있다.

시스템 사고에 이어, 센게는 조직 지식을 형성하는 원리로서 개인적 숙련의 달성, 정신 모델의 갱신, 공유 비전의 구축, 팀 학습을 차례차례 들었다.

'개인적 숙련(individual mastery)'은, 개인 차원에서 결과를 달성하는 능력을 갖추는 것이다. 구성원마다 자신의 업무에 필요한 특별한 수준의 숙련도를 갖추기 위해 에너지, 인내심, 헌신, 끝없는 향상의 노력이 필요하다. 이는 동양과 서양을 막론하고 많은 정신세계의 전통에서 끝없이 강조해 온 내용이다. 이 숙련의 경지는 탁월한 예술가, 운동선수, 장인이 도달하는 경지인데, 이 경지가 조직 구성원마다 달성 목표가 되어야 한다.

'정신 모델(mental model)'은 세상을 이해하고 행동하는 방식에 영향을 미치는, 내면에 깊이 각인된 가정, 일반화(추상화), 심상, 이미지를 말한다. 심리학에서는 이를 심리 프레임이라고 표현한다. 지식노동자는 누구나 프레임을 통해서 세상을 이해하려는 경향이 있다.

"저 친구는 이기적이야!"라는 프레임을 가지고 있으면, 그가 아무리 그렇지 않은 행동을 해도 사람들은 그를 이기적이라는 틀에 가두어 놓고 이해하려고 한다. "남자는 원래 그래."라는 말도 그런 프레임이다. 초창기 포드(Ford) 사가 그랬던 것처럼 '차량을 구매하는 동기는 소득 수준에 따라 다르다.'라거나 GM의 '차량을 구매하는 동기는 라이프스타일에 의존한다.'는 인식, 또는 대기업이 흔히 하는 "그 회사(신생 경쟁사)는 우리 따라오려면 아직 멀었어." 같은 말들이 그렇다. 조직 학습은 직원들이 공유하는 정신 모델을 끝없이 갱신하는 과정이어야 한다. 현실은 사신이 생각한 정신 모델과 다르다는 사실을 계속 확인해 가는 과정이어야 한다. 그렇지 않으면 조직은 이미 설정된 프레임에 갇혀서 시장과 사업의 변화를 제대로 포착하지 못한 채 경직된다.

프레임은 대개 주장(advocate)으로 나타난다. 최고경영자나 상사, 팀원은 "이러하고, 저러하다."고 주장한다. 여기에 대해 질의(inquiry)가 제기됨으로써, 질의와 주장 사이에 서로를 상승시킬 수 있어야만 정신 모델이 갱신될 수 있다. 안타깝게도 많은 조직에서 상사들은 대개 질의보다 주장의 세계에 머묾으로써, 조직은 정신 모델에 갇히는 경향이 있다.

'공유 비전(shared vision)'이란, 조직이 미래에 도달하기를 희망하는 상태를 구성원들이 공유하도록 만드는 것이다. 이는 사명, 목적과 비슷하지만 조금 다르다. 방점은 공유에 찍힌다. 사명, 복적은 어떤 일을 해야 하는 이유를 말한다. 예컨대 헨리 포드[Henry Ford]가 "부유층만이 아니라 일반 서민도 자동차를 소유하는 세상을 만들겠다."라거나 데이비드 사르노프[David Sarnoff]처럼 "집집마다 항상 음악을 들을 수 있도록 하겠다."라는 것이다. 하지만 사명, 목적은 구성원의 내면에 공유되지 않으면 아무 쓸모가 없다.

지금도 많은 회사의 홈페이지나 사무실 벽면은 사명과 비전선언문으로 가득하다. 하지만 그 내용이 정말로 구성원 사이에 공유되고 있는가는 다른 문제다. 대부분 직원은 "내가 지금 왜 이 일을 하고 있는가?"라는 질문 따위는 안중에도 없다. '그저 회사에 다니니까 일한다.' 정도로 생각할 것이다. 그럴듯한 사명선언문을 만들어 벽에 걸어놓으면 당장 지식노동자에게 동기부여가 일어날 것이라고 생각한다면, 그것은 사건 중심 사고다. 경영자는 지식노동자들의 마음이 생기(生起)해서 서로의 마음에 영향을 미치면서 궁극적으로 조직의 성과를 낳는 과정을 이해해야 한다. 이것이 바로 공유 비전의 효과를 시스템 사고로 이해하는 방식이다.

'팀 학습(team learning)'은 개인 학습과 다른 그 무엇이다. IQ 120 이상의 개인들이 가득한 집단이 IQ 60만도 못하게 행동하거나, 학력이 상대적으로 낮은 구성원들로 이루어진 팀이 고학력자 팀보다 더 훌륭한 성과를 내는 경우를 종종 볼 수 있다. 어떤 금융 서비스 업종에 경쟁사는 3개 사였는데, 3개 사 중 개별 직원의 학력 수준이 가장 높은 회사가 오히려 성과와 시장 평판에서 3위에 그쳤다. 개인으로서는 할 수 없는 일을 조직이 해내도록 하는 것이 조직 학습의 힘이다. 이를 가능하게 하는 것은 대화(dialogue)다. 대화가 아닌 토론(discussion)은 그 역할을 하기 어렵다.

대화는 영어로 'dia(둘 사이를 가로지름)'과 'logue(말)'의 합성어다.

대화는 의미가 자유롭게 한 끝에서 다른 끝으로 흐르는 과정이다. 토론과 달리 대화에서는 모든 참가자가 자신의 가정을 보류(suspending)하고 임해야 한다. 그래야 흐름이 일어난다. 참가자는 주장이 아니라 질의의 상태를 유지해야 한다. 즉 자신의 프레임을 내려놓고 참여해야 한다. 그리고 모든 참가자는 서로를 동료로 생각해야 한다. 동일한 관점을 가지라는 말이 아니다. 이 대화에는 상이한 관점 사이에서 대화의 분맥을 파악하는 조정자(facilitator)가 반드시 있어야 한다. 조정자가 없다면 그 대화는 조직 지식을 도출하는 데에 실패하고, 단지 개인 사이에 무성히 오가는 말잔치로만 끝나게 될 것이다.

8) 지식 측정에 대한 전망

지식은 엄연히 생동하는 존재이지만 손에 잡히지도 보이지도 않는다. 기업의 재무제표 어디에 과연 지식이 표현되고 있는가? 잘 안 보인다. 재무제표는 오직 회계 기준에 부합하는 거래만을 기록해야 하기 때문이다. 예를 들어, 특허권은 재무제표에서 무형자산으로 계상되고 있지만, 그것은 내부 개발 이후 특허 취득에 관련해서 발생한 제반 행정 지출 등을 회계 기준에 맞춰 자산화한 것일 뿐, 결코 그 특허 기술이 담고 있는 지식 자체를 반영한 것이 아니다. 그 모든 지식들은 과거의 연구개발비, 로열티 수익, 또는 사업 매출액 일부 등으로 두루 흩어져 있다. 특허권 일체를 유상 양수해서 그 취득가액을 계상했다 해도, 그 금액 가운데 실제로 의미 있는 지식자산이 어느 정도 비중을 차지하는지 표시하기는 어렵다.[20]

지식을 자원으로 삼는 대표 기업인 네이버(Naver)의 재무상태표를 보자. 2023년말 연결재무상태표상 총자산 35조7천억 원 중, 무형자산은 10%에 못 미치는 3조4천억 원에 불과했다. 같은 시점 개별재무상태표에서 그 비중은 더 미미해서, 무형자산은 총자산 15조4천억 원의 0.62%인 957억 원에 불과했다. 거기에서는 특허권을 포함한 산업재산권, 브랜드, 소프트웨어, 영업권, 고객관계 등 회계상 거래로 인식되는 극히 제한된 범위의 것들만이 무형자산으로 계상되었을 뿐이다. 그렇다면 네이버의 저 방대한 지식자산은 다 어디에 있는 것일까? 무형자산 계정과목 외에, 종속회사의 투자 지분, 매출채권, 기술료 수입, 그리고 하드웨어 기계장치 등에 두루 숨어 있다.

하물며 조직 구성원들에 체화되어 있는 지식들은 말할 것이 있으랴. 기업의 자산 증가나 자원의 유출입, 그리고 성과는 회계상 측정할 방법이 정립되어 있지만, 지식은 아직 그렇지 못하다.

현대 복식부기 회계원리는, 16세기 이탈리아의 수도사 루카 파찌올리Luca Bartolomeo de Pacioli, 1447~1517가 집대성한 피렌체 상인들의 부기법을 모태로 한다. 그를 토대로, 근대 제조업과 유통업 발전 이후 과목별 기록법이 몇백 년에 걸쳐 하나씩 개선되고 보완되어 오늘날 회계기준인 US-GAAP이나 IFRS에 이르렀다. 20세기 후반 지식과 정보 기반 사업이 폭발적으로 증가하고 전통 제조업에서조차 지식이 가장 중요한 자원으로 부상했지만, 회계 기준의 본질은 지난 500여 년간 바뀌지 않았다.

이런 문제점을 인식하고 가트너(Gartner)의 컨설턴트 더글러스 레이니^{Douglas B. Laney}는 《인포노믹스(Infonomics, 2017)》에서 전통적인 자산 대신에 지식과 정보자산을 측정하는 새로운 회계원리를 제안하기도 했다. 이 새로운 시도와 아울러, 혁신가들이 새로운 지식 측정 원리와 방법을 계속 제안할 것으로 예상한다. 미래 어느 날인가는 기존 회계원리와 패러다임이 완전히 구분되는 새로운 지식자산 측정 시스템이 등장할 것으로 기대한다.

시식을 자본이라고 보는 견해는 현대 경제학자와 경영사상가들이 처음 만들어낸 것이다. 개념상으로는 옳다. 지식은 단기에 소모되는 것이 아니라 장기에 걸쳐 성과를 내는 모태이기 때문이다. 그래서 종래 유형의 자본량을 측정했던 것처럼 지식도 하나의 자본으로 간주하고 그 크기를 측정하려는 노력이 이어지고 있다. 경제학의 내생적 성장이론에서 한 나라의 인적자본 스톡을 추계하는 작업이 대표적인 예다. 하지만 이런 측정이 경영자에게 얼마나 의미가 있을지는 미지수다. 엄밀한 의미에서 지식의 속성 자체가 전통적으로 측정 가능한 대상이었던 자본의 속성과는 거리가 멀기 때문이다.

첫째, 지식의 변화 가능성은 예측 불가능하다. 지식은 한순간에 무용한 것으로 사라지기도 하고 순식간에 유용한 것으로 폭발해 나오기도 한다. 지식의 진부화와 자기증식력이라는 모순이 언제 어떻게 부딪힐지 모른다. 이는 기존의 자본이 어느 정도 안정된 가치를 유지하면서 규칙에 따라 상각(償却)된다는 특성에 위배된다. 설령 모든 가능한 수단을 동원해서 한 기업의 지식자본량을 계측해 놓는다고 해도, 그 수치는 결코 안정적이지 않다. 그 가치의 변동 위험은 일반 기계장치나 금융자산의 그것과 비교할 수 없을 정도로 크다.

둘째, 지식은 본원적으로 그 결합체 안에서 식별 불가능하다. 지식은 지식을 담고 있는 형식으로서 개별 사람과 사물(부품, 완제품 등)로부터 분리하기 어렵다. 또한 모든 지식은 기업 내부의 자원 사이에 서로 연결되어 자기생성할 뿐 아니라, 기업 외부의 원천과도 연결되어 매 순간 진화한다. 한 체계 안의 모든 체계들은 서로가 서로를 포함한다는 특징을 지니는데, 지식의 체계에서도 여실히 나타난다. 한 기업에 소유권이 귀속되어 있는 현금, 유가증권, 재고, 토지, 건물, 기계와 같은 자산들은 구분해서 계상할 수 있지만, 기업이 갖춘 여러 지식자본을 별개로 측정하는 일은 지식의 복잡 시스템 특성상 거의 불가능하다.

한 기업의 재무제표와 성과보고서는 여러 면에서 유용하지만, 기업이 보유한 지식의 양과 내용을 담기에 한없이 부족하다는 사실에는 의심의 여지가 없다. 투자자가 그 기업과 구성원들이 보유한 지식의 잠재성을 보고 투자하려고 한다면, 재무제표 이외에 도대체 무엇을 보고 판단해야 할 것인가?

미래의 경영자는 이토록 붙잡기 어려운 지식의 내용과 양을 하나의 고정된 문서 양식에 다 담아서 투자자에게 보이려 하기보다, 투자자의 필요와 질문에 응하는 대화를 더 중요한 수단으로 삼아야 할 것이다. 투자자 역시 고정된 텍스트가 담긴 재무제표보다는 경영자에 대한 요청과 질문에 중점을 두어야 할 것이다.

과거에는 지식을 분야별로 한 권의 정보집, 전문 사전, 기껏해야 한

질의 백과사전 정도에 담을 수 있다고 생각했던 시절이 있었다. 하지만 이용자의 손에 한 단위의 문서 더미가 쥐어져야만 그가 지식을 얻을 수 있다고 생각하던 시대는 서서히 막을 내리고 있다. 고정형 문서보다 유동형 대화가 더욱 힘을 발휘하는 시대가 오고 있다.

최근 검색 서비스나 생성형 인공지능 서비스들은 한결같이 질문에 대한 대답형으로 제공되면서 그런 이행이 가속되고 있다. 이 시스템은 과거 종이책의 시대처럼 소수의 유능한 지식 주체가 지식을 공급하는 차원을 넘어섰다. 그것은 개방형 협업과 대화의 시스템으로 작동한 지 이미 오래다.

물론 경영자와 지식노동자에게 지식 습득의 경로로서 종이책의 기능은 사라지지 않을 것이다. 키보드가 등장했어도 만년필과 붓이 아직도 사라지지 않는 것처럼 말이다. 다만 문제는, 그 어느 때보다 '정보량과 획득'보다 '대화와 의미 발견'이 더욱 중요한 시대가 이미 도래했다는 사실이다. 이 모든 변화는, 지식의 생동성이 극대화된 시대에 일종의 필연이다.

다. 지식은 경영자의 마음에 통합되어야 한다

마음이란 무엇인가? 굳이 현대 마음 철학의 정밀한 논의까지 동원하지 않더라도,[21] 칸트식으로 말하자면 '개념에 바탕을 두고 지식을 생산하는 능력', 즉 '오성(悟性, Verstand, understanding)'을 마음이라고 한다.

갓난아기가 뜰앞 나무를 처음 보았을 때에는 아직 개념이 없다. 거기에는 '직관(Anschaung, intuition)', 즉 사물을 감각기관을 통해 지각하는 일만이 있다. 이것은 아직 경험이 아니다. 갓난아기는 이 지각을 반복하면서 다른 사물과 구분되는 나무의 특성을 서서히 알아가게 된다. 이 특성이 바로 '개념(Begriff, concept)'이며, 개념이 생겨야만 비로소 나무는 경험의 대상이 된다. 물론 교육을 통해서 개념 형성은 더욱 보완될 것이다. 그전까지의 나무는 물자체(物自體, Ding an sich, Thing in itself)일 뿐, 아직 경험 대상이 아니다. 이렇게 개념이 형성된 후, 인간은 그 개념을 바탕으로 오성의 능력으로 비로소 지식을 생산해낼 수 있다.

경영 마인드, 즉 경영자의 마음이란 어떻게 가능한가? 그 역시 개념, 즉 사물을 구분 짓는 능력이 있은 다음에야 가능하다. '조직의 외부'로서 고객과 세계는 경영자에게는 개념화하기 전에는 아직 '존재'하지 않는다. '조직의 내부'인 노동자(또는 부하)조차도 경영자 자신의 입장에서는 사물이며, 이에 대한 개념이 형성된 후라야 올바른 지식을 형성할 수 있다.

앞에서는 갓난아이가 나무를 대하는 예를 들었지만, 경영자가 경험해야 할 대상은 한 그루 나무와는 비교가 안 될 정도로 다양하고 복잡하다. 그런데 경영자 중에는 경영 대상에 대해 개념화가 채 이루어지지 않은 상태로 경영에 임하는 경우도 있다.

어떤 조선 부품회사의 2세 최고경영자가 "흑자가 났는데, 왜 회사에 돈이 이렇게 없는가?"라고 임원들에게 반문한 적이 있었다. 그는 재무제표에 대해 아직 개념이 형성되지 못한 것이다. 이런 일은 비단 재무제표에 한해서만 일어나지 않는다. 그가 나날이 상대하는 노동자들에 대해서도 그럴 수 있다. 최고경영자가 그에 대해서 알고 있는 것은 고작 그의 이름, 그가 올리는 서류들의 목록, 보고할 때의 표정이나 언행 정도에 그칠 수도 있다. 정작 그가 회사 사업에 대해서 무슨 인식을 지니고 있는지, 구성원들 사이의 소통에 대해 어떤 문제를 느끼고 있는지에 대해서는 전혀 개념화가 안 되어 있을지도 모른다.

흔히 경영 마인드라고 하는 것, 그러니까 경영 마음(managerial mind)이라는 것은 경험에 바탕을 두고 경영에 필요한 지식을 생산할 수 있는 능력으로 정의할 수 있다. 경영 마음이 없는 사람에게는, 눈앞의 사물 하나하나가 그냥 갓난아이가 나무를 바라볼 때와 마찬가지 상태로 비친다. 그 사물로부터 경영을 이루는 그 어떤 의미도 그에게는 보이지 않는다. 거기에 시장이 있고, 고객이 있고, 일이 있는데도, 보이지 않는다.

단순히 사람이 모여 있다고 해서 조직이 되는 것이 아니고, 그 사람들에게 지위를 부여했다고 해서 경영 마음이 생기는 것이 아니다. 오직 인식의 성숙을 거쳐 경영 마음을 일군 자만이 일에 생명과 의미를 부여할 수 있다. 이는 모든 종류의 경영자, 모든 경영활동에 적용되는 것(비영리, 영리, 공공기관, 자기경영 불문)이다.

피터 드러커는 《매니지먼트(Management: Tasks, Responsibilities, Practices)》 제31장에서, 경영자의 일(work)이 성립하기 위한 5대 범주(categories)를 말했다.[22] 이는 사물에 대한 지식 형성 과정을 설명한 임마누엘 칸트의 도식에 유비(類比)할 수 있다. 칸트는 사람이 경험에 앞서 부여받은 12가지 범주의 능력을 통해서만 비로소 경험으로부터 사물에 대한 지식을 생성시켜 나갈 수 있다고 말했다. 마찬가지로 드러커의 5대 범주도 이 중 하나라도 빠지면 그가 경영자로서 온전히 자신의 경험을 통해 지식을 만들고, 다시 지식으로부터 성과를 만들어가는 순환 과정이 성립할 수 없다. 즉 경영 마음이 생겨날 수 없다.

1. 목표 설정(to set objectives)

이는 목표에 의한 경영(MBO)에서 말하는 복수의 목표체계를 말한다. 구성원 사이에 여러 목표는 상호 기여하며, 그 성과 사이에 균형이 유지되어야 한다.

2. 조직화(to organize)

이를 위해서는 분석력, 즉 사물을 나누어서 보는 능력이 필요하다. 희소한 자원들, 특히 사람과 각종 유형자산들을 어디에 어떻게 배치해서 활용할 것인가를 결정해야 한다. 특히 사람을 다룰 때에는 정의 (justice)의 원리(본서 VII장. '불공정하다고 느끼는 노동자 _ 정의' 편을 참조하라.)를 따라야 하며 진실성(integrity)이 필요하다.

3. 동기부여와 의사소통(to motivate and communicate)

이것은 경영자의 일이 지니는 사회성이다. 개별 구성원들을 하나의 사회적 질서 안에 통합하는 일이다.

4. 측정(measurement)

구성원의 성과는 항상 측정되어야만 한다. 그러나 이 측정은 과업의 성격에 따라 수량 측정과 질적 판단이 적절히 배치되어야 한다. 가장 경계해야 할 것은, 이 측정이 자기통제(self-control)가 아닌 명령통제의 수단으로 남용되는 일이다.

5. 인력의 개발(to develop people)

경영자는 앞의 일들을 수행하는 경영자를 조직 안에서 똑같이 개발하고 양성해야 한다. 즉 경영자로서 '나'와 같은 마음을 지닌 인력들을 계속 만들어내야 한다. 조직의 계승과 자기생성은 바로 이를 통해 이루어진다. 이것이 이루어져 있지 않으면, 유능한 경영자 한 사람이 퇴사하는 순간 그 조직은 궤멸할 것이다.

이 중 어느 하나만을, 또는 일부만 할 줄 안다고 해서 경영자가 될 수 있는 것은 아니다. 예를 들어, 목표 설정만을 할 줄 알고 그 성과를 제대로 측정하지 못하거나, 동기부여와 의사소통은 능하지만 목표 자체를 제대로 설정하지 못하거나, 조직화를 아무리 잘 이루었어도 인력 개발을 방치하고 있다면, 그는 경영자라고 불릴 자격이 없다. 경영 마음의 여러 범주를 두루 갖춘 사람만이 경영자다.

오랫동안 한 분야에서 전문가로 인정받던 사람이 새로 경영자의 책무를 맡게 되면, 대개 경영 마음이 부족한 상태에서 많은 혼란을 겪게 될 것이다. 그는 충분한 경험과 성찰을 통해 경영 마음을 만들어 갈 시간이 필요하다.

라. 효율성 패러다임 극복과 청색기술 지식

성찰하는 경영자는 과거 어느 때보다 자연모방(bio-mimicry) 기술, 또는 자연영감(bio-inspiration) 기술에 더욱 주목할 필요가 있다. 과학문화연구소 이인식 소장은 이 기술을 '청색기술(blue technology)'이라고 이름지었고, 군터 파울리Gunter Pauli는 자연영감 기술에 바탕을 둔 경제를 청색경제(blue economy) 라고 불렀다.[23]

왜 그런가? 경영의 원재료로서 역사 속 발명가와 공학자들이 이룩한 성과들은, 그 영감의 원천이 대부분 자연에서 나왔기 때문이다. 자연과 생명체가 수억 년에 걸쳐 진화시켜 온 생존의 원리는 유사 이래 그들에게 최고의 스승이었다. 더 나아가 오늘날에는 경영자에게도 최고의 스승이 될 자격이 있다.

화석연료 사용의 문제점은, 그것이 자연의 원리에서 배우는 것이 아니라, 자연물을 그대로 소모하는 행동에 그쳤다는 사실이다. 그동안 경영자들은 생성과 순환 대신에 소모에 주력하다 보니 결국 탄소 배출량 절감이라는 막바지 처리를 강요당하기에 이르렀다. 그들은 생존을 위해 탄소 배출이 불가피한 생산 방식을 택해야만 했었지만, 이제 그 대가를 요구받기 시작했다. 녹색, 즉 그린(green) 기술로 알려진 많은 것들이 소모를 전제한 대응이라는 프레임 아래 개발됐다.

일거에 모든 문제를 해결하는 마법 같은 기술을 바랄 수는 없지만, 경영자와 공학자는 이제 지구상 수만 종의 생명체가 저마다 갖춘 다양한 생존의 원리에서 미래 기술의 가능성을 하나씩 탐색해 나가야 할 것이다. 예컨대 아프리카 흰개미집에서 자연통풍과 냉방 효과를 지닌 건축물의 설계 원리를, 나미브사막 풍뎅이의 수분 생성 방법에서 공기로부터 수자원을 얻어내는 방법을 찾아낼 수 있다. 이미 사업화가 이루어진 것도 많지만 앞으로 더 많은 영역에서 이 지식 탐구가 확산될 필요가 있다.[24]

청색기술에 주목해야 하는 또 다른 이유는, 효율이라는 가치에 대한 반성의 필요성 때문이다. 효율을 폐기하자는 말이 아니다. 효율은 동일한 자원이 투입됐을 때 더 많은 성과를 내도록 하는 바람직한 가치이기 때문이다. 경영자는 효율을 무시해서는 안 된다. 특히 비용 경영 관점에서는 반드시 효율의 원리를 따라야 한다. 성과를 내는 데 기여하지 않고 비용만 발생시키는 유휴 자산(시설, 공간, 현금 등)이나 유휴 노동력, 단지 소모되기만 하는 전기와 에너지의 공(空)회전, 관행에 따르고 있을 뿐 환경 변화에 대응하지 못하는 불필요한 지출(광고비, 외주비 등), 불필요한 회의나 서류 처리 관행에 파묻혀 생산적인 일에 집중하지 못하는 노동자처럼, 효율을 파괴하는 요소를 경영자는 철저히 막아야 한다. 우리가 되돌아보아야 할 것은 그보다는 좁은 의미에서, 단순 측정되는 생산 효율성이다.

한때 경영자의 생각 습관은 '생산 용량이 허용하는 한 더 많이'를 추구했다. 산출량을 노동투입량(시간 또는 인원수)으로 나눈 값을 노동생산성이라고 할 때, 20세기의 경영자들은 노동생산성을 높이는 것을 지상과제로 삼았다. 기계 투입과 노동력 투입 사이의 비중은 오로지 그 관점에서 조절됐다. 사업에 따라 차이는 있었지만, 많은 경우 기계 투입을 늘리고 노동 투입을 줄이는 방향으로 비중이 조정됐다. 이는 당시 사회에서 필요한 요청이었다. 인류의 필요를 충족하거나 숨은 욕구들을 소생시키는 새로운 발명품, 예컨대 자동차, TV, 에어컨, 냉장고, 신약, 식품 등이 개발되면 우선 이것들을 충분히 많이 만들어낼 필요가 있었기 때문이다.

대규모 고정자산 투자가 필수였던 환경에서 경영자는 '규모의 경제(economies of scale)'를 통해 생산단위당 평균생산비를 감축해야만 했다. 그래서 되도록 많이 생산해내야만 했다. 공장이 잠시라도 가동을 멈춘다는 것은 상상할 수 없는 일이었다. 대부분 제조업은 쉬지 않고 라인을 돌리며 물건을 찍어내야 했다. 그래야만 노동자에게 임금을 계속 지급할 수 있었고, 다른 생산요소에도 대가를 계속 지불할 수 있었기 때문이다.

하지만 이 과정이 거의 한 세기를 지속하다 보니, 세기말부터는 부족이 아니라 오히려 과잉이 문제가 되기 시작했다. 주기적으로 발생하는 과잉생산은 자본주의 체제의 가장 큰 취약점으로 드러났다. 진보 사상가들은 이런 시스템을 가리켜 '인간을 끝없는 소비의 노예로 만듦으로서 자신을 확대재생산하는 자본주의 체제의 모순'이라며 날로 목소리를 높였다. 이제 경영자는 단지 이념 프레임에 갇힌 채 이런 비판에 예민하게 반응하기보다는 사태의 본질을 좀 더 냉철히 들여다볼 필요가 있다. 경영자 스스로 자기 제어 능력을 발휘해야 할 지점이 바로 이곳이다.[25] 오늘날 생산에서는 '더 많이'가 아니라 '어느 정도까지 많이'와 '어떻게'를 제어하는 일이 더 시급해졌다. 노동생산성은 여전히 보조적인 지표로 사용될 수 있겠지만, 주 지표로서 중요성은 상당히 사라졌다.

그렇다고 해서 슈마허[E. F. Schumacher]식의 '작은 것이 아름답다.'는 낡은 시대의 수사법에 현혹되는 것도 위험하다. 작음과 큼은 경영의 생태계를 구성하는 다양한 개별 시스템의 크기를 상대적으로 구분하는 언어일 뿐, 거기에는 그 어떤 절대적 가치가 부여될 수 없다. 큰 것과 작은 것은 각각 자기 자리에서 자신의 고유한 지위와 의미를 가지고 세계 생성에 기여한다. 합성섬유와 직물을 조직적으로 대량생산 해내는 시스템과 물레, 베틀, 천연염색을 통해 한정된 수량의 옷감을 만들어내는 시스템은, 각각 고유의 아름다움과 그만의 고객이 따로 있다. 역사적으로도 기계형 공장제는 수공 장인제를 대체하는 것이 아니라 단지 보완하는 것이었다.

환경주의자들은 이 지점에서 종종 자기모순에 빠진다. 모든 경제 행위에는 크든 작든 비용이 수반된다. 공장제 대량생산은 인류의 필요를 보편적으로 충족시키는 대신 자연의 훼손이라는 비용을 감내해야 했고, 수공 장인제는 자연 훼손은 상대적으로 덜했겠지만 그들의 생산 혜택은 오직 사회의 소수자에게만 돌아갔다. 어느 하나를 포기하고 다른 하나로 완전히 대체하자는 주장은 성립하기 어렵다. 경영자가 결코 순수 원리주의자가 되어서는 안 되는 이유가 여기에도 있다.

지금도 고가의 수제 명품의 소비 기회는 오직 재력이 있는 소수사에게만 주어진다. 그나마 감내할 수 있는 수준에서 환경 파괴를 허용하면서 중저가의 대량생산 제품들이 공급될 수 있었기 때문에 인류의 소비는 비로소 민주화될 수 있었다. 사실 어떤 경영자라 해도 의도적으로 환경을 파괴할 동기로 사업에 임하지는 않는다. 예를 들어서, 제지나 가구 사업의 가치사슬에 속한 경영자는 결코 무분별하게 벌목을 행할 동기에서 자신의 사업을 시작한 것이 아니다. 유한킴벌리 사례에서도 볼 수 있듯이, 그들의 시스템은 자연환경에 미치는 영향을 최소화하는 정책 아래 조림과 벌목을 적절히 병행해 오곤 했다.

효율의 의미를 재고해야 할 또 다른 계기는 지식노동과 지식경제가 확산된 데에서도 찾을 수 있다. 과거처럼 노동시간, 인원수, 기계투입량만으로는 투입요소로서 지식노동의 양을 반영하기가 불가능해졌다. 동일한 인원이 동일한 시간을 일해도, 어떤 지식노동자(연구자, 개발자, 디자이너, 기획자, 프로젝트 관리자, 컨설턴트, 의사, 예술가 등)는 다른 지식노동자에 비해 탁월한 성과를 낸다. 논문·저술 편수, 특허 출원 또는 등록 건수, 컨설팅 건수, 고객불만 해결 건수, 고객 유치량 같은 성과지표들은 지식노동자의 진정한 성과를 담기에는 부족하다. 그럼에도 불구하고 지식노동 성과를 측정하는 수많은 수량 KPI들이 여전히 사라지지 않는 이유는, 20세기 유형의 투입 - 산출 프레임 아래 효율성을 추구해 왔던 습관 때문이다. 그래서 2차대전 이후 도래한 지식경제 시대에 드러커는, 물리적인 관점에서 효율성을 측정하는 수단으로서가 아니라 과업의 성과를 종합적으로 판단하는 기준으로서 생산성 개념을 재정립해야 한다고 강조했던 것이다.[26] 그럼에도 불구하고 대부분 조직에서 수량 중심 KPI가 도입되면서, 경영자, 특히 중간경영자가 지식노동의 성과를 올바로 판단할 여지는 점점 줄어들고 있다.

한편, 객관화된 수량지표가 없으면 평가의 객관성이 침해된다고 우려를 표명하는 사람들이 있다. 그런데 도대체 경영 성과가 반드시 객관적이어야 할 이유가 어디에 있는가? 궁극적으로 경영은 '나' 각각이 성과에 대해 책임을 지도록 하는 활동이다. 더구나 그 모든 성과는 각각 낱으로 구분되는 단자(單子)로서가 아니라, 상호 생성하는 전체 안에서 발현한다. 객관적 수량평가지표는 지식노동자가 단지 수치만 달성함으로써 진정한 책임을 교묘히 회피해 가는 수단으로 언제든지 전락할 수 있다.

모든 경영 성과는 사실, 설령 수치로 표현됐다 하더라도 결코 객관성의 대상이 될 수 없다. 한 해의 재무제표와 성과보고서에 그 해의 경영 성과가 객관적인 언어로 표현되어 있다고 착각하기 쉽다. 여기

매출액 100억 원에 영업손실이 20억 원이 발생했다는 기록이 있다. 그리고 이 수치는 전년도 매출액 90억 원과 영업이익 10억 원이라는 기록과 대비된다. 누가 보아도 동일한 숫자다. 하지만 그 수치의 변화 안에 담긴 성과의 의미는 객관적이지 않다.

매출액 100억 원의 의미는, 그 성격을 하나하나 파헤쳐 들어가면, 기업의 과거, 현재, 미래로 이어지는 활동 과정에서 지니는 모든 긍정적인 의미와 부정적인 의미가 다 담겨 있다. 손실이나 이익 계정과목은 물론이고, 성과보고서에 표시된 수천 종의 항목, 더 나아가 그것들이 집계되기 전 현장의 수많은 최하단 지표에 대해서도 마찬가지다. 예컨대 단순히 고객불만 접수율 수치 하나의 변화에도 수많은 긍정적인 의미와 부정적인 의미가 동시에 들어 있다. 기록된 수치상 사상 최고의 실적이 났을 때, 누군가는 환호하지만 누군가는 위기를 느낀다. 경영자는 이때 성찰하고 판단해야 한다. 그리고 다음 행동을 이어 가야 한다.

20세기에 효율성 프레임은 유사 이래 처음으로 경영의 위력을 일깨웠다. 그러나 이 사고법은 어느 날부터인가 경영의 발목을 잡는 족쇄가 되기 시작했다. 미국의 저명한 거시경제학자 로버트 고든 Robert J. Gordon은 《미국의 성장은 끝났는가(The Rise and Fall of American Growth)》에서, 1970년대 이후 전통적인 성장회계(growth accounting) 방식으로 측정한 생산성은 분명히 둔화됐지만, 오히려 사람들의 생활 양식은 더욱 풍요롭고 다채로워졌다는 사실을 말했다. 고든은 성장 프레임만으로는 설명할 수 없는 생활 세계의 진보가 이루어질 수 있음을 분명히 보았다. 경영자도 이제 새로운 세계관으로 이행할 때가 됐다. 그래서 그에게는 기존에 익숙했던 지식에 대한 성찰이 더욱 필요한 것이다.

마. 맺는말

　과거에는 거대한 도서관이 지식의 저장소를 상징했고, 수많은 문필가, 지식인, 과학자가 그곳에 거(居)하며 지식을 생성했다. 현대 조직 사회에서 도서관 안의 지식들이 가치를 구현하기 위해서는 도서관 바깥에 존재하는 경영자의 매개가 더할 나위 없이 중요해졌다. 경영자의 활동을 통해서 이 모든 지식들은 비로소 생명을 얻는다. 경영자가 있기에 고객은 그 지식의 집적체로서 상품과 서비스를 통해 비로소 삶의 여러 필요를 충족할 수 있다. 경영자가 없으면, 그 지식들은 영원히 활기 없는 정보 뭉치로 쌓인 채 어둠 속에서 생을 마감할 것이다.

　옛날 같은 도서관은 이제 없다. 대신에 언제 어디서나 접속할 수 있는 방대한 디지털 정보 인프라가 있다. 이 정보 인프라는 경영자가 여전히 자신의 지식을 얻을 수 있는 중요한 공간이겠지만, 무엇보다 그에게는 그 너머에서 체험과 성찰을 통해서 얻는 지식이 훨씬 더 중요해지고 있다. 그런 지식이야말로 진정으로 경영자의 생동하는 지식이다. 이 지식은 펄펄 살아 움직이는 만큼 붙잡기도 어렵지만, 만약 성찰을 통해 그 고리를 붙잡을 수만 있다면 그 효과는 실로 클 것이다. 그리고 그 성찰하는 장소는 도서관이나 모니터 앞 공간뿐만 아니라 공장, 길거리, 사교장, 시장, 자연 등 그 어떤 곳일 수도 있다.

II

정말로 알고서
일하고 있는가
| 지식 2 |

가. 무지는 경영자의 숙명이다

    한 저명한 컴퓨터 프로그래머가 '20년간 소프트웨어 엔지니어로서 배운 20가지' 중 첫째로 꼽은 것은, "난 아직도 아는 것이 별로 없다."[27]는 사실이었다. 수십 년간 금융 리스크 분야에 종사해 왔던 최고의 전문가조차도 내게 "아직도 아는 게 부족하다."고 말한 적이 있다. 이것은 겸손이 아니라 성찰하는 지식노동자의 진심이다. 지식의 본질은 무지다.

    모든 지식에는 경계가 있다. 내가 무언가를 새로 알게 되는 순간, 거기에 새로운 경계가 하나 탄생한다. 경계가 생긴다는 것은 동시에 안과 밖이 탄생한다는 뜻이다. 지식노동자의 지식 습득 과정은 내 지식의 경계 바깥에 무언가가 또 있다는 사실을 끊임없이 자각하는 과정이다. 경계를 아무리 넘어가도 그 경계 바깥은 결코 사라지지 않는다. 이런 일은 대개 활동 배경이 조금씩 다른 전문가나 관점이 특이한 지식을 만났을 때 자주 일어난다. 아무리 오랜 세월 어떤 주제를 공부했더라도 동종교배 울타리 안에서 머무는 사람에게는 그런 일이 일어나기 힘들다.

지식노동자는 대개 일상의 업무회의에 대해, 상사의 일방적인 말로만 끝나거나, 형식적이고 관료적인 진행으로 일관하거나, 불필요하게 시간만 잡아먹으면서 아무런 성과를 내지 못한다고 느끼는 경우가 많다. 하지만 회의 자체는 지식 생성에서 참으로 중요한 역할을 한다. 참석자마다 자신의 지식 경계에 바깥이 존재한다는 사실을 확인할 수 있는 자리이기 때문이다. 회의를 통해 구성원은 자신의 무지 영역을 새로 발견하는 기회를 얻는다. 모든 회의 참가자의 지식 경계는 새로이 확장된다. 회의는 본질적으로 지식 경계가 반복적으로 허물어지고 형성되는 과정을 조직적으로 구현한 하나의 절차다.

잭 웰치Jack Welch가 만장일치를 인정하지 않은 것은 이 때문이다. 그때 그는 아직 결론을 내릴 때가 되지 않았으니 다음에 반대자가 나올 때까지 다시 회의를 하자고 했다. 만장일치는 구성원의 지식 경계를 타파하는 일이 전혀 이루어지지 않았다는 것을 의미한다. 각 구성원은 타인의 지식 경계를 충분히 허물 수 있도록 모든 의견을 남김없이 개진해야만 한다. 그리고 회의 주재자는 이런 분위기를 적극적으로 조성해야 한다. 그렇지 않은 회의는 죽은 회의, 즉 죽은 지식만을 생산하는 자리가 된다.

한 CEO가 주장한 어떤 사안에 대해 임원들이 여러 이유를 들어 반대한 일이 있었다. 그러나 CEO는 확신을 갖고 그 일을 추진했고 결국 크게 성공했다. 반대했던 임원들은 머쓱해졌다. 여기까지는 좋았다. 문제는 다음부터였다. CEO는 회의 때마다 그때 그 일을 들먹이면서 모든 다른 의견을 제압해버렸다. 임원들은 이후 모두 입을 닫아버렸다. 자신의 지식만을 믿고 독주했던 CEO는 결국 큰 실책을 내기에 이르렀다.

소크라테스의 대화법은 참여자들이 지닌 지식의 경계선을 끝까지 공략한 것이었다. 그는 당대 최고의 지식인으로 자처했던 소피스트(Sophist)들을 상대로 그들의 말 하나하나를 그 경계 밖으로 끌고 갔다. 그들을 끝까지 내몰고 가다가 결국 다다르게 한 곳은, 그들이 아무것도 아는 바가 없다고 인정해야 할 지점이었다. 그가 '네 자아(自我)를 알라(Know thy self!).'는 신전의 경구를 자주 인용했던 것은 자아의 본원적 무지를 자각하라는 요청이었다. 말하자면 20세기에 포스트모던 해체주의가 등장하기 한참 전에 이미 소크라테스는 완벽한 해체의 철학자였던 셈이다.

현대 지식노동자는 비록 소크라테스가 말했던 본원적 무지의 자각에까지는 이르지 못하더라도, 자신의 과업을 수행하는 매 순간 어떤 '모름'의 상태에 직면하게 된다. 사실 그는 누구보다도 더 많이 안다. 그러나, 자신의 앎이 얼마나 박약해질 수 있는 것인가도 동시에 안다. 그 앎 바깥에 또 다른 앎이 있다는 것을 알기 때문이다. 그래서 그는 고집하거나 강권하지 않는다. 그는 다만, 이 모름을 극복하기 위해 끊임없이 지식의 경계 확장을 추구할 뿐이다.

반면에 이제 막 어떤 지식 세계에 첫발을 디딘 이들은 첫 앎이 주는 기쁨에 빠진다. 그리고 그 앎에 대한 확신 속에서 행동한다. 심지어 타인을 향해 주장과 설득으로 일관하기도 한다. 이렇듯 자기주장이 분명한 것이 장점일 수도 있고 단점일 수도 있겠다. 그러나 그에 대한 판단은 사전(事前)에 불가능하며, 오직 결과가 다 나온 다음에라야 내릴 수 있다. 수만 권의 책을 읽었다고 자타가 공인하는 지식인들조차 종종 상식 수준만도 못한 주장을 늘어놓는 경우가 있다. 그는 자신의 앎이라는 좁은 늪에 깊이 빠져버린 것이다.

성찰하는 지식노동자는 반드시 경청해야 하지만, 동시에 경청에 함몰되지도 말아야 한다. 비판해야 함과 동시에 비판을 위한 비판에 빠지지도 말아야 한다. 멈추지 않고 학습하되, 자신이 배운 것에서 끊임없이 벗어나야 한다. 그는 이 불가피한 '지(知)'와 '무지(無知)'의 대화 속에서 일해야 한다. 그리고 성과를 내야 한다. 지식경영자의 지식은 드러커의 말처럼 '조직화된 무지(organized ignorance)'다.[28] 지식을 조직화하는 일은 동시에 무지를 조직화한다는 말이다. 이 무지 속에서 성과를 만들어 가야 한다는 면에서 지식노동자의 딜레마가 있다.

앎과 모름의 온갖 충돌 속에서도 지식노동자들이 끊임없이 성과를 낼 수 있다는 것은 딜레마를 넘어 차라리 기적이다. 자연을 완벽히 알지도 못하면서, 그저 약간만 아는 상태에서조차도, 거대한 건축물과 교량을 건설해낸다. 뇌를 완벽히 알지도 못하면서, 저마다 통하는 학습법을 찾아내고 아름다운 창작물을 만들어낸다. 마음을 완전히 알지도 못하면서 감정을 조절하고 행동을 통제할 줄 안다. 전 세계 곳곳 어디에 어떤 고객들이 어떻게 있는지도 모르면서, 팔리는 상품을 만들어낸다. 이 모든 일들은 기적을 넘어서 차라리 신비에 가깝다. 이야말로 무지를 지식으로 전환시킬 수 있는 경영의 신비함이다.

나. 기호학과 경영자[29]

　누군가 어떤 신간 도서를 보고 이런 말을 한 적이 있다. "이거 다 내가 본 어떤 책에 이미 써 있는 말들인데……." 그리고 그 어떤 책이란 다름 아닌 《국어사전》이라는 말을 덧붙였다.

　세상에 등장하는 모든 언어와 사물의 단위들은 하나씩 떼어 놓고 보면, 그저 사전에 수록된 낱개의 항목에 불과할 것이다. 지시어로서 '나무'와 '고양이'는 사전에서 별개의 표제어로 등장하지만, 그들이 여타 표제어들과 적절히 뒤섞여 배치되면, '나무'와 '고양이' 각각이 지니고 있지 못했던 또 다른 의미가 생성된다. 이 무수한 표제어 단위 원소들이 어떻게 연결 또는 배치되느냐에 따라 그 배치물은 완전히 다른 대상으로 재탄생한다. 그 창조물은 독자에게 독특한 메시지를 던지고, 독자는 그로부터 고유한 의미를 발견한다. 형식논리학으로 그 결합 구조를 아무리 분석해봤자 의미는 드러나지 않는다.

기호학의 창시자 중 한 명인 소쉬르^{Ferdinand de Saussure, 1857~1913}가 말했듯이, 기호학(semiotics)은 기호의 삶을 연구하는 학문이다. 기호란 사람의 감각 대상에 포착될 수 있도록 표현된 모든 것들을 지칭한다. 수많은 문학작품과 신화, 민담과 같은 언어 기호일 수도 있다. 언어 이외의 것, 예컨대 영상, 이미지, 소리, 색, 제품, 건물, 제의, 자연의 모습 같은 것일 수도 있다. 이런 것들에도 생명체처럼 삶이 있다. 기호의 상호작용은 생물의 생태계처럼 중층적이고 역동적이다.

기호학자들은 이 중층성과 역동성을 논리적으로 단순화해 분석한다. 기호학의 원조인 소쉬르의 기표(記表, signifian, symbol)와 기의(記意, signfié, meaning)의 이항분석, 퍼스^{Charles Sanders Peirce, 1839~1914}의 도상(圖像, icon), 지표(指標, index), 상징(象徵, symbol)의 삼항분석을 비롯해 수많은 기호학자들이 기호의 의미와 상징 체계를 분석하는 고유한 틀을 개발했다.

기호학은 전통적으로 문예비평에 유용하게 적용됐다. 지금도 소설, 시, 영화 등의 기호학적 분석은 인문학 논문의 단골 소재다. 뒤이어 기호학은 사회를 구성하는 각종 관행과 제도의 의미를 분석하는 데에도 활용되어 왔다.

1) 포지셔닝

더 나아가 기호학은 문예와 사회비평을 넘어 광고와 마케팅 분야에도 응용되기 시작했다. 마케팅의 기본 인식은 사람들이 구매하는 것은 어떤 물리적인 제품이 아니라는 데에서 출발한다. 고객은 브랜드에 투사된 마음을 산다. 사람들은 누구나 집적된 무의식에 기반을 둔 욕구가 있다. 브랜드는 이런 내면 욕구와 상품 구매 사이를 매개한다.

세계적인 브랜드 컨설팅 회사인 인터브랜드(Interbrand)가 '세계 100대 브랜드(Best Global Brands)'를 취합해 소개한 책의 제목은 '우리는 어떤 의미를 입고 먹고 마시는가'[30]였다. 우리가 먹고 입고 마시는 것은 단순히 빵, 옷, 술이 아니라 그로부터 파생된 이떤 의미라는 깃이다.

흔히 나라마다 지역마다 어떤 제품을 수용하는 문화에 차이가 있다고 말한다. 문화의 차이란 기호학의 용어를 빌리자면, 그 사회 구성원들 사이에 형성되어 있는 의미 체계의 차이를 말한다. 즉, 어떤 기호의 지시 의미는 같을지 모르지만 함축 의미가 다르다는 것이다. 서양의 여성을 빼닮은 푸른 눈과 큰 가슴, 잘록한 허리의 인형이 왜 우리나라에서는 잘 팔리는데, 일본에서는 거부감을 주는가? 거기에는 깊은 함축 의미의 차이가 있다는 것이다.

필립 코틀러[Philip Kotler]의 '포지셔닝(positioning)'은, 일종의 기호학적 분석을 위한 기초작업이다. 포지셔닝이란, 제품의 여러 속성, 예컨대 패션 의류 같은 경우에 한 축을 가격, 한 축을 선호하는 연령대, 또 다른 한 축을 직업 특성처럼 다차원의 축을 설정한 뒤, 분석 대상인 각각의 브랜드 의류를 이 공간의 특정 지점들에 위치시키는 작업이다. 축의 수와 기준은 제품의 속성에 따라 얼마든지 창의적으로 설정할 수 있다. TV, 스마트폰, 건강식품 등 이 세상에 존재하는 모든 제품과 서비스는 포지셔닝의 대상이 된다. 포지셔닝이 이루어진 다음에라야 시장세분화(market segmentation)가 가능하고 목표고객 집단을 분류해 낼 수 있다. 이렇게 분류된 고객의 마음을 사로잡는 카피와 광고가 창작되고, 이를 인지한 사람들의 마음은 비로소 움직이기 시작한다. 지갑을 여는 것은 고객의 손이 아니라 마음이다.

기호학자 그레마스Algirdas Julius Greimas는 '기호사각형(semiotic square)'을 개발했다. 기호사각형은 소쉬르의 단순한 이항분석을 확장하여 상이한 속성 간의 반대, 모순, 함축의 관계를 사각형의 형태로 배치한 것이다. 기호사각형은 포지셔닝에 그대로 응용할 수 있다. SPA제품인 유니클로(Uniqlo)와 명품 랑방(Lanvin)처럼 목표고객 자체가 현저히 다른 의류 브랜드는 말할 것도 없고, 동일한 명품브랜드라 할지라도 랄프로렌(Ralph Lauren)과 루이비통(Louis Vuitton)은 전혀 다른 기호사각형 안의 의미 공간에 배치된다. 랄프로렌과 루이비통의 가격은 모두 비싼 쪽으로 체크될 것이다. 그러나 개성이라는 축에서 한 쪽은 전통적인 부자들, 다른 한 쪽은 새롭게 성공한 부자들에게 호소하는 의미로 체크된다. 그레마스의 기호학은 상품들 사이에 대립하는 여러 의미의 속성들을 체계적으로 분석해 포지셔닝하는 작업이다.

2) 제품은 기호다

제품은 하나의 기호다. 고객은 그곳에서 의미를 발견한다. 탁월한 경영자들은 비록 기호학을 알지는 못했지만, 실제로는 제품이 고객에게 던지는 의미를 알고 있었다는 면에서 이미 기호학자였다. 고전적인 사례는 포드와 GM에서 발견할 수 있다.

포드 시스템은 20세기의 대량생산 시스템의 원조였다. 창업자 포드의 비전은 단순명쾌했다. 당시 귀족이나 부자들만 이용했던 자동차를 값싸게 대량으로 생산해서 서민들도 마음껏 이용하게 해주자는 것이었다. 이 모델은 대성공을 거두었다. 포드에게 자동차라는 상품의 포지셔닝은 고급차와 대중차라는 구분에 의존했다. 이 방식은 한동안 자동차 업계의 전형적인 고객 구분 방식이 됐다.

GM도 처음에는 포드를 따라 했다. 그러던 어느 날 뭔가 이 방식이 통하지 않는다는 것을 깨달았다. 고심하던 GM은 단순히 가격의 차이를 넘어서 고객들 사이에서 생활양식과 가치관의 차이를 인식하기 시작했다. 풍요로운 세대의 성공한 중산층, 자유를 구가하는 청년, 직업을 갖기 시작하는 여성들이 추구하는 가치를 포착하고 이를 반영한 별도의 생산라인을 구축했다. 라이프스타일의 차이는 바로 의미 체계의 차이다. 오늘날 자동차의 의미는 단순히 수송 기계의 그것이 아니다. 고객들이 자동차라는 기호에서 읽는 것은 삶의 안락 공간이자 창조 공간인 것이다.

애플(Apple)과 마이크로소프트(Microsoft, MS)는 동일한 기능을 제공하는 제품을 고객에게 완전히 다른 의미로 제공함으로써 대립되는 성과를 낳았다. 초창기 매킨토시 컴퓨터는 IBM PC에 비해 미학적인 디자인을 강조했다. 맥 컴퓨터의 우아한 글꼴과 인터페이스에 비하면 마이크로소프트의 디자인은 기계적이고 조잡했다. 하지만 대중은 마이크로소프트를 더 많이 선택했다. 그 저렴한 가격과 주변인들 대부분이 그것을 쓰고 있다는 안도감[31]이 커다란 의미로 작용했기 때문이다. 반면에 초기 애플 제품의 의미는 오직 소수의 사용자들에게만 수용됐다. 하지만 시간이 지나면서 초창기 마이크로소프트가 제공했던 의미에 만족했던 고객들의 욕구는 달리 진화하기 시작했다. 애플 제품에서 발견되는 세련된 미니멀리즘, 그리고 사람의 감성과 동작에 더욱 친화적인 인터페이스는 전보다 많은 고객에게 통하기 시작했다. 아이폰(iPhone)과 아이패드(iPad)로 대변되는 아이 시리즈도 의미의 시장에서 주도권을 잡으면서 모바일 시장을 석권해 갔지만, 마이크로소프트는 같은 시장에서 그렇게 하지 못했다.

이스트만 코닥(Eastman Kodak)은 1882년에 세계 최초로 필름 카메라를 개발해서 상용화한 기업이다. 코닥 이전의 사진기는 두껍고 거대한 감광판이 장착된 중장비였다. 이 중장비를 경장비로 탈바꿈시킨 주체가 코닥이었다. 코닥은 또한 고객 측면에서 의미의 중요성을 간파하고 현대적 의미의 카피 문구를 최초로 구사한 기업이기도 했다. 코닥의 1883년 광고 문구는 "누르기만 하세요. 나머지는 저희가 다 알아서 합니다.(You press the button, We do the rest.)"였다.

코닥의 영광은 이렇게 시작했지만 한 세기를 넘기지 못했다. 100년 기업 코닥은 2012년에 파산보호를 신청했다. 21세기 들어 필름을 대체하는 디지털카메라의 위세에 눌렸기 때문이다. 그런데 여기에 아이러니가 있다. 코닥은 바로 세계 최초로 디지털카메라를 개발한 장본인이었기 때문이다. 1975년 코닥의 엔지니어였던 스티브 세

손[Steve J. Sasson]이 세계 최초로 디지털카메라(CCD)를 개발했었다. 그러나 정작 코닥은 기존의 필름카메라 사업의 성공에 취해 디지털카메라 시장의 육성을 게을리했다. 그 사이에 캐논(Canon)과 소니(Sony)는 디지털카메라가 지닌 의미 체계를 간파했다. 그들이 치고 들어오면서 코닥의 입지는 날로 축소됐다. 로라 오즈월드[Laura R. Ozwald]는 그의 《마케팅 기호학(Marketing Semiotics: Signs, Strategies, and Brand Value, 2013)》에서 코닥이 실패한 이유는 기술력이 부족해서가 아니라 디지털 기술을 인터넷 시대 소비자의 삶 속에 하나의 의미로서 통합시키는 사회적, 문화적 요인을 이해하는 능력이 부족한 데에 있었다고 지적했다.

3) 고객 체험의 의미

기호학에서는 모든 예술을 재현으로 본다. 그것은 감각의 재현이다. 메아리에서 각운이 생기고 그림자에서 그림이 생겼다는 말은 우연이 아니다. 그런 의미에서 예술은 중층적이다. 재현된 대상은 물리적 작품 자체가 아니라 그 안에 깃든 코드(code)다. 코드란 함축된 의미의 체계를 말한다. 감각 역시 예술작품에 코드화되어 재현된다. 사물을 기이(奇異)하게 배치한 파블로 피카소[Pablo Picasso]나 르네 마그리트[René Magritte]의 작품은, 단순히 그 캔버스 상의 모양과 색채 이상으로 어떤 코드를 재현한 것이다. 기존의 인물 사진이나 만화 컷을 물리적으로 복제한 것에 불과한 앤디 워홀[Andy Warhol]이나 로이 리히텐슈타인[Roy Lichtenstein]의 복사품 내지 만화 같은 작품이 공산품이 아니라 비로소 예술작품으로 인정받는 것도 뭔가 코드를 재현했기 때문이다. 마르셀 뒤샹Marcel Duchamp의 '샘(Fountain)'이 예술로 인정받게 된 이유는, 그가 단순히 변기라는 물리적 제품을 내놓아서가 아니라 하나의 코드를 선보였기 때문이다. 감상자는, 즉 고객은, 이들 작품을 통해서 역사, 문화, 사회, 인간 현상에 담긴 어떤 코드를 그만의 성찰로 읽어낸다.

경영도 재현이다. 무엇을 재현하는가? 바로 지식을 재현한다. 지식의 재현 역시 코드의 재현과 마찬가지로 중층성을 띤다. 가치사슬(value chain)은 이런 중층성을 대변하는 표현이다. 가치사슬은 원재료에서 부품, 완성품, 유통, 그리고 사용 후 폐기에 이르기까지 물질이 변형되고 가치가 덧붙여지는 과정을 뜻한다. 다양한 지식들이 중층으로 조합되는 과정이다. 산만하게 흩어져 있었던 개별 지식들이 이 사슬을 거치며 의미를 지닌 완성품으로 변형·통합되고, 이는 궁극에 가서 일련의 고객 체험으로 전환된다. 이를 기호학의 용어를 빌려 표현하자면, '계열체(paradigm)가 점진적으로 통합체(syntagm)로 형성되어 가는 과정'이다.

재현의 관점에서 보면 대량생산과 맞춤생산의 구분도 무의미해진다. 심지어 인공지능이 생성한 것이냐, 사람이 만들어낸 것이냐 하는 구분도 그다지 중요하지 않게 된다. 중요한 것은 어떤 의미를 재현하느냐에 있다. 어떤 고객을 대상으로 하느냐에 따라 재현해야 하는 의미가 달라진다. 대중예술을 비하하는 사람들은, 한 개인이 공을 들여 창작하는 순수예술에 비해 스튜디오나 공장에서 대량 복제되는 상품이 천박하다고 꼬집는다. 그러나 100명의 인구 중에 개인 예술가의 창작품을 원하는 10명의 마음과, 쉽고 편하고 감각적인 성향을 추구하는 90명의 마음은 다른 것이다. 자동차라 해도, 수작업이 대부분의 공정을 차지하는 명품과 조립라인에서 찍어내는 공산품은 전혀 다른 의미 체계를 지닌다. 이들을 자동차라는 하나의 단어 안에 동질화할 수는 없다. 마찬가지로, 1회성 실황 연주와 대량 복제 대상으로서 음반·음원은 진혀 다른 의미를 지향하고 상이한 상품 영역에 속한다. 인공지능이 생성하는 보고서나 예술작품과 사람 지능과 창작력이 만들어내는 그것들 사이에도 마찬가지다. 이처럼 얼핏 유사해 보이는 사물이 창조하는 전혀 상이한 의미들은 타깃고객의 마음 지점도 전혀 다를 수밖에 없다.

　마케팅이 구사하는 '시장세분화' 기법들은, 고객의 복잡한 마음과 의미 체계를 읽는 끝없는 여정의 길 위에 있다. 어떤 자동차 회사가 제품 브랜드를 20종 보유하고 있다면, 20종의 시장세분화가 이루어진 것이다. 그러나 고객의 실제 마음은 이 20종의 범위를 훨씬 넘어선다. 엄밀하게 말하자면 전 세계에 60억 명의 인구가 있다면 최소 60억 종의 마음, 60억 종의 시장이 있는 것이다. 더구나 각 종마다 시간과 상황에 따라 다르게 생성 가능한 의미들까지 감안하면, 시장세분화의 범위는 사실상 무한이다. 다만 우리는 한 부류의 제품을 무한한 고객으로 분류할 수는 없는 일이기에, 지금 마케팅 관행대로 단지 몇 종, 많아야 수십 종의 분류만을 현실에서 수용할 수 있을 뿐이다. 하지만 미래에 기술 발전이 진행될수록 경영자는 세분화를 좀더 촘촘히 구현할 수 있을 것이다. 다양한 사업마다 3D프린팅이나 유연하고 편리한 설계 소프트웨어 기술이 발전하면서 이 가능한 종의 수는 점점 늘어갈 것이다. 프로슈머(prosumer)라든지, 홈(home) 자가 들어간 홈메이드(home-made), 홈시어터(home theater), 홈레코딩(home recording) 같은 단어가 최근에 유독 많이 등장하고 있다. 이런 현상은 그런 변화의 서막과 같다.

대중은 얼핏 동질적인 것 같지만 마음의 세계로 들어가보면 전혀 그렇지 않다. 19세기 경제학은, 동질적인 제품과 가격에만 반응하는 고객을 전제하고, 완전경쟁이라는 비현실적 세계관 아래 이론을 구축했다. 그러다가 1930년대에 에드워드 체임벌린Edward Hasting Chamberlin, 1899~1967이 '독점적 경쟁(monopolistic competition)' 이론과 함께 '제품 차별화(product differentiation)'라는 개념을 처음 들고 나왔다. 하지만 이 차별화도 공급품이 지닌 속성에 초점을 두었을 뿐, 아직 고객의 입장에서 체감하는 의미 영역을 바라본 것이 아니었다. 경제학이 사람의 마음을 연구하는 학문이 아니라, 상품과 화폐를 연구하는 학문으로 남아 있는 한 이 벽은 좀처럼 무너지지 않을 것 같다.

앞으로 기호학은 경영자가 고객의 다양성을 이해하는 핵심 원리가 될 것이다. 경영자나 연구개발자나 모두 이제 기호학에 주목해야 한다. 그러기 위해서는 자신이 개발한 제품이나 서비스가 본질적으로 하나의 통합된 기호 체계라는 사실을 먼저 알아야 할 것이다. 그리고 스스로에게 질문하고 성찰해야 할 것이다. "이 상품/서비스는 고객에게 과연 어떤 의미인가?"[32]

다. 시장의 에소테리시즘

앞에서는 제품 측의 기호로부터 촉발되어 시장에서 의미가 생성되는 현상을 말했다. 그 반대 방향의 일도 일어난다. 시장이 하나의 기호 체계로서 경영자 앞에 던져지고, 그는 거기에서 의미를 읽어내는 일이 그것이다.

고객은 상품으로부터 의미를 읽어내는 일이 의무가 아니다. 고객은 그 상품에 대해 느끼는 대로 행동하면 충분하다. 이는 공급자가 어떤 의도를 가지고 있느냐와는 크게 관련이 없다. 공급자는 광고를 통해 고객의 마음을 조종할 수 있지만 그를 수용하는 것은 고객의 의지와 선택에 달렸다. 탁월한 기능을 지닌 신기술 제품이 시장에서 자주 실패하는 이유는 여기에 있다.

고객은 오직 자신의 습관, 희망, 불편의 관점에서만 선택하면 그뿐, 공급자가 어떤 노력이나 의도를 기울였는지는 안중에 두지 않

는다.[33]

　반대로 경영자가 시장으로부터 의미를 읽어내는 일은 일종의 의무다. 경영자는 매일 같이 시장이라는 거대한 기호 체계 앞에 던져진다. 신문에는 새로운 사건이 보도되고, 기획부서로부터는 새로운 분석 보고서가 올라오며, 업계 동료나 사내 직원들은 새로운 정보를 쏟아낸다. 치명적인 사실은, 경영자가 여기에서 의미를 제대로 읽어내지 못하면, 그는 올바른 의사결정으로부터 점점 멀어지게 된다는 것이다. 조직을 지속할 의무가 있는 경영자는 자연스럽게 시장의 선호를 해독할 의무가 뒤따른다. 문제는 이 독해(讀解)의 어려움에 있다.

1) 철학적 에소테리시즘

　철학에서는 에소테리시즘(esotericism)이 하나의 큰 전통이었다. 탁월한 철학자들은 공개적으로 드러난 언어 뒤에 본뜻 또는 본가르침을 교묘히 숨기곤 했다. 에소테리시즘은 밀교주의(密敎主義)로 번역되곤 한다. 밀교는 글자 그대로 '비밀스러운 가르침'이라는 뜻이다. 다수의 제자를 상대로 공개된 강의장이나 문서를 통한 가르침이 아니라, 스승이 제자를 향해 1대 1로 가르침을 주는 것이다.

　특히 종교에서는 밀교 방식으로 교지(敎旨)를 전승하는 일이 많았다. 티베트의 탄트라(tantra) 불교를, 한국이나 동남아시아의 그것과 달리 흔히 밀교로 분류하는 이유는, 경전 학습이나 대중 강론보다 스승이 제자와 단독으로 만나 가르침을 전승하는 전통이 더 중시됐기 때문이다. 힌두교의 경전 《우파니샤드(upanishad)》는 산스크리트어로

'(스승) 가까이(upa), 낮추어(ni), 앉는다(shad)'는 뜻이다. 거기에서 스승은 제자와 직접 대화를 하면서 지혜를 전수한다.

한국에서 밀교라는 단어는 티베트 불교가 주는 표면적 인상과 결부되어 다소 편향되어 있다. 그래서 본서에서는 종교로서 밀교와 구분해서, 철학적 밀교주의에 한해 '본뜻 숨김'이라는 표현을 사용하겠다.

철하저 본뜻 숨긴의 중요성을 발견하고 이를 철학 텍스드 독해의 핵심 방법으로 주장한 사람은, 미국의 철학자 리오 스트라우스^{Leo Strauss, 1899~1973}였다. 그는 《박해와 글쓰기의 기술(Persecution and the Art of Writing, 1952)》에서 이 독법의 원리를 세상에 알렸다. 역사상 위대한 철학자들은 대중이나 권력자로부터 받을 박해, 오해, 공격을 피하기 위해, 대개 본뜻 숨김의 방식으로 글을 써 왔다. 그가 속한 사회를 상대로 불편한 진실을 곧이곧대로 표명하지 않았다.

그래서 철학자들은 직설적인 표현 대신에 우화나 비유를 통해, 심지어 반어법으로 자신의 본뜻을 교묘하게 전달하곤 했다. 또한 중요하지 않은 것처럼 스쳐 지나가는 표현 속에 이를 암시하기도 했다. 때로는 본문 대신 눈에 잘 띄지 않는 각주에 담아 살짝 표현하기도 했다.

본뜻 숨김의 글쓰기는 언제부터인지 철학자들 사이에서 하나씩 자취를 감추었다. 그것은 대중과 권력자의 인식 수준이 철학자의 눈높이만큼 상승해서가 아니라, 근대에 이성주의, 법칙주의, 역사주의, 자연과학적 지식 탐구 방법이 득세한 것이 큰 원인이었다. 이른바 과학적인 글쓰기가 아니면 인정받지 못하는 시대가 왔기 때문이다. 지식의 세계에서는 모든 것이 과학적으로 명백할 것을 요구하기 시작했다. 근대 자연과학 발전은 인류 정신에서 미신과 불합리를 추방하는데에 크게 기여했지만, 동시에 자연과학의 논리만으로는 담을 수 없는 지식 세계의 소중한 속성들을 포기하는 부작용을 낳기도 했다. 빌헬름 딜타이[Wilhelm Dilthey, 1833~1911]가 말했듯, 시와 예술은 적어도 자연과학 입장에서 보면 타당한 지식 표현 방식이 아니었지만, 여전히 인간 지식을 표현하는 중요한 경로로 남아 있다. 그 표현들은 자연과학이 담지 못하는 다양한 상징, 은유, 그리고 의미의 깊은 체험을 매개하는 수단이기 때문이다.

리오 스트라우스의 에소테리시즘을 깊이 탐구한 아서 멜처[Arthur Melzer] 교수의 《행간의 철학(The Philosophy between the Lines, 2014)》에 따르면, 근대 이후 본뜻 숨김의 글쓰기가 많이 사라지기는 했지만 완전히 단절되지는 않았다. 그중 한 예로, 현대 정의론의 철학자 존 롤스[John Rawls, 1921~2002]를 들어보자. 롤스는 흔히 칸트의 목적론 철학에서 영향을 많이 받았다고 알려져 있다. 하지만 연구자들에 따르면, 롤스의 다른 저작들과 연결시켜 그의 생각의 원류를 추적해보면, 칸트보다는 오히려 헤겔이 지배적이라는 사실이 밝혀졌다. 그는 방대한 《정의론(A Theory of Justice)》에서 헤겔의 이름을 단 두 번 언급했을 뿐이었다. 롤스는 당시 주류 철학계에서 배척당하고 있었던 헤겔을 자신의 논의 전면에 부각시키고 싶어 하지 않았다. 대신에 칸트를 내세우면서 자신의 본뜻을 숨겼다.[34]

피터 드러커의 책들은, 적어도 대중 사이에 널리 알려진 글들만 보면, 그의 내면 깊숙이 자리잡은, 성공회 신도로서 지녔던 기독교 사상의 배경을 포착하기 힘들다. 예수의 인명은 거의 언급되지 않고 자신의 신앙 세계를 직접 묘사하는 표현도 거의 발견되지 않는다. 역사 속 여러 기독교 유파 사상에 대한 언급은 곁가지라 싶을 정도로 스쳐 지나가듯 나온다.[35] 그의 사상 형성에 영향을 미친 수많은 고전과 사상가들이 무수히 많지만, 그 안에서 기독교와 관련된 문헌과 인물들은 단지 한 부분으로만 소개된다.[36]

하지만, 그의 글 가운데, 사람들에게 거의 읽히지 않는《인기 없는 키르케고르(The Unfashionable Kierkegaard, 1933)》[37]를 읽어 보면, 그의 내면 깊은 곳에서 작동하는 기독교 실존주의 사상이 얼마나 강력한 것인지, 그가 평생토록 펼친 경영 및 사회사상 곳곳에 그 영향이 얼마나 깊이 배어 있는지 유추할 수 있다. 이를 알고서 드러커를 읽으면 그의 말은 전혀 새로운 뜻으로 드러난다. 그가 그토록 곳곳에서 강조한 '사회 속 개인'이 무슨 뜻인지, '대립하는 지식들의 통합'이 무슨 뜻인지 보다 분명해진다. 다른 지식인들처럼 글을 일부러 어렵게 쓰려고 하지 않았던 그였다. 얼핏 누구나 읽을 수 있는 평이해 보이는 문장이지만, 그 행간에 숨어 있는 의미는 사실 드러커의 경영서를 처음 접하는 독자에게는 잘 드러나지 않는다. 그래서 사람들은 그에게 단지 경영 '구루(guru)'라는 통속의 호칭을 부여하고 끝나는 것일지 모르겠다.

플라톤은 독배를 받고 죽은 스승의 모습을 보고, 당대인의 야만성과 무지에 큰 충격을 받았다. 그는 자신의 저술 속에 등장하는 화자 소크라테스를 최대한 사회 질서를 존중하는 충실한 시민인 것처럼 묘사했다. 당대 그리스 사회 최고의 해체주의자이자 반항아였던 소크라테스는, 이렇게 플라톤의 저작에서 본뜻 숨김을 거쳐 재탄생했다. 그러나 완전히 숨긴 것은 아니었다. 텍스트 곳곳에서 소크라테스의 진의를 암시하는 구절들을 스쳐 지나가듯 섞어 놓았다. 이 때문에 일반 독자들은 이를 포착하기가 대단히 어렵다.

18세기의 탁월한 계몽주의 철학자들 역시 본뜻 숨김의 방법으로 저작을 꾸며내곤 했다. 노골적으로 신을 부정해서는 그들의 사상을 당대의 사람들이 수용할 리 만무할뿐더러, 당장 사회적 비난과 매장 대상이 될 수 있었기 때문이다. 칸트의 《순수이성비판(Kritik der reinen Vernunft)》의 첫 원고는, 당시 출판계가 다 그랬듯이, 교회로부터 출판 불가 판정을 받았다. 그는 교회의 비위를 맞추기 위해 자신의 생각을 교묘한 수사법(修辭法) 아래 담는 방향으로 글을 고쳤다. 그래서 이 책이 비로소 출판될 수 있었다. 비교적 쉽게 읽히는 칸트의 여타 저작들과 비교했을 때, 이 책의 문장이 그토록 어렵고 복잡해진 한 가지 이유이기도 하다.

현자들은 공개적인 가르침에 그가 말하고자 하는 참뜻을 노골적으로 드러내려 하지 않는다. 경험과 인식 수준이 상이한 여러 청자(聽者)에게 두루 맞추어야 할 필요가 있기 때문이기도 하지만, 자칫 터무니없는 오해나 혐오를 불러일으킬 수 있기 때문이다. 특히 종교의 창시자들일수록 더욱 그랬다.

소위 '고상한 거짓말(noble lie)' 역시 본뜻 숨김의 한 방법이다. 사회 결속을 위해, 정치 선동을 위해, 정치인들이나 그에 봉사하는 지식인들은 고상한 거짓말을 대중에 주입하곤 한다. 예를 들어, 모든 "인간은 평등하게 태어났다."는 지식인들의 선언은 분명히 사회적 순기능이 있다. 대부분의 사람들이 이를 믿고, 많은 제도가 이 믿음에 기반을 두고 만들어졌다.

조지프 슘페터Joseph Alois Schumpeter, 1883~1950는 《경제 진화의 이론(Theorie der Wirtschaftlichen Entwicklung)》[38] 독일어 초판(1911)에, 신결합이 평범하고 정태적인 다수의 대중이 아니라 창조적이고 활동적인 소수의 영웅들에 의해서 수행된다고 썼다. 그 내용은 이내 영웅주의 내지 엘리트주의라고, 즉 대중 폄하라고 거세게 비판받았다. 그는 2판에서 그 내용을 대거 삭제했다. 거기에서 인적(人的) 역할을 탈색시키는 대신에, 신결합이 경제 과정에서 군집적으로 출현한다는 식으로 고쳐 썼다.

수많은 사상의 후계자들 사이에 참으로 다양한 해석이 등장하는 것도 에소테리시즘 때문이다. 동일한 교조(敎祖)로부터 출발한 종교의 언어는 물론이고, 공자, 노자, 장자, 주자, 왕수인王守仁, 1472~1528, 칸트, 헤겔, 마르크스 등 지식 세계의 위대한 텍스트들마다 수많은 해석의 유파를 낳았다. 그리고 각 해석가들은 자신의 것이 가장 올바른 해석이라고 주장한다. 같은 시조에 바탕을 두면서도 그 해석들은 때로 극단적으로 반대되는 입장을 표명하기도 한다. 그러나 어떤 해석도 절대적으로 올바른 해석이라고 단정할 수 없다. 왜냐하면 본뜻이 알려져 있지 않기 때문이다.

알려져 있다면 이미 에소테릭이 아니다. 멜처가 말했듯, 암호 해독법처럼 해답을 찾아낼 수 있는 기술이 있다면 에소테릭 독해는 과학이 될 수 있겠지만, 불행하게도 그런 기술은 존재하지 않는다. 에소테릭 저자들은 글을 쓰는 맥락에 따라 본뜻 숨김의 방법, 강도, 수단을 다양하게 구사하고, 독자 역시 그 텍스트를 접할 때 자신의 경험 세계와 인식 수준에 맞추어 읽는다. 어떤 독자가 그 본의를 파악했다 하더라도, 다른 독자는 또 다른 내용으로 이를 이해할 것이다. 저자의 본뜻 숨김과 독자의 알아차림이 만나는 지점에서 의미가 생성된다. 하지만 이 의미 생성의 조합은 보편적 공식을 따라 산출되는 것이 아니므로, 에소테릭 독법은 결코 과학이 될 수 없다.[39] 다만 독자마다 끊임없이 탐색하고 발견하는 과정이 있을 뿐이다.

2) 시장의 본뜻 숨김

시장은 하나의 암호다. 시장의 신호들이 던지는 본뜻은 평균적인 경영자의 독해 능력 바깥에 숨겨져 있다. 이를 철학의 에소테리시즘과 대비해 '시장의 에소테리시즘'이라고 칭할 수 있겠다.

시장의 본뜻 숨김이 철학의 그것과 가장 다른 점은 두 가지다.

첫째, 본뜻 숨김을 의도하는 주체가 존재하지 않는다. 광활한 시장 텍스트를 구석구석 어떻게 꾸밀까 주재(主宰)하는 계획자나 저술가는 없다. 시장은 수많은 의도하는 개인과 의도하지 않는 개인들이 복잡계 속에서 자기생성하는 체계다. 모든 신호들은 불특정 시공간에서 자기생성된다. 경영자를 향해 의도적으로 메시지를 감추려는 의도 따위는 없다. 다만 경영자 앞에서 비인간적으로 펼쳐질 뿐이다. 그만큼 시장 텍스트는 단권의 철학 텍스트 이상으로 본뜻 찾기가 어렵다.

둘째, 시장 현상은 언제나 동태(動態)다. 더구나 복잡 시스템이다. 철학 텍스트가 아무리 방대해 보여도 이미 하나의 정적(靜的)인 완성본 상태로 제시되는 것과 달리, 시장이 지닌 이 동태성과 복잡성 때문에 독해는 더욱 어려워진다. 최초의 시장 신호는 복잡계의 초기 인인으로 숨어서 태동하고, 체계는 후기 발현 상태에 이르기까지 온갖 변신을 거치며 진화한다. 후기가 되어야 사람들은 세상이 이미 변했다는 것을 느끼게 되는데, 이쯤 되면 이미 에소테릭 상태라 볼 수 없다. 초기 미세한 신호만을 보고 그 귀결을 예측한다는 것은 복잡계의 특성상 구조적으로 불가능하다. 초기 사업모델 상태에서 스타트업 투자가 대개 실패하는 이유가 여기에 있다.

시장이 보내는 메시지는 변화 경영의 입장에서 두 가지 다른 성격으로 나뉜다. 하나는, 변화에 대응하라는 메시지다. 이것은 다가올 변화를 미리 읽고 그에 대비하라는 요청이다. 다른 하나는, 변화를 창조하고 선도하라는 메시지다. 이것은 앞의 메시지에 비해 더욱 적극적인 요청이다.

• 다가올 변화를 예고하는 신호에는 단기적인 것과 장기적인 것의 두 가지가 있다.

먼저 단기의 예다. 2014년 4월경 명지병원의 한 의사는 사우디아

라비아 지방에서 메르스 환자가 급증하고 있다는 기사를 접했다. 머나먼 중동 지방의 질병을 당장 우리나라 상황과 연결지어 생각하기는 쉽지 않다. 명지병원은 국가 간 교류가 빈번한 상황에서 곧바로 우리나라에도 이 신종 전염병이 상륙할 것이라고 판단했다. 당시 명지병원은 국가 지정 격리병상을 운영하고 있었기 때문에, 만약 한국에서 이 환자가 발생하면 자기 병원으로 올 것임을 예측했다. 이내 메르스 환자 대응 시스템을 구축하고 구성원들을 교육했다. 2015년 5월 국내에 첫 메르스 환자가 발생했고, 병원은 준비된 대로 대응할 수 있었다.[40] 다른 병원들은 그제야 뒤늦게 반응하기 시작했다.

다음으로 장기의 예다. 1947년 AT&T의 연구원이 전화기를 자동차 안테나에 연결하는 방식을 처음 개발했다. 하지만 이 작은 사건의 거대한 의미를 눈치챈 사람은 거의 없었다. 이후 70년간 카폰, 호출기, 휴대폰, 스마트폰으로 이어진 기나긴 변화가 있었다.

과학기술 종사자들은 전문지를 통해서, 또는 온라인 전문 채널을 통해, 그 분야의 새로운 연구나 개발 성과들을 늘 접한다. 하지만 경영자들은 특별히 관심이 있는 사람이 아니면, 그런 일들이 어떤 연구소에서 누구에 의해 어떻게 일어나고 있는지 알기 어렵다. 어떤 기술이 유행하고 있다는 기사가 일반 언론매체에 등장할 때쯤 되면, 이미 늦다. 그런 기술들은 대개 수년 전 또는 수십 년 전 이미 어딘가에서 원형 개발이 완료되어 이미 어느 정도는 확산된 상태의 것들이기 때문이다.

QR코드는 1994년 일본의 덴소(Denso) 사가, 기존 바코드(barcode)

대용으로 처음 개발했다. 일반인들 사이에 확산된 것은 그로부터 10년 뒤 스마트폰이 보급되면서부터다. ICT는 물론이고, 바이오, 건설, 부품소재 등 모든 분야에서 지금 각광받는 기술은 이미 오래전에 완성됐다. 다만 그 신호가 너무나 미미해서 과학기술 종사자는 물론이고 일반 경영자들도 이를 아예 접하지 못하거나, 접한다 하더라도 지나치는 것이 보통이다. 그로부터 기회를 먼저 잡는 경영자는, 이 모든 사건이 에소테릭 상태에 있을 때 그 본뜻을 먼서 발견한 사람에 한한다.

어떤 경우든 시장의 본뜻이 에소테릭 상태를 벗어나 대중에 널리 알려지는 일은 결코 한순간에 일어나지 않는다. 시장 메시지는 첫 신호를 보낸 이후, 단기든 장기든 성숙할 때까지 충분한 잠복기를 거친다.

여기서 한 가지 주의할 점은, 신발명의 상당수가 얼핏 신호를 보내는 듯하다가 이내 소멸되어버리는 일이 많다는 사실이다. 충분히 진화하고 개선되기 전까지는 높은 사망 확률을 감수해야 한다. 19세기의 움직이는 보도(報道), 20세기 초 하늘을 나는 자동차, 그리고 21세기의 구글글래스 등이 잠시 주목받다가 스러졌다. 여기에 시장 독해의 어려움이 있다. 경영자는 늘 일어나는 신호들을 주시하되, 어느 정도까지 투자를 유지하면서 기회를 모색할지 균형을 유지해야 한다. 시장의 본뜻 숨김에 대응하기 위해서는 적절한 위험관리가 반드시 필요하다.

• 다음으로 변화를 창조하라는 메시지는 보다 적극적으로 고객과

시장을 창조하라는 요구다.

사토시 나카모토^{Satoshi Nakamoto}가 2008년 10월에 비트코인(Bitcoin, BTC) 백서를 처음 발표했다. 온라인상에서도 관련된 소수의 해커들 외에는 아무도 그 사실을 몰랐다. 2009년 10월 페이팔(Paypal)에서 5.05BTC가 5.02$로 처음 거래됐다. 이후 페이팔을 통해서 조직적으로 비트코인을 거래하려는 움직임이 일어나자, 페이팔은 2011년 6월에 이 거래를 차단했다. 그해 9월 찰리 슈렘과 개러스 넬슨^{Charlie Shrem & Gareth Nelson}은 이 초기 신호에서 새로운 사업 기회를 발견했다. 그들은 비트인스턴트(Bitinstant)를 창업해서, CVS나 월마트(Walmart) 같은 일반 소매점을 채널로 해서 비트코인을 달러로 환전할 수 있는 사업모델을 선보였다. 이 사업의 성공을 계기로 미국 사회에서 비트코인 투자 열풍이 서서히 일어나기 시작했다. 하지만 초기의 이런 신호로부터 포착할 사업 기회는, 오직 에소테릭 독해를 할 줄 아는 경영자에게만 보인다.

비트코인처럼 미세한 초기 신호가 아니라 이미 굳건히 형성된 시장에서조차 에소테릭 메시지는 숨어 있다.

안경을 의료기기라고 생각하는 사람은 거의 없다. 누구나 병원이나 의료기 상사를 통하지 않고 쉽게 안경을 맞출 수 있기 때문이다. 안경의 의미는 생활용품이다. 반면에 보청기는 식품의약품 당국의 규제를 따라야만 하는 의료기기다. 그만큼 공급도 제한됐고, 가격은 비쌌으며, 혜택은 널리 확산되지 못했다. 안경과 본질적으로 역할이 다를 것이 없는 보청기 시장에서 이 왜곡된 의미를 포착하는 경영자는 많지 않았다.

2003년에 일단의 미국 시민이 FDA에 청원을 접수했다. 기나긴 논란 끝에 2017년에는 기존 보청기 규제가 대폭 완화되기에 이르렀다. 대부분 이런 변화를 눈치채지 못하는 사이, 삼성전자는 2010년경 미래 헬스케어 전략 사업의 하나로 보청기를 선정했다. 많은 사람들이 왜 하필 첨단제품이 아니라 흔한 보청기냐면서 의아해하기도 했다. 글로벌 음향기기 기업 보스(Bose)는 이미 오래전부터 규세를 피해 보청기라는 이름을 달지 않고 개인음향증폭기기(PSAP, Personal Sound Amplification Products)라는 명칭으로 사업을 해 왔다. 그러다가 2018년에야 이 제품이 비로소 보청기로 제품 승인을 받을 수 있었다. 이후 애플을 비롯한 수많은 벤처들이 이 시장에 속속 진출했다.[41] 헤드셋과 보청기의 경계는 점점 희미해지고 있다.

사실 변화에 대응하는 것과 변화를 창조하는 것은 별개의 일이 아니라 어느 정도는 함께 간다. 대응하다 보면 창조하게 되고, 창조하다 보면 대응하게 된다. 동기가 어느 쪽에서 먼저 일어났느냐의 차이만 있을 뿐, 본뜻 발견의 과업은 동일하게 성취된다.

경영자들은 매일 신문, 책, 보고서 등을 통해, 또는 일상의 경험을 통해 수많은 사건들을 접한다. 대부분은 무심코 넘어가기 쉽다. 하지만 성찰하는 경영자는 다시 보려고 한다. 또한 국내 또는 해외의 작은 사건에서, 미래에 가져올 큰 변화의 가능성을 감지하고, 미리 투자하고 대응할 줄 안다.

언론에 보도되는 한 뭉치의 사건까지 갈 필요도 없다. 당장 상사에게 올라온 보고서도 그 의미를 잘 드러내지 않는다. 특히 데이터 분석가가 예쁘게 시각화한 실적 그래프와 증가율 통계 같은 분석 지표까지 첨부되면 상사는 착시를 겪는다. 게다가 인공지능이 내놓은 결과를 교묘히 보고서로 만들어서 올리기라도 하면 의미 혼란은 극도에 이른다. 경영자가 거기에서 본뜻을 찾아내는 일은 물론이고 실행가능한 수준의 업무 방향성을 정립하기는 더할 나위 없이 어려워진다.

매장에서 나타나는 고객의 언행이나 태도도 대부분 본뜻 숨김으로 일관한다. 고객들은 대개 매장에서 노골적으로 자신의 심리를 드러내지 않는다. 불만이 있어도 에둘러 말하거나 침묵하고 매장을 빠져나가기 일쑤다. 설령 고객이 분명히 메시지를 전달했다 하더라도 그 뜻이 매장 직원들로부터 본사 경영자에게까지 전달될지도 불확실하다. 자신의 심리를 회사에 적극적으로 개진하는 사람은 전체 고객 중 극소수에 불과하다. 그나마 댓글이나 고객 접수처를 통해 전달된 심리는 대개 호평보다는 악평으로 편향되어 있어 올바른 판단은 더욱 어려워진다. 성찰하는 경영자는, 가용한 모든 수단을 동원해서 고객의 본뜻이 어떻게 형성되고 있는지 간파해야만 한다.

3) 조직 내 의사소통에서 숨김과 드러냄

한편, 에소테리시즘의 시장 메시지와 달리 조직 내 소통은 에소테리시즘과 엑소테리시즘(exotericism) 사이에서 일종의 긴장 상태에 놓여 있다. 엑소테릭은 에소테릭의 반대말로서, '공개된 지식'이라는 뜻이다. 조직 내 소통은 엑소테릭할수록 바람직하다. 모든 메시지가 명백해야 한다. 결코 암호처럼 전달되어서는 안 된다. 하지만 현실의 소통은 자주 답답하다. 나는 말했다. 그런데 상대가 과연 이를 어떻게 들었는지 나는 알 길이 없다.

동일한 발언에 대해서도 화자가 의도하는 메시지는 청자가 받아들이는 메시지와 대개 일치하지 않는다. 사장이 임원에게, 임원이 직원에게 향하듯 위에서 아래로 갈 때나, 반대로 아래에서 위로 갈 때에도 대개 그런 일이 일어난다. 동일 부서의 직원 사이에, 그리고 진혀 다른 기능부서, 예컨대 연구개발 부서와 마케팅 부서 사이에, 생산부서와 회계 부서 사이 등에서 오가는 대화에서도 그런 일이 늘 일어난다.

화자와 청자는 서로 다른 경험과 지식 세계를 보유한다. 그들이 경험해 온 사회적 관계의 맥락에 따라 어떤 지식에 대해 자신만의 기대를 형성한다.[42] 대개 화자는 자신의 의도나 배경지식을 명백히 드러내지 않고 업무를 지시하기 일쑤다. 청자가 그 정도는 알고 있으리라고 전제하고 그리한다. 하지만 그런 기대는 많은 경우 어긋난다. 청자가 자신의 해석대로 만들어 온 보고서나 가져온 결과물은, 화자가 뜻했던 것과 대개 많은 부분에서 어긋난다. 일을 진행하는 과정에서 건설적인 피드백을 통해 이런 불일치를 해소해 가는 과정이 없는 한, 조직 내 의사소통은 실패한다.[43] 심한 경우 구성원 간 갈등 양상으로 번지기도 한다.

경영자는 자신이 말했다고 해서, 그 의도가 100퍼센트 청자에게 전달되었으리라고 착각해서는 안 된다. "내가 전에 말했잖아!"처럼 무책임한 말은 없다. 그가 무심코, 또는 신중한 사려 없이 내뱉은 말은, 이미 절반은 본뜻 숨김 상태로 구성원들에게 다가간다. 그들은 상사의 의중이 어디에 있는지 저마다 다른 방식으로 헤아리기 시작한다. 상사에게 최근 어떤 일이 있었는지, 그가 이런 지시를 하게 된 계기가 어디에서 연유했는지, 또는 다른 동료들은 어떻게 생각하고 있는지를 온갖 경로로 확인하기 시작한다. 이처럼 구성원들이 메시지 독해에 시간과 노력을 소모하도록 만드는 경영자는 큰 실책을 범하는 것이다. 경영자는 자신의 의도가 무엇인지, 이 각도 저 각도에서 말하고 또 말해야 한다. 도달해야 할 결과가 어떤 상태여야 하는지 최대한 드러나도록 설명해야 한다. 그리고 이 모든 내용이 되도록 많은 구성원 사이에 공유되는 것을 목표로 말해야 한다.

그래서 미국의 경영 컨설턴트 패트릭 렌시오니^{Patrick Lencioni}는 《CEO가 빠지기 쉬운 5가지 유혹(The Five Temptations of a CEO)》에서, CEO는 의사소통에 그쳐서는 안 되며, 과도할 정도로 의사소통하라고(over-communicate) 말했던 것이다.[44] CEO들은 자신이 의사소통했다고 생각하지만 대부분 의사소통이 이루어지지 않았다는 사실을 모른다. 만약 신비한 언어로 한마디를 던지면 구성원들이 알아서 행동하겠거니 믿는 경영자가 있다면, 그는 경영자가 아니라 독재자이거나 사이비 종교 교주일 수밖에 없을 것이다.

라. 과학적인 경영 지식의 의미

과학적 지식이야말로 완전한 지식을 제공해줄 것이라는 근대의 인식은 여전히 교정 중이다. 현대인들의 눈에 비친 과학의 이미지는 숫자와 실험과 논리로 통제되는 지식이다. 학문분과로는 자연과학, 공학, 심리학 등이 그 중심에 있다. 2차대전 이후 유행한 과학적 경영(scientific management)도 경영자들에게는 OR(Operations Research), 생산·유통 자원의 공학적 최적 배분, 또는 ERP 정보관리 같은 활동을 연상시켰다.

그러나 이런 종류의 과학은 지식의 영원한 본령으로서 과학이 아니라, 특수한 역사적 맥락을 지닌 지식 활동의 한 체계에 불과했다는 사실을 잊어서는 안 된다. 역사상 과학이 경험한 1차 격변기는 1500년부터 1700년에 이르는 과학혁명기였고, 2차는 찰스 다윈Charles Darwin의 진화론(1859) 이후 영향을 받은 지식들의 형성기였다. 현대인이 과학에서 떠올리는 분과 학문, 예컨대 수학, 물리학, 컴퓨터과학, 생물학, 화학, 심리학, 뇌과학, 의과학 등이 그 지식 활동에서 파생되어 나왔다.

라틴어 'scientia'는 14세기 이후 특정 방법이나 활동을 통해 얻은 지식을 의미했지만, 그 전 중세시대에는 숙련, 노하우의 의미도 지니고 있었다. 즉 사이언스는 어떤 분야에서 활용할 수 있는 지식 일반을 의미했다. 16세기 이후 과학혁명은 그런 지식을 얻어 가는 방법이 전(前)시대와 독특히 구분되는 새로운 유형을 만들어냈다는 점에서 의의가 있었다. 과학철학은 이 역사적 과정으로서 과학 활동이 지닌 특성을 여러 각도에서 분석했다. 그들에 따르면, 과학의 본질은 어느 분야에서 지식이 언제나 새로운 올바름을 만들어내면서 기존의 올바름을 부인하는 과정의 연속이라는 데에 있었다. 과학을 단지 수량과 실험에 기반을 둔 지식의 틀 안에서만 이해한다면 과학의 본질을 놓치는 것이다. 경영자의 상상력과 통찰에 기반을 둔 지식도 과학적 지식의 하나로 성립될 자격이 충분히 있다.

경영 지식이 흥망성쇠를 겪는 원리는 여러 과학철학자들의 견해에도 이미 두루 담겨 있다. 토마스 쿤의 '패러다임(paradigm)'은 과학 지식이 과학자 집단에서 수용되는 수준으로 확산되는 과정을 과학혁명의 본질로 보았다. 다윈의 진화론이 종래의 설계주의 생물학 패러다임을 깨고 라마르크Lamarck의 그것과의 경합에서 승리한 후, 하나의 패러다임으로 자리잡아 가는 과정처럼 말이다. 이 원리에 따르면, 다수의 고객에게 옳은 것으로 수용되는 지배적 디자인(dominant design)*

이 어떻게 태어나고 쇠락하는가를 설명할 수 있다. 브라운관 모니터를 제치고 PDP와 LCD 간에 치열한 접전이 펼쳐졌으나, 패러다임으로 자리잡은 것은 PDP가 아니라 LCD였다. 20세기 초 증기차, 전기차, 가솔린 자동차가 경합 끝에 결국 지배적 디자인으로 승기를 잡은 것은 가솔린 자동차였다. 아무리 우수한 효용과 기능을 제공하는 제품이라고 해도, 충분한 수의 이용자들이 채택하는 수준에 이르지 못하면 그것은 아직 패러다임이 아니다. 한 패러다임이 시장을 지배하는 와중에도, 언제든지 이를 깨는 새로운 신기술 제품이 대기하고 있다. 그것들이 경합 과정에서 승리하고 득세를 하면 새로운 패러다임이 또 형성된다.

칼 포퍼 Karl Raimund Popper의 '반증가능성(falsifiability)'은, 반증가능성이 없는 지식은 과학 지식이 아니라는 뜻이다. 진정한 과학은 반증가능성이 있는 지식이라야 한다. 일부 종교는 세상에서 어떤 일이 벌어져도 모든 것이 신의 뜻이라고 주장해서 결론을 낸다. 포퍼의 입장에서 보면, 그런 지식은 원천에서부터 반증이 불가능하기 때문에 아무리 정교한 논리를 갖추고 있다 해도 진정한 과학이 될 수 없다.

그의 이런 지식관은 지식이 지녀야 할 개방성을 함축한다. 개방성

---

* 기술경제학에서 제임스 어터백(James M. Utterback)과 윌리엄 애버내시(William J. Abernathy)(1975)에 의해 정립된 경합 기술 간 시장 확보 싸움이 귀결된 상태를 설명하는 개념이다. 예를 들어, VCL 방식과 Beta 방식 비디오테이프 기술 사이에서는 VCL 방식이 지배적 디자인으로 정착되었다. 지금 세상에 통용되는 대부분의 제품들은 초기 개발 시 여러 방식의 디자인이 경합하다가, 그중 가장 적합도가 높은 한 가지가 진화 과정에서 살아남은 것들이다.

이란 언제든지 반박당할 수 있는 여지, 보완될 수 있는 여지를 허용해야 함을 뜻한다. 이 사상에 따르면, 만인의 욕구에 보편적으로 통하는 제품이라고 영원히 주장할 만한 것, 즉 대체불가능한 영원의 제품이란 도대체 존재할 수 없으며 또 존재해서도 안 된다는 것이다. 기존 고객이 구제품을 버리고 신제품으로 이행하는 과정, 또는 비고객(non-customer)의 존재를 발견하고 그에 부응하는 새로운 제품을 개발해야만 하는 경영자의 지식은 이 반증가능한 지식의 개방성을 상징한다. 아무리 혁신적인 제품이 등장해서 시장을 석권했다고 해도, 그 제품으로 해결이 안 되는 새로운 욕구는 어디선가 계속 등장하고, 경영자는 거기에 부응하는 새로운 올바름으로 이행해야만 한다.

임레 라카토스Imre Lakatos는 경쟁하는 과학 지식 사이의 차이를 중핵(hard core)과 보호대(protective belt)로 구성되는 과학적 연구 프로그램 간의 차이로 설명했다. 목표고객이 완전히 다르지만 얼핏 유사해 보이는 제품 사이의 경쟁 원리도, 그의 시각에서 바라볼 수 있다. 예를 들어서, 스포츠카와 세단은 얼핏 비슷해 보이지만 전혀 다른 연구 프로그램, 즉 전혀 다른 의미와 가치를 지닌 시장에 속한다. 마치 신고전파 경제학과 마르크스 경제학이 동일한 경제학이라는 표제를 달고 있지만, 전혀 다른 과학 연구 프로그램인 것처럼 말이다. 고객 욕구의 다양성이 날로 증대하고 시장세분화가 이루어지는 상황에서 경영자는 저마다 다른 세상에 속하는 여러 옳음을 찾아가는 숙명을 피할 길이 없다.

마. 맺는말

시장과 제품은 물론이고, 인사, 재무, 생산, 교육 등 모든 영역에서 경영자는 지와 무지, 앎과 모름 사이의 끝없는 변증법을 피할 길이 없다. 과학은 절대적으로 옳은 지식을 제공하는 활동이 아니라, 옳음을 찾아가는 하나의 과정 자체다. 그 옳음을 찾아가는 과정에서, 온갖 명제들이 경영자 앞을 가로막을 것이다. 일상언어, 속담, 학술 논문, 교과서, 강좌, 뉴스를 포함해, 각종으로 유행하는 경영사상들이 그것이다. 성찰하는 경영자는 어떤 경우라도 그것을 무조건 '옳음'으로 받아들이지 않는다. '왜?'를 동시에 질문한다. 이 질문과 동시에 문제를 분명히 진술하고 그에 대해 제출된 다양한 해답들을 비판적으로 검토해야 한다. 이때 대화가 필요하다. 만장일치가 결코 받아들일 수 있는 원리가 될 수 없음은 이 때문이다.

그러나 이렇게 해서 얻은 일시적인 옳음은 그 자체로 검증되는 것이 아니라, 오직 그것이 현장에 적용된 뒤 '결과'를 통해서만 검증된다. 또 그런 검증을 거쳤다고 해서 그 지식이 반드시 옳음으로 인정될 수 있는 것도 아니다. 그 옳음은 다시 새로운 옳음의 탄생으로 이어지도록 다시 비판의 도마 위에 올려져야 한다. 앞의 과정은 끝없이 반복되어야 한다.

그렇게 해야만 경영자는 어느 순간에나 옳은 해답을 찾았다는 허상에 빠지지 않을 것이다. 단지 옳음을 찾아가고 있다는, 저 끊임없는 지향성만으로도 경영자는 소임을 다하는 것이다.

III

아름다움을 창조하는 경영자

| 예술 |

가. 기술, 예술, 경영의 등장

　기술과 예술은 역사상 모두 자연을 계기로 탄생했다. 다만 그 태도
는 정반대였다. 오랜 세월 둘은 다른 목적, 다른 가치를 지닌 활동으
로 나뉘어 있었다. 또한 기술은 경영보다 앞서 태어났다. 경영은 기술
이후에 태동했다. 그런데 어느 날부터인가 이 셋은 다시 만나 서서히
합쳐지기 시작했다.

　기술은 사람이 자연을 극복하는 수단으로 처음 등장했다. 극복이
아니라 대결이라고 해도 좋다. 기술은 자연 앞 인간 능력의 제약을 벗
어나려는 모든 시도의 결과였다. 사람은 자신의 욕구를 충족하고자
해도 자연 앞에서 시간적, 물리적 한계에 늘 봉착한다. 또한 자연은
질병과 자연재해로 사람의 생존을 저해하는 압력을 항상 가한다. 비
바람과 추위를 피하기 위해 집을 만들었다. 집을 짓기 위해 흙과 돌을
나르고 싶어도 손으로는 힘드니 삽을 만들고 거중기를 만들었다. 채

집과 수렵만으로는 식량을 구하기가 너무 어려우니, 농경을 하는 기술이 개발됐다. 어딘가 가고 싶어도 너무 시간이 오래 걸리므로, 마차, 더 나아가 내연기관 자동차를 만들었다. 세균과 바이러스의 위협으로부터 몸을 보호하기 위해 약을 개발했다. 홍수에 모든 것이 파괴되지 않도록 댐 건설과 하천 토목기술을 개발했다. 그리고 그를 위해 시멘트와 철근을 조달하고 가공하는 노하우가 개발됐다. 자연 상태의 사람 뇌로는 기억이 어려우니 필사 기록, 인쇄 기록, 더 나아가 하드디스크 기록 기술이 등장했다. 그것이 단순한 도구든, 전자장치든, 컴퓨터든, 암묵적 지식이든, 모든 기술은 사람이 자연과 대결하면서 등장했다. 그리고 경영은 기술을 사회에 보다 체계적이고 조직적으로 응용하기 위해 출현한 활동이었다.

반면에 예술은 자연을 모방하는 행동으로부터 나왔다. 그래서 그리스인들은 예술을 '시뮬라크라(simulacra)'라고 불렀다. 칸트 역시 예술은 자연의 모방이라고 보았다. 음악이거나 미술이거나 문학이거나 모든 예술은 자연의 모방이자 모사(模寫)로 시작했다. 박자는 사람이 태아였을 때부터 들었던 원초적인 어머니의 심장 박동 소리를 재현한 것이다. 규칙적으로 반복되는 이 소리가 모든 음악의 모태다. 또는 반복하는 발걸음 소리를 따른 것이기도 하다. 손은 포유류인 사람의 또 다른 발이다. 자연스럽게 손뼉은 발구름과 아울러 박자를 표현하는 대표적인 수단이 됐다. 뜀박질, 빠른 발걸음, 또는 느린 거닒의 마음 상태는 모두 그에 따른 박자로 표현됐다. 손과 발보다 더 크고 선명한 소리를 내기 위해 다른 인공물, 예컨대 신체의 연장(延長)인 막대기가 사용되고 북이 개발됐다. 성대의 떨림을 모방하기 위해, 줄(絃)과 관(管)을 찾았다. 자연의 모든 굴곡진 선(線)을 따라 높낮이를 갖춘 선율이 나왔다. 산과 물이 이룬 경계의 모든 윤곽선은 높아졌다 낮아졌다 함으로써 인간에게 생동감을 준다. 성대든, 줄이든, 관이든 그것이 만들어내는 소리의 높낮이마다 다른 진동수를 서로 어울리는 것끼리 배치해서 화음이 나왔다. 그 진동수의 변화를 수학적으로 잘 배치해서 나온 것이 음계다. 예를 들어, 한 옥타브, 즉 어떤 음에서 출발해서 8단계의 음높이에 도달하면 진동수가 정확히 2배가 되도록 서양의 음계 규칙이 나왔다.

그림은 말 그대로 자연을 그대로 따라 '그리는' 데에서 나왔다. 숲속의 집 한 채가 비바람과 추위를 피하기 위해 지어졌다면 기술과 경영의 산물이지만, 누군가 그 집의 평화로운 모습을 종이 위에 그럴듯하게 재현했다면 예술이 된다. 조각 역시 자연 상태의 사람이나 동물의 모습을 그대로 돌이나 나무에 새기는 데에서 나왔다. 초상화, 정물화, 풍경화 모두 다 그렇다. 추상화는, 몸의 자연 외관이 아니라, 눈에 보이지 않는 마음 상태를 재현한 것이다. 인상파, 입체파, 야수파 등등, 작가든 감상자든 누군가의 마음을 재현한 것이다. 예컨대 피카소의 '우는 여인'은 그 형상으로만 보면 여인이 아니라 괴물이다. 거기에는 여인이 아니라 어떤 마음이 그려진 것이다.

모사품이 실재품보다 더 큰 가치를 갖게 되는 일은 항상 일어난다. 파스칼Blaise Pascal은 그의 명상록 《팡세(The Book of Pascal's Pensees)》에서, 사람들은 실물에는 전혀 감동하지 않으면서, 비슷하게 따라 그린

그림을 보고는 그토록 감동하는 이상한 존재라고 말했다. 일상에서 별 느낌 없이 지나쳤던 공간도 새로운 구도, 각도로 촬영해서 인스타그램에 게시하면 아름답게 느껴진다. 평소 육안으로는 잘 보이지 않았던 빛의 작용과 사물의 윤곽들이 전혀 새롭게 부각되기 때문이다.

영화는 경영을 도입해서 체계적으로 제작한 대규모 모사품이다. 기술(활동사진 촬영)만 발명되고 경영(파라마운트, 디즈니)이 없었다면, 영화는 결코 태어날 수 없었다. 실재하는 현실보다 스크린에 비친 연출된 현실, 또는 가상 현실에 사람들은 더 감동한다.

그런데 모사품은 감동을 주기는 하지만, 종종 사람을 기만하기도 한다. 환상이나 허상을 실재로 착각하게 만들기 때문이다. 경영자는 세상이 영화가 아니라 현실임을 자각해야만, 결재 서류 더미로 올라오는 수많은 모사품에 속지 않을 것이다.

이처럼 기술과 예술은 둘 다 자연을 매개로 하되 서로 다른 동기에서 탄생했다. 또한 그 복제의 허용 범위에도 차이가 있었다. 기술은 그 결과물이 대개 1회 1물, 또는 도달 가능한 작은 시장을 예상한 수회(數回) 생산에 그쳤다는 사실이다. 대장장이든 목수든, 장인은 마을 사람들로부터 주문을 받거나, 장터에 내다 팔 적당한 수량의 복제물을 만들어내면 됐다. 반면, 예술은 대개 한 번의 창작 행위로 끝났다. 그림은 한 작품을 그리고 나면 끝이었고, 공연도 한 번 하면 끝이었다. 그림은 비슷한 그림을 또 그리는 일이 없었고, 공연도 같은 곡을 이곳저곳에서 재현하는 횟수도 그리 많지 않았다.

그러다가 어느 날부터인가 기술과 예술은 점점 복제의 범위가 확대되기 시작했다. 경영의 힘이 가세하면서부터였다. 20세기에는 기술과 예술 모두 대량생산의 시대에 접어들었다. 이 모든 변화를 이끈 힘은 결국 '큰' 시장이었다. 시장이 작을 때에는, 기술과 예술을 막론하고 그 성과물은 인연이 닿는 사람 사이, 또는 예상 가능한 작은 시장의 고객에게만 제공됐다. 그러나 시장이 커지면서 누가 고객이 될지는 점점 특정하기 어려워졌다.

예술에서는, 판화도 복제의 동기에서 생겨났고, 음반, 음원도 그렇게 태어났다. 본질상 '디지털 판화'라고 할 수 있는 NFT(Non Fungible Token) 예술품도 그렇게 태어났다. 음악은 음반 또는 음원 매체를 통해 사회 전체에 제공되는 순간, 이미 예술의 단계를 넘어 경영의 대상이다. 그 음반은 청취자 목록이 특정된 상태에서 제작되지 않는다. 불특정 다수 청취자를 대상으로 일단 많이 찍어낸 뒤 반응을 봐야 했다.

복제 상영에 시간적, 물리적 제약이 거의 없는 영화보다, 연극은 공연장에서 복제하는 데에 시간적, 물리적 제약을 받을 수밖에 없다. 연극은 도대체 많이 찍어낼 수가 없다. 그나마 수십 석 소극장에서 머물기 일쑤다. 그래서 연극 사업은 상대적으로 가난하다. 수천 석 대극장에서 반복해서 장기 공연을 이어 갈 수 있는 소수의 뮤지컬은 훨씬 낫다. 그리스–로마 이래 면면히 이어져 온 연극 예술의 전통은, 이제 큰 시장과 대량 복제라는 거인 앞에서, 소수의 애호가 사이에서만 명맥을 유지하고 있다. 중세에 각 지역을 돌아다니며 류트(lute) 반주로 사랑노래를 들려주었던 음유시인(Minnesinger)들에게는 경영이 필요 없었다. 그러나 훗날 비틀즈(Beatles), 더 나아가서 BTS는 철저하게 경영이 개입됨으로써 탄생할 수밖에 없었다.

기술과 예술이 경영의 대상이 된 뒤, 경영자들은 잉여생산물이나 잉여 예술상품을 처분하기 위해서라도 고객 창조, 또는 시장 확대를 적극적으로 추구할 수밖에 없었다. 또한 쉼 없이 돌아가는 생산라인이 수요가 적다고 멈춘다는 것은 생각조차 할 수 없는 일이 됐다. 같은 이유로, 회사와 징기노동계약을 체결한 수많은 노동자의 임금을 지급하지 않는다는 것도 도저히 있을 수 없는 일이 됐다. 예술상품 경영자는 끝없이 예술가를 발굴하고 콘텐츠를 개발하고 마케팅을 해야했다. 또한 대량생산되기만 했을 뿐인 투박한 기술 제품들은, 어느 날부터인가 아름다움을 입고 다시 태어나기 시작했다. 진화된 예술로서 산업디자인은 그렇게 세상에 나왔다.

나. 사업가 대 예술가, 그 차이와 공유

사업가와 예술가는 적어도 겉으로만 봐서는 별세계 주민들이다. 사업가에 대한 인상은 세속적이고, 돈과 이익을 추구한다는 것이다. 반면에 예술가는 세속에서 벗어난 사람 같고, 아름다움과 정신을 찾는 것처럼 보인다. 사업가는 품격 있는 정장에 단정한 외양이, 예술가는 자유분방한 복장에 특이한 헤어스타일이 떠오른다. 그렇다면 실리콘밸리의 사업가들이 어느 날부터인가 청바지에 티셔츠 차림으로 돌아다니게 된 것은 뭘까? 그들 안의 자유분방한 예술혼이라도 발동한 것일까?

경영자와 예술가가 추구하는 세계는 의외로 많은 공통점을 지녔다. 경영자는 예술가여야 한다는 수많은 은유(隱喩)가 이미 있었다. 톰 피터스는 경영자는 오케스트라의 지휘자와 같은 역할을 하며, 인사 배치는 연주자를 캐스팅(casting)하는 활동과 같다고 했다.[45] 베일Karole

P. B. Vail은 예술가적 자질이야말로 경영자가 반드시 갖추어야 할 능력의 하나라고 했다.[46]

볼먼과 딜Bolman and Deal은, 경영자는 이제 더 이상 기계와 같이 일하는 인간으로 보지 말고, 리더이자 예술가로 봐야 한다고 말했다. 그에 따르면, 품질(quality), 헌신(commitment), 창의성(creativity) 같은 속성들은 원래 예술 세계에서 당연히 추구하는 속성이었는데, 이제 이것들은 경영의 ABC가 된 지 오래다.[47]

눈길을 돌려서 그들의 내면으로 좀 더 들어가면 둘은 참으로 많은 요소를 공유한다는 사실이 드러난다. 그 요소는 바로 그들의 성과 창출 과정의 특성에서 나타난다.

첫째, 그들은 늘 훈련(training)한다. 사업가는 과업에 필요한 지식과 경험을 쌓기 위해 늘 경험하고 반성한다. 지식노동자로서 경영자는, 그가 최고경영자이거나 중간관리자, 또는 실무자를 막론하고 하루라도 공부하지 않으면 살아남을 수 없다. 연주가는 연습을 며칠이라도 멈추면 자기도 모르는 사이에 퇴보한다. "하루를 쉬면 자신이 알고, 이틀을 쉬면 동료가 알고, 사흘을 쉬면 청중이 안다."는, 피아니스트 사이의 격언이 있다. 단순히 쉬지 않는다를 넘어서 목표를 가지고 훈련해야 한다. 어떤 피아니스트가 이런 말을 한 적이 있다. "도대체 어느 정도 연습을 해야 무대에서 제대로 자신의 기량을 보일 수 있느냐 하면, 새벽에 누군가 갑자기 자기를 깨워서 그 곡을 지금 당장 연주하라고 했을 때 한 치의 틀림도 없이 즉시 연주할 수 있을 정도로, 200퍼센트 내지 300퍼센트 연습이 되어 있어야 한다."는 것이다. 그러나 훈련은 단지 몸과 마음을 부단히 강화하기 위한 행동뿐만 아니라 향상을 위한 일체의 행동까지를 의미한다. 거기에는 동적인 것과 정적인 것이 모두 포함된다. 시간을 내어 성찰하는 경영자와 명상하는 예술가는 쉬는 것이 아니라, 오히려 훈련하는 것이다.

둘째, 그들은 탁월성(excellence, perfection)을 추구한다. 사업가나 예술가 모두 평범한 수준의 성과로는 결코 고객을 창조할 수 없다는 사실을 안다. '할 줄은 아는데 남들보다 못한다' 해서는 아예 무대에 오를 수 없고, '남들만큼 한다'해도 주목받기는 어려우며, '남들보다 잘한다' 하면 어느 정도는 관심을 받을 수 있을 정도이고, '그 누구도 따를 수 없을 정도로 잘한다'고 해야 비로소 고객을 창조할 수 있다. '나도 할 수 있다'는 생각으로 도전하는 스타트업들이 대개 실패하는 이유가 여기에도 있다. 전기회사 GE도 컴퓨터를 만들 줄 알았지만, 별다른 성과를 내지 못하고 하니웰(Honeywell)에 매각했다. 잭 웰치는 GE에 부임해서, 업계에서 1위를 할 수 없는 사업부를 폐기하고 그들이 가장 잘할 수 있는 사업으로 자원을 전환했다. 탁월한 성능을 갖추지 못하거나 완벽한 마무리가 부족한 제품과 서비스는 물론이고, 그저 그런 수준의 음악으로만 활동을 이어 가거나 종종 작은 실수까지 범하는 전문연주자는, 비록 생존은 할 수 있을지 모르지만 성공하기는 어렵다.

셋째, 그들은 늘 혁신(novelty, innovation)한다. 늘 해 오던 관행은 언젠가는 반드시 외면당한다는 것을 사업가와 예술가 모두 잘 알고 있다. 사업가에게 혁신은 비교적 최근에야 중요성을 인정받기 시작한 가치지만, 예술가는 새로움이야말로 그들의 생명임을 오래전부터 잘 알고 있었다. 미술 작품은 한 작품이 나올 때마다 무조건 새로운 것이어야만 한다. 레오나르도 다빈치$^{Leonardo\ da\ Vinci}$가 두 번째 '모나리자'를 그저 비슷하게 그려서 내놓았다면, 그 작품은 그다지 높은 평가를 받지 못했을 것이다. 미술가의 다음은 항상 이전과 달라야 한다. 미술 작품은 하나하나가 새로움이므로 가치가 있다. 더구나 끝없는 연구와 실험올 통해 회풍올 변회시킬 줄 알아야 비로소 일기를 이룬 작기로 인정받는다. 이미 평판을 얻은 연주가도 동일한 레퍼토리를 일정 기간 반복할 수는 있지만, 그 지속기간에는 한계가 있다. 이미 높은 평가를 받았던 곡이라도 새로운 해석을 통해 변화된 연주를 이어 가거나, 새로운 레퍼토리를 개척하거나, 연주 패턴을 실험적으로 변화시켜 갈 때만 영속할 수 있다.

그러나 이 세 요소는 평범한 사업가나 평범한 예술가에게는 해당이 안 될 것 같다. 오직 탁월한 사업가, 즉 탁월한 경영자, 그리고 탁월한 예술가들에게서만 발견된다. 스페인의 전설적인 플라멩코 기타리스트 파코 데 루치아$^{Paco\ de\ Lucia,\ 1947~2014}$는 이렇게 말했다.

> "내가 기타를 연주하는 동기가 단지 생계를 해결하기 위해서였을 때에는 차라리 쉬웠다. 그러나 그 목표가 훌륭한 기타 연주자, 아니 가능한 한 최고로 탁월한 기타리스트가 되는 것으로 바뀌고 나서부터는, 음악은 훨씬 어려운 과업이 됐다. 내 배를 음식으로 채우는 일은 쉽다. 하지만 내 영혼을 채우는 일은 결코 그렇지 못하다."[48]

모든 사업가 역시 그렇다. 단지 생계를 위해서, 또는 돈을 벌기 위해서 하는 사업은 누구나 시도할 수 있다. 그리고 약간의 만족할 만한 성과도 얻을 수 있다. 하지만 진정으로 탁월한 사업가가 되려고 마음먹는 순간, 그의 과업은 전혀 다른 차원의 것이 된다. 세계적으로 존경받을 만했던 앨프레드 슬론Alfred Pritchard Sloan Jr.이나 이건희 같은 경영자가 될 것인가, 다만 지역 유지로 대접받는 김모 사장 내지 이모 원장으로 그칠 것인가?

다. 그들의 리버럴 아트

연주가야말로 극한의 지식노동자다. 연주자는 어떤 악곡에 대한 참된 지식을, 몸과 마음으로 온전히 획득해야만 비로소 무대에 오를 수 있다. 연주가에게 필요한 지식이, 언어와 생각의 차원에 머무는 흔한 강연자나 문필가의 지식과 다른 점이 여기에 있다.

피터 드러커는 경영은 본질적으로 사회적 기능인 동시에 리버럴 아트라고 규정했다. 그에게 리버럴은 아는 차원에 속하고, 아트는 행동하는 차원에 속했다. 경영의 리버럴은 앎, 자기에 대한 앎, 지혜, 리더십을 다루는 반면, 아트는 실행과 응용을 다룬다. 경영자는 지식을 통합해서 실천하고 결과를 냈을 때만, 비로소 리버럴 아트를 완성한다.[49]

경영자나 지식노동자가 독서, 청취, 사색, 또는 그밖에 경험을 통해 뭔가를 '알았다!'거나 '깨달았다!'고 느꼈을 때, 그는 아직 리버럴 단계를 벗어나지 못한 것이다. 하지만 그 앎을 가지고 막상 현장에 나갔을 때, 그 앎대로 결과를 내기는 쉽지 않다. 명강사와 명저로부터 받은 감동은 그날뿐, 다음날 출근해도 예전처럼 어지러운 현실은 바뀌는 것이 없다. 이때 그는 아직 아트의 단계에 이르지 못한 것이다. 하지만 그가 성찰을 통해 실행 수단들을 하나씩 찾아내고 이를 활용해서 실천을 반복한 끝에 결국 변화를 낳는 데에 성공한다면, 그는 비로소 아트의 단계에 이른 것이다.

문필가들은 리버럴 아트가 미흡해도, 즉 아트에 이르지 못해도 여전히 말할 수 있고 글 쓸 수 있다. 사람들은 문필가에게 굳이 그 내용에 대해 실천과 결과를 묻지 않는다. 무솔리니나 히틀러는 말할 것도 없고 마오쩌둥이나 이완용처럼, 우행(愚行)이나 악행(惡行)으로 점철했던 리더나 경영자가 한때 남겼던 책이나 글을 되돌아보면, 그 얼마나 사람을 감동시키는 명문(名文)이 많은가? 리버럴 단계에 머물러 있는 대학교수나 지식인이 막상 리더의 자리를 맡았을 때 대부분 실패하는 이유도 여기에 있다.

하지만 연주가에게 이런 일은 있을 수 없다. 연주자의 지식은 실행과 결과 수준에서 거의 완성에 이르렀을 때라야 비로소 그 사명을 다하는 것이기 때문이다. 연주자가 악보에 나타난 모든 정보를 이해했다거나, 해당 운지법을 다 익혔다거나, 곡 해석을 다 했다고 해도, 그는 아직 리버럴 아트를 제대로 성취한 것이 아니다. 그것은 '앎'의 시작 단계를 막 통과한 것이다. 악보에 표시된 정보를 몸과 마음이 능란하게 구현할 또 다른 과업이 기다리고 있다. 이 과업을 성취해야만 그

'앎'이 어느 정도 윤곽을 갖출 수 있다. 이를 위해 연주자는 상당히 오랜 기간에 걸쳐 지루하고도 힘겨운 연습을 반복해야 한다.

그 단계에 도달했다 해도, 그 악곡이 표현하고자 하는 무형의 깊은 포착점들을 온전히 잡아내기 위해서는, 더 오랜 시간과 명상이 필요하다. 이 '앎'은 물론 완벽해질 수는 없다. 다만 보다 가까워질 뿐이다. 마치 프랙털(fractal) 구조처럼 아무리 파고들어도 새로운 '앎'의 세계가 또 나온다. 이 모든 일은 외부의 자문위원이나 코치가 비록 도움은 줄 수 있어도 대신해줄 수는 없다. 자기통제를 통해 스스로 성취해야 한다.

이제 경영자로 눈을 돌려보자. 경영자의 지식은 연주가의 지식보다 완성에 이르기가 더 어렵다. 그 이유는 음악의 악보는 정형의 인쇄물로 주어지지만, 경영자에게는 무형의 사건들이 속속 그에게 악보처럼 던져지기 때문이다. 그 악보는 부정형(不定形)이다. 끝없이 변화한다. 어제 주어진 악보를 읽으려고 골몰하다가도 오늘 갑자기 어제와는 다른 새 악보가 그 앞에 펼쳐지곤 한다.

경영자가 직면하는 과업 외에, 그의 경험, 독서, 사색도 악보와 같은 역할을 한다. 이는 음악가와도 같다. 음악가에게 악보란 단지 인쇄물 안에만 존재하는 것이 아니라, 그 음악의 비밀을 수시로 알려주는 몸과 마음의 모든 경험에도 깃들어 있기 때문이다. 경영자도 그 과업 바깥, 아니 과업을 포함한 이 모든 경험 세계에서 은밀하게 들려오는 소리를 통해 자신의 성과목표, 그 달성 수단, 그리고 그들을 구사하는 데 필요한 세부 지식들을 발견한다. 악곡이 구현할 이상적인 수준이 비록 악보로부터 출발하지만 악보 바깥 어딘가에 있는 것처럼, 경영자의 이상적 성과달성 능력은 그들의 과업 너머를 찾는 마음에서 나온다. 이 일은 독일의 사회 사상가 니클라스 루만^{Niklas Luhmann}의 언어로 표현하자면, 일종의 '재진입(re-entry)'이다. 악보로 처음 들어간 연주자는 악보를 포함한 환경과 함께 변화한 자기자신이 되어 그 악보로 다시 들어간다.

불가해한 악보를 받아 드는 경영자의 과업은, 어쩌면 정형의 악보에서 출발하는 음악가의 고된 작업보다도 훨씬 어려울지 모른다. 아무리 탁월한 연주자라 해도 자신의 연주에 완벽히 만족하기는 거의 불가능하다. 그는 결코 도달할 수 없음을 안다. 하지만 도달하고자 하는 그 마음과 행동만으로 그는 이미 이룩한 것이다. 대부분 사업에서 나타나는 실패작은 물론이고 성공작조차도 완벽히 만족을 제공할 수는 없다. 하지만 이 도달 불가능함에도 불구하고, 모든 실패를 포함해 한치라도 더 완성된 지식에 이르기 위해 갈망하는 경영자의 지식이야말로 박수갈채를 받아 마땅하다.

미술가 역시 지식으로 창작한다. 작품 구상 단계에서는 리버럴 차원의 앎이 작용한다. 우선 그에게는 표현하고 싶은 그 무엇인가가 먼저 떠올라야 한다. 그것은 그가 보았던 것, 들었던 것, 또는 읽었던 것 등 안에서 착상된다. 다음으로 이를 어떤 식으로 구성하고 표현할 것인가는 리버럴 차원에서 그가 축적해놓은 인문 지식에서 솟아 나온다. 고전과 명저를 읽고 지식을 소화했던 미술가와 그렇지 않은 사람의 차이가 이 단계에서 나온다. 다음, 실제로 붓이나 칼을 들고 노동에 들어가는 순간부터는 아트 차원의 앎이 작용한다. 이때 그의 근육과 마음에 새겨진 코드가 작동한다. 그가 긋는 선 하나조차도 그 산물이다. 개별 요소들을 배치해 전체를 만들어내는 능력 역시 아트 차원에서 나온다. 대가(大家)는 리버럴과 아트의 앎을 한결같이 높은 수준에서 구사하는 인물이다. 가끔씩 리버럴은 뛰어나나 아트가 부족하거나, 아트는 뛰어나나 리버럴이 부족한 작가들도 있다.

대가가 표출한 모든 언어는, 적어도 그것을 언어로 받아들이는 외부인에게는 리버럴에 불과하다. 예를 들어서 청나라의 화가 석도石濤, 1642~1707는 "일획(一劃)은 만물을 그 안에 포함한다."라는 유명한 말을 남겼다.[50] 외부의 학습자에게 이 말은 리버럴 지식에 불과하다. 이 말 자체는 학습자의 아트 달성에 아무런 기여를 못 한다. 학습자는 이 언어를 통해 당장 뭔가를 얻어내려 하기보다는, 우선 기량 향상을 위한 훈련과 경험 축적에 매진하는 것이 향상을 위해 올바른 길이다. 그렇게 해서 아트가 충분히 쌓이고 난 뒤, 어느 날 석도가 말했던 그 말의 의미를 공유할 순간이 온다. 이때라야 그 예술가는 자신의 앎을 세상 앞에 또 하나의 리버럴로 남길 수 있다. 이 말을 들은 다른 학습자들 역시 다시 비슷한 과정을 반복할 것이다.

경영사상의 대가들이 말한 통찰과 혜안의 언어들도 경영 학습자들에게는 처음에는 무의미한 리버럴로 다가온다. 경영뿐일까? 성공학 강좌를 아무리 듣고 성공학 서적을 무수히 읽었다 해도 그것만으로 그가 성공할 수는 없다. 학습자가 처음 접하는 리버럴 지식이 아트 단계의 지식, 즉 성과를 내는 지식으로 전환되려면, 지금 당장 할 수 있는 작은 일부터 실행해서 하나씩 성과를 쌓아 가는 과정이 선행돼야 한다. 그렇게 아트 단계에서 지식이 쌓일수록 다시 리버럴 단계의 수많은 지식으로부터 도움을 받을 수 있다. 일단 실행 능력이 향상되어야만, 각종 이론서나 사상서에 제시된 지식들이 비로소 하나씩 그 진가를 드러내면서 자신의 아트 지식을 강화할 수 있다.

역사 속 모든 고전도 사실은 그런 운명에 처해 있다. 그 글귀들이 지식인과 경영자 모두에게 성과 창출의 동력으로 격상하느냐, 무익한 책으로 전락하느냐는, 그들이 리버럴과 아트 사이에서 대화를 해낼 수 있느냐에 달려 있다. 그래서 아트는커녕 리버럴 단계도 아직 거치지 않은 추천위원들이 청소년들에게 고전(古典) 100선을 권유하는 일은 아무런 유익이 없다.

오래전 누군가 "피터 드러커와 잭 웰치 중 누가 더 위대한가?"라는 질문을 던진 적이 있었다. 드러커는 리버럴 언어를 통해 경영자들의 성과 창출에 도움을 주는 일을 아트로 삼았던 인물이고, 웰치는 현장에서 사업을 실행하고 성과를 내는 아트를 추구했던 사람이다. 그러므로 누가 더 위대한가를 묻는 일은 방향이 잘못된 것이다. 두 사람 다 자신의 삶에서 탁월한 아트 성과를 이룩했지만, 리버럴 아트를 추구하는 공간의 성격 자체가 달랐기 때문이다.

라. 그들의 자유

드러커는 "목표와 자기통제에 의한 경영(MBOS, Management by Objectives & Self-control)의 본질이 법 아래 자유의 철학"이라고 말했다.[51] 법 아래 있다는 말은, 그 자유가 자유방임이 아니라 일정한 구속 안에 있다는 뜻이다. 지식노동자를 구속하는 것은 목표의 체계다. 그는 오직 목표체계 안에서 스스로 성과를 달성할 자유를 행사한다. 만약 그들을 강제하는 것이, 목표체계 이외에 상사, 부하, 그밖에 외부의 어떤 사람, 더 나아가 꽉 막힌 회사 건물, 판에 박힌 출근 시간이라면, 그 지식노동자의 삶은 이내 비극이 되고 말 것이다. 조직에 속한 지식노동자의 삶을 비참하게 만드는 것은 절대로 사업 자체가 아니다. 사업장에서 그를 가두고 통제하는, 목표 이외의 구속들이다.

클래식 음악 연주자를 구속하는 것은 악보다. 연주가에게 악보의 역할은 지식노동자에게 목표체계와 같은 역할을 한다. 연주자는 작곡자가 기술한 음표와 지시 체계를 한 치도 벗어나 연주해서는 안 된다. 그러나 동일한 악보가 주어져 있어도 연주자마다 자신의 해석과 창조 능력은 얼마든지 발휘된다. 이것이 바로 클래식 음악 연주자에게 허용된 무한한 자유다. 감상자는 동일한 악보로 된 베토벤의 피아노 소나타를 듣는 것이 아니라, 그 안에서 연주자가 구사하는 자유를 듣는 것이다.

구속이 전혀 없다면 거기에는 자유 자체가 성립할 수 없다. 마치 어둠이 있어야 빛이 있을 수 있는 것과 같다. 육체는 감옥이지만, 그 감옥이 있기에 우리는 비로소 자유로운 마음을 추구할 수 있다. 고대 종교의 수행자들이 몸을 구속하는 고행을 마다하지 않았던 이유도 거기에 있다. 마하트마 간디Mahatma Gandhi는 투옥 생활에서 오히려 더 진정한 마음의 자유를 느낄 수 있었다.

즉흥연주는 미리 정해진 악보를 따르지 않고 연주자가 순간의 마음을 동원해서 자유롭게 연주하는 것이다. 이른바 애드립, 라틴어 '애드 리비둠(Ad Libitum)'은 '자유롭게'라는 뜻이다. 클래식 음악과는 달리 재즈[52]나 플라멩코는 이 즉흥성을 보다 강조한다. 악보 준수의 관점에서만 보면 클래식 음악에는 자유가 없고 즉흥연주에는 자유가 있는 것처럼 보인다. 하지만 추구하는 자유의 성격이 다른 차원에 있을 뿐, 둘 다 자유의 음악이라는 면은 동일하다.

즉흥연주도 사실은 자기 맘대로가 아니라 구속이 있다. 원숭이처럼 아무렇게나 건반을 눌러대는 것이 아니다. 음악의 문법을 오래도록 훈련해서 터득한 사람들끼리 통하는 어떤 규범이 배후에 있다. 즉

흥연주자들은 상대가 이렇게 나오면 나는 이렇게 해야 한다는 것, 그리고 지금 전체가 이렇게 흘러 가고 있다면 부분으로서의 나는 이 순간 어떻게 해야 한다는 것을 공감하면서 움직인다.

클래식 음악에도 즉흥연주가 있다. 작곡자가 협주곡에 끼워 넣곤 하는 카덴차(Cadenza)가 그 한 예다. 물론 연주자가 즉석에서 창조하는 것이 아니라 미리 작곡해서 준비해 오는 경우가 많지만, 카덴차는 악보의 구속으로부터 공식적으로 연주자를 해방시키는 역할을 한다. 클래식 음악[53]이 등장하기 전, 유럽 고음악의 세계에서는 즉흥연주가 많았다. 예를 들어, 바로크 음악의 바소콘티뉴오(Baso Continuo)를 따르는 연주에서는 저음 파트의 화성 연주자들이 악보에 적힌 기본 지시를 바탕으로 대개 즉흥연주를 했다.

마케팅 이론가 헨리 민츠버그[Henry Mintzberg]는 클래식 음악의 철학보다 즉흥연주의 그것을 더 선호하는 사람이다. 그는, "경영자는 주어진 악보대로 연주하는 사람이어서는 안 되며, 변화하는 현실에 맞추어 수시로 전략을 변화시킬 수 있는 사람이어야 한다."고 강조했다. 그래서 그는 경영자를 오케스트라 지휘자에 빗대어 말하는 피터 드러커의 생각은 취약하다고 비판하기도 했다.

하지만 민츠버그의 생각은 초점이 잘못됐다. 드러커가 오케스트라의 비유를 말한 것은 경영자가 상이한 지식들을 통합해서 하나의 전체를 만들어낸다는 특성을 드러내기 위해서였다. 또한 드러커 스스로 변화를 선도하는 경영자의 역할을 재즈 악단에 비유하기도 했다.[54] 드러커는 경영자가 주어진 계획대로 행동하라는 말을 한 적이 없었다.

경영자는 그렇다 치고, 판에 박힌 일만을 하는 노동자들에게는 과연 자유가 없는가? 조립라인의 단순 반복 작업이 인간성을 말살시켰다는 주장은 산업사회 비판자들이 흔히 해 왔던 말이다. 그들은 말하곤 했다. "사람이 기계에 예속되어 기계화, 부품화되고, 결국 소외당했다. 노동과 창조의 기쁨은 사라졌다." 비단 육체노동만이 아니라 지식노동을 하는 사람들조차 이런 단순 반복 업무에 노출된 경우가 많았다. 단순 서류 정리, 기록, 분류, 정보 접수와 입력 등.

모든 단순 반복 노동은 문(門)이 숨겨진 담과 같다. 문을 발견하지 못하는 모든 사람에게 그 노동은 무의미하고 고통스럽다. 그들은 담장 주변을 한없이 돌기만을 반복한다. 하지만 시선의 방향을 약간만 바꾸면, 모든 반복 노동의 견고하고 거대한 담장 어딘가에는 그가 경영의 세계로 들어갈 수 있는 문이 숨어 있다. 마치 《해리포터》 속 호그와트행 열차의 승강장처럼 말이다. 마트의 점원은 하루 종일 똑같은 일만 반복하는 것 같지만, 도대체 사람들이 매일 같이 어떤 상품을 찾는가, 그리고 찾는 행태가 나날이 어떻게 변하고 있는가를 관찰할 수 있다면, 그에게는 시장의 변화를 알려주는 문이 열린다. 단순 보조 업무를 반복하는 아르바이트 사원조차도 거기에서 개선과 혁신의 기회를 찾음으로써 창업가로, 그리고 경영자로 다시 태어나고 성장할 수 있다. 만국의 노동자는 단결해서 자본가를 타도할 일이 아니라, 경영을 발견해서 경영자로 성장하고 향상해야 한다.

예술가의 이면도 알고 보면 단순 반복 훈련의 연속이다. 음악가는 기본 테크닉을 연습할 때 동일한 패턴을 지루할 정도로 반복한다. 운동선수 역시 기본체력과 기술을 향상시키기 위해, 동일한 동작을 무한 반복한다. 그들의 반복 훈련은 일반인이 '이 정도면 됐어!' 하면서 끝낼 정도의 수준을 한참 넘는다.

다만 이 반복은 오직 체계적인 반복일 때에만 자유를 낳을 수 있다. 체계적이라는 것은 목표와 수단의 체계가 갖추어졌다는 것을 의미한다. 여기서 '무엇을 위해서?(For what)', 즉 '왜?(Why)'와 '어떻게?(How)'가 빠지면, 이 모든 반복은 일체의 의미를 상실할 것이다. 방향도 없고 성과도 없어질 것이다. 예술가의 반복은 체계적인 반복이기 때문에 그는 저 모든 지루함을 견뎌낼 수 있는 것이다. 경연대회 입상, 공식적인 연주회, 음반 발표 같은 목표가 그를 이끈다. 더 나아가 자신의 연주가 도달하고 싶은 이상적인 목표 수준이 그를 이끈다. 그는 목표에 기여하지 않는, 심지어 방해되는 일상생활조차 포기한다. 목표가 있는 그에게 체계적인 반복은 고통이 아니라 향상의 길이다.

반면에 체계적이지 않은 반복에 빠져 있는 육체노동자나 지식노동자에게, 이 모든 반복은 회피하고 저주할 대상이 된다. 드러커가 체계적인 혁신을 강조한 것도 그런 이유에서였다. 닥치는 대로 혁신하는 것이 능사가 아니라, 기회 발견의 원리를 알고, 해야 할 것과 해서는 안 될 일, 새로 추진해야 할 일과 폐기해야 할 일을 구분할 줄 아는 것이 그가 말했던 체계적인 혁신의 본질이다.[55]

체계적이지 않은 혁신을 강요하는 최고경영자는 이내 구성원들의 반발에 직면하고 아무것도 이루지 못할 것이다. 왜냐하면 그런 경영자의 지시를 받은 노동자는 '무엇을 위해서?', 즉 '내가 왜 이 일을 해야 하는가?'에 대한 해답 없이 일하기 때문이다. 그들이 기계 앞에 앉아 단순 업무로 하루를 보내는 조립공이라서 기계화, 부품화되는 것이 아니다. 내가 왜 여기에 앉아 있는지를 모르기 때문에 기계화, 부품화되는 것이다.

마. 그들의 평생 학습

1) 천재는 없다

천재 바이올리니스트, 천재 화가 등, 알고 보면 '천재'는 부끄러운 수식어다. 위대한 예술가에게는 오히려 이런 호칭이 모욕일 수 있다. 대개 천재라는 단어는 뭔가 다른 것이 부족한 예술가들에게, 그를 보완하기 위해 붙이는 수식어다. 일찍 죽었다거나, 불행한 삶을 살았거나, 세상에서 인정을 못 받았다거나 등등. 또한 예술가 스스로 자신을 천재라고 생각하는 것은 더욱 유치한 일이다. 피아니스트 조성진은 자신을 결코 천재라고 생각해본 적이 없으며, 천재들이 창조해놓은 음악을 연주하는 사람에 불과하다고 말했다. 예술가들에게는 천재라는 칭호는 좀 어색하다.

천재 경영자? 경영자에게 이 단어는 더욱 어울리지 않는다. 천재성은 경영자에게 요구되는 자질이 아니기 때문이다. 경영자는 오히려 보통 사람이어야 한다. 공감할 줄 알고, 소통할 줄 아는 사람이어야 한다. 천재는 함께 일하는 범인(凡人)을 향해 "저 돌대가리!"라고 중얼거릴 수 있겠지만, 경영자는 그래서는 안 된다. 자신과 똑같은 평범한 사람들이 목표체계 아래에서 모두 성과를 낼 수 있도록 이끌어야 하기 때문이다.

"한 사람의 천재가 수만 명을 먹여 살린다."는 말이 있지만, 사실 매우 위험한 말이다.[56] 드러커의 말처럼, 조직은 평범한 사람들이 비범한 성과를 내도록 하는 것을 사명으로 하기 때문이다. 심지어 조직은, 혹시 있을지 모르는 천재의 능력조차도 평범한 사람들의 성과 창출에 기여하도록 방향을 이끌어주는 역할을 해야 한다.

'좋아하는 일을 하지 말고 잘할 수 있는 일을 하라.'는 성공학의 흔한 지침은, 성과 창출의 긴 여정에서 첫 단계에 해당한다. 누구든 정말로 잘할 수 있는 일을 발견하기까지 인생 초반에 약간의 방황은 불가피하다. 예를 들어서, 예술을 좋아해서 예술대학을 졸업했지만 자신이 잘할 수 있는 일은 다른 데 있다는 사실을 깨닫고 이내 진로를 바꾼 인물이나, 똑같은 음악인데도 피아노에는 도대체 재능이 없었지만 기타에 재능이 있음을 발견하고 방향을 전환한 사람도 있다. 전(前) 미국 FRB 의장 앨런 그린스펀Alan Greenspan, 1926~은 원래 음악가가 꿈이었다. 줄리어드음악학교(Juilliard School)에서 클라리넷을 전공하고 잠깐 연주가 생활을 하기도 했지만, 어느 날 자신이 더 잘할 수 있는 일을 금융 분야에서 발견했다. 그리고 성공했다.

이렇게 강점이 있는 분야의 일을 시작한 뒤, 두 번째 단계에서 그들의 성과를 이끌어내는 것은, 평생 끊이지 않는 학습, 훈련, 그리고 성찰이다. 젊은 시절 이미 성과를 인정받았던 예술가, 예컨대 파블로 카잘스Pablo Casals는 90세가 되어서도 하루 3시간 이상 연습했고, 김수철은 칠순에 가까운 나이에도 단 하루도 기타 연습을 게을리하지 않았다. 더구나 그들은 단지 기능을 갈고 닦는 데에 머물지 않았다. 그들은 앞서 이룬 성과에 만족하지 않고 그다음에 이룩할 새로운 성과를 늘 추구했다. 카살스는 바흐의 무반주 첼로 조곡 악보를 발견해서 세상에 알렸고, 김수철은 국악과 록음악의 융합을 비롯해 새로운 실험을 멈추지 않았다.

어떤 분야의 지식노동자를 막론하고 평생 학습과 평생 훈련의 실천가로 접어든 순간, 그들에게 천재성이라거나 하는 것들은 무의미하다. 더구나 그들이 단지 개인으로서 성과를 내는 것이 아니라, 조직에 참여해 성과를 내는 입장이 된다면, 경영자는 그들이 천재로서가 아니라 지식노동자로서 탁월한 성과를 낼 수 있도록 환경을 만들어줘야 할 책임이 있다.

2) 일하는 방식

성과를 창출하는 모든 경영자와 지식노동자는 자신만의 일하는 방식을 지니고 있다. 한 사람의 타고난 능력은, 자신에게 맞는 일하는 방식을 어떻게 찾아서 구사하느냐에 따라 결과가 다르게 나타난다.

지식노동자들은 떠오르는 아이디어를 기록했다가, 본 작업을 할 때 이를 다시 보며 일한다. 베토벤은 떠오르는 악상을 기록한 수많은 스케치북을 남겼지만, 막상 작곡 작업에 들어가면 스케치북을 한 번도 들여다보지 않았다. 스케치북에 기록하지 않으면 잊어버리기 때문에 악상이 떠오르면 기록해놓지만, 스케치북에 기록하면서 기억에 저장되기 때문에 나중에는 스케치북을 보지 않았다.

GM의 앨프레드 슬론 회장은 회의 중에 메모하지 않았다. 오직 회의에만 집중하기 위해서였다. 그러나 회의가 끝나고 난 뒤에는 몇 시간에 걸쳐 회의 내용을 재정리하면서 회의 참석자에게 건넬 편지를 작성했다.

많은 지식노동자들이 문서를 작성할 때, 일단 모니터 화면을 보면서 키보드를 두드리기 시작한다. 드러커는 글을 쓰기 전에 먼저 녹음기 앞에서 자신의 생각을 말로 풀었다. 그는 녹음 내용을 다시 들으면서, 애용하던 일제 브라더 전동 타자기로 원고를 타이핑하곤 했다. 사회학자 니클라스 루만은 젊은 시절부터 독서에서 얻는 정보와 아이디어들을 자신이 개발한 분류 체계에 따라 카드에 기록하는 습관을 평생 이어 갔다. 책을 쓸 때는 필요한 카드만을 추출해서 활용함으로써 집필 효율을 극대화할 수 있었다.

예술가들이 평생 이어지는 창작 생활에서 그들만의 고유한 루틴, 생활 습관, 작업 방식을 찾아냈듯이, 경영자와 지식노동자 역시 분야를 막론하고 그들만의 고유한 일하는 방식을 개발해야 한다. 이것은 일종의 리듬이다. 누구는 아침을 건너뛰고 누구는 오후를 건너뛴다. 체질상 아침형 인간이 적합한 사람이 있고, 그렇지 않은 사람이 있다. 그럼에도 불구하고 그들은 각자 자신에게 적합한 일의 리듬과 방식을 찾아 큰 성과를 낼 수 있다.

3) 노년이 더욱 빛나는 삶

예술가의 삶은 현대 지식노동자가 영위해야 할 삶의 방향에 대해서도 중대한 시사점을 준다. 예술가의 삶은 대체로 노년에 더욱 빛난다.[57] 모네^{Claude Monet, 1840~1926}는 80대에도 명작들을 남겼고, 피카소는 90대가 되도록 창작은 물론이고 새로운 화풍과 기법을 끝없이 개척했다.

반면에 지식노동자의 삶은 노년에 대개 시든다. 대부분의 지식노동자들이 20대에 취득한 대학 학위의 유효기간은 길어봤자 30년이다. 그 사이에 그들의 지식은 서서히 낡은 것으로 변한다. 출신 학교가 주는 이점도 서서히 사라진다. 이미 낡아버린 지식으로 은퇴 후 재취업은 사실상 불가능하다. 그렇다고 해서 신체 기능으로 감당할 수 있는 일을 하기에도 이미 늦었다. 하지만 평균 수명은 늘었기에 수십 년의 생을 더 살아야 한다.

지식노동자가 자신의 삶을 단지 조직에 의탁하는 삶으로 규정하는 한, 즉 조직생활 자체를 목적으로 삼는 한, 이 숙명을 피할 길이 없다. 하지만 조직생활을 하나의 수단으로 삼아 개인의 더 높은 목적을 추구한다면, 그 삶의 방향은 전혀 달라질 것이다. 지식노동자가 삶 전체에 걸쳐 추구하는 목적과 가치가 있고, 조직생활은 단지 그를 향한 중간 노정임을 안다면, 그는 인생 후반기에도 자신이 추구하는 목적과 가치를 이루기 위한 수단 찾기를 멈추지 않을 것이다.

인생 전반기의 직장에서 쌓은 전문성을 바탕으로 후반기에 자신만의 사업으로 자연스럽게 연결할 수 있고, 그 시절 우연히 접했던 과외 학습 내지 봉사활동, 특히 예술, 스포츠, 문화, 학술 등 영역의 특수한 활동이 자신의 목적과 가치에 부합한다면, 그는 후반기에 이 일에서 제대로 된 성과를 내기 위해 미리 준비할 것이다. 미리 인맥을 만들고, 지식을 쌓고, 필요하다면 그 분야의 학위나 자격증을 다시 취득하기까지 할 것이다. 건설회사의 해외사업부 임원으로 퇴직한 모 인사는, 젊었을 때부터 기타 음악에 관심이 있었다. 그는 퇴직 후 거주지 지하에 기타 공방을 만들고 평생 기타 제작자의 삶을 걸었다. 그는 기타를 파는 것이 아니라 기타를 사랑하는 사람들과 인연을 만드는 것이 목적이었다. 그는 이렇게 말했다.

"내가 '나중에 퇴직하면 그림을 그려야겠다.'는 꿈을 꿨으면, 지금부터 공부해야 해요. 세계 명화도 감상하고 재료도 구하러 다니고…. 뭐든지 그때 가서 할 수 있는 준비를 꾸준히 해야 한다는 얘기예요."[58]

예술가들은 적어도 제도적으로는 은퇴가 없기 때문에, 평생 학습은 그들에게 자연스럽다. 반면 지식노동자들은 학습을 단지 학교에서 하는 활동으로만 생각하는 경향이 있어서 평생 학습을 잘 일상화하지 못한다. 그들은 청소년기에, 미래에 직장을 얻기 위해 학교를 다닌다고 생각했을지 모른다. 하지만 그들이 직장생활을 하는 시기에, 앞으로 할 새로운 일을 발견하기 위해 일을 하고 있다는 생각은 잘 하지 않는다. 다시 말해서, 자신이 몸담은 일터가 곧 자신의 미래를 만드는 학교라는 인식에는 잘 이르지 못한다.

반면에 예술가는 평생토록 쉬지 않는 붓질, 칼질, 탄현, 타건 자체가 일인 동시에 학습이라는 사실을 잘 알고 있다. 그들은 현재 하는 일에서 끊임없이 미래를 만들어 간다. '조직에서 임원이 되느냐 못 되느냐' 내지 '여기서 잘리면 어디로 가야 하는가?' 같은, 중년 지식노동자의 위기감이 예술가에게는 없다. 그래서 드러커는 지식노동자의 중년의 위기는 더 이상의 학습을 포기한 데에서 나온다고 말했던 것이다.[59]

바. 조직화된 예술

1) 합주의 거대화

조직화는 경영에서만 일어난 현상이 아니다. 예술에서도 비슷한 일이 일어났다. 서양 문화의 원류로 간주되는 고대 그리스에서는 반주를 곁들인 노래나 기악, 또는 코러스 형태로 연주가 이루어졌다. 이런 전통은 로마에도 큰 변화 없이 계승됐다. 16세기에 이르기까지 다양한 현악기와 관악기들의 합주는 있었지만, 아직 오케스트라 수준의 조직화는 등장하지 못했다.

클라우디오 몬테베르디Claudio Monteverdi, 1567~1643는 자신의 오페라에, 관악기와 현악기, 타악기, 그리고 일부 오르간을 포함해 20 ~ 30여 대 수준으로 편성된 오케스트라를 활용함으로써 기악이 대규모로 조직화되는 형태를 처음 선보였다.[60] 몬테베르디 이후 이탈리아에서 발전한 오케스트라 구조는 독일에 전파되어 바흐에게도 흡수됐다. 그러나 바흐의 오케스트라용 작품은 대개 악기 20여 대를 넘지 않는 수준이었다.

하이든은 1795년에 교향곡 103번을 초연했을 때, 이례적으로 60여 명에 달하는 오케스트라를 선보여 청중을 놀라게 했다. 물론 이후 모든 작곡자들이 오케스트라 크기 경쟁을 벌였다는 말은 아니다. 곡의 특성에 따라 악기 편성도 달라지고 훨씬 적은 인원으로 그치기도 했다. 어쨌든 오케스트라에 동원되는 연주자 수의 상한선은 점점 높아져만 갔다. 심지어 1910년 말러의 교향곡 제8번은 858명의 성악가와 171명의 연주자가 동원되어 '천인교향곡'이라고 불리기까지 했다. 이런 오케스트라의 대형화 추세 속에서, 오늘날 50인 이하의 오케스트라는 실내악 수준으로 간주되어, 챔버(Chamber) 오케스트라라고 불릴 정도다.

오케스트라가 등장하던 사회적 배경에는 주식회사의 등장이 있었다. 주식회사는 종래의 파트너십 투자조직이 전례 없이 대형화한 형태로 등장했다. 물론 그 설립은 왕실의 보호 아래 이루어졌다. 1602년에 네덜란드 동인도 회사(the Dutch East India Company)가 설립됐다. 1650년 중반에 이르렀을 때, 이 회사는 본국과 식민지 국가 전역에 5만여 명을 직원으로 두었다.[61] 유럽이 근대 의회민주주의 체제로 전환된 후에도 주식회사는 여전히 중요한 파트너십 투자 형태로 남았다. 1860년대에 영국의 회사법(Companies Act)이 개정된 뒤 주식회사가 폭발적으로 증가했다. 철도가 보급되면서 도달가능한 시장의 크기가 커지자, 회사들은 점점더 많은 직원을 필요로 했다. 19세기 후반 미국에서 대륙 전역을 포괄했던 철도회사는 회사당 보통 수만 명의 직원을 두었다. 사업 구조상 공장이 지역으로 국한되어 있던 방직회사들조차 수천 명의 직원을 두었다. 1945년 GE의 직원은 4만5천 명이었고, 2022년에는 약 28만 명에 달했다.[62]

근대에 오케스트라나 대기업을 막론하고 대형화는 불가피했다. 대규모 오케스트라의 웅장함은 마치 현대 대기업의 광활한 사업장을 보는 것 같다. 오케스트라의 대형화가 가능했던 이유는, 근대에 음악 향유자가 그만큼 늘었고 시대마다 그에 걸맞은 대규모 음악당을 지었기 때문이다. 독립 음악당을 건립한 주력은 19세기에 이르기까지는 왕실이나 귀족이었다. 교회는 건물 자체가 예배를 위한 연주장의 기능을 갖추고 있었기 때문에 논외로 치자. 교회 이외의 음악당은 궁정 음악당이거나 귀족의 저택이었다. 예를 들어서 1778년에 개장한 밀라노의 라스칼라(La Scala) 극장은, 종래 화재로 소실된 궁정극장을, 당시 밀라노의 통치자였던 오스트리아의 여왕 마리아 테레지아Empress Maria Theresia of Austria의 명령으로 개축한 것이다.[63] 이 극장의 수용 인원은 2,800석에 이른다. 귀족이 거의 사라진 19세기 후반부터는 철도, 철강, 석유 등 신산업으로 부를 이룩한 기업가들이 대규모 음악당을 짓기 시작했다. 그들은 새 시대의 왕이자 귀족이었다. 피렌체의 메디치(Medici) 가문이 미술관을 운영했던 것처럼, 미국의 카네기(Carnegie) 가문은 대규모 음악당을 지었다. 제2차 세계대전 이후에는 귀족과 부호에 뒤이어 정부가 왕으로 등극했다. 정부는 음악당 건립과 오케스트라 후원 사업에 동참하기 시작했다.

기업의 직원수가 많을수록 경영이 잘 이루어진다고 말할 수 없는 것처럼, 단원수가 많다거나 악기의 종류가 다양하다고 해서 꼭 좋은 음악이 나오는 것은 아니다. 작곡자가 처음 편성한 악기 구조는 최소한 유지하더라도, 각 악기의 연주자 수가 많아지면 오히려 의사소통 난항과 부조화가 일어날 수도 있다. 지휘자 입장에서는 그럴 바에야 인원을 줄여서 더 깔끔한 연주를 만들어내는 것이 낫다고 결정할 수도 있다.

또한 음악 자체가 결코 대형화를 목적으로 하지 않는다. 대형화는 감상자의 마음에 감동을 일으키기 위한 하나의 수단일 뿐, 크기 자체는 음악의 목적이 될 수 없다. 단순 악기 반주에 성악이나 기악의 독주만으로도 무한한 감동을 줄 수 있는 것이 음악이다. 독주의 감동이 대부분 연주가의 기량과 해석의 깊이에서 나오는 반면, 오케스트라처럼 조직화된 음악이 안겨주는 감동은 어디에서 나오는 것일까? 우리는 여기에서 바로 지휘자라는 존재에 주목해야 한다.

2) 지휘자의 등장

지휘자는 연주하지 않는다. 다만 지휘한다. 마찬가지로 조직의 최고경영자도 직접 설계, 제작, 유통 같은 기능 업무를 행하지 않는다. 그는 다만 경영한다. 정작 본인은 연주를 하지 않음에도 유능한 지휘자가 얼마나 연주자들의 기량을 극대화면서 최고의 음악을 탄생시킬 수 있는가?

어느 교회 합창단의 경험이었다. 성가대 단원이 90명이었는데, 노래를 하면 실제로 50명 정도의 음량만 나왔다. 사람을 더 늘려야 한다는 제안이 있었고 교회의 크기에 맞추어 120명까지 늘릴 수도 있있다. 그러던 와중에 예전 지휘자 개인 사정으로 그만두고 지휘자가 새로 왔다. 그는 파트별로 오디션을 새로 실시한 뒤, 전체 구성을 새로 편성했다. 특히 소리가 부족한 파트는 별도로 집중 훈련을 시켰다. 성가대의 모습이 완전히 달라졌고, 음악의 완성도는 한층 높아졌다.

전업 지휘자가 역사에서 등장한 것은 그리 오래되지 않았다. 고대 이래 근대에 이르기까지 가수나 연주자 옆에서 막대기를 두드리며 박자를 맞추어주던 사람들이, 사실은 오늘날 지휘자의 역할을 대신했던 것이라고 볼 수 있다.[64] 오케스트라 초기에는 대개 작곡자 본인이 직접 지휘하거나 그와 친분 있는 음악가가 지휘를 맡는 것이 일반적이었다. 20세기 초 한스 폰 뷜로Hans von Bülow, 1893~1957는 지휘를 작곡자의 역할로부터 완전히 분리하여 전업 지휘자의 시대를 열었다. 이후 프루트벵글러Wilhelm Furtwängler, 토스카니니Arturo Toscanini, 뵘Karl Böhm, 카라얀Herbert von Karajan 등 전문 지휘자들이 속속 등장했다.

비슷한 시기에, 대기업에도 소유경영자 자리를 대신하는 전문경영자가 등장하기 시작했다. 20세기는 전문경영자의 전성시대가 됐다. 그들은 지분을 보유하고 있는 경우도 많았지만, 대규모 조직의 경영 관리라는 과업 자체에 집중했다. 시어스앤드로벅(Sears and Roebuck)의 로버트 우드Robert E. Wood, AT&T의 시어도어 베일Theodore Veil, GE의 찰스 코핀Charles Coffin, IBM의 톰 왓슨Tom Watson 등 위대한 전문경영자들이 속속 등장했다.

전문경영자의 능력이 어떤 기능 분야의 전문성에 있지 않은 것처럼, 지휘자의 능력을 연주력에서 찾아서는 안 된다. 지휘자에게 최고로 요구되는 능력은 단원 개인들의 역량으로부터 최고로 높은 수준의 음악을 이끌어내는 능력이다. 물론 지휘자를 맡기 전에 연주 경력이 선행되어야 하지만, 그가 어떤 악기 연주자 출신인가는 큰 상관이 없다. 명연주가가 지휘자로 변신하는 경우도 있지만, 명지휘자가 반드시 명연주가 출신이거나 음악이론의 석학일 필요는 없다.

그가 갖추어야 할 능력은 다음과 같다.

- **전체와 부분을 동시에 이해해야 한다.**

악곡 연주가 하나의 전체로서 도달해야 할 이상적인 상태가 어떤 것인지 알고 있어야 한다. 이를 위해서 부분들의 역할과 특성이 어떻게 발휘되어야 할지도 동시에 알고 있어야 한다. 이는 목표와 자기통제에 의한 경영 능력에 해당한다.

- **가치와 철학을 공유하도록 해야 한다.**

지휘자가 의도하는 방향의 연주가 나오기 위해서, 지휘자가 요구하는 곡의 해석과 철학을 단원들이 충분히 공유할 수 있도록 해야 한다. 이는 미션, 비전, 가치를 조직에 공유하는 경영자의 능력에 해당한다.

- **개별 연주자의 능력을 파악해야 한다.**

현재 개별 단원들이 지닌 능력을 파악하고, 그에 기반을 두고 최대의 성과를 이끌어내야 한다. 이는 강점에 기반을 둔 인사관리를 할 수 있는 경영자의 능력에 해당한다.

- 단원의 심리를 헤아려야 한다.

  단원들이 연습에 몰입할 수 있는 수준의 심리적, 사회적 환경 하에 있는지 여부를 알고, 그에 대해 대응해야 한다. 이는 노동자가 심리적 안정감을 지니고 일할 수 있도록 최소한의 근무환경과 복지정책을 실시할 수 있는 경영자의 능력과 같다.

한때 카리스마형 지휘자가 각광받던 시절이 있었다. 토스카니니나 카라얀처럼 제왕의 풍모를 지닌 지휘자는 옛날 이야기다. 그보다는 단원과 원활히 소통하고, 단원들 사이의 갈등을 조정하는 능력이 그 어느 때보다 중요해졌다. 그러나 탁월하면서도 개성 있는 연주를 이끌어내야 한다는 오케스트라의 존재 이유 자체가 충족되지 않으면, 지휘자가 카리스마형인가 아닌가 하는 것은 아무 문젯거리가 안 된다. 차라리 엄격함으로 단원들을 고되게 훈련시키는 것이, 화기애애하고 느슨한 연습 끝에 혹평 세례를 받는 것보다는 낫다.

그렇다면 지휘자 없는 오케스트라는 가능할까? 지휘통제 구조 없이 자발적 협업만으로 오케스트라 연주가 가능할까? 뉴욕 오르페우스 챔버 오케스트라(1972~)가 바로 그런 일을 실현했다. 어떻게 지휘자 없이 단원들로만 연주가 가능할까? 그 비결은 각각의 연주자들은 다른 연주자의 연주에 귀를 기울이며 연주하는 데에 있었다. 이것은 바로 MBO의 원리, 즉 '내 지식이 조직 내 타인의 성과 창출에 어떻게 기여하는가?'를 조직 구성원들이 인지하면서 일하는 원리와 같았다. 만약 모든 연주자들이 지휘자 없는 상태에서 단지 자신의 파트만을 연주했다면, 그것은 음악이 아니라 그냥 소음에 불과했을 것이다.

지휘자가 없다고 해서, 완벽하게 수평관계로만 연주가 이루어진 것은 아니었다. 단원 중에는 리더의 역할을 하는 수석연주자들이 있었다. 그는 자신의 자리에서 자신의 연주를 함과 동시에 각 악장을 이끄는 역할을 했다. 그는 단지 지휘대에 서지 않았을 뿐, 사실상 지휘자의 역할을 한 것이다.

그러나 이처럼 숨은 지휘자의 존재만으로 연주가 가능했던 이유는, 챔버 오케스트라라는 이름에서도 알 수 있듯이 그 규모가 상대적으로 작았기 때문이다. 만약 오케스트라의 규모가 더 커진다면, 그때는 지휘자를 두지 않는 것이 오히려 연주를 어렵게 만들 것이다.

초기에는 어느 정도 비효율이 있었다. 공식적인 지휘자가 있었다면 30초면 충분했던 세부사항들을 논의하느라 연주자들은 몇 시간을 허비하곤 했다. 그러나 소통 경험이 쌓이면서 지휘자 없이도 서서히 한 편의 아름다운 음악을 완성할 수 있었다. 비록 공식적인 지휘자는 없었지만, '목표에 의한 연주'가 있었기에 이 모든 일이 가능했다. 구성원들이 목표체계를 공유하고, 결과를 수시로 피드백하면서 자신의 하위목표를 달성해 나감으로써, 한 편의 음악을 완성시킬 수 있었다.

독주자는 홀로 경영자다. 반주자를 동반하거나 이중주가 되면 두 사람이 각각 경영자다. 그 이상의 인원으로 합주가 되면 모든 사람이 각자의 자리에서 경영자다. 독주자들은 자신의 연주를 들어 가며 피드백을 받지만, 그 이상이 되면 타인을 들음과 동시에 자신을 들으며 자신의 연주에 피드백을 받아야 한다.

예를 들어, 훌륭한 반주자는 탁월한 독주자와는 다른 차원의 연주를 해야 한다. 심지어 독주와는 전혀 다른 철학과 연습이 필요하다. 노래 반주자의 역할은 가수의 노래가 가장 빛을 낼 수 있도록 돕고, 동시에 연주와 노래가 하나의 완성된 전체에 이르도록 하는 것이다. 제럴드 무어Gerald Moore라는 피아노 반주자가 없었다면, 디트리히 피셔 디스카우Dietrich Fischer-Dieskau의 노래도 빛이 바랬을 것이다. 숙달된 플라멩코 기타리스트 반주자는 가수의 표정과 동작에서 눈을 떼지 않고 그 순간에 맞는 반주를 만들어낸다.

지휘자는 본질적으로 개별 연주가에 내재한 소통 기능이 바깥으로 나와 단일인으로 빚어진 화신(化身, avatar)이다. 다 나서기 어려울 때 아바타 한 사람을 앞에 세운 것이다. 조직 경영자 역시 그렇다. 그의 존재 이유는 바로, 자신을 보낸 이들, 구성원 사이의 소통을 살려 놓는 데에 있다. 미션, 비전, 가치, 목표, 사업계획, 피드백, 성과평가, 이 모든 소통의 요소들은 경영자가 한시도 잊지 않고 점검하고 확인해야 할 것들이다.

사실 아바타로서 비즈니스 경영자의 역할에는 유독 어려움이 있다. 악단의 지휘자는 뭔가 불협화음이 일어나고 있거나 소리 사이에 균형이 깨지고 있다는 것을 즉시 알아차리고 당장 고칠 것을 요구할 수 있지만, 경영자는 조직 구성원 사이에 그런 일이 일어나고 있다는 것을 좀체 감지하기조차 어렵기 때문이다. 경영자가 받는 보고에는 현장, 특히 외부에서 나는 중요한 소리들이 한참 빠져 있다. 자신이 그토록 열심히 메시지를 전달했어도 과연 구성원들에게 얼마나 공유되었는지도 알 길이 없다. 그렇게 문제는 쌓이고 쌓이다가 성과는 계속 악화되고, 사태가 해결 불가능한 상태에 이르렀을 때야 그 소통 없었음이 비로소 드러나게 된다. 경영자에게 요구되는 주의력은 예민한 지휘자의 귀보다 몇백 배 더 살아 있어야 한다.

사. 예술 경영

1) 예술가의 경영 마인드

예술은 자원을 조직적으로 투입해 결과를 낳는 활동이라는 면에서 경영이다. 이 말은 예술 활동이 경영의 대상이 되어야 한다는 것을 의미한다. 예술이 취미 활동에 머물 때는 경영원리가 개입하는 정도가 작아도 상관이 없다. 하지만 예술이 고객을 창조하는 활동으로 전환되는 순간, 거기에는 경영원리가 본격적으로 도입되어야 한다. 그 활동 규모가 크든 작든, 거기에는 마케팅, 조직관리, 자금관리, 생산관리, 연구개발의 원리가 두루 필요하다.

마케팅 이론의 대가 필립 코틀러와 조앤 셰프^{Joanne Scheff}는 본격적으로 공연 마케팅의 원리를 연구했다.[65] 그는 공연이 하나의 상품이라면 당연히 마케팅 대상이 되어야 하고, 이 과정에서 공연기획자는 소비자의 구매 의사결정에 영향을 미치는 제반 요소를 체계적으로 분석해야 한다고 생각했다. 마케팅 이론에서 개발된 모든 도구, 예컨대 기본적인 4P나 7P는 물론이고, 심리 요인, 클러스터링(Clustering)과 시장세분화와 같은 분석 도구는 공연 상품에도 동일하게 적용할 수 있다.

비단 마케팅뿐이겠는가? 판매 활동, 공연 조직의 구조와 관리, 자금의 조달, 지식재산 전략, 그리고 공연 프로그램 개발과 공연자의 발굴, 훈련 등, 경영의 모든 활동이 공연 조직에 적용되어야 한다. 공연 시장뿐만이 아니다. 미술품 중개 시장, 화랑과 경매 시장 역시 공연 시장 분석에 뒤이어 경제학자와 경영학자들의 관심 대상이 됐다. 화랑 경영원리, 미술품 가치평가 이론이 등장했고, 최근에는 음원과 미술품 저작권이 금융회사를 통해 구조화 증권(structured securities)으로 등장하기까지 했다.

예술이 경영의 대상이 되기 위해서 제일 중요한 것은, 예술가 자신이 경영 마음을 갖추는 데에 있다. 고대에서 중세에 이르기까지 예술가들은 예술가 마음으로만 일해도 그럭저럭 생존할 수 있었다. 그 당시 그들의 생존을 도왔던 주체는 교회, 왕실, 귀족들이었다. 재능을 갖춘 예술가는 일단 그들의 눈에 띄어야만, 그들의 후원 아래, 또는 그들의 작품 의뢰에 의존해서 생활할 수 있었다. 바흐, 헨델, 하이든, 모차르트, 심지어 베토벤조차 그렇게 생활했다. 미켈란젤로와 루벤스도 마찬가지였다. 그 와중에도 모차르트는 귀족으로부터 후원을 받지 않고 창작만으로 생존을 유지하려 시도했었다. 때문에 그의 말년은 궁핍했다. 렘브란트Rembrandt Harmenszoon van Rijn, 1606~1669는 귀족의 후원을 받지 않고 자신의 작품을 팔아서 생존을 유지할 수 있다는 것을 처음 보여주었다.

지금도 수많은 예술가들이 자신의 작품을 팔아서 생존을 유지하려 시도하고 있지만, 분야마다 시장에서 인지도가 높은 소수를 제외하고는, 대부분 예술 활동만으로 살아가기는 참으로 어렵다. 오죽하면 팝스타 빌리 조엘Billy Joel은 젊은 음악인들에게 이렇게 말하기까지 했다. "스타가 되겠다는 생각은 접어라. 음악인으로서 집세를 내고 생필품을 살 정도의 수입만 얻을 수 있다면 이미 성공한 것이다."[66] 전체 스타트업 중 1퍼센트 이내의 회사만이 벤처캐피탈 투자의 기회를 얻는 것처럼, 메세나(Mecenat) 활동을 하는 재력가나 기업의 후원도 극소수의 예술가들에게만 미친다. 오늘날 예술가들은 경영 마음을 갖추지 못하면 생존 자체가 어려운 환경이 됐다.

물론 예술가가 경영원리를 리버럴 지식 차원에서 이해한다고 해서, 즉 경영 강좌를 경청하거나 경영서적을 탐독한다 해서, 당장 그에게 수익 창출의 문이 열리는 것은 아니다. 제조업과 서비스업 분야에서 수많은 창업가들이 경영원리를 당연한 지식으로 공부하지만, 그들 중 지속성을 확보하는 사업이 그리 많지 않다는 것과 마찬가지다.

하지만 예술가는 경영원리를 리버럴 단계부터라도 배우기 시작해야 한다. 그래야만 그는 오로지 예술에만 몰입했을 때보다 사회 속 예술 본연의 모습이 어떤 것이어야 하는가를 더 깊이 인식할 기회가 생긴다. 그는 창조, 특히 고객 창조라는 난제를, 사람으로서 고객의 마음이라는 심연(深淵)을, 그리고 세계의 복잡성을, 더 깊은 곳에서 바라볼 기회를 얻게 된다. 이 기회의 문에 든 사람은, 그렇지 않은 외골수 예술가보다 고객 창조의 가능성이 당연히 높아진다. 예술가의 경영원리 학습도, 일반 제조업이나 서비스업 기업가와 마찬가지로 리버럴로부터 출발하되, 그로부터 아트 차원의 앎을 끝없이 획득하고, 이 두 앎이 서로를 향상시키도록 하면서 고객 창조의 가능성을 조금씩, 아주 조금씩 높여 가는 과정이어야 한다.

여기시는 예술 고객 창조의 핵심에 이르는 두 가지 질문, 첫째 "고객은 예술가의 무엇을 사는가?", 둘째 "예술가의 혁신이란 무엇인가?"를 던진다.

2) 고객은 무엇을 사는가?

드러커가 제시했던, 경영자가 스스로에게 물어봐야 할 핵심 질문 중의 하나, "고객은 무엇을 사는가?"는 예술 상품에 대해서도 똑같이 물을 수 있다. 고객이 승용차를 살 때, 그는 물리적 제품 자체를 사는 것이 아니라 그 이상의 그 무엇을 함께 산다. 자존감, 과시욕, 네트워크 효과 기대감, 호감도 등 수많은 무형의 요소들이 복잡하게 개입된다. 이것은 하나의 이미지 혹은 전체적 심상(configuration)이다.

고객은 예술가에 대해서도 단지 그의 작품성이나 연주력을 사는 것이 아니라, 그 이상으로 호소하는 그 무엇을 함께, 아니 때로는 작품성이나 연주력 이외의 그 무엇만을 산다. 루치아노 파바로티Luciano Pavarotti, 1935~2007 이상으로 음악성과 실력을 갖춘 성악가는 얼마든지 있었다. 그럼에도 유독 그를 스타로 만들어준 것은, 다른 이와 비견

될 수 없는 탁월한 고음 처리 능력과 거대한 체구가 던져주는 시각 효과였다. 그는 오페라가수로서 독일 가곡 리트(Lied)는 말할 것도 없고, 이탈리아어 이외의 언어로 부르는 오페라는 감당할 능력이 없었다. 그런데 성악가로서 이 모든 단점을 정말 몇 안 되는 강점이 다 보완해 버렸다.

많은 사람들이 파블로 피카소나 앙리 마티스^{Henri Matisse}의 작품 세계를 이해하고 정말로 좋아해서 그들의 전시회를 가는 것이 아니다. 그들은 일종의 정신적 위기감 또는 사회적 압력 때문에 간다. 작품은 잘 몰라도 상관없다. 가지 않으면 뭔가 향상의 대열에서 낙오하는 것 같고, 고상한 사회로부터 소외되는 것 같다고 느끼는 마음이 자주 그를 가족, 친구, 동료와 함께 전시장으로 이끈다.

작품성이나 연주력만으로 보면, 무명의 예술가 중에서도 얼마든지 탁월한 작가나 연주자들을 만날 수 있다. 그들 중 몇이 어느 날 우연한 계기로, 예컨대 대회 입상이나 극적인 사건을 통해 매체에 오르내리고 그 이름이 주술처럼 사람들 뇌리에 각인되기 시작하면, 상황이 달라지기 시작한다. 무명 시절에 그가 똑같은 실력으로 사람들 곁에 다가가려고 그렇게 노력해도 거들떠보지 않았던 사람들이, 그가 유명해진 다음에는 보석 같은 존재라고 치켜세우며 갑자기 감동하기 시작한다.

안드레아 보첼리^{Andrea Bocelli, 1958~}는 실력 있는 가수로서 경력을 하나씩 쌓아 가고 있었지만, 1996년에 이르기까지 여전히 무명이었다. 사라 브라이트먼^{Sara Brightman}이 어느 프로 복서의 은퇴 경기에서 부를 노래를 찾다가 우연히 레스토랑에서 흘러나오는 보첼리의 노래를 들었다. 그렇게 해서 그와 듀엣으로 경기장에서 노래할 기회를 만들지 않았더라면 세상에 그의 이름이 그토록 알려지지 않았을 것이다. 루치아노 파바로티의 탁월한 강점을 알아보고 그를 홍보하고 키워준 허버트 브레슬린Herbert Breslin, 1925~2012이 없었다면, 그는 그냥 이탈리아에서 노래 잘하는, 축구선수 출신 배불뚝이 성악가 정도로 끝났을지 모른다.

3) 수용가능한 혁신

예술가는 언제나 새롭게 돋보이고 싶어 한다. 학교에서는 그 새로움 자체를 가르치지 않는다. 다만 모든 낡은 것들의 기본 패턴만을 가르친다. 그러나 이 패턴에 충실한 예술가는 어쩌면 작가로서 존재 이유를 포기한 사람일 수 있다. 왜냐하면 새로움이 없으면 그는 이미 작가가 아니기 때문이다.

바로 이것이 예술 세계가 작가에게 가혹하게 요구하는 혁신의 의무다. 반면에 사업의 세계에서도 혁신의 요구가 늘 있지만, 그 강도는 예술 세계보다는 상대적으로 낮다. 비록 낡은 것들이라 해도 고객 수용성이 충분히 확인된 제품이나 서비스를 똑같이 복제해서, 또는 미세한 변화만 가해서 제공해도 얼마든지 사업의 성과를 만들어 갈 수 있다. 특허권, 실용신안권, 저작권 같은 지식재산이 최소한의 차이를 요구하지만, 사업가는 얼마든지 회피 설계를 통해 비슷한 것들을 만들어내면서 사업을 영위할 수 있다.

하지만 예술 세계에서 이런 일은 결코 허용되지 않는다. 단지 곡의 몇 마디만, 또는 그림의 몇 배치만이라도 어디서 들었거나 본 듯하다는 느낌이 드는 순간, 그는 당장 표절 시비에 휘말릴 것이다.

이 무거운 혁신의 의무 속에서 예술가는 웬만큼 탁월한 새로움이 아닌 한 돋보이기는 힘들다. 특히 그것이 음악이든 미술이든 예술가가 활동하는 시기에 유행하는 사조로부터 크게 벗어나지 않는다면, 더욱 주목받기 힘들다. 한 사조 안의 경쟁은 결국 '얼마나 잘(how well)'의 싸움이다. 누가 더 잘 만드느냐, 더 멋지고 아름답게 만드느냐로 돋보이려는 다툼이다. 이를 사업으로 치자면 하나의 지배적 디자인(dominant design)[67]이 주어진 상태에서 누가 더 미세하게 개선하느냐의 경쟁, 예컨대 LED 모니터를 어느 회사가 더 크고 더 선명하게 만들 수 있느냐의 싸움과 같다. 이 경쟁은 LED 모니터와 전혀 다른 모니터 패러다임이 등장하지 않는 한 계속된다.

그래서 일부 예술가들은 종종 사조를 크게 벗어난 작품을 시도하곤 한다. 만에 하나 이것이 통하면 새로운 사조를 만들어내는 데에 성공하지만, 통하지 않으면 그냥 특이한 작품으로만 잠깐 남았다가 세상에서 잊힌다. 그렇게 성공한 최초의 시도자는 사람들 사이에서 이름이 부단히 오르내리고, 그들의 작품 가격은 치솟는다. 그의 사후에는 더 천정부지로 오르기까지 한다.

이런 새로운 시도자, 기술경영학의 용어로 표현하자면, 점진적(incremental) 혁신이 아닌 급진적(radical) 혁신, 또는 유지형(sustaining) 혁신이 아닌 와해형(disruptive) 혁신을 시도한 예술가는, '얼마나 잘!'

에서 벗어나 '왜 꼭?'(why it)의 세계로 시야를 돌린 사람들이다. 데이터는 하드디스크에 저장해야 한다고 알고 있던 시절에, 갑자기 이스라엘의 도브 모란 모두^{Dov Moran Modu}는 '왜 꼭 그런 구조여야 하지?' 하는 의문을 품고 USB 저장장치를 개발했다.

인상파, 입체파, 야수파 등 시대마다 미술 사조의 흐름을 뒤바꾼 최초의 작가들은 바로 그런 혁신가들이었다. 마르셀 뒤샹은 1917년에 기성품 변기를 출품한 뒤 '샘'이라는 제목을 붙였다. 기존 미술 창작 행위 자체를 '왜 꼭?'의 관점에서 반성한 결과물이었다. 그는 미술이 무언가를 열심히 만들어내는 행위가 아니라, 무의미한 사물을 어디에 갖다 놓느냐에 따라 전혀 새로운 오브제(objet)로 탈바꿈시키는 능력에 있다고 보았다. 뒤샹의 이 발상은 이후 수많은 사람들에게 전파됐고, 미술 창작뿐만 아니라 건축 디자인에도 수없이 적용되기에 이르렀다. 사실 경영의 세계에서도 길가의 돌멩이는 경영자가 이를 건물 생산 공정에 배치하기 전에는 무의미한 재료였고, 푸른곰팡이는 경영자가 페니실린 공정에 투입하기 전에는 사람들 눈에 잘 보이지도 않는 흉물에 불과했다.

존 케이지^{John Cage, 1912~1992}의 우연성 음악 역시 '왜 꼭?'의 산물이었다. 총 3악장으로 이루어진 '4분 33초'는 연주자가 피아노 앞에서 아무것도 하지 않은 채 4분 33초간 앉아 있는 동안 일어나는 모든 소리를 작품화한 것이다. 그는 음악을, 수천 년간 수도사와 이론가들이 개발한 역사적 모듈로부터 해방시키고, 다시 초역사적인 지위로 되돌려놓았다. 사람들이 그의 이런 시도에 공감한다면, 음악과 비음악의 구분을 없앤 새로운 차원의 음악과 소통할 수 있을 것이다. 존 케이지의 이런 시도에 화답해 백남준이 피아노를 부쉈던 퍼포먼스도 '얼마나 잘!'의 세계에서는 도저히 이해할 수 없는 작품이었다. 하지만 '왜 꼭!'이라는 질문이 극치에 달했을 때 나올 수 있는 자연스러운 해법이었다.

그러나 이런 파격은 사실 예술 세계에서도 지극히 조심스럽게 행해야 할 것들이다. 첫 시도는 아직 일종의 '모서리 해(解)(corner solution)'[68]를 찾아낸 것에 불과하다. 이런 창작 시도는 단지 소수자만이 호응할 뿐, 여전히 대부분의 작가들은 감상자들이 수용가능한 수준에서, 즉 경계선 안 적절한 구역에서 창작을 한다.

마르셀 뒤샹이나 존 케이지처럼 파격적인 수준까지는 가지 않더라도, 브라크Georges Braque와 피카소 같은 작가들이 참여한 입체주의(cubism)의 1911년 첫 전시회는, 그야말로 비난과 성토의 장이었다. 사물의 형상을 분해해서 기괴하게 배치한 작품들을 보고 관람객들은 이게 어떻게 미술 작품일 수 있느냐고 따졌다. 그러나 최초의 기이함은 이내 사람들에게 익숙해졌고, 사람들은 입체파 작품들을 높이 평가하기 시작했다. 그 작풍을 따르는 작가들이 속속 등장하기 시작했다. 초기 입체파의 선구자들은 운이 좋았다. 어디서나 새로운 '왜 꼭!'은 이내 '얼마나 잘!'로 전락하고, 그 안에서 새로운 '왜 꼭!'이 또 등장해서 같은 과정을 반복한다.

다시 경영의 세계로 돌아와서 한 예를 들자면, 커피 사업가들 사이에서도 언젠가는 "왜 꼭 스타벅스(Starbucks) 방식이어야 하지?"라는 질문이 등장할 것이다.

하지만 모든 '왜 꼭?'은 반드시 체계적으로 사업화해야만 한다. 혁신적 신기술 제품이나 참신한 사업모델의 상당수는 출시 후 사람들에게 수용되기 어렵다. 1970년대에 GM은 당시로서는 첨단인 화면 터치 방식의 에어컨 조작 패널이 부착된 모델을 최초로 출시했지만, 사람들은 어색함 때문에 그 차종을 외면했다. 나중에 유관 기술이 발전하고 사용자 경험이 성숙해서 터치 화면이 운전자에게 거리낌 없이 수용되기까지 무려 30년이 넘는 세월이 걸렸다.[69]

출시조차 되지 못하고 연구소에서 개발 중 사장된 제품도 수를 헤아릴 수 없을 것이다. 사람들은 그런 새로움이 있었는지조차 알지 못한다. 그중 일부는, 마치 3M의 포스트잇처럼, 죽었다가 다시 살아나기도 한다. 도대체 '잘 붙지 않는 접착제'라니, '얼마나 잘'의 세계에서는 도저히 있을 수 없는 일이었다. "왜 꼭 잘 붙어야 하나?"라는 질문을 할 수 있는 사람에게만 그 시장이 보였다.

모든 급격한 혁신은 고객 수용성을 걸고 하는 도박과 같다. 장보기 경험에만 익숙한 고객으로 가득한 시장에서 갑자기 야채 배송 사업을 한다고 하면, 고객의 심상에는 뭔가 저항이 생긴다. 배송을 이용하게 되면 매장에서 신선도를 직접 확인할 수도 없고, 또 매장에서만 경험할 수 있는 삶의 활기와 지인들과의 반가운 만남도 기대하기 어려울 것이기 때문이다. 아마존(Amazon)닷컴과 비슷한 시기에 등장했던 신선식품 배송기업 웹밴(WebVan)닷컴은 그 고객 저항을 극복하지 못하고 파산했다.[70]

반면에 아마존닷컴은 서점 방문에 익숙해 있던 독서가들을 웹 화면에 익숙해지도록 조금씩 바꿔 놓기 위해 미리보기, 댓글, 원클릭 결제 등에 이르기까지 여러 기능으로 오랜 기간 공을 들였다. 웹밴닷컴의 실패 이후 고객의 마음이 야채 배송에 익숙해지기까지, 관련 물류 기반의 조성과 코로나19 격변을 포함해, 약 30년에 걸쳐 사회 변화를 겪어야 했다. 그후 한국에서 등장한 마켓컬리(Market Kurly)가 예상을 깨고 시장에 안착할 수 있었던 것도 그 때문이다.

하늘 아래 '완전한 새로움'이란 없다. 그 어떤 혁신가라 해도, 이전에 축적된 그 무언가에 바탕을 두고 자신의 혁신을 꾀한다. 크리스텐슨Clayton M. Christensen식 와해형 혁신으로 알려진 것들조차 이미 등장해 있던 기술 제품들을 저수준(low-level), 저시장(low-market)을 겨냥해 기술적으로 재조합하는 데에서 출발한다. 그래야만 이미 이룩된 것들에 익숙해져 있는 사람들의 마음이 그 새로움을 조금이라도 수용할 수 있기 때문이다.

오랜 세월에 걸쳐 인류는 문서 작성을 위해서는 탁자 앞에 앉아 펜과 종이로 작업해야 한다는 심상(心象)에 길들어 있었다. 그래서 컴퓨터 입력 장치와 키보드는 처음 개발될 당시 책상에 앉아 작업하기 좋은 구조로 개발되어야 했다. 최초의 현대식 타자기가 재봉틀처럼 앉아 일할 수 있는 구조로 설계된 것도 그 때문이었다. 또한 자동차는 오랜 세월 마차에 익숙해 있었던 마음을 바탕으로 네 바퀴와 앞뒤 좌석 배치를 설계해야 했다. 누군가 그 시절에 요즘의 스마트기기처럼 걸어 다니면서 작업할 수 있는 방식으로 컴퓨터를 설계했거나, 봅슬

레이 장비처럼 길쭉하고 날렵한 구조의 자동차를 제안했다면, 그는 고객 수용성이라는 도박에서 백전백패했을 것이다.

아. 예술을 입히는 경영

1) 공예에서 디자인으로

옛날에는 공예(工藝)라고 불렸다. 공(工)과 예(藝)는, 그리스어 '테크네(techne)'와 '아르테(arte)'에 해당한다. 그러다가 어느 날인가부터는 산업디자인이라고 불리기 시작했다.

디자인이라는 단어는 스케치를 의미하는 이탈리아어 디세뇨(diseigno)에서 유래했다. 대개 제품에 아름다움을 입히려는 시도는 첫 제조보다 좀 더 늦은 단계에 나타났다. 처음에는 그저 기능만을 구현하는 데에서 출발하지만, 이내 좀 더 외관이나 형태를 아름답게 만들려는 시도가 이어졌다. 칼은 그저 잘 벨 수만 있으면 되는 데에 그치지 않고, 날밑과 손잡이를 아름답게 장식하기 시작했다. 자동차는 그저 사람을 싣고 달리기만 하면 되는 것이 아니라, 유선형의 곡면 차체와 아름다운 색상을 갖추기 시작했다.

중세 유럽에서 귀족, 부유한 상인, 성직자들은 공방의 직인들에게 보다 다양한 문양의 물품을 요구했다. 16세기 초반 독일과 이탈리아의 장인들은 패턴북(pattern book)에 다양한 장식과 무늬 등을 수집해놓았고, 이를 이용해 보다 화려하고 아름다운 생활용품을 만들려고 노력했다. 산업혁명기의 기업가들은 종래 수공예품 수준에서 한 단계 올라간 화려한 제품을 만드는 데에 주력했다. 예를 들어, 제임스 와트James Watt의 증기기관 개발을 후원했던 매튜 볼턴Matthew Boulton, 1728~1809은, 예쁘장한 시계를 포함한 다양한 금속 장신구와 도자기 기업가로 유명했다.

19세기 전반까지 디자인은 스케치, 즉 데생(dessin)을 가리키는 말이었으나, 1851년 영국 런던에서 개최됐던 세계 최초의 만국박람회, 일명 '수정궁(The Crystal Palace) 박람회' 이후 데생뿐만 아니라 아름다운 제품의 도안을 가리키는 말로 사용되기 시작했다. 산업혁명의 종주국이었던 영국이 내놓은 물품은 고작 웅장한 기계들뿐이었지만, 미국과 유럽의 다른 나라에서 온 물품들은 스타일과 양식면에서 영국을 압도했다. 이에 영국은 큰 충격을 받았다.

전통적으로 공예는 미술 전공자가 아니라 공장의 장인들 몫이었다. 마치 오늘날 간판의 서체가 전문 디자이너의 일이 되기 이전 시대에는 페인트공의 미감에 의존했던 것과 마찬가지였다. 19세기에 들어서면서 기업들은 순수 예술가에게 디자인 작업을 의뢰하기 시작했다. 영국 셰필드에 살던 조각가 알프레드 스티븐스Alfred George Stevens, 1817~1875는 오븐이나 난로의 디자인을 의뢰받았다. 공장 기술자들이

익숙해 있는 생각과 예술가의 머릿속에 든 개념은 너무나 달랐다. 예술가는 기술자의 세계를 알아야 했고, 기술자는 예술가가 추구하는 것이 무엇인지를 알아야 했다. 스티븐스는 공장의 기술자들에게 자신의 디자인이 실현되기 위해서는 무엇이 필요한지를 가르치는 데 많은 노력을 기울였다.

19세기 전반 철도사업 초기에, 흉하기 그지없는 거대한 쇳덩어리 수송장치는 그저 잘 달리기만 하면 충분했다. 스티븐슨 부자[George & Robert Stephenson]가 1829년에 제작한 증기기관차 '로켓(Stephenson's Rocket) 호'는 말 그대로 육중, 투박한 기계였다. 그러나 회사들 간의 경쟁이 치열해지면서 기관차의 외형을 중시하는 분위기가 차츰 형성되기 시작했다. 1847년에 등장한 데이비드 조이[David Joy]의 '제니 린드 (Jenny Lind) 호'에 이르러 매우 세련된 외양을 갖추게 되었다.[71]

대량생산의 선두주자였던 헨리 포드의 관심은 오로지 표준화였다. 목적은 많이 만들어서 파는 데에 있었고, 그를 위해서는 부품의 규격화와 품질의 표준화가 필수였다. 고객의 취향에 맞추어 외관을 이리저리 바꾸는 것은 어쨌든 표준화 정책과는 상충하는 것이었다. 포드는 그렇게 표준화된 모양새의 자동차로 1921년까지 미국 전체 자동차 생산량의 절반가량을 점유할 수 있었다.

자동차가 본질적으로 '탈 것'이 아니라 일종의 '스타일'이어야 한다는 사실을 깨달은 GM의 앨프레드 슬론은 그런 의미에서 혁명가였다. 그가 영입한 할리 얼[Harley T. Earl, 1893~1969]은, 1927년 기존의 투박한 마차형 자동차를 탈피한 '캐딜락 라 살레(Cadillac La Salle)'를 설계했다. GM이 다양한 디자인으로 고객을 빼앗아 가자, 포드도 손을 들고 말았다. 그는 저 볼품 없는 '모델-T'를 드디어 포기했다. 1927년에 비로소 새로운 '모델-A'가 나왔고, 1932년에 '모델-V8'이 나왔다. 불과 1년 후에 V8은 개선된 모습으로 다시 나왔다.[72]

크라이슬러(Chrysler)의 칼 브리어$^{Carl Breer, 1883~1970}$는 1934년에 '에어플로우(Airflow)', 이름 그대로 공기가 타고 흐를 듯한 곡면 모델을 디자인했다. 스타일을 추구하는 미국의 자동차 설계 추세는 이내 유럽 전역에 확산됐다. 2차대전 이후 BMW, 벤츠(Benz), 사브(SAAB) 등 유럽형의 아름다운 차들이 숱하게 등장했다. 특히 사브의 식스텐 사손$^{Karl-Erik Sixten Sason, 1912~1967}$이 1950년에 디자인한 '모델-92'는 최초의 유체역학적 디자인으로 명성을 날렸다.[73]

19세기 후반에 등장한 미국식 대량생산 시스템은 여러 산업 영역에서 아름다움을 창조할 수 있는 기반을 조성했다. 대량생산은 농기계, 재봉틀, 사무용 가구, 포크와 나이프, 피아노와 멜로디언까지, 대부분의 공산품으로 확대되었다. 그 과정에서 가격과 성능 외에 외관과 형태의 아름다움이 추가되기 시작했다. 예를 들어, 시계 제조사들은 간단한 자명종부터 호화로운 벽시계에 이르기까지, 온갖 화려한 외장을 갖추기 시작했다. 이 시대에 나온 벽시계의 클래식한 디자인은 오늘날까지 이어져 오고 있다.

제1차 세계대전 이후 미국의 대다수 공산품 제조업체들은 전문 산업디자이너들을 직원으로 고용하거나 별도 계약을 통해 작업을 의뢰하기 시작했다. 물량이 희소할 때는 잘 기능하는 물건이 있다는 것만으로 사람들은 만족하지만, 물건이 쏟아져 나오게 되면 기능은 기본이고 고객들은 더 멋지고 아름다운 것을 희망한다는 사실을 알았기 때문이다. 이것도 일종의 양(量)－질(質) 전환이었다. 이 과정에서 산업디자이너들이 독자적인 직업군으로 등장했다.[74]

유선형 디자인은 이탈리아의 미래파 예술가들이 고안해낸 것이지만, 레이먼드 로위Raymond Loewy, 1893~1986라는 걸출한 프랑스 출신 디자이너 덕분에 2차대전 이후에는 미국 산업디자인의 유행으로 자리 잡았다. 로위의 고객사는 코카콜라(Coca Cola), 그레이하운드(Greyhound), 펜실베이니아철도회사(Pennsylvania Railroad Company), 담배회사인 럭키스트라이크(Lucky Strike), 석유회사 셸(Shell), 그리고 미항공우주국(NASA)에 이르기까지 실로 넓은 범위에 걸쳐 있었다.

그의 디자인 철학을 한마디로 요약하면, "대단히 앞서 나가는, 그러나 받아들여질 수 있는(Most Advanced, Yet Acceptable)", 줄여서 'MAYA'로 부를 수 있다.[75] 그의 이런 철학은 어떤 면에서는 변증법 철학에 충실한 것이다. 혁신적인 디자인과 시장의 수용성이라는 상충하는 두 현실을 종합하고자 했다. 모든 고객은 구매를 결정할 때, 구매 욕구와 구매 저항 사이에서 줄다리기를 한다. MAYA 원칙은 지나치게 진보적인 제품 때문에 구매 의지가 포기되는 일이 없도록, 그 직전까지만 디자인하라는 것이다. 로위는 '산업디자이너'라는 표현을 최초로 제시한 인물로도 알려져 있다.[76]

그는 디자이너가 단순히 예술가에 머물지 않고 지식노동자, 즉 한 사람의 경영자로서 자신을 정립해야 한다는 선구적인 생각을 지녔다.

그는 디자이너가 디자인 전문가로서뿐만 아니라, 생산, 시장, 판매 전략가로서도 자신을 증명해야 한다고 생각했다.[77] 드러커의 목표에 의한 경영(MBO)이 요구하는 지식노동자의 모습을 여기에서도 발견할 수 있다. 오늘날 대부분의 산업디자이너는 단지 아름다움을 추구하는 예술가로서만 자신을 규정하지 않는다. 그들은 언제나 품질, 비용, 유지보수, 효용, 안전성 등과 같이 경영 차원의 여러 목적들을 일상적으로 그들의 직무에 투영해서 성찰한다.[78]

2) 제품 디자인과 목적의 철학

산업디자이너 크리스토퍼 드레서Christopher Dresser, 1834~1904는 대영제국 최초의 산업디자이너로 알려져 있다. 그는 1873년 저작인 《장식 디자인의 원칙(Principles of Decorative Design)》에서, 자신을 '예술을 실행하는(exercise an art) 노동하는 인간(working man)'으로 불러줄 것을 요청했다. 그는 예술품의 적합성이란 과연 무엇인가에 대해서 '목적에 맞는 적합성(fitness for purpose)'이라는 표현을 사용했다.[79]

예를 들어서, 인간공학적으로 설계된 손잡이란 단지 그것이 견고할 것만을 요구하지 않는다. 그 목적은 사용자를 상대로 하는 충분한 소통이 있어야만 비로소 파악할 수 있는 그 무엇이다.[80]

기아자동차는 2006년에 디자인 남당 최고책임자(CDO, Chief Design Officer)이자 부사장으로 피터 슈라이어Peter Schreyer, 1953~를 영입했다. 그는 엔지니어로 하여금, 기존 설계대로 나온 기어의 손잡이를 오른손으로 잡도록 한 뒤, 그 손을 있는 힘을 다해서 움켜쥐었다. 엔지니어가 아파서 소리를 지르자, 이것은 분명히 잘못된 디자인이라고 지적했다. 그전까지는 엔지니어의 편의대로 설계했을 뿐, 운전자가 기어 손잡이를 움켜쥐었을 때 가장 편안한 설계가 무엇인지 전혀 고민하지 않았다는 것이다.

이 목적에 과연 아름다움이라는 것까지 포함되어야 하는가? 드레서는 이렇게 말했다. "의자를 설계할 때 우리는 다음 사안에 대해 물어봐야 한다. 이 의자는 기대하는 목적을 충족시키는가? 충분히 튼튼한가? 조립과 연결은 잘 되는가? 등등. 우리는 그 다음에야 비로소 의자가 아름다운지 물어보아야 한다."[81]

한국의 TK엘리베이터(舊 티센크루프엘리베이터)는, 기존 엘리베이터의 차갑고도 단조로운 배경 대신에 나전칠기 문양을 처음 입혔다. 그 엘리베이터는 일반 사무용 건물이 아니라 고급 아파트나 호텔에 시공했고 호평을 받았다. 처음에 나전칠기 장인은 엘리베이터에 들어갈 수 있는 수준의 대량의 나전칠기 제작을 의뢰받았을 때 거절했다. 이유는, 그런 조악한 수준의 작품이 자신의 손으로 나갈 수는 없다는 것이었다. 장인정신과 사업정신이 충돌하는 순간이었다. 하지만 회사는 사업가의 입장에서 소통을 시도했고, 결국 장인의 승낙을 얻어냈다. 그 결과 원가구조와 미감 면에서 수용가능한 수준으로 디자인이 이루어질 수 있었다.

크라운제과는 과자를 단지 맛을 보는 차원이 아니라 놀이로 즐기는 문화로 만들겠다며, 임직원들에게 예술 한 가지씩을 배우도록 권유했다. 경쟁사와 차별화된 제품을 선보이기 위해 제품에 예술을 담기 시작했다. '오예스' 포장에 심명보 작가의 '백만 송이 장미'를 넣고, 밋밋하던 '쿠크다스'에 초콜릿으로 물결무늬를 넣었다.[82]

스티브 잡스[Steve Jobs]가 애플 제품의 미학을 강조하기 위해 2011년 인문학과 기술의 결합을 이야기했지만, 그런 시도는 이미 100년 전부터 있었다. 이탈리아의 카밀로 올리베티[Camilo Olivetti, 1868~1943]가 사무용 기기 전문회사 올리베티(Olivetti)를 설립한 것은 1908년이었다. 올리베티는 산업디자인의 역사에서 매우 중요한 위치를 차지한다. 20세기 전반기까지 투박했던 사무용 기기에 제대로 된 아름다움의 옷을 입혔다. 애플에 조너선 아이브[Jonathan Paul Ive, 1967~]가 있었다면, 올리베티에는 마르첼로 니졸리[Marcello Nizzoli, 1887~1969]가 있었다.[83]

창업가 카밀로의 아들 아드리아노 올리베티[Adriano Olivetti, 1901~1960]는 "기업은 아름다움을 곳곳에 확산시킬 의무가 있다."[84]고 말했다. 아드리아노에게 발탁된 니졸리는 기술자와 예술가의 이상적인 협업 구조를 이끌어냈다. 그는 첫 결실로 1940년에 탁상용 전자계산기 'MC 4S Summna' 모델을 출시했다. 이 모델은 일종의 사용자 경험(UX, user experience)을 최초로 추구했다는 면에서 의미가 있었다. 제품의 기능이 충분히 발휘되는 것은 당연하고, 사용자가 기능과 사용법을 직관적으로 인지할 수 있도록 설계했다. 1948년에 그의 손을 거쳐 나온 타자기 'Lexicon 80'와 'Lettera 22' 모델은 대성공을 거두었다. 니졸리가 수립한 기술과 예술의 융합 전통은, 이탈리아에서 에토레 소트사스[Ettore Sottsass, 1917~2007], 마리오 벨리니[Mario Bellini, 1935~] 같은 탁월한 산업디자이너들에 의해 계승되어 가정용품, 가구, 인테리어 분야로 확산됐다.

이탈리아에 카밀로 니졸리가 있었다면, 미국의 IBM에는 엘리엇 노이스Eliot Fette Noyes, 1910~1977가 있었다. 그가 1961년에 선보인 전동 타자기 '셀렉트릭(Selectric)'이 이룩한 개선은 모든 면에서 올리베티의 아성을 무너뜨리기에 충분했다.[85]

그는 하버드디자인스쿨(GSD, Harvard Graduate School of Design) 졸업생으로서, 1956년부터 1977년까지 IBM의 디자인 책임자를 맡았다. 또한 그는 입사 후 승진을 거듭해 이사회 구성원 지위까지 오른 최초의 디자이너였다. 그는 단순히 디자이너를 넘어 경영자로서 자신의 역량을 발휘한 진정한 지식노동자였다. 그는 타자기뿐만 아니라, 컴퓨터가 미래에 비서를 대체하는 존재가 될 것임을 분명히 예견하고, 컴퓨터를 인간 신체의 비율을 지닌 모듈로 분할해서 케이스에 넣었다. 사무용 컴퓨터를 단순히 하나의 연산기계가 아닌, 지식노동자와 소통하는 감성적인 대상으로 자리매김하게 함으로써, IBM의 브랜드 이미지를 정착시키는 데 크게 공헌했다. 이 모든 일이 1980년대 개인용컴퓨터 시대가 도래하기 전의 일이었다.[86]

자. 맺는말

아름다움을 입힐 대상이 단지 제품에만 국한될 일은 아니다. 아름다움에 대한 추구가 기업 문화 전체에 깃들도록 하는 움직임은 이미 오래전부터 있었다.

20세기 중반 올리베티가 추구한 아름다움은 단지 그들의 제품 디자인뿐만 아니라, 사옥, 사무실, 광고 포스터 등 올리베티의 이름과 관련된 모든 공간에서 발견됐다. 올리베티의 사옥과 사무실의 설계에는 르 코르비쥐에Le Corbusier, 1887~1965를 비롯한 당대의 대가들이 참여하기도 했다.

우리나라의 그래픽 플랫폼기업 성노GL은, 직원에게 평소 미술 공부와 체험을 통해 디자인과 색채에 대한 감각을 심화시키고 있다. 핸드백 기업 시몬느(Simone)는 사옥 전체를 사무실이 아니라 미술관 개념으로 설계했고, 복도 곳곳이 전시장처럼 미술 작품을 감상할 수 있도록 이루어져 있다. 글로벌 선두 기업들이 사무실 내지 사옥이라는 개념을 벗어난 지는 이미 오래다. 그들이 일하는 공간은 탐구가 이루어지는 캠퍼스나 창의성을 촉발하는 예술 공동체로 설계되어 있다. 이제 문화 공간과 사업 공간은 예전처럼 분리된 현상이 아니다.

경영자는 궁극적으로 예술가여야 한다. 다시 말해서 예술 경영자여야 한다. 결과로 나타나 성공한 모든 제품이나 서비스는 아름답고 고객에게 감동을 안긴다. 하지만 거기에 이르기까지 경영자는 예술가들이 경험하는 기획의 실패, 훈련의 혹독함, 창조의 고통, 혁신의 모험, 인문학적 성찰을 통과해야 함은 물론이고, 조직의 안과 밖 모든 인적(人的), 비(非)인적 자원들을 효과적으로 연결하는 과업을 달성해야만 한다.

IV

도덕적인 경영자와
유능한 경영자

| 도덕 |

가. 상충과 모순으로 가득한 도덕의 세계

사회는 착한 기업, 윤리적인 경영자를 원한다. A사는 많은 돈을 기부했다. 어려운 처지에 있는 사람들을 위해, 또는 예술가를 위해. 사람들은 박수를 친다. 이 기업은 과연 도덕적이라고 칭송받을 수 있는가? B사의 대표는 탁월한 경영 능력을 발휘하고 있지만, 불륜 추문에 휩싸였다. 이런 행동은 경영자로서 비도덕적인가? 스타트업 C사의 창업가는 사업을 안착시키지 못한 채 부도를 내고 신용불량자로 전락했다. 그는 정말로 죄인인가? D사는 구조조정 과정에서 자산을 매각하고 정리해고를 단행했다. 수많은 직원들이 일자리를 잃고 삶의 고통으로 내몰렸다. 이것은 과연 기업의 비도덕적 행동인가?

도덕의 문제는 정의의 문제만큼이나 불가해(不可解)한 방정식이다. 사실 초월 세계에서는 그 무엇도 단죄할 수 없고, 그 어떤 행동도 숭앙(崇仰)할 수 없다. 현실 세계에서 사람들은 간음한 여인을 돌로 내려

치거나 성인(聖人)의 상(像)을 꽃으로 두르고 싶어 했지만, 초월을 바라보았던 고금의 현자들은 그런 행동에 그 어떤 악도 선도 없음을 알고 있었다.

그럼에도 불구하고, 역사상 모든 사회는 저마다 올바른 행동과 그렇지 않은 행동을 구분하는 기준을 마련해 왔다. 동시에 그에 따른 보상과 처벌 메커니즘을 진화시켜 왔다. 간통하는 사람과 패악질을 부리는 자를 너나 할 것 없이 관용하고, 성인과 스승을 조롱, 모독하는 행동을 방치한다면, 그 사회는 지속이 불가능할 것이기 때문이다.

도덕의 세계는 언제나 상충과 모순으로 가득 차 있다. 보편적으로 정합하는 도덕률이란 존재할 수 없다. 전쟁에서는 아군이 살기 위해 적군을 죽여야 한다. 적국의 영웅은 우리에게는 악마다. 경쟁을 통해 위대한 승리자가 나오면 패배자들은 비참해져야 한다. 고객의 크기가 고정되어 있다면, 내 회사 제품 하나를 더 팔기 위해 다른 회사의 제품 하나가 덜 팔려야 한다. 내 살 집 하나를 짓기 위해 어쩔 수 없이 자연의 일부를 파괴해야 한다. 내 먹을 것 하나를 얻기 위해 다른 생명을 죽여야 한다. 세상 만인과 만물 어느 것도 해를 입지 않도록 하는 완벽히 순결한 행동이란 도대체 존재할 수 없다.

이런 상충성은 작은 행동들에서는 그리 크게 나타나지 않는다. 우리가 굳이 도덕이라는 잣대를 전혀 들이빌지 않는 일상의 사소한 행동, 예를 들어 한 걸음 내딛기, 밥 한 술 뜨기, 장 보러 가기, 말 한 마디 건네기 같은 것들은 물론이고, 도덕의 요청이 조금씩 개입하기 시작하는 행동들, 예를 들어 거짓말을 하지 말라거나 약속을 준수하라거나 연장자를 공경하라거나 하는 윤리 강령들이 그렇다.

그러나 경영자의 보다 크고 중요한 행동들, 예를 들어 신입·경력 직원 채용하기, 새로운 주주 영입하기, 지사·영업점 개설하기, 대규모 시설 투자 집행하기, 은행으로부터 차입하기, 신제품 개발에 자원 집중하기 등으로 들어가면, 여러 요소들이 서로 상충하고 모순되기 시작한다. 이것을 하자니 저것이 걸리고, 저것을 해결하면 이것이 문제가 된다. 무엇 하나 절대적으로 올바르다거나 아니라거나 할 수 없다는, 도덕의 근본 문제가 개입된다. 이때 실천하는 경영자는 선택해야 한다.

이 모순을 이해해야만 우리는 경영의 도덕 문제에 올바로 접근할 수 있다. 실천을 통해 결과를 내야 하는 경영자들은 매일 이런 모순에 직면해서 살지만, 언어와 사상 속에 사는 지식인들은 이런 모순을 자주 외면한다. 그들은 자주 보편 이론과 유토피아를 그리려는 경향이 있다. 지식인은 선택에 따른 결과에 책임을 질 필요가 없으므로 자유롭게 발언할지 모른다. 하지만 지식인과 달리 경영자는 불가피한 모순 속에서 선택을 단행해야 하는 숙명에 처해 있다.

경제학은 최대화 문제로 이런 선택 문제를 해결하는 논리를 제공했다. 비용 – 편익 분석은 대표적인 예다. 경영자들은, 적어도 형식상으로는 미래현금흐름 추정액에서 계산한 순현재가치(NPV, Net Present Value)나 내부수익률(IRR, Internal Rate of Return)을 선택의 기준으로 삼는다. 그런 방식으로 계산할 수 없는 행동들에 대해서는, 복수의 질적 판단을 요하는 점검 항목들(qualitative check list)을 저울질한다. 심리적 가중치를 항목마다 적절히 부여한 상태에서 무게가 많이 기우는 쪽으로 의사결정을 한다. 소위 종합적 판단이라고 부르는 이런 행동은, 적어도 컨설팅 회사가 제공하는 서식만으로 보면 명료하고 수월해 보일지 모른다. 하지만 경영자는 그 서식의 빈칸을 채우기 전에 리버럴 아트에 대한 훈련이 선행되어야 한다. 도덕 철학의 본질과 흐름을 이해하고, 피할 수 없는 여러 상충하는 가치 속에서 우선순위의 것을 찾아낼 수 있는 능력을 갖추어야만 한다.

도덕을 대하는 생각의 흐름을 읽기 위해서는, 먼저 두 가지의 계보가 거기 뒤섞여 있음을 알아야 한다. 하나는 기도나 성찰로부터 나온 도덕이었고, 하나는 전쟁터로부터 나온 도덕이었다.[87]

도덕 문제가 대중, 지식인, 경영자 모두에게 혼란을 야기할 수밖에 없었던 이유는, 이 두 가지 원천을 지닌 도덕률이 완벽히 분리된 것이 아니라, 샴쌍둥이처럼 한 몸으로 연결된 두 머리로 존재했다는 데에 있다. 두 머리는 서로 혈관과 신경으로 면밀히 연결되어 있었다.

정복 전쟁이 끊이지 않는 가운데에도 모세의 10계명이나, 플라톤, 전통적인 기독교, 칸트의 도덕률은 앞의 머리가 더 큰 목소리를 냈다. 중세 유럽의 기사도, 니체, 마키아벨리, 일본의 무사도 등은 뒤의 머리가 더 힘을 얻고 발언했다. 힌두교의 경전 《바가바드기타(भगवद् गीता, Bhagavad Gītā)》는 종교 경전으로서는 드물게, 기도처가 아니라 전쟁터를 배경으로 도덕률이 오갔다. 그곳은 고요한 산상도, 엄숙한 학당도 아니었다. 크리슈나(Krishna, 힌두교에서 중요하게 여기는 신 중의 하나)의 모든 설법은 전쟁터로 출정하는 아르주나(Arjuna, 인도의 서사시

《마하바라타》의 주인공격인 등장인물) 왕자를 상대로 이루어졌다.

본장에서는 경영자가 어느 한 계보의 도덕률에 치우치지 않고, 다양한 덕목을 균형 있게 구사할 수 있어야 한다는 점을 보다 분명히 하고자 한다. 경영자는 성찰하는 자임과 동시에 전쟁하는 자이기 때문이다. 그렇게 함으로써만 경영자는 세상에서 흔히 선과 악으로 구분하는 모든 경계를 초월할 수 있다.

나. 올바른 행동 지침에 대한 몇 가지 계보

고대 종교를 통틀어, 모세의 10계명은 오늘날까지 살아남아 큰 영향을 미치고 있는 대표적인 도덕률이다. 여호와 이외의 다른 신을 섬기지 말고 신상을 만들지 말라는 요청으로부터 시작해서, 살인, 간음, 도둑질하지 말고, 이웃의 것을 탐하지 말라는 것이었다. 기독교는 이 유대교의 도덕률을 모태로 훗날 여러 변형된 도덕률을 낳았다.

중세 기독교의 스콜라철학에서 나태(acedia)는 최악의 악덕이었다.[88] 나태를 포함해 욕정, 교만, 식탐, 분노, 탐욕, 시기(猜忌)는 7대 죄악이었다. 이와 관련해, 금욕, 청빈, 정결, 복종 같은 수도원의 도덕률이 함께 등장했다. 이 기독교의 덕목들은 근대 서구의 합리적인 인간형을 배태하는 모태가 됐다.[89]

춘추전국시대(春秋戰國時代) 중국에서도 도덕에 대한 여러 사상가들의 입장은 제각각이었다. 공자나 맹자처럼 욕망을 억제하고 순화하는 것을 도덕으로 간주한 사상가들도 있었던 반면, 아예 욕구를 드러내 놓고 추구하도록 허용함으로써 높은 목적에 이를 수 있다고 가르치는 사람들도 있었다. 예를 들어, 중국 전국시대(戰國時代)에 십이자(十二子),[90] 즉 12명의 사상가 중의 하나인 타은它囂과 위모魏牟는 사람들에게 감정이 시키는 대로 자신을 맡기고 짐승처럼 행동해야 한다고 가르치기도 했다.

플라톤은, 지도자에게는 지성(知性)의 덕(德)이, 군인들에게는 호전성(好戰性, 두모스, thumos)과 기개가, 그리고 생산자에게는 욕구의 절제(節制)가 가장 중요한 덕이라고 말했다. 아리스토텔레스는 《니코마코스 윤리학(Nicomachean Ethics)》에서 11개의 중요 덕목을 제시했고, 이것이 이후 1천년간 서구의 도덕관을 지배했다. 이 덕목은 한결같이, 어떤 극단적인 행동 성향 어디에도 치우치지 않는 중간 지점, 즉 중용(中庸)을 유지할 것을 요구했다.

용기는 무모함과 겁쟁이의 중간, 절제는 방종과 무감각함의 중간, 관후(寬厚)/관대(寬大)함은 방탕과 인색함의 중간, 호탕(豪宕)함은 사치, 몰취미, 또는 속악(俗惡)과 쩨쩨함의 중간, 긍지(자긍심)는 헛된 오만과 비굴의 중간, 야심 또는 공명심은 야심가와 야심 없는 사람의 중간, 온화한 마음은 성급함, 화 잘 냄과 화낼 줄 모름의 중간, 정직성은 허풍과 거짓, 겸손과 자기비하의 중간, 재치(才致)/기지(機智)는 익살과 촌놈짓의 중간, 친근미(親近味)/붙임성은 비굴과 다투기 좋아함의 중간 또는 아첨과 적대성의 중간, 수치심은 지나치게 부끄럼을 타는 것과 파렴치(破廉恥)함의 중간이었다.

하지만 아리스토텔레스의 중용 덕목이 현실에서 달성 가능하다고 보이지는 않는다. 그런 이상적인 균형을 달성한 인물은 있을 수 없다. 누구나 어딘가로는 반드시 치우쳐 있다.

1) 마키아벨리

16세기에 이르러 이탈리아의 마키아벨리^{Niccolò Machiavelli, 1469~1527}는 아리스토텔레스의 11가지 덕목을 모방해서 자신의 목록을 다시 작성했다. 그는《군주론(Il Principe, The Prince)》15장에서 다음과 같이 세간에서 선과 악으로 대비되는 덕목들의 쌍을 보였다.

① 관후함 ↔ 인색함/쩨쩨함, ② 베푸는 사람/퍼주는 사람 ↔ 약탈적인 사람, ③ 잔인함/가혹함 ↔ 자비로움, ④ 신의를 깨는 사람 ↔ 신의를 지키는 사람, ⑤ 여성적이고 소심함 ↔ 사납고 호전적임, ⑥ 인간적임 ↔ 오만함, ⑦ 호색/음탕함 ↔ 순결함, ⑧ 정직함 ↔ 교활함, ⑨ 고집 셈 ↔ 친근함, ⑩ 중후함/무게 있음 ↔ 경박함, ⑪ 신앙심 있음 ↔ 신앙심 없음.

마키아벨리의 목록이 아리스토텔레스와 다른 것은, 대립되는 덕목 사이에 그 어려운 중용 지점을 요구하지 않았다는 사실이다. 그의 목록은 일종의 이중 도덕이었다. 그에 따르면, 군주가 이 가운데 선하다고 인정받는 모든 덕목을 갖추면 세상에서 칭송을 받겠지만, 그것은 도대체 불가능한 일이며 또 그럴 필요도 없다. 군주는 불필요한 악을 행해서는 안 되지만, 권력을 유지하기 위해 필요한 만큼의 악을 구사할 수 있어야 한다.

마키아벨리는 도덕 철학의 계보에서 특별히 중요한 의미를 지닌다. 그에게 도덕이란 의도나 마음가짐이 아니라 성과를 달성하는 능력이었다. 그는 고대 이래 도덕론자들이 빠져 있던 상상 속의 진실(verità immaginaria) 또는 상향(上向)의 도덕을 거부하고, 현실에서 효과를 내는 진실(verità effetualle), 즉 하향(下向)의 도덕을 도입했다.[91] 그는 도덕을 버린 것이 아니라 도덕의 정의를 완전히 바꾼 것이다. 그가 군주의 폭압을 용인하고 권모술수를 예찬한 인물이라는 세간의 인식은 초점이 완전히 어긋났다.[92]

　현실에서 효과를 내는 진실이라는 면에서, 그의 도덕은 훗날 피터 드러커가 말했던 '목표를 달성하는 경영자(effective executive)'의 도덕과 일맥상통하는 면이 있었다.[93] 드러커에게 경영자란 선한 의도(good intentions)로 일하는 사람이 아니라, 결과를 내기 위해 일하는 사람이어야 한다. 이탈리아어 'effetualle'는 영어의 'effective'에 해당했다. 덕을 뜻하는 이탈리아어 비르투(virtu)를 보면, 그 의미가 더 분명해진다. 이 단어는 미덕이라는 뜻으로 쓰이기도 하지만, 그보다 능력, 기술, 활력, 결단력, 힘, 기백, 용맹이라는 뜻으로 자주 쓰인다.[94] 비르투오소(virtuoso) 연주자는 착하고 아름다운 마음씨를 보여주기 위해 무대에 오르는 것이 아니다. 그는 오로지 자신의 탁월한 연주 능력을 보여주기 위해 그리한다.

　하지만 정작 피터 드러커는 마키아벨리의 도덕관을 낮게 평가했다. 예를 들어서 그는 《기업의 개념》에서 마키아벨리의 주장을 도덕을 버린 타락한 사상으로 묘사했다.[95] 드러커의 눈에 마키아벨리의 도덕론은 옳지 않은 행동들, 예컨대 뇌물 수수, 정경 유착, 카르텔 결성 같은 행동을 정당화하기 위해 필요한 대로 도덕적 근거를 부여할 수 있는 사상처럼 보였을 것이다. 기독교 세계관에 깊이 바탕을 두었던 드러커가 바라본 경영자의 도덕은, 궁극적으로 신적이고 초월적인 것에 바탕을 두고 있었다. 이런 드러커가 마키아벨리를 높이 평가했을 리 만무하다.

경영자 입장에서 결과를 내는 것은 다 중요한 의무지만, 이를 위해 선택가능한 행동의 범위를 어떻게 제한할 것인가에 대해서 드러커는 마키아벨리와 다른 입장을 취했다. 드러커는 사업의 목적, 목표, 그리고 가치체계 아래 이를 철저히 구속시켜야 한다고 생각했지만, 마키아벨리는 그렇지 않았다.

이 차이는 어디에서 나오는 것일까? 오늘날 경영자가 지위를 유지해야 하는 현실은 합리가 어느 정도는 통용되지만, 16세기 통치 군주들이 마주하는 실권(失權)의 위협은 합리와는 애초에 멀었다는 점에서 다르다. 경영의 세계는 아무리 야만으로 치달아도 대개는 지식과 법률 안에서 싸우려는 동기가 있다. 하지만 통치의 세계에서 선동과 투쟁이 판을 치고, 심지어 무력이 개입하거나 미치광이가 집권함으로써 합리와 법치를 무력화시킬 가능성은 경영 세계에 비해 훨씬 농후하다. 마키아벨리가 《군주론》 15장에서 말했듯이, 군주는 '인간은 어떻게 살고 있는가?'를 물어야지, '인간은 어떻게 살아야 하는가?'를 묻고 있다가는 권력을 순식간에 상실할 수 있다. 반면에 경영 조직은 '경영자는 어떻게 행동해야 하는가?' 하는 질문이 충분히 허용되는 곳이다. 아니 그런 질문을 해야만 하는 곳이다.

그래서 정치 공동체는 조직 공동체보다, 더 자주 큰 악들을 사용해야만 소기의 안정과 질서를 달성할 수 있었다. 만약 마키아벨리가 오늘날 다시 태어나서 《군주론》이 아니라 《경영자론》을 집필한다면, 그는 사업의 목표와 가치에 의해 제약당하는 덕목을 다시 들었을 것이다.

정치철학자 하비 맨스필드^{Harvey C. Mansfield, 1932~} 교수에 따르면, 마키아벨리에게 군주란 자연적인 윤리와 도덕으로서의 자연법(natural law)과 같은 것이 효과적으로 작동하지 않는 공간에서 그 빈 공간을 인위적인 개입을 통해 메워주는 존재였다. 현실에는 합리와 조화, 숭고와 초월의 원리가 전혀 작동하지 않는 공간이 수두룩하다. 통치의 세계가 가장 그렇다. 그보다 정도는 약하지만 경영의 세계 역시 그렇다. 거기에서 고대 도덕론자들이 말했던 많은 원리들은 결국 상상 속의 진실로 그치고 만다.

드러커 역시 이런 현실을 잘 알고 있었다. 그럼에도 그는 인간의 향상 가능성에 대한 믿음을 끝까지 놓지 않았다. 질서와 조화는 그가 바라보는 궁극의 지점이었다. 그의 목표와 자기통제에 의한 경영(MBOS) 원리는 얼핏 상상 속의 진실처럼 보이기도 한다. 실제로, 그 원리대로 돌아가는 기업이 현실에 얼마나 있겠는가! 그래서 많은 사람들이 드러커를 현실과 동떨어진 이상주의자로 오해하곤 했다.

그런 비판가 중에 대표적인 인물로 하버드비즈니스스쿨(HBS, Harvard Business School)의 로자베스 모스 캔터^{Rosabeth Moss Kanter, 1943~}

교수가 있었다. 그는 드러커를 가리켜 경영 세계를 실제 모습이 아니라 마땅히 그래야 하는 모습으로 묘사해서 기업 세계를 장밋빛으로만 바라보았다고 비판했다. 드러커는 자신을 향한 이런 비판에 대해 응수했다. 자신이야말로 인간성의 타락과 사회의 분열을 나치 시대부터 경험하며 절망했고, 어떻게 하면 사회가 이로부터 조금이라도 벗어나도록 할 수 있을까를 고민해 온 사람이라고 답변했다. 드러커는 거대한 질망과 비관에 빠져보았던 만큼, 인간의 악덕이 자리잡지 못하도록 할 견제 장치를 더욱 강조하고 경영자에게 요구되는 눈높이를 보다 높게 설정할 수밖에 없었다.[96] 캔터 교수는 드러커의 광범한 저술 곳곳에 숨어 있는 정치, 종교, 사회, 인문사상의 배경을 이해하지 못하고, 아마 가장 널리 알려진 몇 권의 경영서만을 읽고 섣불리 판단한 것 같다.

2004년에 페터 파셰크Peter Paschek가 드러커에게 물었다. "선생님은 이상주의자입니까, 현실주의자입니까?"라는 그의 질문에 대해 드러커는 이렇게 말했다. "성욕이 아니라 권력에 대한 욕구가 인간의 근본적 죄악이라고 생각합니다. 성욕 자체는 동물에게 자연스러운 것입니다. 그런 의미에서 저는 무정부주의자입니다. 그러나 여느 무정부주의자들과 달리 통치와 정부의 필요성을 인정합니다."[97]

마키아벨리는 지도자에게 이중 도덕이 필요함을 깨달았다. 지도자는 때로는 악을 통해 선을 달성해야만 하는 숙명에 처해 있다. 그러나 지도자가 무자비한 탈도덕 통치자가 되어야 한다는 취지는 결코 아니었다. 지도자는 세간에서 선 또는 악으로 분류된 덕목을 상황에 따라

능숙하게 구사함으로써 공동체의 안녕과 질서, 그리고 사람들의 행복 수준을 고양할 수 있는 토대를 마련해야 한다고 보았다.

2) 계산주의 도덕

이처럼 고대 그리스로부터 마키아벨리를 거쳐 애덤 스미스에 이르기까지, 사람들이 선과 악으로 구분되는 여러 덕목 사이에서 선택 원리를 고민하던 와중에, 이와는 전혀 다른 도덕의 원리가 등장했다. 그것은 계산주의 도덕이었다.

계산주의(Computationalism)는 효용이론(Utility Theory)에 연원을 두었다. 이를 주도한 지식은 19세기의 경제학이었다. 영국의 윌리엄 제번스William Stanley Jevons, 1832~1885는 정치경제학이 '쾌락과 고통의 계산(calculus of pleasures and pain)'을 연구하는 학문이어야 한다고 보았다. 그에 따르면, 인간의 모든 선택은 계산된 순효용의 크기를 기준으로 이루어진다.

칸트는 계산이성에 의거한 행동은 아무리 도덕적으로 보여도 결코 도덕적 행동이 아니라고 말했다. 예를 들어, 어려운 처지에 놓인 친구를 돕는 일이 뭔가 보답이 돌아올 것을 계산하고 이루어졌다면, 그것은 칸트 입장에서 전혀 도덕이 아니다. 오직 돕는 일 자체가 목적이 되어 도왔을 때만 도덕적 행동이다. 하지만 칸트의 도덕은 경영자의 세계에서 반은 필요하고 반은 무익하다. 경영자는 계산이성의 세계와 목적의 세계에서 동시에 살아야 한다. 이 점에 대해서는 다음 절에서 좀 더 말하기로 한다.

진화생물학에 이르러 계산주의 도덕은 더욱 앙상한 형해(形骸)로 퇴화했다. 그들은 경제학자들이 사용했던 순효용을 적합도(fitness)로 대체했다. 모든 기준은 유전자의 번식 능력에 있었다. 문화유전자 밈(meme) 개념을 창시한 리처드 도킨스Richard Dawkins, 1941~나 사회생물학의 창시자 에드워드 윌슨Edward O. Wilson, 1929~2021은, 모든 사회 규범이 유전자의 적합도를 극대화하는 방향으로 진화해 온 전략에 불과하다고 주장했다. 그들에게 모든 도덕은 세포 집단인 몸이 생존하고 번식하는 데에 적합한 코드들이 살아남은 것에 불과하다. 예를 들어, "거짓말하지 마라.", "도둑질하지 마라.", "부모님을 공경하라" 같은 모든 도덕 규범이 사실은 개체들이 그런 전략을 택함으로써 생존과 번식에 유리했기 때문에 진화한 것들에 불과했다.

이런 도덕관은 유물론 계열의 마음 철학자들에게 영향을 미쳤다. 그들은 인간의 모든 가치는 물론이고 정신 능력조차 한낱 생체 호르몬과 뇌의 전기 신호로 작동하는 생물학적 인과관계의 소산인 것으로 간주했다. 그들에게 인간은 다만 생각하는 기계일 뿐, 거기에 어떤 초월도, 경험 이전의 능력도 있을 수 없었다. 자연스럽게 기계지능도 그 성능이 향상되다 보면 언젠가 사람과 동일한 정신 능력을 구사하게 되리라는 믿음, 이른바 강(强)인공지능의 도래 가능성에 대한 믿음은 그들 사이에 확고히 자리잡았다.

하지만 이런 식의 진화생물학과 유물론 도덕관을 기업에 적용하게 되면, 경영자의 역할과 의미는 사라져버린다. 그때 경영자가 리버럴 아트를 공부하고 훈련할 이유 따위는 없다. 아니, 아예 경영자라는 존재 자체가 필요 없어질 것이다. 그 도덕관에 따르면, 미래 언젠가는, 목표로 하는 모든 과업을 강인공지능 프로그램이 성취해줄 것이기 때문이다. 동시에 그에 필요한 경영전략 역시 인공지능이 스스로 도출해줄 것이기 때문이다.

하지만 상충하는 여러 도덕률 사이에서 결정을 내리는 일은, 지능의 영역이 아니라 성찰할 줄 아는 지식의 영역에 속한다는 사실은 여전히 남는다. ① 'A>B이면, A를 선택한다'는 일은 경영자가 아니라 인공지능이 얼마든지 수행할 수 있다. 반면에 ② '현재 가용한 정보에 의거한 계산으로는 A>B이기는 하지만, A를 선택하지 않을 이유가 있다'는 판단은 오직 경영자만이 할 수 있다. 모든 경영과정은 ①과 ②가 뒤섞여 나오는 과정이다.

3세기 전 프랑스의 발명가 자크 드 보캉송Jacques de Vaucanson, 1709~1782 이 파리의 전시회에서 사람의 형상을 한 자동기계, 즉 오토마타(automata)를 선보였을 때, 유럽인들은 놀라움을 금할 수 없었다. 이처럼 자동기계가 유행할 당시 칸트는 이미 《실천이성비판》에서 말했다. "그 어떤 정교한 자동기계, 생각하는 능력이 있는 기계라 하더라도 거기에는 인과율에 구속되지 않는 자발성, 즉 자유에 대한 의식이 없다."[98] 21세기 인공지능을 탑재한 휴머노이드 로봇이라 해도 칸트가 보았던 본질에서 벗어나지 않는다.

자유의지를 부정하는 극단적 유물론의 함정은 이것이다. 죄를 짓는 것은 세포이지 그 사람이 아니라는 것이다. 누군가 폭행을 했다면 그 주먹의 움직임을 일으키는 데 동원된 신경세포들을 골라내서 벌을 주어야 한다. 마찬가지 논리라면, 기업의 악행은 정보와 자산의 결합체로서 기업이 지은 것이며, 최초의 결정을 내린 어떤 지식노동자의 의지와 판단은 무죄다. 환경오염이나 산업재해에 대해서도 모든 개인은 면책이다. 왜? 그들의 생각에 따르면, 이 모든 범죄는 조직이 기계적 결합체로서 저지른 것이지, 이 조직체를 근원에서 가동시킨 개인 지식노동자나 경영자는 애초에 존재할 수가 없기 때문이다.

3) 도덕과 계산의 종합

칸트는 당시에 이르기까지 '도덕적'이라고 간주되어 왔던 모든 행동을 근원에서부터 다시 고찰했다. '남의 것을 뺏지 마라', '불쌍한 이웃을 도와라' 등등.

그가 내린 결론은 명확했다. 도덕은 다음 모든 것들로부터 독립되어 있다는 것이다. 사람들이 '행복' 또는 '효용'이라고 느끼는 모든 감정은, 일체의 이익 계산으로부터 벗어나 있다. 심지어 객관적으로 가상한 신이나 절대자 같은 모든 대상으로부터도 독립되어 있다. 결국 도덕법칙은 이 모든 것들이 전혀 개입하지 않는 순수한 실천이성이다.

내가 불쌍한 이웃을 도와서 뭔가 기쁨을 느끼거나, 나 자신이 훌륭한 사람이라는 즐거움이 생기거나, 누군가에게 호의를 베푸는 이유가, 그로부터 자신에게 돌아올 어떤 이익을 예상했기 때문이라면 칸트의 입장에서는 도덕이 아니다. 그것은 실천이성이 아니라 계산이성이 작동한 것이다.

칸트가 말한 도덕적 의무는 그 어떤 효용, 이익, 절대자 등이 시켜서 행하는 것이 아니라, 오직 도덕이 스스로 부과하는 복종이다. 이 의무는 사람을 고양(高揚)시킨다. 무엇을 향한 고양인가? 바로 철학하는(philosophieren) 삶, 예지적(intelligibel) 삶을 향한 고양이다.

그는 종교에서 제시하는 지시계명, 예를 들어, "무엇보다도 하나님을 사랑하고, 네 이웃을 너 자신처럼 사랑하라."(〈누가복음〉 10:27)와 같은 도덕률에 대해서도 입장을 표명했다. 그것들은 다만 위를 향한 지향점일 뿐, 결코 도달할 수 없는 목표였다. 비록 도달할 수 없다는 것을 안다 해도 항구적인 노력의 목표로 삼아야 한다.[99] 이 계명들은 단지 지향점으로 존재하는 단계를 넘어, 정념, 동정심, 자만, 허영과 결합할 때 종교적·도덕적 광신으로 치닫기 일쑤다. 진정한 도덕은, 이성이 스스로에게 부과한 한계를 벗어나지 않는 마음씨를 유지하는 것이다.

또한 칸트가 "인간을 수단이 아니라 목적으로 대해야 한다는 것"[100]은 훗날 드러커의 노동자관에서도 재현됐다. 드러커의 목표와 자기통제에 의한 경영(MBOS)에서 노동자는, 기업의 목표 달성을 위해 소모되고 이용당하는 수단이 아니라, 기업의 목표 속에서 개인의 존재 이유를 구현해야 하는 목적으로서의 존재여야 한다. 노동자는 이 과정에서 타인의 통제대상으로 전락해서는 안 된다. 드러커가 굳이 자기통제(self-control)라는 개념을 목표와 병기한 이유가 여기에 있다.

칸트 자신의 묘비명에 새겨진 유명한 구절이 있다. 그것은 《실천이성비판》의 마지막 장 첫 부분에 등장한다.

"그에 대해서 자주 그리고 계속해서 숙고하면 숙고할수록, 점점 더 새롭고 점점 더 큰 경탄과 외경으로 마음을 채우는 두 가지 것이 있다. 그것은 내 위에 별이 반짝이는 하늘과 내 안의 도덕법칙이다. 이 양자를 어둠 속에 감춰져 있거나 초절적인 것 속에 있는 것으로 내 시야 밖에서 찾고 한낱 추측해서는 안 된다. 나는 그것들을 눈앞에서 보고, 그것들을 나의 실존 의식과 직접적으로 연결한다. 전자는 내가 외적 감성 세계 안에서 차시하고 있는 자리에서 시작해서, 내가 서 있는 그 연결점을 무한광대하게 (중략) 확장한다. 후자는 나의 볼 수 없는 자아, 나의 인격성에서 시작해서 참된 무한성을 갖는, 그러나 지성에게만은 알려지는 세계 속에 나를 표상한다."[101]

칸트는 그렇게 느꼈을지 모르지만, 현대인의 조직생활에 과연 그런 경탄과 외경이 있기나 한가? 별이 반짝이는 하늘 대신에, 그의 눈에 들어오는 것은 처리해야 할 과업목록과 눈을 부라리는 상사 내지 무능한 부하뿐일 것 같다. 내 안의 도덕법칙이 작동하기는커녕, 당장 누군가 지시하지 않으면 박차고 일어나 일할 생각조차 들지 않는다.

그러나 드물기는 하지만, 소수의 몰입하는 지식노동자들은 자신의 일에서 경탄과 희열을 느끼곤 한다. 그들은 행운아다. 더구나 그 성과가 혼자가 아니라 팀이 함께 이룩한 것이었을 때, 그 경외심은 실로 강렬한 것이다. 그 팀은 행운아다. 한 걸음 더 나아가, 그들이 성찰하면 할수록, 숙고하면 할수록 그 경탄과 외경이 배가될 것이다. 하지만 모든 행운이 그렇듯이, 이 행운은 소수자에게만 돌아간다. 다수 지식노동자의 조직생활은 답답함, 마냥 바쁨, 또는 기쁨 없음으로 점철될 것이다.

이제 경탄과 희열의 내면 세계를 잠시 떠나, 복잡한 과업들로 가득한 현장으로 돌아가보자.

칸트가 계산이성을 도덕적 행동이 아니라고 한 점은, 경영자 입장에서는 재고할 필요가 있다. 경영자의 성과는 상당 부분 계산에서 나오기 때문이다. 그렇다고 해서 칸트가 말했던 도덕을 경영 현장에서 완전히 배제하고, 현장에 오로지 계산이성만이 작동하도록 남겨두면 경영은 지속 불가능하다. 계산이성만이 남는다는 것은, 모든 노동자, 거래처 상대자, 고객을 오로지 회사의 이익 실현을 위한 수단으로만 본다는 뜻이다.

반대로, 칸트의 입장을 전적으로 수용해서 노동자를 비롯한 모든 이해관계자를 오로지 목적으로서만 바라본다는 것도 불완전하기는 매한가지다. 그들은 목적으로 존재하며 때로 목적으로 대우해줘야 하지만, 동시에 기업의 이익에 봉사하는 수단이 되기도 해야 하기 때문이다.

또한 그의 '정언명령(正言命令)', 즉 '조건 없이 행해야 할 의무'라는 것도 경영자 입장에서는 받아들이기 힘들다. 현실에서 대부분의 올바름은 상대적인 것이어서, 어떤 조건에 처해 있느냐에 따라 그 정당성이 달라지기 때문이다. 예컨대 살인은 일반적으로 올바르지 않은 행동이지만, 전쟁이라는 조건 아래에서는 적군을 많이 죽일수록 올바른 행동이 된다. 안창호 선생은 거짓말을 최고의 죄악으로 여겼지만, 일본의 고관(高官)에게 거짓말을 해서 독립운동 자금을 얻어낸 적이 있었다. 수많은 조건의 제약 속에서 일해야만 하는 경영자는 정언명령이 아니라 조건부 올바름을 택해야 한다. 물론 그가 조건을 핑계로 무분별하게 부도덕해져도 된다는 뜻은 아니다. 만약 그가 정언명령을 따라야 한다면, 그 일은 아마 은퇴 후 온전한 개인으로서 자기 성찰하는 삶의 단계로 들어섰을 때나 가능할 것이다.

결국 도덕 없는 계산은 불능(不能)이고, 계산 없는 도덕은 무능(無能)이다. 불능은 해(解)가 존재하지 않는다는 뜻이다. 이는 경영 자체가 작동할 수 없음을 뜻한다. 무능은 해가 있기는 하지만 못 찾아낸다는 말이다. 이는 경영자가 사업의 목적에 부합하는 결과를 내지 못함을 뜻한다.

마키아벨리에 이르기까지 고전적 도덕론은 계산 없이 모든 도덕적 판단이 가능한 것처럼 간주했다. 하지만 사실은 그 뒤에 계산이 숨어 있을 수밖에 없다는 사실을 훗날 경제학은 밝혀냈다. 반면에 현대 주류 경제학과 사회생물학은 도덕 없이 모든 행동이 가능한 것처럼 간주했다. 그러나 이 가르침들은 아무리 그럴듯해도 지식인들의 논의로만 그쳤을 뿐, 경영자에게 결코 수용될 수 없었다.

계산주의가 극단으로 치우친 유물론은 경영 현실을 다시 왜곡했다. 물질 동기와 기계의 작동만으로는 경영이 도대체 성립할 수가 없다. 거기에 도덕적 판단이 결부되어야만 경영은 비로소 작동한다. 경영자 행동의 결과가 계산과 물리적 인과의 영역으로 진입하기 전 단계에서, 그 행동을 할 것인가 말 것인가, 그리고 어떤 방식으로 할 것인가에 대한 최초의 결정은, 계산과 인과의 영역에 속하지 않는 자유로운 도덕적 판단이기 때문이다.

• **계산은 도덕과 결합되었을 때만 경영이 성립한다.**

생성형 인공지능 또는 유전자 프로그래밍(genetic programming)[102]으로, 사람 디자이너가 개입하지 않고 기계가 제품을 스스로 디자인하는 시스템을 설계하는 일은 얼마든지 가능하다. 그런 시스템으로 사람의 창의성 없이도, 기계 스스로 기발하고 혁신적인 디자인을 얼마든지 구현할 수 있다. 여기까지는 계산의 위대한 능력이 발휘되는 영역이다. 그렇지만 이렇게 구현된 디자인을 선택할 것인가 말 것인가는, 아직 도덕의 영역에 속한다.

지식노동자 한 명을 고용할 때, 그는 우선 계산 대상이어야 한다. 비용 대비 성과를 내지 못하는 노동자는 경영 관점에서 유지할 필요가 없기 때문이다. 경영자가 천사 내지 빈민구호소 소장이어서는 안된다. 그러나 오로지 이 계산만으로 그 노동자를 대한다면, 그에게 동기를 부여하고 성과를 내도록 하는 동력을 만들어낼 수 없다.

그는 동시에 목적으로 대우받아야 한다. 그가 단지 소모되고 버려지는 존재가 아니라 조직 내에서 존중받는다는 느낌, 탁월한 동료 및 상사와 함께함으로써 더욱 큰 성과를 낼 수 있고 개인으로서도 성장해 갈 수 있다는 기대감을 갖도록 하고, 무엇보다도 그가 사명, 가치, 비전, 사업의 목표체계를 공유할 수 있도록 이끄는 경영자의 도덕적 행동에 속한다. 노동자에 대한 동기부여는 바로 여기에서 비롯된다.

직원의 스톡옵션(stock option) 행사가격은 계산의 힘이 있어야만 산출해낼 수 있지만, 그에게 스톡옵션이 부여된 뒤 과연 그가 지속적으로 성과를 창출할 동기를 유지할 수 있을지에 대한 판단은 경영자의 도덕적 판단에 속한다.

- **도덕은 계산을 수반할 때만 비로소 성과를 낼 수 있다.**

경력직원 한 명을 채용하려고 한다. 그의 경력을 면밀히 검토해서 그의 **능력**을 추측하고, 그로부터 예상되는 성과와 그에 수반되는 인건비와 간접비를 계산하지 않고 채용한다면 어떤 일이 일어날까? 신사업 수행이나 해외시장 진출에서 이런 계산이 수반되지 않는다면 또 어떨 것인가? 고용을 늘려 사회에 기여하고 신시장을 개척해서 사업을 성장시켜야 한다거나, 사람들을 행복하게 만들어줘야 한다는 사명 같은 도덕적 지침만으로 그런 결정을 내리는 경영자가 있다면, 그는 당장에 퇴출되어야 할 것이다.

노동자의 고용은 물론이고, 기업의 자원 지출을 야기하는 모든 행동은 계산 대상이어야 한다. ESG 시스템을 구축해야 한다거나, 사회사업을 후원해야 한다거나, 자연을 보호해야 한다거나, 애국해야 한다거나 하는, 표면상 도덕적 요청으로 간주될 만한 모든 행동이 계산을 수반하지 않은 채 수행된다면, 그 경영자는 좋은 일에 자원만 낭비하는 무능한 경영자로 낙인 찍힐 것이다.

다. 돈과 재무가 알려주는 도덕의 원리

1) 돈의 도덕

　돈의 세계는 비정하면서도 탐욕만이 지배하는 세계처럼 보인다. 거기에는 도덕이 발붙일 곳이 없을 것 같다. 하지만 돈은 역사적으로 중요한 인문학적 탐구 주제였다. 또한 그 주제는 컨설팅 세계에서도 인기가 있었다.

　게오르그 짐멜Georg Simmel, 1858~1918이나 루돌프 힐퍼딩Rudolf Hilferding, 1877~1941 같은 당대의 석학들은 돈의 사회적 의미를 깊이 분석했다. 짐멜은 돈으로부터 인간의 자유를 증진시켜주는 사회적 효과를 발견했다면, 힐퍼딩은 마르크스 사상의 연장선상에서 돈이 금융자본의 형태를 취하며 사회적인 착취와 수탈의 매개체로 작동하는 면을 보았다. 한편, 로버트 기요사키Robert T. Kiyosaki의 《부자 아빠 가난한 아빠(Rich Dad, Poor Dad)》 신드롬에 이어 혼다 켄本田健의 《돈의 IQ·EQ(お

金のIQ お金のEQ)》나 보도 셰퍼^{Bodo Schäfer}의 《돈(Weg zur finanziellen Freiheit)》같은 재테크 베스트셀러는, 사람들이 돈에 지배당하지 않고 돈을 지배하면서 부자가 될 수 있는 행동 원리들을 말했다.

지금까지 등장한 돈의 인문학은, 사회학의 거대 담론이거나 기껏해야 성공학 범주에 속한 것들이었다. 이 모든 논의들은 다 일말의 타당성이 있었다. 그러나 이제 돈의 인문학을 바라보는 시야는 좀더 확대될 필요가 있다. 돈에서 발견하는 도덕은, 돈 자체가 아니라 돈을 다루는 사람의 행동 전반에서 찾아야 옳다. 현대 경영학은 이 행동을 재무(finance)라는 분과 학문으로 정립했다. 돈의 사회철학과 성공학도 각각 충분히 가치가 있지만, 성찰하는 경영자라면 단지 사회 비평이나 부자 되는 법 이상의 의미를 재무 활동으로부터 발견해야 할 것이다.

하버드비즈니스스쿨의 미히르 데사이^{Mihir A. Desai} 교수는 《재무의 지혜(The Wisdom of Finance, 2017)》(*국내 번역서 제목은 '금융의 모험'이다.)에서 재무 활동에 깃든 여러 도덕의 원리를 파헤쳤다. 수익과 위험, 가치평가, 레버리지(leverage), 지분투자 사업, 본인 – 대리인 문제, M&A, 기업 파산 같은 여러 주제마다 수많은 도덕이 숨어 있다. 하지만 오늘날 대부분 재무관리 강의와 교과서는 이 배후의 인문학적 원리와 의미를 전혀 보여주지 않는다. 거기에는 오직 숫자와 수학식과 그래프만이 있다. 그래서 재무 수강생들은 자신의 삶에 적용할 수 있는 도덕 원리가 거기 숨어 있음을 헤아리지 못한 채, 재무를 단지 어려운 과목으로만 인식하게 됐다.

2) 인생은 의무다

데사이 교수는 먼저 재무활동의 목적이 '돈'인가, '훌륭한 삶(good life)'인가를 물었다. 대부분의 사람들이 돈이라고 하는 믿음이 있겠지만, 그는 훌륭한 삶이 목적이 되어야 한다고 말했다. 그러면서 재무와 인문학 사이에 너무나 큰 지식 단절이 있음을 개탄했다.

사회를 지탱하는 가장 큰 원리는 의무와 책임이다. 의무와 책임은 사람 사이의 관계, 즉 사회를 전제했을 때라야 나온다. 니체가 말했듯이, 인류 역사를 통틀어 이 관계의 가장 원초적이고 중요한 형태는 판매자와 구매자, 대부자와 차입자 사이에서 출현했다. 그래서 재무는 이 관계 사이에서 발생하는 의무와 책임의 문제를 다루는 지식이어야 한다.

빚은 사람의 정신을 번쩍 들게 한다. 빚을 갚지 못하면 가혹한 형벌이 기다리고 있기 때문이다. 채무는 나약한 인간을 분투하게 하는 가장 큰 힘 가운데 하나다. 단순히 꿈이나 희망만으로는 이런 힘을 얻기 어렵다. 대부사업가는 대개 무자비하고 냉혹한 인물로 묘사되지만, 그런 무자비함이 있기 때문에 차입자는 비로소 사업의 동력을 얻는다. 만약 파산해도 그만이라는 기대가 있다면, 그는 한없이 나태해질 수도 있을 것이다. 채권을 뜻하는 영어 'bond'는 사람을 '묶어둔다'는 의미다. 모든 대출계약서는 이자 납입 날짜를 포함해 수많은 의무조항으로 차입자를 옭아맨다. 그 의무를 위배할 시 그에게 닥칠 비극적인 사태, 예컨대 담보재산에 대한 차압 조치 같은 것들 역시 매우 건조한 문구로 기술되어 있지만, 막상 실행할 상황이 되면 가혹한 집행관으로 돌변한다.

비단 금융계약 의무가 아니더라도, 의무 일반이 있기에 사람은 비로소 도덕적이 된다. 여기에는 타인으로부터 부여받은 의무와 자기 스스로 부과한 의무가 다 포함된다. 넓게 보면 삶 자체가 하나의 거대한 의무이자 부채다. 태아가 생성되는 순간부터 우리는 부모로부터, 이웃들로부터 빚을 진다. 오직 받기만 한다. 유아기와 청소년기의 그런 받음을 그저 대가 없는 받음, 혹은 당연한 받음이라 여긴 채 훗날 사회에 돌려줄 생각 없이 평생을 지내기만 한다면, 그는 사실상 채무 불이행 상태에 빠지는 것이다. 아무도 그에게 상환을 강제하지 않는다. 오직 도덕만이 이 채무이행을 그에게 의무로 부과한다.

17세기 조셉 드 라 베가^{Joseph de la Vega}의 우화(1688)에서는, 어떤 주주가 금융에 무지한 철학자에게 금융에는 이 세상의 모든 선과 악, 행복과 고통, 천사성과 악마성이 다 담겨 있다고 설교했다. 마치 마키아벨리가 군주가 직면한 덕목의 포괄성을 말했듯, 금융가는 모든 종류의 덕목과 대결할 수 있어야 한다. 따라서 진정으로 철학을 알고 싶으면 금융의 세계를 알아야 한다.

3) 인생은 운이다

금융이 우리에게 알려주는 삶의 원초적 진실은 아주 명백하다: "삶을 지배하는 것은 운이며, 인생은 생각처럼 질서정연하지 않다."는 것이다. 재무관리의 핵심은 리스크와 불확실성의 역할을 이해하는 데에 있다. 철학자 퍼스^{Charles Sanders Peirce, 1839~1914}는, "사람은 각자가 하나의 보험회사다."라고 말하기까지 했다.

　과연 인간은 이성적 추론과 그에 따른 행동대로 또는 소망하는 대로 삶의 결과가 나오는가? 또는 역량이 뛰어난 사람이 그렇지 않은 사람보다 더 성공하거나 탁월한 결과를 내는가? 그렇지 않다. 모든 결과에서 불확실성과 우연은 피할 길이 없다. 사람의 지식으로 도저히 통제할 길이 없었기에, 사람들은 그 과정에 신의 힘 내지 신의 뜻이라는 이름을 붙였다. 예상치 않았던 비극이 생겨도, 엉뚱한 행운이 닥쳐도, 그것은 단지 신의 뜻이라고 말하기만 하면 됐다. 고통스러워도 신을 부르고, 행복해도 신을 찾는 습관이 그렇게 생겼다.

　마키아벨리는 거기에서 신이라는 딱지를 떼어내고 '포투나(fortuna)'라는 이름을 붙였다. 포투나는 개인의 비르투(virtu, 능력, 기술, 미덕 등의 의미로, 자세한 것은 186쪽을 참고하라.)를 무력하게 만들거나 강화할 수 있는 모든 외부의 힘들을 말한다. 사람들은 이것을 '운명'이라고 불렀다. 어떤 시기에 어떤 장소에서 누구를 만나고 무엇을 경험하게 될지 누구도 미리 알 수 없다. 그러나 개인이든 기업이든 운명에 따라 훗날의 행로는 확연히 뒤바뀐다. 사람들은 시간이 한참 지난 뒤에야 말하곤 한다: "어느 날 운명처럼 그를 만났다."

　프리드리히 니체[Friedrich W. Nietzsche]는 '아모르 파티(amor fati)'를 말했다. 어차피 피할 수도 없고 거역할 수도 없다면 사랑할 수밖에 없는 것이 운명이다. 가수 김연자는 이렇게 '아모르 파티'를 노래했다.

　　산다는 게 다 그런 거지 누구나 빈손으로 와

소설 같은 한 편의 얘기들을 세상에 뿌리며 살지

자신에게 실망하지 마 모든 걸 잘할 순 없어

오늘보다 더 나은 내일이면 돼 인생은 지금이야[103]

그럼에도 불구하고 이 불확실성을 피하기 위해 인간은 16세기 과학혁명기 이후 한 가지 절충 원리를 고안해냈다. '법칙(law)'의 존재를 설정히는 것이다. 만유인력의 법칙, 대수의 법칙 등. 정규분포도 하나의 법칙이지만, 그 안에 속한 개별 실행자에게는 사실상 무의미한 법칙이다. 내가 그 발생 가능한 구간 어디에 속하게 될지 스스로 통제하기 어렵기 때문이다. 한자문화권에서 운(運)의 뜻은 별과 천간지지(天干地支)와 오행(五行) 등의 운행(運行)이 어떻게 배치되어 있느냐에 따라 사람의 인생 행로가 결정된다는 믿음에서 나왔다. 서양의 점성술이나 동양의 사주명리학이 그런 믿음에 바탕을 두고 등장했다.

어쨌든 가장 확실한 한 가지는, 확실한 것이 하나도 없다는 사실이다. 확률론은 이 피할 수 없는 상황을 아름답게 표현한 하나의 언어다. 그렇다면 한 치 앞도 내다볼 수 없는 삶에 어떻게 대비할 것인가? 최소한으로 주어지는 보호장치는 가정, 부모 등이고, 좀 더 나아가서 사회가 제공하는 보호장치는 국가라는 울타리에서 일어나는 정부의 소득재분배나 연금보험일 것이다. 그러나 가장 적극적인 보호장치는 자신의 강점에 바탕을 둔 활동과 그를 바탕으로 하는 수입을 관리해서 재산을 증식해 가는 일이다.

재무관리는 숱한 불확실성 속에서 '닥치는 대로'가 아니라 '관리 가능한 위험 아래에서' 이루어진다. 이 위험을 리스크(risk)라고 한다. 그런 관리를 위해 동원하는 합리적 도구는, 확률이론이다. 그런 의미에서 재무는 불확실성과 무지를 경영하는 가장 고급의 활동이다. 철학과 인문학 책을 아무리 많이 읽고 사색해도, 불확실성에 대한 경영은 이루어지지 않는다.

옵션(option) 투자는 자산 자체에 투자하는 것이 아니라, 자산 가격의 변동 가능성에 투자하는 것이다. 옵션 상품은 가치주의가 아니라 기회주의가 구현된 상품이다. 이 투자를 도박이라고 폄하할 수도 있지만, 정도의 차이만 있을 뿐 인생에서 위험을 내포하지 않은 선택이 어디 있겠는가?

심순애가 오랜 연인 이수일을 버리고 돈 많은 김중배를 선택한 행동을 비도덕적이라고 단죄할 이유는 없다. 가난했던 이수일이 갑자기 부자가 될 수도 있고, 김중배가 하루아침에 빈털터리가 될 수도 있었다. 하지만 심순애는 확률의 원리에 따라 합리적으로 리스크를 부담한 것이다.

한편, 세상에는 보편적으로 예상되는 확률을 무시하고 외통수로 행동하지만, 뜻밖의 성공을 거두는 사람들이 많다. 대학을 중퇴하고 창업을 하는 것은 대체로 확률적으로 무모한 행동처럼 보인다. 반대로 대학을 성실하게 졸업하고 좋은 직장에 취직하는 사람은 누구에게나 인정받는 삶처럼 보인다. 하지만 그 삶의 귀결이 어찌될지는 누구도 알 수 없다. 과연 누가 더 도덕적인가?

4) 강점 경영의 원리

재능은 사람마다 불공평하게 주어진다. 이 불확실성 속에서 사람이 통제할 수 있는 가장 현실적인 지침은, 자신이 강점을 지닌 활동에 자원과 노력을 집중해서 성과를 내는 일이다. 어차피 그 결과의 불확실성은 누구도 피할 수 없지만, 자신이 통제할 수 있는 영역 안에서 사람이 할 수 있는 일은 이것뿐이다.

기독교《성경》에 나오는 달란트의 비유(《마태복음》 25)는, 모든 사람이 자신만의 달란트를 부여받았다고 가르친다. 사람마다 차이가 있을 뿐, 높고 낮음이 있는 것이 아니다. 자신만의 달란트를 활용해 가치를 창조하는 일은 신으로부터 부여받은 의무다. 주인이 먼 길을 떠나면서 맡겨둔 재물을 그저 땅에 묻어두고 가치를 사장시키는 사람은 신의 뜻을 거역한 것이다. 성찰하는 경영자는 물어야 한다. "나의 가장 굳건한 자본은 무엇인가? 나는 이 자본에서 어떻게 과실을 창조해낼 수 있을 것인가?"

어떤 영역이든 탁월한 재능을 부여받은 사람은 그에 상응하는 의무가 있다. 그 의무를 이행하지 않는 것은 죄악이다. 운동, 정치, 사업, 학문, 예술, 금융, 봉사, 세계는 이 모든 분야에 걸쳐 능력의 불공평함을 요구한다. 성과를 내는 모든 사람들은 능력이 불공평하기 때문에 비로소 자신의 성과를 낼 수 있는 것이다. 드러커는 최고의 사회정의는 소득을 공평하게 배분하는 데에서 나오는 것이 아니라, 강점의 원리에 따라 일을 배분하는 데에서 나온다고 했다.

또한 지식노동자는 평생 학습을 통해 자신의 강점을 강화하는 작업을 멈추지 말아야 한다. 이제는 노인 대열에 들어선 가수 송창식은 지금도 매일 기타를 잡고 연습을 거르지 않는다고 한다. 단 며칠이라도 연습을 멈추면 자신의 인기곡조차 불편해지고 어색해짐을 느낀다고 한다. 이 학습과 훈련이 멈추는 순간, 그는 자신이 주인이 되는 훌륭한 삶에서 멀어지고 습관에 이끌려 사는 삶만이 남는다. 가치 창조는 중단되고, 어느 날 갑자기 죽음이 온다.

영국 최초의 근대적 영어사전을 집필한 새뮤얼 존슨Samuel Johnson, 1709~1784은 〈로버트 레벳 박사의 죽음에 부쳐(On the Death of Dr. Robert Levet)〉라는 시에서 이렇게 말했다.[104]

> 그의 능력은 그만의 좁은 길을 따라 갔소.
> 한순간도 멈추지 않았고 빈자리를 남겨 두지 않았소.
> 영원한 주께서는 마침내 찾아내셨으니
> 바로 그에게 갖추어진 단 한 가지 재능이었소.

새뮤얼 존슨은 당대에 누구나 부러워할 탁월한 두뇌와 글솜씨를 지닌 인물이었다. 그가 편찬한 사전은 훗날 《옥스포드 영어사전(Oxford English Dictionary)》의 선구가 됐다. 반면에 레벳은 가난했고 존슨만 한 재능을 타고나지 못한 무명의 학자였다. 그러나 그는 주변 사람들을 보살피고 돕는 능력이 탁월했다. 그의 강점은 베풂과 나눔을 실천하는 능력이었다. 존슨은 레벳 박사에게서 진정한 강점의 도덕을 발견했다. 세상에 두각을 나타내는 명사가 아니라 아무리 초라

한 사람이라 해도 그만의 강점이 있다. 모든 강점은 그 빛남과 소박함과 무관하게 그 강점을 발휘하는 사람을 위대하게 만든다.

어떤 회사에 투자할 것인가? 첫째, 강점에 의거한 사업을 하는 회사여야 한다. '나도 할 수 있는 사업이다'로는 안 된다. '내가 세상에서 가장 잘할 수 있는 사업'을 영위하는 회사여야 한다. GE의 잭 웰치가 드러커의 가르침에 따라, 1등을 할 수 없는 사업을 폐기하거나 매각한 이유가 여기에 있었나. 둘째, 강점에 의거해 인사관리를 하는 회사여야 한다. 인간관계나 정치로 인사관리가 이루어지지 않는 회사다. 셋째, 젊은 회사여야 한다. 이는 단순히 법적 연령으로 판단할 문제가 아니다. 더 많은 미래를 지니고 있는 회사여야 한다. 단순히 과거의 업적이나 영광, 또는 과거의 실적 부재는 투자 판단 기준으로 부적합하다.

재무에서 사업의 가치평가(valuation)는 미래에 예상되는 현금흐름을 현재가치로 할인해서 합산하는 방식으로 이루어진다. 흔히 DCF(discounted cash flow) 방법이라고 알려진 이 산식은 수식으로만 보면 매우 단순하다. 그러나 이 원리는 경영자에게 중요한 두 가지 덕목을 일깨운다.

첫째, '내 가장 강력한 자산은 무엇이여 그것을 어떻게 조달할 것인가?'에 대한 각성을 요구한다. 어떤 자산에 투자해야 앞으로 계속 과실(果實)이 발생할 수 있을까를 고민해야 한다. 그 효과가 지속될 유형자산과 무형자산을 어떻게 취득해서 배합해야 할지, 그리고 매해 단순히 경비로 소진되는 지출을 어떻게 통제해야 할지를 연구해야 한다. 또한 이 자산 취득을 위한 재원을 마련하기 위해 주주 자금과 은행 차입 자금을 어떻게 배분해야 할지도 고민해야 한다.

둘째, 경영자에게 지속과 인고(忍苦)의 도덕을 가르친다. DCF법 가치평가 산식에는 이른바 최종가치(terminal value)라는 항목이 등장한다. 이것은 사업의 지속기간이 종료되는 시점에 거둬들일 수 있을 것으로 예상하는 금액이다. 이는 가치 계산에서 대단히 중요한 역할을 한다. 사업 기간 내내 아무리 보잘것없는 수익으로 이어지더라도, 결국 모든 가치는 마지막에 거둬들이는 수익에 의해 결정된다. 말 그대로 시작은 미미하나 끝은 창대할 수 있다. 이 마지막 시기에 이르기까지 온갖 시험이 경영자에게 닥친다. 이 기나긴 인고의 시간을 감내하지 못하는 경영자는 결국, 거둬들일 가치를 만들어내지 못한 채 실패로 그 사업을 마감하게 된다. 그래서 기독교《성경》에서는 시험을 참는 자에게 복이 있다고 가르친 것이다.

5) 실패의 덕

부채는 경영자를 의무로 회귀시키는 동력이 되기도 하지만, 동시에 그가 감내할 수 있는 범위를 넘어서면 경영자를 채무불이행(default) 상태에 빠뜨린다. 부도(不渡)를 뜻하는 영어 'default'는, 라틴어 de(away, 멀리)와 fallere(잘못 놓여 있음)에서 왔다. 원래 '있어야 할 것이 없는 상태', '부재, 누락, 결여', '실패, 잘못'을 뜻했다. 어느 날 채무자가 돈을 갚으러 나타나지 않는 상태라는 뜻으로도 쓰이기 시작했다.[105] "아담아 네가 어디 있느냐?"고 물었을 때, 아담은 그 자리에 없었다. 숨어 있었다. 이때 아담은 디폴트 상태에 있었던 것이다.

부도 기업의 경영자는 재정 파탄과 아울러 엄청난 심리적 고통을 겪는다. 그는 일시에 신용불량자로 분류되고 사회에서는 죄인처럼 취급받는다. 심지어 민사 소송 피소를 당하기도 한다. 심한 경우 투옥되기도 하며, 운이 좋으면 파산면책, 통합도산법과 같은 기업회생 절차를 통해 구제받기도 한다.

적어도 그가 고의로 부도를 내지 않는 한, 이 실패는 과연 그를 그토록 단죄해야 할 만큼 악일까? 만약 실패 기업가들이 전혀 등장할 수 없는 시스템이 가능하다면, 우리는 거기에서 '성공'이라는 단어 자체를 성립시킬 수 없을 것이다. 고객과 사업 자원은 언제나 그 시기에 자신에게 가장 유리한 회사를 찾아 흘러들어 간다. 아무리 능력이 있는 회사라 해도 기회의 문은 자주 그를 피해 다닌다. 만약 이 불공평한 흐름을 차단하고 모든 기업이 골고루 성공할 수 있는 시스템이 있다면, 그 어떤 기업이 굳이 고객 창조를 위해, 원가 합리화를 위해, 채무 이행을 위해 날밤을 새워 고민할까?

우리나라에서 1998년 IMF 금융 위기 당시, 수많은 대기업들이 파산하고 많은 실직자들의 삶에 불행이 닥쳤다. 그러나 이 실업 사태는 역설적이게도 새로운 벤처사업가를 배출하는 토양이 됐다. 이를 통해 한국 경제는 새로운 차원으로 도약할 수 있었다. 한때 노키아(Nokia)가 스마트폰 사업의 흐름에 대응하지 못해서 패망했다는 담화가 끊일 날이 없었다. 그러나 노키아에서 해고된 수많은 엔지니어들은 핀란드의 창업 문화를 활성화시키는 주역이 됐고, 노키아 역시 구조조정 이후 새로운 모습으로 재탄생할 수 있었다.

실패자는 낙엽과 같다. 낙엽의 덕(德)은 한 철이 바뀐 뒤 새 생명을 태어나게 하는 거름이 된다는 데에 있다. 실패한 채무자는 자비를 원하겠지만, 채권자는 결코 자비로워서는 안 된다. 채권자가 자비로우면, 그 돈의 운용을 자신에게 위탁한 다른 채권자들에게 죄를 짓는 일이기 때문이다. 어떤 한 종류의 도덕으로 세상의 모든 의무를 규정할 수는 없다. 채무불이행은 일면의 도덕 프레임으로 접근할 수 없는 문제다. 사람 사이에 도덕적 의무의 체계는 결코 단순하지 않다. 서로 일관되어 있지도 않다. 그런 면에서 훌륭한 삶은 이 상충하는 의무의 세계를 항해해야만 하는 삶이다.

이 불확실한 의무와 과실(果實)의 세계에서, 성공하는 자이거나 실패하는 자이거나 그가 할 수 있는 일은, 자신만이 갈 수 있는 저 좁은 길을 그저 멈춤 없이 가는 것뿐이다. 이렇게 가는 와중에 성공하는 자도 성찰이 끊어지면 언제든 무너질 수 있고, 실패하는 자도 성찰을 통해 언제든 다시 일어설 수 있다.

라. 기업의 책임인가, 개인의 책임인가

  사회가 기업을 향해 요구하는 책임, 이른바 '사회적 책임'은 시대마다 강조점이 달랐다.

  19세기에는 노동자에 대한 착취를 멈추라는 요구가 일반적이었다. 19세기 중엽 이후 미국에서 도금시대(the Gilded Age)가 도래하면서 기업의 이익을 사회로 환원하라는 요청이 추가됐다. 대학, 미술관, 병원, 예술단체 후원이 집중된 것이 바로 이 시기였다. 1960년대 이후에는 환경 및 생태계를 파괴하지 말라는 요구가 거세게 일어났다. 레이첼 카슨Rachel Carson의 《조용한 봄(Silent Spring, 1962)》, 로마 클럽(Club of Rome)의 《성장의 한계(Limits to Growth, 1971)》 같은 책도 중요한 계기였다. 2차대전 후 전 세계에 걸친 고도성장기에 기업은, 화석연료 사용과 자원 고갈, 대기 및 수질 오염, 삼림 벌채, 생물종 파괴의 주범으로 간주됐다. 아울러 소비자의 건강과 안전을 위협하는 기업 활동도 비판자들의 주요 표적이 됐다. 21세기에는 그때까지 일어났던 요청을 두루 포괄하는 윤리경영이 대세로 등장했다. 이른바 착한 회사, 사회적 책임 투자 펀드, ISO26000 사회적 책임 표준, ESG 경영이 그 산물이었다. 21세기 사회적 책임의 특징은, 기존의 책임이 악을 막는 쪽으로 일어났던 것과 달리, 선을 요구하는 방향으로 점점 바뀌어 가고 있다는 데에 있다. 즉 '하지 말라'에서 '하라'는 방향으로 요청이 바뀌었다.

다 좋다. 기업이 요구당하는 이 모든 책임들은 두 가지 관점에서 분석해볼 필요가 있다. 한 차원은 기업 대 개인의 책임을 구분할 수 있는가다. 다른 하나는 기업을 향한 비난과 칭송 사이의 구분이다.

1) 죄는 개인이 짓는가, 기업이 짓는가

산업재해는, 예전에는 법인이 과징금을 내고 피해노동자에게 손해를 배상하는 것으로 끝났지만, 이제는 법인 대표자에 대한 형사처벌이 추가됐다. 회사가 부도를 내면 법인에 대한 금융 규제와 사법 처리가 이어지는 동시에, 책임경영자 개인은 죄를 추궁당한다. 한편, 소수 자연인들이 순환출자를 통해 자신의 권력을 강화하는 행동은, 성문법상 규정을 어기지만 않으면 법인은 물론이고 자연인도 무죄다. 물론 이 무죄는 법으로 인정받은 것일 뿐, 도덕의 눈으로 보면 결코 아름답지 않다.

최고경영자 개인의 잘못된 판단이 기업 실적을 곤두박질치게 하고 안팎의 여러 이해관계자에게 고통을 준다 해도, 그 개인은 적어도 직접적인 책임에서는 면제된다. 그 어떤 종류의 행위라 해도 사회에서 비난받는 기업 행위는, 그 일을 처리하는 과정에 개입한 개인 노동자들이 "상사가 시켜서 했다."거나 "매뉴얼대로 했다."고 하면 면책받는다. 이 모든 책임에서 개인은 법인 뒤에 숨을 수 있다.

기업과 개인의 책임 경계가 이토록 모호한 이유는, 기업 활동에 개인이 통제할 수 있는 영역과 그렇지 않은 영역이 함께 존재하기 때문이다. 더구나 단기에 그리할 수 있는 영역과 장기에 가능한 부분이 병존하기 때문이다. 통제할 수 있다는 것은, 변경할 수 있다는 말이다. 회사가 작성한 규정과 목표의 체계, 상부의 정책 지침은 단기에 변경할 수 있지만, 회사 밖에서 제정된 관련법은 장기에도 개인이 변경할 수 없는 대상이다. 개인의 통제권은, 도덕이 미치는 영역과 그렇지 않은 영역을 구분해야 그 개인의 책임을 물을 수 있다. 실무자가 합리적인 이유로 공급사를 A사로 선택하자고 주장했어도, 그가 통제할 수 없는 구조 때문에 B사를 선택할 수밖에 없었다면, B사를 선택해서 발생한 피해에 대해 그 실무자에게 책임을 물을 수는 없다.

기부 행위는 개인이 아니라 기업의 이름으로 자주 이루어진다. 기업에 선한 이미지를 창출함으로써 마케팅 효과를 노릴 경우, 법인 명의의 후원이 이루어지곤 한다. 스포츠용품 회사가 재능 있는 선수를 후원하거나 소비자용품 회사가 사연재해 극복 기금을 후원하는 것은, 밀턴 프리드먼^{Milton Friedman}의 견해에 따르자면, 도덕과는 무관한, 기업의 이익 극대화 목적에 기여하는 행위였다.

그러나 단지 선한 의도의 기부이기만 하다면, 기업의 목적에 기여하지 않는 한 비도덕적 행동이다. 법인의 자원 지출은 어떤 경우에도 법인의 사업목적에 부합할 때만 허용된다. 과거에는 기업이 본업에서 규정한 목적과 달리 기부 명목으로 현금을 지출하는 일이 있었다. 하지만 이제 많은 기업에서 그런 거래는 사회공헌팀이나 사회봉사단처럼 공식적인 사업목적과 조직을 갖추고 이루어진다. 물론 현금흐름이 경계선상에 위치한 기업들이라면, 여러 사업부문의 성과와 대비해서 사회공헌사업 추진 여부를 재검토해야겠지만 말이다.

이처럼 기업 내에서 권한과 책임이 분명히 조직화된 경우가 아니라면, 오늘날 많은 오너경영자들은 법인 자산에 손을 대지 않고 개인 자산을 기부한다. 그런 행동이 비록 기부금 공제나 공익법인 출연을 통한 세금 감면을 노린 것이라 해도, 그것은 계산 행동이기 이전에 충분히 도덕적 행동이다. 개인의 목적에 부합하기 때문이다.

2) 강제되는 선은 선이 아니다

또한 기업은 선해져야 하는가? 아니면 단지 악해지지 말아야 하는가? 기업을 향해 선한 일을 하라는 요청은, 알고 보면 기업의 책임에 대해 사회가 행사하는 월권이다. 우리는 기업을 향해 선한 일을 하라고 외치기보다는, 악한 결과를 낳지 않도록 하라는 요구에 그쳐야 한다. 이 요구는 기업 자유를 인정하되 그 자유를 무한정 허용하는 것이 아니라, 모종의 제약을 가하거나 방향성을 부여하는 것이다.

기업을 향해 악한 결과를 낳지 않도록 행동하라는 요구는, 악한 일을 하지 말라는 요구와는 전혀 다른 것이다. '하지 말라'는 요구의 극단적인 형태는, 국가가 악행을 일일이 규정해서 법률로 금지하는 것이다. 그러나 이런 시스템에서 악의 금지는 대개 의도와 다른 결과를 낳을 수 있다. 시스템 사상은, 선에 대한 요구가 사회에서 선한 결과를 낳는다고 단언할 수 없고, 악에 대한 금지가 사회에서 악이 사라지는 것을 보장할 수 없다는 사실을 보여준다.

'악한 행동을 하지 말라'는 종교와 철학의 모든 지시계명은, 금지와 치벌이 아니라 행위자의 자발성을 전제로 하고 있기에 효과가 있었다. 그리고 이 자발성은 사회마다 암묵의 규범이라는 이름으로 진화된 느슨한 구속 체계 안에서 작동해 왔다. 그 반대편에 있는 가혹한 형벌은 아주 신중하게 구사해야 하는 보완장치였을 뿐이다. 그것은 자발성만으로 자기통제가 이루어지지 않는 소수의 개인을 전제로 진화한 것이다. 사회는 이런 장치를 제도화함으로써 사람들의 내면에 모종의 가치 지향점을 심어줄 수 있었고, 사람들은 그것을 자기통제의 강력한 수단으로 삼을 수 있었다.

법인카드를 사적인 용도로 사용해서는 안 된다. 하지만 한국 사회는 그에 대한 자기통제 인식이 미국 사회보다 느슨하다. 자영업체가 매출 신고를 누락해서 세금 납부를 회피하는 일은 탈세 행위다. 하지만 암암리에 일어나고 있다. 조직 구성원들은 거래처로부터 감사의 대가로 식사를 대접받거나 선물을 받곤 한다. 그것이 뇌물인지 아닌지는 구분하기 어려운 경우가 많다. 창업가가 사적인 재산 관리, 예컨대 가족 간 증여를 목적으로 관계회사를 설립해서 일감 몰아주기 등으로 운영하는 일은, 비록 그 의도는 불순할지 몰라도 자주 용인된다.

보통 사람들이 이런 행동들을 자제하는 이유는, 법상 처벌 조항 때문이 아니라 그에 앞서 제도화된 사회규범이 이미 내면에 가치로 심어져 있기 때문이다. 지금도 이런 일들이 흔히 일어나고 있지만, 법의 감시와 처벌 능력이 이들에게 항상 미치지는 않는 상태에서 자발성과 강제성이 적절한 균형을 유지하면서 사회 질서가 형성되어 왔다.

이런 은근한 위반 행위에 대해 칼을 빼 드는 것은, 이 행위로 인해 공동체의 질서를 훼손할 정도의 교란이 일어나거나, 제3자가 그런 교란을 일부러 일으킬 때뿐이다. 교란 여부에 대한 판단은 사회 통념에 따르는데, 대개 사회 전반의 동요, 성토, 시위, 심한 경우 폭력과 파괴를 수반하는 현상이 나타나면 사회 훼손성 교란으로 간주하기 시작한다. 이때 사회 시스템은 이를 자기교정해야 하므로 더 이상 자발성에 의존하는 것이 아니라, 공구함에 갇혀 있던 강제성의 숨은 연장(鍊匠)들을 꺼내 들어야만 한다.

비록 사회에 교란이 일어나고 있지 않음에도 교란을 일부러 일으키는 일도 있다. 대개 사악한 경영자가 선을 구실로 삼아 조직 내에서 그런 일을 벌인다. 신임 CEO나 부서 책임자는 종종 개혁 또는 구악(舊惡) 일소라는 명분으로 구성원들의 세세한 악을 색출하기 시작한다. 표적이 된 구성원에게는 횡령, 배임, 직무유기 같은 죄목이 걸린다. 하지만 선을 강제하는 그의 진짜 동기는, 선이 아니라 그 자신의 권력 강화에 있었다는 사실이 결국에는 드러난다. 대개 전통이 선의 이름 아래 순식간에 파괴되는 것도 대개 이런 식으로 일어난다. 그러므로 선을 강제하는 일만큼은, 절제와 신중함 아래 이루어져야 한다. 악마는 늘 선과 정의의 이름으로 다가온다.

어쨌든, 선에 대한 통제수단으로서 강제성은, 자발성 대비 적절히 낮은 수준을 유지한 채 마치 자객(刺客)처럼 잠복해 있을 때라야 덕이 있다. 만약 강제성이 남용되기 시작하면, 즉 선에 대한 사회적 강제가 사람의 모든 개별 행위마다 촘촘히 개입되면, 그 결과는 선의 정착이 아니라 더 정교한 악의 등장으로 이어질 가능성이 크다.

기업 행동이 선한 결과를 낳을지 악한 결과를 낳을지는, 그 최초 단계에 위치한 어떤 개인의 결정에서 연유한다. 개인의 자유로운 결정이 사회에 미치는 영향은 매우 복잡한 기제를 거쳐 나타난다. 그만큼 그 귀결을 예상하기 어려운 문제지만, 경영자는 적어도 이 시스템 효과를 성찰하는 습관을 들여야 한다. 경영자의 자유에 가해지는 족쇄는 자기통제의 원칙을 따라야 하는데, 이 구속 장치의 효과는 철저하게 경영자의 지식 수준과 시스템 사고 능력에 의존한다. 그가 경영 기능 외에 반드시 철학, 역사, 문학을 깊이 공부해야 하는 이유가 여기에 있다. 이 공부가 없으면 그는 자신의 행동이 사회에 미칠 해악을 추론할 능력이 형성되지 않기 때문이다.

CEO가 단순히 고액을 넘어서 초고액 연봉을 수령하는 행동은 도덕적인가? 월스트리트 투자은행 CEO들은 수천만 달러는 예사고, 심지어 수억 달러에 달하는 연봉을 받기까지 한다. 또한 그들의 호화로운 생활은 황색 신문을 장식하곤 한다. 그는 고액 연봉이 자신의 능력에 대한 보상이며 모든 과정이 합법적이었기 때문에, 전혀 비도덕적일 이유가 없다고 말할지 모른다. 하지만 그런 사람들은 자신의 이런 행동이 사회에 어떤 해악을 불러일으킬지에 대해서는 대체로 생각하지 않는다. 그는 횡령이나 사적 이익 편취가 악한 행동이라는 점 쯤이야 분명히 인식하고 있겠지만, 자신의 고액 연봉의 수령에 대해서는 터럭만큼의 악의 소지를 느끼지 못하고 있을지 모른다.

경영자는 스스로 악하지 않다고 생각하는 행동조차 성찰의 대상으로 삼을 수 있어야 한다. 절제의 덕은 비단 악행만이 아니라 악행 아닌 것에도 미쳐야 한다. 그의 맴몬(mammon) 같은 행동은 금융의 현실을 모르는 청년들에게 환상과 헛된 도덕 동기를 심어줄 수 있다. 또한 그의 행동은 대중의 공정 심리에 영향을 미치고 사회 분열과 갈등을 초래할 수 있다. 비단 금융업이 아니라 일반 사업에서도 이런 상황이 반복되다 보면, 반(反)기업 정서가 급증한다. 결국 정치인이 입을 열기 시작한다. 그 결과 자신이 그토록 주장했던 경영자의 자유는 성찰과 자기통제가 아니라 강제와 사회통제의 대상으로 둔갑할 수 있다.

정의당의 심상정 의원은 언젠가 CEO의 연봉을 사내 최저임금의 10배 이내로 강제하는 법안을 올리려고 시도한 적이 있었다. 물론 이 제안은 실현되지 않았다. 아이러니는, 드러커가 이미 회사가 그 10배라는 자율적 가이드라인을 스스로 설정할 필요가 있다고 말한 적이 있었다는 사실이다.[106] 10배라는 숫자 자체가 중요한 것은 아니다. 그 수치는 허용가능한 수준의 사회적 합의 문제이기 때문이다. 문제의 핵심은, 자유를 통해 달성되는 선과 강제로 요구당하는 선은 그 사회적 귀결이 전혀 다른 모습으로 나타난다는 데에 있다.

모든 선행은 강요되는 순간 추악해진다. 소비자를 위해 가격 인상을 스스로 억제하는 기업의 행동은 선하다. 물론 그 기업은 공급업체나 노동자 누군가에게 해를 끼치지 않고 그 행동을 할 만한 여건이 된다고 판단할 때 그런 선택을 할 것이다. 그것이 선할 수 있는 이유는 철저히 성찰과 자기통제에 따른 행동이기 때문이다. 반면, 눈앞의 정치적 이익만 보고 소비자를 위해 가격을 낮추라고 기업 행동을 규제하는 정부가 있다면, 그런 정부는 비도덕적이다. 피할 수 없는 물가 상승기에, 그런 강제는 기업 당사자는 물론이고 공급업체나 노동자 누군가의 살을 깎아먹고 그들을 고통에 빠뜨리게 될 것이다. 시스템 사고에서 바라보면, 결국 고통받게 될 공급업체 직원들과 노동자는 바로, 최초에 동정 대상이었던 소비자들 외에 다른 사람이 결코 아니다.

3) 궁극적으로 개인의 의무다

드러커는 궁극에서 기업의 윤리는 없고 개인의 윤리만이 존재한다고 보았다. 기업은 사회의 필요에 부응하는 결과를 낳기 위해 개인과 자원을 임시로 조직화한 허구에 불과하며, 거기에서 창조되는 모든 결과는 개인의 행동들이 사회 속에서 상호작용해서 생성되는 결과일 뿐이기 때문이다.

개인 경영자는 기업 조직 아래에서 자신이 통제할 수 있는 범위의 의사결정을 내려야 한다. 이때 드러커는 개인 경영자에게 '선한 행동을 하라'는 요구는 합당하지 않으며, 단지 '알면서도 해를 끼치지는 말라(Primum Non Nocere, Above all, not knowingly to do harm)'는 히포크라테스식 윤리를 최우선의 윤리로 요청했다.[107] 경영자에 대한 도덕적 요구는 선을 권장하는 것이 아니라 최소한의 악을 막는 수준에서 멈추어야 한다는 뜻이다. 만약 경영자가 지금 하는 행동이 사회에 해를 끼칠 것을 지식 범위 안에서 예상할 수 있는데도 그 행동을 했다면, 그는 비윤리적이다. 무지 자체가 죄가 될 수는 없지만, 지식노동자가 공부하고 성찰하지 않는 행동은 크나큰 죄가 된다.

금융사의 불완전판매가 죄가 되는 것도 이 지점에 있다. 2007년 이후 우리나라 시중은행들은 환율변동 옵션상품인 KIKO(Knock-In Knock-Out)를 도입해서 기업들에게 판매했다. 그것도 환(換)헤지(hedge), 즉 환율 위험으로부터 기업을 보호한다는 멋진 이름을 달고서 말이다. 은행들은 당장 판매실적을 올려 흐뭇해했지만, 2008년 금융위기 이후 원/달러 환율이 1,050원을 넘으면서 노크인(Knock-in) 조건이 충족됐다. 기업들은 계약에 따라 계약금액의 2배에 달하는 막대한 원화 현금을 마련해서 은행에 지불해야 했다. 견실했던 919개 기업들이 일시에 현금흐름이 악화됐다. 수많은 기업들이 도산했다. 피해 기업들은 은행을 상대로 소송을 제기했다. 법원은 모든 계약이 정상적이었다고 판결했다. 다만 은행의 불완전판매에 대해서만 일부 책임을 물었다.

알면서도 해를 입힌 시중은행의 의사결정자는 물론이고, 알면서도 이 계약 체결을 방조한 각 기업 CFO들의 책임이었다. 그들은 정말 알았을까? 아니면 몰랐을까? 아무도 모른다. 다만 한 가지는 확실하

다: 그들의 무지 자체가 죄가 아니라, 자신의 행동이 어떤 결과를 낳을지 고민하지 않고 공부하지 않은 것이 죄였다.

이런 대규모 피해가 아니라 해도, 온갖 크고 작은 사건들이 기업 사회에서 나날이 발생한다. 지식노동자의 본원적 무지를 피할 수 없는 한, 이런 피해와 고통 자체를 사라지게 할 수는 없다. 유토피아는 없다. 이때 지식노동자가 취할 수 있는 유일한 길은, 자신이 하는 행동이 이띤 결과를 낳을시 판단할 수 있는 지식과 능력을 갖추기 위해 끝없이 공부하고 훈련하는 것이다. 그리고 자신의 행동을 늘 성찰하는 것이다. 이야말로 개인으로서 지식노동자와 경영자에게 요구되는 궁극의 덕목이자 최고의 의무다.

마. 맺는말

전통적으로 "사물은 어떤 상태로 있는가?"는 존재(Sein)에 대한 질문이었다. 반대로 "사물은 어떤 상태로 있어야 하는가?"는 당위(Sollen)에 대한 질문이었다. 이 가운데에서 도덕은 원래 뒤의 질문에서 나왔다.

시대가 아무리 흘러도, 이 당위로서의 도덕이 사람 사이에 제대로 자리잡기 매우 어렵다는 사실이 점점 분명해졌다. 결국 마키아벨리에 이르러 도덕에 대한 질문은, 다시금 '세상은 어떻게 있는가'로 회귀했다. 도덕은 도달 불가능한 이상을 추구하는 대신, 현실을 직시하고 결과를 중시하는 수준으로 하강했다.

하지만 이렇게 됐다고 해서 '세상은 어떻게 있어야 하는가'라는 지향점을 포기해도 된다는 뜻은 아니었다. 언제든지 방종하고 타락할 수 있는 지식노동자를 단단히 묶어두는 궁극의 의무가 있어야 했다.

존재 이유(raison d'etre, reason of existence)를 묻는 질문, 즉 "왜 있어야 하는가?"는 이 당위의 질문에 선행되어야 한다. "나는 왜 이 일을 해야 하는가?", "왜 이 지위를 맡고 있는가?", "이 제품은 왜 있어야 하는가?" 이에 대한 대답들은 자연스럽게 후속 질문 "무엇을 해야 하는가?", 즉 당위에 대한 질문으로 이어진다.

목적은 도달 불가능한 것이라 해도 좋다. 칸트가 종교의 지시계명들을 도달 불가능한 것이라고 말한 것과 마찬가지로, 목적은 다만 하나의 지향점이다. 북극성 표면에 발을 디딜 수는 없지만, 나는 끊임없이 북극성을 바라보며 걸어갈 수 있다. 반면에 목표는 도달 가능한 것이어야 한다. 목적을 바라보며 가는 과정에서, 실제로 발을 딛고 갈 수 있는 지점들이 목표로서 역할을 한다.

드러커는 사업 일반의 목적으로 고객 창조(creation of customer)를 들었지만, 개별 기업마다 이 목적은 수많은 다른 언어로 치환되어 발현될 것이다. 예를 들어서, 한 기업은 인류를 특정 질병으로부터 해방되도록 만들겠다는 목적을 설정할 수 있다. 그 목적에 이르기 위해, 신약 개발의 매 단계 지점과 달성 예상 시기, 출시 시기, 대상 시장 영역과 매출액 규모, 품질 유지 기준, 유통 경로 확보 수준 등을 설정했다면, 그것은 목표가 될 것이다. 그리고 각 목표마다 이 목표를 제대로 달성했는가를 판단하기 위해, 여러 핵심성과지표(KPI)들이 할당될 것이다.

결국 '왜?' 또는 '무엇을 위해?'라는 질문은 경영자가 모든 도덕을 발견하고 실천하기 위한 첫 단추다. 그런 의미에서 경영자는 세상 누구보다 진지한 수도사 내지 선승이어야 한다. 하지만 경영자가 점점 관행에 파묻히고, 당장의 매출이나 비용 수치가 단지 '어떻게 있는지'에 대해서만 질문한다면, '왜?'는 사라지고 모든 도덕도 사라질 것이다.

1) 기사도

전쟁이 만들어낸 도덕 중, 중세 유럽의 기사도(chivalry)가 있었다.

서기 732년 투르 – 푸아티에 전투(Battle of Tour-Poitiers)에서 프랑크왕국의 카를 마르텔Charles Martel, 686~741의 보병대는, 당시 유럽을 침공한 우미이야왕조의 이슬람 기병대를 상대로 우여곡절 끝에 승리를 거두고 피레네산맥 이북 지역을 방어할 수 있었다. 승리 후, 기병대의 필요성을 절감한 카를 마르텔은, 신하들에게 땅을 나눠주고 각자 기병대를 키우라고 명령했다. 영주들은 땅의 일부를 다시 기사들에게 나눠주었다. 그 땅을 경작하는 농민들의 노동력은 봉토를 소유한 영주와 기사들을 부양하는 역할을 하게 되었다. 중세 기사와 봉건제는 이렇게 태동했다. 이 땅은 영주나 기사가 죽은 뒤 반납하지 않고 후손들에게 대대로 상속되면서 봉건제는 공고해졌다.

기사는 본질적으로 중세 유럽 지역 토호에 소속된 특수전투요원이었다. 원래 귀족에 속하지 않았지만, 지역마다 전투력을 지닌 용맹한 남성들이 기사로 모집되고 훈련됐다. 그들 가운데 나중에 귀족으로 승격되는 사례도 많아졌다. 기사는 사회 변방에 있던 악을 중심의 선으로 전환시킨 것, 말하자면 지역의 폭력배를 경찰이나 군인으로 탈바꿈시킨 것과 같았다. 그들의 이야기는《아서 왕의 전설(Arthurian Legend)》이나《니벨룽겐의 노래(Nibelungenlied)》와 같은 영웅 문학이나《돈키호테(Don Quixote)》와 같은 풍자 문학의 많은 소재가 됐다.

많은 경우 작가의 상상력은 신성한 힘을 지닌 성배(聖杯), 신비의 능력을 지닌 마법사와 현자들까지 가미해서 유럽의 대중들 사이에서 기사들에 대한 이미지는 한껏 미화됐다. 그들은 그 시대의 '마석도'(영화 '범죄도시'의 마동석 분) 내지 '람보'(영화 '람보'의 실베스터 스텔론 분) 캐릭터였다.

아서 왕(King Arthur)은 자신을 따르는 원탁의 기사들에게 기사로서 지켜야 할 충성과 자비, 이름에 걸맞은 행동, 그리고 신의 뜻을 구현하고 여성과 같은 약자를 보호하라는 도덕을 요구했다.[108] 이 덕목들은 계속 재생산, 전승되면서 11세기 십자군전쟁 중에는 기사의 십계명이 등장하기도 했다.[109]

19세기 말부터 유럽과 미국에서 강도 귀족(robber barron)으로 불리는 신흥 대기업이 등장했다. 영국의 경제학자 앨프레드 마셜Alfred Marshall, 1842~1924은 그 금력(金力) 사회의 균형을 맞출 정신적 장치로 경제 기사도를 내세웠다. 그보다 한 세기 선배였던 정치사상가 에드먼드 버크Edmund Burke, 1729~1797는 근대 상업사회가 도래하면서 전통의 가치관이 붕괴되는 모습을 개탄하면서 기사도 정신을 그리워했다.[110]

한때 말과 갑옷으로 중무장한 전문 전투요원에게 요구됐던 덕목은, 오늘날 경영자의 윤리로 곧바로 받아들이기에는 너무 낡고 거칠다. 그들을 탄생시켰던 시대적 배경은 이내 변했다. 사회 변화와 기술 발전은 다음과 같이 기사의 소멸로 이어졌다.

첫째, 14세기 중반 흑사병이 창궐하면서 상당수 농노가 사망하면서 기사를 유지할 경제적 토대로서 봉건제도가 붕괴되기 시작했다.

활과 화승총이 강력한 무기로 등장하면서 기병의 갑옷을 뚫을 수 있게 됐고, 14세기 초에 대포가 개발되면서 중세의 성은 쉽게 함락된다. 기사의 상징이자 강점이었던 판금 갑옷과 투구는 그 무게 때문에 약점으로 전락했다. 이 거추장스러운 쇳덩이 군복은, 개선된 무기로 무장한 가벼운 차림의 보병들 앞에서 오히려 족쇄가 됐다. 기사와 말의 육성 메커니즘에 지속성이 없었다. 또한 기사들은 어렸을 때부터 선임기사 시종으로 도세식 수업을 받았다. 십자군전쟁과 백년전쟁처럼 장기화된 전쟁으로 많은 기사들이 사망해 갔지만, 그 자리를 메울 기사, 특히 말을 효율적으로 사육하는 메커니즘이 없었다. 마지막으로 기사의 용맹스러운 돌격 전술이 더 이상 먹히지 않았다. 기사들은 개량된 무기와 전술을 갖춘 경기병(輕騎兵)이나 보병의 변칙 공격에 대응할 수 없었다.[1]

사실, 기사의 모든 태동과 몰락 과정은, 역사상 모든 사업모델의 그것과 동형(同形)이다. 사회의 필요로 처음 등장해서 점점 개량, 확산, 정착되다가, 인구, 사회, 경제, 기술의 발전으로 더 이상 옛 방식이 먹히지 않게 되면서 사라지는 패턴이다. 이 패턴은 언제 어디서나 동일하게 반복된다. 갑옷이, 타자기가, 브라운관이, LP 디스크가 그렇게 태어나고 사라져 갔다. 지금 사회의 주류인 모든 상품과 서비스도 그런 운명을 피할 길이 없다. 미래 어느 날 사람들은 이렇게 잡담할 것이다: "우리 조상들은 챗GPT라는 서비스에 일일이 귀찮게 질문을 했다지 뭐예요?" 그렇게 이 모든 것이 사라질 날이 언제 올지는 아무에게도 드러나지 않겠지만, 오직 성찰하는 경영자만이 그 신호를 미리 발견할 수 있을 것이다.

기사는 사라졌다. 이후 그 자리를 대체한 것은 신사도(紳士道)였다. 영국의 젠틀맨(gentleman), 프랑스의 장띨옴므(gentilhomme)가 이 새로운 상류층을 부르는 이름이었다.[112]

17세기 이후 칼과 창이 사라진 자리를 산업과 자본이 대신할 때 그들은 자본가 혹은 경영자로서 주도적인 역할을 했다. 이후 젠틀맨은 왕족도, 귀족도 아니지만 사회의 지도층으로 간주할 만한 교양 있는 집단을 부르는 일반명사로 사용되었다.

일본인들은 메이지유신 이후 gentleman을 신사(紳士)로 번역했다. 신(紳)은 원래 중국에서 허리에 띠를 두른 사람, 즉 벼슬아치를 뜻하는 한자어였다. 특히 무사(武士)가 아니라 문사(文士)를 가리키는 말이었다. 유럽에서 기사의 시대가 막을 내리고 신사의 시대가 등장한 것은, 어찌 보면 칼과 창의 시대가 지고 지식과 정보의 시대로 접어들었음을 상징하는 것이었다.

2) 무사도

사무라이(侍)는 원래 일본의 지방 영주 다이묘(大名)의 호위무사들이었다. 일본의 마지막 바쿠후(幕府)였던 도쿠가와(德川) 바쿠후는, 1867년 천황에게 통치권을 넘겼다. 곧이어 메이지 정부가 들어서면서 사무라이는 사라졌다.[113]

사무라이는 사라졌지만 중세 일본을 지배했던 사무라이의 가치관은 그들의 집적된 무의식에 강하게 스며들어 있었다. 우리나라에서는 예부터 춘향, 심청, 흥부의 이야기가 백성들에게 회자되었듯이, 일본에서는 《추신구라(忠臣藏)》와 '요시츠네(義經)'의 이야기가 그랬다. 《추신구라》는 억울하게 죽은 쇼군의 원한을 갚는 47명 로닌(浪人)의 복수극을 그린 소설이다. 허구가 아니라, 1702년, 에도(江戸) 바쿠후 시대 실제로 일어났던 겐로쿠 아코 사건(元綠赤穗事件)에 바탕을 두었다. 요시츠네는 12세기의 무사 미나모토노 요시츠네源義經, 1159~1189의 파란만장하면서도 비극석인 삶에 대한 전설이다. 지금도 이 이야기들은 다양한 영화, 드라마, 게임, 애니메이션 등 각종 콘텐츠로 각색되며 일본인들의 잠재의식을 끝없이 자극하고 있다.

겐로쿠 아코 사건 당시 살육을 자행한 로닌들의 행동은 과연 도덕적이었는가? 주군의 원수를 갚는다는 충성의 관점에서만 보면, 의롭고 도덕적으로 보일지 모른다. 그러나 공동체의 질서 정립이라는 정치의 목적에서 보면, 비도덕적인 행동이었다. 당시 저명한 관료이자 유교 사상가였던 오규 소라이荻生徂徠, 1666~1728는, 이들이 할복자살해야 한다고 주장했다. 결국 그들에게 부과된 형벌은 사형이 아니라, 강요된 자살이었다.

중세 일본 무사들을 중심으로 형성됐던 충성의 도덕은 일본인의 잠재의식에 계속 남았다. 특히 이 도덕은 2차대전 이후 일본 기업의 공동체주의 문화에서도 중요하게 작동했다. 회람과 결재, 종신고용 관행 같은 것들이 그 소산이었다. 물론 이 공동체주의에도 불구하고, 일본은 오타쿠(オタク)처럼 획일성을 거부하는 극단의 개성이나 카이젠(カイゼン, 改善) 같은 자발적 혁신처럼, 공동체주의의 반대편 문화

조차도 충분히 허용했다는 면에서 매우 독특했다.

어쨌든, 메이지 정부가 들어선 이후 쇠락한 사무라이 집안의 후손들은 기업가로 재탄생했다. 일본 근대의 개혁 사상가이자 조선 말기 개화파 지식인에게 많은 영향을 미치기도 했던 후쿠자와 유키치福澤諭吉, 1835~1901는 재물을 추구하는 상인의 문화가 공동체에 헌신하는 무사의 정신으로 보완되어야 한다고 생각했다. 그래서 상공업이 발전하기 위해서는 무사 계급이 적극적으로 참여해야 한다고 보았다. 그가 설립한 게이오기주쿠(慶應義塾)대학의 입학자 가운데 1863년부터 1871년 기간 중 평민 출신은 40명에 불과했고, 무사 가문 출신이 93퍼센트인 1,230여 명에 달했다.[114]

비슷한 시기에 시부사와 에이이치澁沢榮一, 1840~1931는 후쿠자와 유키치의 생각을 경영 현장에서 구현한 인물이었다. 그는 어린 시절 집안의 전통에 따라 유학(儒學)의 경전을 익혔다. 청소년기에 검술에 심취했던 그의 꿈은 사무라이가 되는 것이었다. 잠시 대장성(大藏省)에 근무한 적이 있었지만, 서양의 발달된 문물과 비교되는 일본의 낙후한 현실을 보고 실업계에 투신하기로 결심했다. 자연스럽게 유학(儒學), 검술, 상업의 경험이 결합된 융합형 인물이 되었다.

그는, 지금까지도 일본 기업가 사이에서 비즈니스의 바이블로 통용되는 유명한 책 《논어와 주판(論語と算盤)》에서, 재물에 대한 추구가 아니라 인의와 도덕이 사업의 근본임을 주장했다.[115] 의롭지 않은 재부는 유지될 수 없고, 화식(貨殖), 즉 재물의 증식에 기여하지 않는 학문은 공담(空談)에 불과하다고 보았다. 그는 실업가가 더 이상 과거처

럼 돈을 좇는 중하위 계층으로 취급당해서는 안 되며, 도덕력과 지력을 갖춘 사회 지도층이 되어야 한다고 생각했다. 어떻게 보면 그는 일본 막부시대를 지배했던 낡은 무사정신과 세속의 이익만을 좇는 조닌(町人)의 시야를 뛰어넘어, 일본의 사업가들이 보다 높은 인문정신을 지향할 것을 주문했던 셈이다. 그는 이 초극의 언어를 《논어(論語)》에서 찾았다.[116] 그는 이렇듯 낡은 지배층의 정신세계였던 무사도와 하층민의 상업 동기를 《논어》라는 언어를 매개로 그렇게 지양(止揚)하려 노력했다.

일본 근대 경제를 일으켰던 많은 경영자들이 이렇듯 무사의 도덕을 상인의 도덕으로 흡수하면서 일어났다. 미쓰비시(三菱, MITSU-BISHI)그룹의 창업자인 이와사키 야타로^{岩崎 彌太郎, 1834~1885}를 비롯해, 게이오기주쿠대학에서 후쿠자와 유키치로부터 배웠던 미쓰비시그룹의 쇼다 헤이고로^{莊田平五郎}, 미쓰이그룹(三井グループ)의 나카미가와 히코지로^{中上川 彦次郎}, 히비 오스케^{日比翁助}, 무토 산지^{武藤山治} 등, 그 수를 헤아리기 어렵다.[117]

근대 일본 경제 부흥의 정신적 축을 크게 담당했던 무사도였지만, 1990년대 일본의 장기 침체 이후 일본에서 무사도의 가치는 퇴색했다. 일본은 변화한 시대에 대응하는 새로운 도덕을 모색하고 있다. 2024년 6월, 일본에서는 기존 1만 엔권 지폐의 초상이 후쿠자와 유키치에서 시부사와 에이이치로 교체됐다.

V

회사는
내 것이 아니다
| 소유 |

가. 어디까지가 내 것인가

사람들은 흔히 회사를 사고판다고 말하지만, 엄밀히 말하자면 지분에 대한 권리를 사고파는 것이다. 지분에 대한 권리는 회사에 대한 권리와 동의어가 아님에도, 주주자본주의론자들은 이를 혼동한다. 그래서 그들은 주주 이익 극대화가 기업의 목적과 동일하다고 손쉽게 결론짓는다.

2024년 봄, 네이버의 라인야후(LINEヤフー) 지분 매각과 관련해서 한국과 일본 사이에 미묘한 정치적 갈등이 일어났다. 최수연 대표는 국회 과학기술정보통신위원회에 출석해서 단기에 매각하지 않겠다고 밝혔다. 이때 그는 "기업 경영진은 항상 기업 이익과 주주 이익을 위해 최선을 다하고 치밀하게 고민한다."고 말했다. 그는 기업 이익과 주주 이익을 왜 함께 말했을까? 아니, 왜 굳이 나누어 말했을까? 이 둘이 만약 같은 것이라면 기업 이익이라고 하거나 주주 이익이라

고 말하고 끝내면 되었을 것이다. 그는 무심코 그렇게 발언한 것이 결코 아니었다. 모든 경영자는 내심 알고 있다: 기업 이익은 주주 이익과 불가분의 관계가 있지만, 그와 동일시할 수 없는 보다 넓고 깊은 대상이라는 사실을. 그래서 최 대표의 입에서 기업 이익과 주주 이익이라는 말이 자연스럽게 함께 나온 것이다.

주주가 기업을 소유한다는 통념이 있다. 하지만 이런 생각이 어느 정도로 수용가능한 것일까? 무엇을 소유라 하는가? 주주는 정말로 그 소유의 의미에 걸맞게 기업을 소유하고 있는가? 그다음, 주주는 기업에 대해서 어떤 존재인가? 그의 기능과 역할은 무엇인가?

역사적으로 소유 문제는 토지에서 비롯했지만, 본 장에서는 토지에 대한 논의는 잠시 뒤로 하고, 주식 소유의 문제를 우선 살펴본다. 다음으로 특허권, 저작권, 상표권, 데이터와 같은 무형의 지식재산 전반에서 나타나는 소유의 문제, 특히 사적 소유와 공유 사이의 복잡한 관계를 들여다본다.

우리는 그동안 소유의 도덕에 영향을 미치는 두 가지 상반되는 힘이 서로 밀고 당기는 관계를 일관되게 발견할 것이다. 신의 것 대(vs.) 세속의 것, 하늘의 법 대 지상의 법, 창의성 대 상업성, 소유의 선함 대 악함, 이 모든 대립하는 작용력들이 그것이다.

경영자는 이 대립하는 힘들의 모순을 어떻게 극복해야 진정한 소유의 도덕에 이를 수 있을까?

나. 주식 소유

1) 주식 이전에는 토지였다

기독교 전통 아래 서구 사회로만 한정해서 보면, 토지는 원래 창조주의 소유이거나, 왕권신수설(Divine Right of Kings)에서 보이듯 그 권위를 신으로부터 위임받은 군주의 소유였다. 교회 역시 신의 뜻을 대리하는 기구라는 명분 아래 토지를 소유했고, 권신(權臣)과 귀족들은 군주로부터 봉토를 하사받음으로써 토지를 소유했다. 평민들은 대개 점유와 경작권만을 인정받을 뿐이었다.

토지가 평민들의 사적 소유로 전환되는 계기는 16세기 영국의 인클로저(enclosure) 운동에서 태동했다. 공유 경작지에 경쟁적으로 서로 담장을 두른 결과, 그 분쟁을 해결하기 위해 토지 소유권이 법제화됐고, 19세기 이후 유럽 각국에서 토지 등기제도가 확산되기 시작했다. 이 과정에서 교회와 영주 소유의 경작지, 특히 수많은 와이너리가 재력 있는 민간인들에게 매각됐다.

인클로저 운동이 전개될 당시, 영국의 존 로크^{John Locke}는 왕권신수설과 반대되는 생각을 펼쳤다. 그는 세상의 시작이 아담이 아니라 자연 상태라고 말했다. 자연 상태는 외적의 침입이나 타인의 부당한 권력 행사로 소유물이 강탈 당할 위험이 있었기 때문에, 개인들은 국가를 형성해서 권위에 복종하고 자신의 소유권(재산, 생명 등)을 일부 포기하는 데 합의했다는 것이 그의 생각이었다. 그에 따르면, 국가의 목적은 국가 자체가 아니라 개인의 소유를 보호해주는 데에 있었다.

그는 또한 자연 상태에서 소유의 기원은 인간 노동에 있다고 주장했다. 흐르는 강물은 그 누구의 소유도 아니지만, 누군가 노동을 통해 그릇에 담아 온 물은 그 사람의 소유였다. 그는 땀흘려 일해서 얻은 사물만을 소유 대상으로 인정했다. 그가 개척한 사상에 바탕을 두고 1789년 프랑스 혁명기에는, 일하지 않으면서 소유를 누리는 귀족들의 토지는 몰수당하고 농민들에게 배분됐다. 뒤이어 나폴레옹^{Napoléon Bonaparte}의 토지 소유권 정비 사업으로서 민법전(Code Napoléon) 제정과 까다스뜨르(Cadastre) 정책 등이 이어지면서 서구에 근대적 토지 소유 제도가 정비되기 시작했다.

미국은 광활한 공유지의 무단 점유자들을 소유권자로 전환하기 위해 1841년에 선점법(Preemption Act)을, 1862년에 공유지불하법(Homestead Act)을 제정했다. 20세기 후반 철도 붐이 일면서 미국 정부는 국유지를 철도회사에 매각했고, 철도회사는 다시 역 인근 토지를 개발사업가들에게 매각했다. 이렇게 19세기에 이르러 토지는 투기 대상으로서 부를 증식하는 효과적인 수단으로 등극했다.

2) 주식 투자의 시대

주식은 토지에 비해 소유의 역사가 매우 짧다. 주식이 대중의 소유물로서 새로운 재산 증식 대상이 되기 시작한 것은 1920년대부터였다. 포드자동차를 비롯한 제조업의 생산성 혁명 이후 중산층이 확대되면서 급여노동자의 소득이 주식을 살 수 있을 정도로 증가했고, 때맞춰 자동차와 라디오와 같은 혁신적 신기술 사업들이 대중의 주식 투자에 불을 붙였다.

19세기 이전에도 주식회사의 지분 거래와 그를 통한 부의 추구는 있었지만, 서민 대중과 무관한 사회 상류층에 국한된 일이었다. 그러다 1844년 영국의 주식회사법(Joint Stock Companies Act) 제정은 획기적인 사건이었다.[118] 그 법에서는 역사상 처음으로 의회의 승인 없이 주주의 자발적 결성과 등록만으로 주식회사 설립이 가능하도록 했다.

더 중요한 것은 1856년에 개정을 통해, 파산 시 주주의 유한책임만을 인정하는 조항을 삽입했다는 사실이다. 유한책임이란 회사의 상환 능력을 초과하는 채무에 대해 주주는 지분가치만큼만 책임을 진다는 뜻이다. 이로써 주주는 무한책임의 리스크에서 완전히 벗어날 수 있게 됐다. 최악의 경우, 그는 자신이 출자한 금액만큼만 손실을 보면 됐다. 이 법의 제정을 주도했던 로버트 로위Robert Lowe, 1811~1892 의원이야말로 현대 주식 소유의 시대를 연 아버지로 불러도 손색이 없을 것이다. 나중에 이 법은 이름에서 'Joint Stock'을 빼고, 1862년에 회사법(Companies Act)으로 개정되어 오늘날까지 이어지고 있다.

영국의 회사법 개정 이후 유럽과 북미에서 유사한 입법이 확산됐다. 당시 철도 붐에 편승해서 철도 주식회사들이 봇물 터지듯 설립됐다. 이어서 19세기 후반 유럽과 미국에서 동시 다발(多發)한 화학, 전기, 에너지 분야의 2차 산업혁명 대열에 수많은 주식회사가 합류함으로써, 서구 사회는 과거처럼 정치권력이 아니라 주식회사가 주도하는 사회로 변모하기 시작했다. 지멘스(Siemens), 바이엘(Beyer), GE 같은 회사들이 바로 이 시기를 중심으로 탄생했다.

그런데 이미 200여 년 전에도 원시적인 증권거래소는 있었다. 1680년, 영국 런던에 조너선 커피점(Jonathan's Coffee House)이 개점했다. 이곳은 합작투자법인 지분 소유자들의 회합 장소로 사용되기 시작했다. 증권거래소는 커피전문점에서 탄생했다.[119]

20세기에 이르러 북미와 유럽 도처에 증권거래소가 개설되고 주식 투자가 전례 없이 확산되면서, 주식 소유의 의미와 기능은 전 시대와 완전히 달라졌다. 미국의 변호사이자 외교관이었던 아돌프 벌리Adolf A. Berle, 1895~1971와 경제학자 가디너 민스Gardiner C. Means, 1896~1988는 이 중요한 변화를 감지했다. 그들은 지분 소유가 수많은 다중에게 분산되면서 소유권자와 통제권자가 더 이상 일치하지 않기 시작했다는 사실을 발견했고, 이를 《현대 법인기업과 사유재산(The Modern Corporation and Private Property, 1932)》에서 분석했다.

소유권자와 통제권자의 분리, 이른바 소유와 경영의 분리가 경영의 도덕 구현에 얼마나 많은 혼란을 야기하기 시작했을까?

3) 주주의 특권과 약점

20세기에 소유와 경영의 분리는 경영 현장에서 숱한 인문학적 난제를 야기했다. 경영자가 지닌 권력의 정당성이 과연 19세기 이전처럼 지분의 소유권자라는 사실에서 나오는가? 전문경영자는 이론상으로는 소유경영자의 대리인에 불과한데, 실제 권력은 그 대리인에게 집중되고 있지 않은가? 창업가의 본질은 경영자인가, 지분보유자인가?

주주의 이익은 기업의 이익과 불가분의 관계에 있지만, 이 둘은 동일하지 않다. 이 문제는 주주 권리의 원천, 주주와 기업의 영속성, 소유의 본질이라는 세 가지 측면에서 살펴보아야 한다.

첫째, 주주의 권리는 사람이 만들었다.

기독교 창조론은, 만물은 하나님이 창조했다고 가르친다. 하지만 주주 권리는 명백히 사람의 법이 창조했다. 태초에 상법은 없었다. 자연이 상법을 생성하지도 않았다.

컬럼비아법학전문대학원(Columbia Law School)의 카타리나 피스토어[Katharina Pistor] 교수는, "회사 자본의 본질은 화폐나 자산이 아니라 법률 코드일 뿐"이라고 말했다.[120] 자본은 오직 법이 보호해줄 때만 자본으로서 효력을 발휘할 수 있으며, 화폐나 자산 그 자체는 자본으로 기능하지 못한다. 그녀에 따르면, 법이 자본의 소유자인 주주에게 부여한 특권은 다음과 같다.

- **우선권**(Priority) : 주주는 회사의 모든 자산에 대한 우선사용권을

지닌다.

- **지속성**(Durability) : 주주의 사망이나 교체에 영향을 받지 않고 그 권리가 지속된다. 개인 주주에 대해서는 상속이 그 수단으로 제공된다.
- **보편성**(Universality) : 전 세계 어느 지역에나 구애받지 않고 보편 적으로 이동할 수 있다. 이를 통해 조세 회피가 가능하다. 자연인에 비 해 국적 이동이 월등히 수월하다.
- **현금 전환성**(Convertibility) : 거래 시장이 형성된다는 전제 아래, 언제든지 현금화가 가능하다.

이런 여러 특권에 더해, 금융자본은 채무자의 재산에 대한 압류권 (foreclosure)까지 부여받았다. 압류권은 자본이 회사 바깥 사회를 상대 로 행사할 수 있는 공포의 권력이다. 그 권력은, 힌두교에서 말하는 파괴의 신 칼리(ᄏᆞᆯᆞᅵ, Kali)처럼 어둡고 잔혹해서 순식간에 사람들의 삶을 지옥으로 바꿀 수 있다.

하지만 주주의 이 모든 특권을 무색하게 만드는 법률상 제약이 있 다. 법은 회사 수익에 대한 여러 이해관계자의 청구권 가운데 주주 의 것을 가장 후순위에 위치시켰다. 주주는 파산 시 변제권 행사에서 도 그 제약에 따라야 함은 물론이고, 정상적으로 운영될 때도 한 회계 기간 중 노동자, 금융채권자, 공급자, 국가 등 모든 이해관계자에 대 한 지급 의무를 차례차례 이행하고 난 뒤 최종 잔여이익에 대한 배당 을 받아 간다. 이 제약 때문에, 주주는 모든 것을 가질 수도 있지만 동 시에 모든 것을 잃을 수도 있다. 몇몇 사모펀드나 개미투자자의 수십,

수백 퍼센트의 수익률은 언론에 대서특필되는데, 이것은 앞의 행운에 해당되는 것이다. 하지만 뒤의 불운에 걸려서 거액의 투자 손실을 겪는 다수 주주의 파멸은 세상에 잘 알려지지 않는다.

둘째, 주주의 영속성은 기업의 그것과 다른 형태로 나타난다.

주주가 지분 처분권을 행사하면 그 지분에 대해 주주로서의 존속은 끝난다. 하지만 지분 자체는 그대로 남아서 기업의 존속을 유지하는 근거가 된다. 주주가 떠나도 기업은 남는다. 노동자도 남고, 기계도 남고, 기타 자산도 남는다. 물론 법률상으로 남는다. 주주 변동에 따라 그 기업이 미래에도 존속할 수 있는 잠재력은 훼손될 수도 있고 증강될 수도 있겠지만 말이다.

주주가 사망해도 그 지분이 자녀에게 상속되도록 했다면, 그 역시 법이 조성한 것이다. 지역마다 다른 법은 상속의 허용 범위를 다르게 규정한다. 자연은 단지 점유한 사람에게 사용을 허락했을 뿐, 그 이상으로 변덕을 부리지는 않는다. 사람의 모든 법은 자연으로부터 출발했으되, 자연과 무관한 권리와 의무들을 인위로 만들어냈다. 사회주의 중국의 법은 토지의 개인 소유권을 허용하지 않는다. 다만 개인에게 80년 한시적 점유권만을 허용할 뿐이다. 그러나 주주에 대해서는 지분의 개인 소유권을 인정한다. 이 모든 것이 지역마다, 시기마다 다른 실정법의 변덕이었다. 토지, 가옥, 주식, 기타 재산을 한 가문이 세대를 거치며 영원히 가지도록 한 것은, 하나님이 만들었거나 자연이 생성한 것이 아니었다.

법의 인위적 생성을 사회생물학의 관점에서 보면, 호모 사피엔스 개체들은 자신의 생존과 번식에 가장 유리한 전략을 진화시켰고 이 진화의 산물이 법으로 나타난 것에 불과하다. 예를 들어서, 내가 죽은 뒤 소유 재산을 어디로 귀속시킬 것인가? 자연으로 돌려줄 것인가? 타인에게 넘길 것인가? 자식에게 물려줄 것인가?에 대해 피스토어 교수는, 내 재산, 토지와 주식은 내 자식에게 넘기는 것이 내 유전자를 지속시키는 가장 효과적인 전략이라고 했다. 기증이나 사회 환원도 통용됐지만, 어디까지나 소수 개체군의 전략으로만 남았을 뿐이다. 그런 전략들이 사회적 합의를 통해 구현된 것이 바로 법이었다.

셋째, 소유의 복합성은 기업과 주식의 두 측면에서 나누어 이해해야 한다. 소유란 적어도 법률상으로는 처분권(處分權), 용익권(用益權), 배타성(排他性)이라는 3중 조건의 결합체다. 처분권은, 소유물을 타인에게 유상 또는 무상으로 양도할 수 있는 권리다. 용익권은, 소유물을 활용해 경제적 또는 비경제적 효용을 창조해낼 수 있는 권리다. 배타성은, 그 처분과 용익을 소유권자 이외의 주체가 저지를 수 없도록 막는다는 뜻이다. 배타성은 남이 내 소유물을 침범할 수 없도록 법이 소유권자에게 보장해주는 권리의 핵심을 이룬다. 예컨대, 인클로저 운동에서 보았듯이 점유자들은 처음에 담장 두르기로 배타성을 확보하려 했지만, 결국에는 법이 등판해서 이를 보장해주기에 이르렀다.

소유의 대상, 즉 소유물은 자산(asset)이라고도 부르고 재산(property)이라고도 부른다. 기업은 적어도 법률 기준으로 보면, 자산 또는 재산의 집합체로서 기업 아닌 것들과 경계 지어 식별될 수 있는 대상이다. 기업회계기준은 자산이라는 용어를 사용하는데, 자산은 3중 조건을 다 갖추되 그중에서도 용익권이 상대적으로 더 강조된다. 반면에 민법은 자산이 아니라 재산이라는 어휘를 사용하는데, 거기에 대해서는 배타성을 특별히 더 강조한다. 즉, 경영자의 중점은 소유물로부터 수익을 창출하는 데에, 소유자의 중점은 소유물을 남들이 침범하지 못하도록 하는 데에 더 중점을 둔다.

기업은 상이한 종류의 청구권에 응해야 할 의무의 집합체다. 그래서 여러 하위세계들이 중첩된 사회 시스템이 될 수밖에 없다. 고객의 경계, 노동자의 경계, 국가의 경계, 공급자의 경계, 주주의 경계는 서로 분리된 것이 아니라 서로 침투한다. 이 사회 시스템은 고정된 실체가 아니며, 단일 실체는 더욱 아니다.

사회 시스템으로서 기업이 지닌 특성을 고려했을 때, 주주 권리의 작동은 기업 전체가 아니라 그 하위 시스템 하나에 속하는 것이다. 고객, 노동자, 금융채권자, 국가의 권리도 각각의 하위 시스템 안에서 작동한다. 노동자는 단순히 임금을 받는 것이 아니고, 국가 역시 세금을 그저 걷어 가는 것이 아니다. 그들은 주주 권리에 앞서서 자신에게 권리로 보장된 몫을 먼저 받아 가는 것이다. 노동자와 국가는 기업을 향해 주주보다 선순위 청구권자의 지위를 행사한다. 임금체불이나 세금 체납이 주주 배당보다 더 심각하게 비난받는 이유도 거기에 있다. 그런 면에서 주주에게 부여된 소유권은 기업이 직면한 소유권 체계와 동일시될 수 없다.

서구 정치사상사에서 자연법은 언제나 실정법 제정자의 의도를 뛰어넘는 가치 기준을 찾아 왔다. 유럽의 전통에서 자연법은 그 근거를 영원불변의 존재인 신에게서 찾았다. 입법가가 인위적으로 제정한 소유권에 앞서, 보편적이고 초월적인 소유의 가치란 과연 존재하는가? 기독교는 만물의 개인 소유를 허용하지 않으며 공유가 최우선의 원칙이었다. 그러나 신의 뜻을 위배하지 않는 범위 내에서 제한된 범위에서 사유를 인정했다.[121] 자연은 어디에서도 사유를 그 본질로 품고 있던 적이 없다.

그 관점에서 보면, 기업은 스스로 사회의 주인일 수 없으며 단지 사회의 필요를 충족하기 위해 구성된 수탁자다. 그 위탁자는 사회다. 상법은 기업의 최초 성립 요건으로서 주주 구성을 요구하지만, 그것이 곧 주주가 기업을 소유한다는 것을 의미하지는 않는다. 주주의 본질은 지분의 소유권자로서 수탁 기업의 자산과 수익에 대해 후순위 청구권을 행사할 수 있는 존재라는 사실에 있다.

주주는 기업 자산에 대한 용익권을 다시 경영자에게 위임한다. 종래 주주의 대리인이라고만 간주했던 경영자가 기업 이익과 주주 이익 사이에서 혼란을 느끼는 이유가 바로 여기에 있다. 위탁자는 사회인가, 주주인가? 지분이 다중으로 분산된 기업에서 경영자의 혼란은 더욱 가중된다. 수탁은 내 것이 아니라 잠시 맡는다는 뜻이다. 결국은 돌려줘야 한다. 기업은 운영 중 모든 성과를 기업 내부가 아니라 사회 곳곳으로 돌려주고 있고, 해산된 뒤에도 결국은 사회 곳곳으로 흩어져 돌아가야 한다. 주주는 그렇게 돌려줘야 할 사회의 한 부분을 이룰 뿐이다.

어느 사회에서나 지금도 소유경영자의 사유물처럼 운영되는 회사들이 많다. 하지만 어느 사회를 막론하고 사회의 중추 역할을 하는 기업들은 대부분 상장을 통해 공유물로 변신한 지 오래다. 드러커는 《보이지 않는 혁명(the Unseen Revolution, 1976)》에서, 현대 자본주의가 더 이상 19세기식 자본주의가 아니라 연기금 자본주의(pension fund socialism)로, 사실은 연기금 사회주의(pension fund socialism)로 변모했다고 말했다. 그는 마르크스가 꿈꾸었던 노동자가 주인 되는 세상을 구현한 것은, 러시아 혁명이 아니라 바로 자유기업 지분의 분산 과정이었다고 말했다.

오늘날 대부분의 노동자들은 자산운용사와 연기금을 통해 이미 기업의 주주가 되어 있다. 그들에게 용익권, 즉 경영자로서 통제권이 직접 주어지지 않았을 뿐, 그들은 주주로서 그 배당을 받아 갈 뿐 아니라 은퇴 후 일하지 않는 와중에도 연금을 수령해 간다. 한편 연기금을 통해서가 아니라 오로지 개인 주주로서 통제권에는 무관심한 채 오직 하루하루 가격 급등락에 울고 웃는 주주는 생각보다 연약한 존재다. 설령 통제권을 확보한 대주주라 해도 약탈적 인수자 때문에 언제 지위를 박탈당할지 모르는 불안 속에 살아야 한다.

오늘날 노동자를 노예로 만드는 것은, 더 이상 자본가가 아니다. 자본가를 그림자처럼 대리하고 있는 경영자다. 한때 종업원 지주제 등을 통해 노동자에게 지분을 부여하면 그들에게 주인의식이 생기고 노동 동기도 향상될 것이라는 말이 있었다. 이 말은 전형적인 고상한 거짓말 가운데 하나였다. 그것만 가지고는 그런 결과가 일어난 적이 없었다. 소유 자체가 사람을 일하게 하지는 않는다. 목표와 자기통제의 원리가 깃든 경영이 사람들을 일하게 만든다. 경영자가 성찰하는 존재가 되어야 할 중요한 이유 하나가 여기에 있다. 노동자를 삶의 주인으로 만들어줄 수 있는 현장은, 오직 경영자만이 조성할 수 있기 때문이다. 자본가가 단지 지분 소유권자로서만 남아 있는 한, 그런 일을 할 수 있는 자격도, 능력도 없다.

4) 지식재산, 그 양날의 칼

창의성은 비용을 안 들이고 지식을 모방하길 원하지만, 상업은 독점과 보호 아래 지식의 경제적 대가를 받아내기를 원한다. 즉 창작가나 발명가는 남의 것을 무단으로 가져가 새로운 내 것을 만드는 데 사용하고 싶어 하고, 사업가는 내 것에 남들이 손대는 것을 철저히 막고 싶어 한다. 시카고대학교(The University of Chicago)의 역사학 교수 애드리언 존스Adrian Johns에 따르면, 지식재산의 소유를 법으로 인정하게 된 것은 창의성과 상업이라는 양극단의 동기가 충돌하면서 이룩된 타협의 산물이었다.[122]

특허권은 지식재산의 맏형 격이다. 특허란 신기술 발명을 다른 사람이 모방하지 못하도록 발명자를 법률로 일정 기간 보호해주고, 그 대가로 그 발명의 원리를 상세히 기술한 문서를 공개하도록 하는 제도를 말한다.

제임스 와트James Watt의 증기기관은 1769년에, 조지 스티븐슨George Stephenson의 증기엔진은 1816년에 첫 특허를 획득했다. 그들의 발명을 사업화하기 위해 투자한 자본가들은 기계와 아울러 기계의 핵심 기술에 대한 배타적 사용권까지 함께 소유했던 것이다. 19세기에 유럽 전역과 북미 대륙에서 천재적인 발명가들이 속속 출현해서 특허를 취득했다. 그 가운데에서도 토마스 에디슨^{Thomas Edison}은 독보적이었다. 그는 1,093개의 미국 특허를 포함해, 미국 외 지역까지 2,332개의 특허를 취득했다.[123] 1889년에 그가 창업한 에디슨종합전기(Edisson General Electric)는 본질적으로 특허회사였다. 1892년, 찰스 코핀이 에디슨종합전기를 자신의 톰슨휴스턴(Thomson Houston)과 합병하여 GE를 설립했을 때, 에디슨종합전기의 특허를 모두 양도받을 수 있었다. 이처럼 근대 산업혁명은 자본가뿐만 아니라 특허와 함께 시작했다.

처음에는 발명이 보호 대상이 됐지만, 점점 다양한 지식들이 재산권을 인정받기 시작했다. 지식재산의 대상으로 실용신안권, 상표권, 저작권이 포함되기 시작했다. 소프트웨어, 저작 콘텐츠(문학, 음악, 미술, 사진 등), 도메인 이름, 상표는 이제 소유권이 인정되는 자산이자 재산이 됐다. 1993년 캘빈클라인(Calvin Klein)은 자사의 상표와 로고를 사용하는 향수 제조기업으로부터 수취할 로열티를 담보로 채권을 발행해서 5천8백만 달러를 조달했다. 1997년 팝 가수 데이비드 보위^{David Bowie}는 자신의 예상 음반 판매액을 담보로 5천5백만 달러 채권을 발행했다. 콘텐츠 분야에 따라 차이는 크지만, 유명 가수와 작곡가는 그들의 저작권이 등록된 협회를 통해 음악 저작권만으로 매달 막대한 수익을 올린다. 음원사이트에서, 노래방에서, 방송에서 한 번씩 사용될 때마다 저작권료가 자동 결제된다.

소유 대상으로서 지식재산은 양날의 칼을 지녔다. 소유권이 너무 강화되면 사용자 기반이 협소해져 시장 확대에 제약이 되고, 소유권이 너무 약화되면 모방자가 필요 이상으로 많아져 수익성이 위협받고 창작과 개발 동기가 사라진다.

일명 찍찍이, 벨크로(velcro)의 발명자 조르주 드 메스트랄George de Mestral, 1907~1990은 생전에 큰돈을 벌지 못했다. 벨크로는 단추를 대체하는 참으로 편리하면서도 급진적인 혁신이기도 했지만, 유럽과 미국에 특허(1950년대 등록)가 걸려 있어서 모방 참여자가 없었고, 응용 분야는 우주 산업이나 군사용 특수의복 정도로만 한정됐다. 벨크로가 전 세계에 확산된 것은 특허 보호기간이 종료된 1970년대 이후였다.

1969년 IBM의 엔지니어 포레스트 패리Forrest Parry, 1921~2005는 카드 정보를 마그네틱 띠에 저장하는 기술을 개발했다. 그는 플라스틱과 마그네틱 띠의 가열식 결합 기술을 아내의 다리미질 장면에서 착안했다고 알려져 있다. IBM은 그들이 세계 최초로 개발한 마그네틱 카드 판독장치에 대해 심사숙고 끝에 특허를 내지 않았다. 더 많은 기업들이 제조에 참여해 시장 기반이 확대되도록 유도하면, IBM의 관련 장비 매출도 그에 따라 늘 것이라는 기대 때문이었다. IBM의 예상은 맞아떨어졌다. 이 검은 띠 플라스틱 카드와 그 안에 담긴 정보의 입출력 기술은, 2010년대에 IC칩 카드가 등장하기 전까지 전 세계 신용카드, 신분증, 출입증을 비롯한 모든 종류의 카드에 적용됐다. 관련 장치 산업들이 크게 성장하면서 IBM의 매출은 더욱 증가했다. IBM과 마찬가지로, 인텔(Intel)은 1994년 USB 방식의 데이터 통신기술을 처음 개발했지만, 특허를 출원하지 않았다. 그 결과 USB 방식을 따르는 장치산업이 급성장할 수 있었다.

빌 게이츠도 영리하긴 마찬가지였다. 소프트웨어에 대해 재산 및 특허 가치 개념이 희박했을 당시, 빌 게이츠는 소프트웨어를 돈 받고 파는 상품으로 둔갑시키는 데 성공했다. 그러나 그는 상업성 반대편에 있는 창의성 동기의 위력도 알고 있었다. 윈도즈(Windows) 운영체제와 MS오피스(Office) 불법 복제판이 판치고 있다는 것을 알면서도 적당히 눈감아주었다. 그 결과, 경제학에서 말하는 고착효과(lock-in effect)가 나타났다. 일단 어떤 제품의 사용자 수가 현저히 많아지면 그 제품은 시장에 고착된다. 사용자들이 다른 제품으로 바꾸기가 매우 어려운 상황이 되었을 때, 바로 이 현상이 나타난다. 빌 게이츠 퇴임 후 후대 경영자들이 확실한 유료 서비스 정책으로 전환할 수 있었던 것도 게이츠의 그런 혜안 때문이었다.

우리나라에서도 마이크로소프트의 유료 소프트웨어 캠페인에 힘입어 1990년대에 불법 소프트웨어 복제는 범죄라는 인식이 확산됐다. 그때 경찰은 임의로 사무실을 급습해서 PC에 설치된 불법 훈글 소프트웨어를 적발하고 사용자를 입건하기도 했다. 이 조치에 환호했어야 할 한글과컴퓨터(現 한컴)사는 정작 그 사용자의 처벌을 원치 않는다고 발표했다. 한글과컴퓨터 경영진 역시 불법복제를 혐오했지만, 지식재산 보호가 지니는 이 양면성을 이해하고 있었던 것 같다.

1990년대에 개인용 컴퓨터(PC)가 보급된 이후 전 세계의 학생과 사무직 노동자들은 지금까지 'Ctrl-C, Ctrl-V'를 아무 대가 없이 사용할 수 있었음에 감사해야 한다. 초창기 운영체제 설계자들은 왜 이 지식에 특허를 출원하지 않았을까? 그 이유는 단순했다. 당시 개발자들 사이에는 그런 고안이 특허 대상이 될 수 있다는 생각 자체가 없었기 때문이다. 당시만 해도 소프트웨어는 특허 등록 대상이 아니었다. 2000년대 이후에야 소프트웨어도 하나둘씩 특허로 보호받기 시작했다. www의 개발자, 팀 버너스 리^{Tim Berners-Lee, 1955~}는 자신이 개발한 하이퍼텍스트(HyperText) 기술에 특허를 걸지 않았다. 만약 그 기술이 특허를 등록받았다면, 과연 오늘날 웹 세상이 과연 도래할 수 있었을까?

창의성은 두 얼굴을 지녔다. 한 편에서는 지식재산 보호에 힘입어 돈을 벌 수 있으리라는 경제적 동기가 창의성을 자극할 수 있다. 다른 한 편에서는, 지식의 자유로운 확산을 통해 보다 많은 사람들이 지적 자극을 얻을 수 있는 확률을 높임으로써 창의성이 발현될 가능성을 더욱 높일 수 있다. 복제 서적의 범람은 정본 출판사 입장에서는 기필코 막아야 할 일이었지만, 독자의 지식욕 충족과 창의성 자극이라는 면에서 긍정적이었다.

역사상으로도 해적판이 음악과 학문 발전에 기여했다는 사실은 부정할 수 없다. 16~17세기 유럽에서 인기가 좀 있다 싶은 책들은 복제 출판물이 쏟아져 나왔다. 기사도 이야기, 이른바 로맨스(romance)[124] 장르나 애정물은 물론이고, 셰익스피어^{William Shakespeare}의 희곡, 세르반테스^{Miguel de Cervantes Saavedra}의 《돈키호테》, 뉴턴^{Issac Newton}의 저작 같은 것들도 예외가 아니었다. 사실 르네상스와 근대 계몽주의는 중세 신학의 권위에 도전하는 인문 및 자연과학 출판물의 전례 없는 폭증과 확산이 일으킨 것이었지만, 그 확산의 배후에 불법복제가 큰 역할을 했다.

하지만 불법복제와 모방이 너무 흔해지면 그 역시 참담한 결과를 낳을 것이다. 창작자나 발명가들이 수년간 날밤을 새워 가며 이룩한 성취가, 모방자들의 범람으로 한순간에 물거품이 될 것이다. 그런 일이 반복되면 아무도 애써서 새로운 발명품이나 콘텐츠를 만들 동기를 갖지 못할 것이다. 결국 사회는 활력을 잃고 점점 죽어 갈 것이다.

17세기 영국은 자율적인 등록 문화를 통해 무질서한 불법복제가 판을 치지 않도록 유도했다. 질서를 유지했다. 출판사업자들은 런던 시내 스테이셔너스 홀(Stationer's Hall)에 비치된 등록부에 출간 예정 도서를 기재했다. 그들은 동업자의 도서목록을 확인하면서 상도의(商道義)를 지켰다. 이 합의를 어기는 자들이 있었지만 처벌할 길이 없었다. 저작권을 규정하는 법 자체가 없었기 때문이다. 분쟁이 일어나면 그때마다 재판정을 찾아야 했다.

그럼에도 불구하고 상업 동기와 창의성 사이의 힘겨룸으로 정본 도서와 복제 서적은 서로 숨바꼭질했다. 한편 일부 출판사들은 군주로부터 특정 도서 발행 및 납품 특권을 인정받은 서한, 소위 페이턴트(patent) 문서를 발급받기도 했다. 이런 식의 정경유착과 특권 확보야말로 상업 동기가 극단으로 발현된 한 형태였다.[125]

지식재산에 대한 소유권의 강화와 완화 사이에 이런 상반된 효과 때문에 지식인들 세계도 언제나 두 편으로 갈렸다. 제한된 자유를 주장했던 영국의 철학자 존 스튜어트 밀John Stuart Mill, 1806~1873은 자유방임이 가져올 무질서를 막기 위해서 특허가 필요하다고 했고, 개인과 이성의 능력을 존중했던 임마누엘 칸트도 지식인의 저작권을 고유한 재산으로 인정해야 한다고 말했다.

반면, 프랑스 혁명기 진보주의 철학자 콩도르세Marquis de Condorcet, 1743~1794는 누구든 단체 결성이나 권력 행사를 통해 지식은 독점할 권리는 없다고 말했고, 현대 정보통신 이론의 개척자 노버트 위너Norbert Wiener, 1894~1964는 지식재산이 과학의 진보를 가로막는 장애물이라고 믿었다.[126] 현대에 이르러 컬럼비아법학전문대학원 마이클 헬러Michael A. Heller 교수는 과도하게 직조된 지식재산 보호망이 혁신을 촉진하기는커녕, 오히려 혁신을 저해하는 그리드락(Grid Lock)으로 전락했다고 비판했다.

다. 소유 양식의 진화

　사적 소유가 모든 재산 영역에서 강화되는 와중에도, 역사에서는 공유 현상이 큰 줄기를 형성해 왔다. 공유는 무소유(無所有) 내지 무주(無主)와는 전혀 다른 것이다. 공산주의의 이상처럼 사유재산이 존재하지 않는 상태를 말하는 것도 아니다. 그것은 사적 소유를 유전자로 삼고, 법을 프로그램으로 삼아 재탄생한 전혀 다른 종(種)의 소유 구조다.

1) 콘도와 공유사업

　1854년, 시애틀의 인디언 원주민 실쓰Sealth 추장은 거주지를 팔라는 미국 대통령의 요구를 받았다. 추장은 도대체 이해할 수 없었다. 땅을 팔다니? 대지와 자연은 원래부터 거기에 있었고 우리 삶 그 자체였는데, 그것을 사고판다는 것이 어떻게 가능한 일인가? 땅이 어떻게 사고파는 대상이 될 수 있는가?"[127] 그러나, 땅은 우리 모두의 것이고 누구도 사유할 수 없다는 고대의 인식은, 훗날 소유권 제도가 정비되면서 거의 사라져버렸다. 장구한 세월 누구의 소유 대상도 아니었던 시애틀의 토지는 결국 이주민의 소유가 됐다. 훗날 그 사유지는 마이크로소프트와 스타벅스라는 혁신 기업을 배출하는 요람이 됐다.

이렇게 토지의 사유가 강화되는 와중에도 모두의 소유 또는 나눔소유의 전통은 결코 사라지지 않았다. 다만 법과 제도로 정비되었을 뿐이다. 사람들은 너무 익숙한 나머지 그런 것들이 설마 공유일까 생각조차 해본 적이 없겠지만, 공유는 이미 우리 생활 곳곳에 침투해 있다. 주거용 공동주택(아파트), 콘도미니엄, 호텔, 도시 공원, 국립공원 등등. 심지어 숨쉬는 대기와 자연경관들이 그렇다. 이 모든 공유는 때에 따라 무료일 수도, 유료일 수도 있었다. 인공일 수도, 자연인 수도 있었다.

한국어로는 공유라는 한 단어로 뭉뚱그려버리지만, 실제로는 각물건들이 공동소유재산(common property)과 분할소유재산(shared property)의 두 축으로 이루어진 공간상 어느 지점에 위치하는가에 따라, 동일한 공유라도 그 세세한 성격에는 차이가 난다.

공동소유재산으로는, 경제학에서 말하는 공공재(public goods)가 있다. 이는 한 개인이 아니라 여러 개인들로 구성된 공동체가 소유하는 형태를 취한다. 이견과 예외가 많이 있지만, 경제학 원론에서는 일단 어떤 개인이 타인의 사용을 배제할 수 없고(비배제성), 한 개인의 소비가 다른 사람의 소비 기회를 줄어들게 하지 않는(비경합성) 재화를 공공재로 분류한다. 공공도로, 국립공원, 대기 등이 그런 면에서 공공재에 속한다.

한편 재화를 시간 또는 공간 기준으로 분할해서 분할된 대상에 대해 사유에 준하는 배타성, 처분권, 또는 용익권을 부분적으로만 제공하는 재화는, 분할소유재산이라고 볼 수 있다. 소유의 엄밀한 요건을 다 충족하지 않을 때는 분할점유재산이라고 불러도 좋을 것이다.

분할소유(점유) 대상 물건을 제공하는 사업을 공유서비스 사업이라고 한다. 공유사업이라고 하면, 대개 우버(Uber), 위워크(We-Work), 에어비앤비(Airbnb) 같은 것을 떠올릴 것이다. 오랜 역사 속에서 워낙 익숙한 호텔 사업도 본질은 분할점유물을 제공하는 사업이다. 콘도, 글자 그대로 함께(con) 사는 집(dominium)은, 분할점유권의 형태가 호텔보다는 좀더 강화된 형태로 등장한 변이체였다. 태국 같은 나라에서는 우리나라의 아파트와 같은 구조의 주거용 주택을 아파트가 아니라 콘도로 부르기도 한다.

한국에서 1970년대까지만 해도 호텔은 익숙했으나 콘도는 생소했다. 명성그룹의 명성콘도(1976)와 경주 보문단지의 한국콘도(1981)가 콘도를 처음 도입했으나, 여러 이유로 1980년대 내내 침체기를 맞았다. 이들은 한국 사회에 처음 등장한 소유 구조의 변이체였지만, 불운하게도 유아 단계에서 사망했다. 공유형 콘도와 골프장이 결합된 리조트단지 사업이 급성장하게 된 것은 1994년 이후의 일이었다. 1988년 서울올림픽을 주최할 수 있을 정도로 경제력이 상승했고, 경영자와 노동자들이 고도성장기에 기울였던 노력에 대한 대가로 여가에 대한 사회의 수요가 크게 늘었다. 무엇보다도 법이 앞서서 그 추진 동력을 만들었다. 1994년 휴양콘도 건설 및 분양에 대한 규제가 완화되면서, 복합형 콘도들이 속속 건설되기 시작했다. 이 새로운 소유 구조는, 이후 한국 사회 곳곳에서 다양한 구조의 복합 리조트 개발로 이어지는 결과를 낳았다. 이제 '함께'를 뜻하는 접두어 콘(con)이 달린 용어 콘도는 더 이상 사용되지 않는다. 오늘날 리조트는 굳이 공유라 여길 것도 없는 평범한 일상이 됐다.

지식재산 분야에서 20세기에 전 세계적으로 일어났던 돌연변이 소유 구조체들이 있다. 그중 두 가지만 들어보자. 하나는 오픈소스(open source) 운동이고, 또 다른 하나는 표준특허(standard patent)의 등장이다.

2) 오픈 소스

빌 게이츠를 비롯한 소프트웨어 기업가들이 열심히 소프트웨어 유료화 전략을 확대해 나가는 와중에, 그와 정반대의 움직임이 프로그래머 사이에서 일어나고 있었다.

스탠포드대학교(Stanford University)의 도널드 커누스[Donald E. Knuth, 1938~] 교수는 젊었을 때 자신의 수학 논문이 출판됐을 때 수식의 글꼴이 너무 볼품없다고 느꼈다. 그래서 수학 논문이나 책을 아름답게 조판할 수 있는 소프트웨어를 직접 개발하기로 마음먹었다. 오랜 연구 끝에 1978년 'TeX(관행상 '텍'이라고 발음함)' 첫 버전 개발을 완료했다. 그리고 모든 원천코드를 공개 아카이브에 올렸다. TeX 시스템은 이후 들불처럼 일어날 오픈소스 운동을 알리는 예고편이었다.

TeX 시스템은 그 유연한 기능과 유려한 글꼴 덕분에 수학은 물론이고 수식을 많이 사용하는 자연과학과 공학의 연구자들 사이에 폭발적인 호응을 낳았다. 미국수학회(American Mathematical Society)는 논문 투고 요건으로, 마이크로소프트의 워드프로세서 대신에 TeX 형식을 요구하게 됐고, 이내 전 세계의 수많은 이공계 학회들이 TeX으로 논문을 접수받기 시작했다. 기존의 유료 조판 또는 워드프로세서 소프트웨어 회사들은 이 탁월한 공개 소프트웨어의 등장에 충격을 받았다. 썬마이크로시스템스(Sun-microsystems)는 커누스 교수로부터 TeX 시스템을 사들이려고 접촉했다. 이때 커누스는 회사의 제안을 거부했다. 제안을 거부한 이유는 아주 간단했다: 수학자는 자신의 증명을 돈 받고 팔지 않는다!

TeX이 오픈소스의 원조가 된 것은 단지 그것이 무료로 공개됐다는 사실에 있지 않았다. 전 세계의 개발자들이 참여해 시스템을 개선, 보완해 나가기 시작했고, 그 결과가 또 만인에게 공개되면서 성장하는 선순환 과정을 낳는 모범을 보였다는 데에 있었다. 탁월한 개발자들이 참여해서 새로운 명령어와 라이브러리 패키지를 속속 개발하기 시작했다. 그들은 돈을 받고 일한 것이 아니었다. 개발 자체가 좋아서 열정을 갖고 아무런 대가 없이 그 일에 참여했다.

이 '오픈'의 효과는 실로 위대했다. 사용자의 작업은 날이 갈수록 편리해졌고 성능은 날로 개선됐다. 기존의 유료 워드프로세서로는 도저히 할 수 없는 작업도 얼마든지 가능했다. 예컨대, 자신만의 새로운 수학기호도 직접 만들 수 있었고, 데이터 처리도 연계해서 실행할 수 있었다. 더구나 이 모든 것이 무료였다. 단, 마우스 클릭밖에 할 줄 모르는 사람에게는 그 마법의 열쇠가 주어지지 않았다. 오직 탐구력이 넘치고 코딩을 어느 정도 할 수 있는 사람들에게만 그 기회가 주어졌다.

탁월한 해커(hacker)였던 리처드 스톨먼^{Richard Stallman, 1953~}은 동료 해커들이 종종 싱입 동기, 즉 소프트웨어로 돈을 벌겠다는 생각에 사로잡혀 있는 것을 보고 실망했다. 그는 정반대 운동을 펼쳤다. 그는 1985년에 자유소프트웨어재단(Free Software Foundation)을 설립했다. 그의 'Free'는 무료보다 공유에 있었다. 자유소프트웨어의 핵심은 소프트웨어의 소유권이 특정인에게 배타적으로 귀속되는 것이 아니라, 누구나 복사, 수정, 공유, 확산할 수 있는 자유가 있어야 한다는 데에 있었다. 그는 이 철학에 의거해서 1989년부터 'GNU(관행상 '그뉴'라고 읽음)와 카피레프트 운동(GNU and copyleft movement)'을 전개했다.

GNU 정신에 따라, 기존의 유로 소프트웨어와 동일한 기능을 구현하는 공개 소프트웨어가 속속 등장하기 시작했다. 기업체는 대부분 유료 소프트웨어를 구입하는 와중에, 재정 여력이 충분하지 않은 학생이나 연구자들에게 GNU 계열의 공개 소프트웨어는 단비와 같았다. 수많은 이공계 학술 데이터 분석이나 논문 작성이 GNU소프트웨어를 이용해서 수행됐다.

핀란드의 프로그래머 리누스 토르발스^{Linus Torvalds, 1969~}는, 기존의 거대한 상용 유닉스(UNIX) 운영체제와 동일한 기능을 자신의 개인용

컴퓨터에서 구현할 수 있는 자신만의 운영체제를 만들고 싶었다. 그는 1991년 자신의 이름과 UNIX를 합성해서 '리눅스(Linux)'라는 이름의 운영체제 커널(Kernal)을 개발해서 공개했다. 초기의 불편함과 미진한 성능이 극복되는 데에는 약간의 시간이 필요했지만, '오픈'의 힘은 이내 모든 난관을 뚫었다. 리눅스는 더이상 토르발스 개인의 창작품이 아니라, 전 세계 개발자들의 거대한 합작품으로 성장했다. 사용 환경마다 특화된 다양한 방언(dialect) 리눅스가 등장했고, 무수히 다양한 기능들이 속속 추가됐다. 전 세계 오픈소스 진영 개발자들이 대개 MS의 윈도즈나 애플의 iOS가 아니라 리눅스 운영체제가 탑재된 컴퓨터로 일하는 것은 일상이 됐다. 심지어 기업들조차 마이크로소프트 대신 리눅스를 채택하는 경우가 날로 늘었다.

SAS는 1980년대 이래 기업계와 학계 어디서나 고가의 유료 통계 분석 소프트웨어의 대명사였다. 어느 날부터인가 많은 연구자들이 오픈소스 R언어로 이행하게 되면서 SAS의 매출은 급감하기 시작했다. 파이선(Python)이 만약 오픈소스가 아니었다면, 21세기에 인공지능 연구가 이 정도로 확산될 수는 없었을 것이다. 2022년말 챗GPT의 인공지능 모델은 폐쇄형으로 첫선을 보였다. 그것만으로도 충분히 파괴적이었다. 하지만 이후 메타(Meta, 前 페이스북Facebook)를 비롯한 많은 회사들이 오픈소스 기반의 인공지능 모델 개발에 뛰어들면서, 그 위력은 챗GPT의 그것을 뛰어넘기 시작했다. 폐쇄된 개발자 집단과 개방된 생태계 참여자 집단 사이의 대결에서, 개방이 우위를 보이는 것은 당연했다.

역사에 만약은 없다지만, 인공지능을 포함한 소프트웨어 사업이 단지 폐쇄형 모델로만 유지됐다면, 지금도 자금 여력이 있는 소수의 기업이나 연구기관에서 간간이 연구하는 주제 정도로 남았을지도 모른다. 소프트웨어 저작권의 사적 소유만으로는 이런 일이 일어나기 어려웠다. 고가의 매쓰메티카(Mathematica) 같은 유료 소프트웨어만이 사용됐다면 이런 일은 불가능했다. 수많은 무료 공유 소프트웨어가 개발 저변을 뒷받침했기에 이 모든 일이 가능했다.

　스톨먼은 저작권을 뜻하는 카피라이트(copyright)에 의도적으로 저항한다는 뜻으로 카피레프트(copyleft)라는 단어를 만들어 사용했다. 그는 오프소스가 특정인의 이익을 위한 수단으로 활용되는 것은, 자유 소프트웨어의 정신에 위배된다고 생각했다.

　그러나 현실은 스톨먼의 이런 순수한 이상과는 다른 모습으로 전개됐다. 오픈소스로 탄생했던 소프트웨어들은 기업의 고객 창조 수단으로 흡수됐다. 자바(Java) 언어는 오라클(Oracle)에, 안드로이드(Android) 운영체는 구글(Google)에 인수됐다. 특히 안드로이드가 대기업에 채택됨으로써, 아이폰 반대 진영인 안드로이드 스마트폰, 예컨대 삼성의 갤럭시폰 등이 급성장하는 계기가 마련될 수 있었다. MS는 자신의 기존 소프트웨어 일부를 오픈소스로 공개하기 시작했고, 심지어 오픈소스 개발자의 지식 공유 성지였던 깃허브(github)를 2018년에 75억 달러에 인수하기도 했다. 오픈소스를 채택하는 영리 기업들은 그 라이선스 규약에 유료 사업의 범위를 균형 있게 제한하는 문구를 추가함으로써, 수익 창출의 권리와 공유의 정신을 병행할 수 있었다.

이 와중에도 폐쇄형 운영체제의 대명사 iOS는 여전히 애플의 사적 소유로 남아 있었다. 하지만 iOS는 폐쇄 운영체제에 개방형 앱(App, application) 플랫폼을 결합하는 복합 전략을 택했다. 만약 iOS가 앱 스토어에 오직 애플 소속 개발자의 앱만을 올리는 폐쇄 전략을 취했더라면, 오늘날과 같은 아이폰과 아이패드는 없었다.

스티브 잡스는 원래 폐쇄주의자였다. 그가 iOS만을 제외하고, 어떻게 앱들에 대해서만큼은 만인의 참여를 허용하는 공개주의자로 바뀌었을까? 저 완고했던 잡스를 바꾼 것은 해커의 자유 정신이었다.

2007년 6월 29일, 민주화와는 전혀 상관이 없는 애플의 아이폰이 처음 출시됐다. 출시 직후 해커들은 폰의 탈옥(jailbreak)을 시도했다. 앰브로시아 소프트웨어(Ambrosia Software)의 해커들은 운영체제를 뚫고 들어가서, 애플이 심어 놓은 적이 없는 새로운 전화벨 소리를 삽입하는 데 성공했다. 애플은 놀랐지만, 그들을 저지할 방법이 없었다. 이후 많은 해커들이 크래킹(cracking)을 시작해서, 아이폰에 멋대로 다양한 부가기능을 집어넣기 시작했다. 그들은 이렇게 말했다. "이 폰은 우리 것이다. 네 것이 아니다."

당시 온라인 아이디 saurik으로 널리 알려져 있었던 해커 제이 프리먼Jay Freeman, 1981~은, 다른 폰에 다 있는 스네이크(Snake) 게임이 아이폰에는 없다는 것을 알았다. 2008년 2월, 그는 자신이 개발한 아이폰 앱을 누구나 다운받아 쓸 수 있도록 앱 다운로드 플랫폼 시디아(Cydia)를 개설했다. 잡스는 예상치 못한 해커들의 반응을 접하고 고민에 빠졌다. 다행히도 그는 영리한 결단을 내렸다. 2008년 3월 6일, 역사적인 타운홀(Town Hall Theater) 아이폰 행사에서 애플은 iOS의 소프트웨어개발킷(SDK)을 공개했다. 그렇게 함으로써 종전 같으면 탈옥 앱으로 간주되었을 법한 제3자 앱 개발을 합법화했다. 2008년 6월 10일에 드디어 앱스토어(Appstore)가 출범했다. 인류는 종전의 개인용 컴퓨터나 휴대폰에서는 꿈도 꾸지 못했던 수만 가지 앱들이 폭발적으로 쏟아져 나오는 새로운 세계를 경험하기 시작했다. 아이폰이 세상을 바꾸는 역사는 이때부터 시작됐다.[128] 애플의 매우 특수한 오픈 전략은 전통적 오픈소스 운동과는 전혀 다른 차원에서 일어난 기습 전략과도 같았다. 그리고 그 전략은 큰 성공을 거두었다. 폐쇄와 공개가 적절히 어우러져 달성된 세기의 성과였다.

이렇듯 소프트웨어 소유권이라는 저 방대한 세계가 사적 소유와 공적 소유가 협조하는 전략으로 진화했다.

3) 표준특허

표준특허는, 특허의 세계에서 새로 출현한, 종래의 개별특허와는 성격이 다른 구조체였다. 국립기술표준원에 따르면, 표준특허의 정의는 이렇다: "표준문서의 규격을 기술적으로 구현하는 과정에서 해당 특허를 침해하지 않고서는 구현할 수 없는 특허로, 필수특허(essential patent)로 불리기도 한다."[129]

전통적인 특허가 사적 소유의 대상이었다면, 표준특허는 공동 소유라는 특성을 가지고 출현했다는 데에 주목해야 한다. 이를 이해하기 위해서 먼저 표준(standard)이라는 현상의 특성을 이해해야 한다. 모든 물건을 제조할 때, 반드시 여러 부품을 결합해야만 한다. 문제는 이 부품들의 규격이나 사양이 서로 호환되지 않으면 제조가 불가능하다는 데에 있다. 예를 들어, 스마트폰 하나를 만드는 데 들어가는 칩들은 서로 연결될 수 있도록 규격을 다 맞추어야 한다. 하드웨어 간은 물론이고, 하드웨어와 소프트웨어, 그리고 소프트웨어들 사이에도 통신규약이 서로 호환되어야만 서로 데이터를 읽어 오고 구동할 수 있다. 이 규격을 분야별로 상세하게 규정함으로써 모든 제조사와 개발사들이 준수하도록 하는 것이 표준이다. ISO(국제표준기구, the International Organization for Standardization)와 같은 단체가 그 표준을 관리한다.

MPEG는 흔히 동영상 재생 파일 형식명으로 알려져 있지만, 원래 ISO 산하 동영상전문가그룹(Moving Pictures Expert Group, 1988.5~)을 가리키는 말에서 나왔다.[130] 시대 상황에 맞는 동영상 파일의 표준을 개발할 필요는 늘 있어 왔다. 초창기 CD 시대에 CD에 수록해서 CD 재생기로 재생해야 할 동영상 포맷과, 유튜브 시대에 유튜브 서버에 올리는 동영상의 포맷이 같을 수는 없다. 동영상 표준은 역사적으로 MPEG-1, MPEG-2, MPEG-4, MPEG-7, MPEG-21, MPEG-A 등으로 계속 갱신되어 오늘에 이르렀다.

표준특허는 사적 소유와 공적 소유 사이에 조화를 달성했다고 평가받는다. 사유의 영역에서는 개별 제조사나 개발사의 재산권을 인정하되, 공유의 영역에서는 단일 기업이 독점권을 주장하지 못하도록 하는 구조를 지녔기 때문이다.

사유 영역을 구성하는 것은 개별 기업의 필수특허다. 예를 들어서, 동영상 표준 체계를 구성하는 다양한 개별 규격 부품을 제조하거나 소프트웨어를 개발하는 기업에 대해서는 개별 기업의 지식재산권을 인정한다. 반면에 이런 부품들이 조합되어 판매되는 제품 전체에 대해서는, 특정 단일 기업이 독점권을 주장할 수 없다. 다만 그 참여 기업들은 공동으로 로열티(royalty)를 배분받는다. MPEG LA(Licensing Administrator) 기구는 전 세계에 판매되는 이 특허 풀을 관리하면서, 전 세계의 제품 매출로부터 로열티를 징수해서 개별 지식재산 보유 기업에 배분하는 역할을 한다.

표준특허 아래 지식재산이 관리되는 삼성전자의 갤럭시폰은 이제 삼성전자라는 단일 기업의 지식재산만으로 이루어진 것이 아니라, 여러 기업들의 지식재산이 공동으로 기여해서 탄생한 것이다. 단독주택 소유권이 오늘날 콘도회원권으로 진화한 것처럼, 오늘날 한 개인이나 기업의 지식재산은 소유권 공유 구조 안에서 조화를 이루면서 기술제품을 탄생시키는 단계에 이르렀다.

라. 소유의 양면성

결과를 낳아야 하는 경영자가, 소유가 선이냐 악이냐 하는 식의 이원론적 선택에 매몰되어 있다면 어리석은 일이다. 그는 '사물은 어떻게 있어야 하는가'가 아니라 '사물은 어떻게 있는가'를 끝없이 물으면서 진화적 선택을 해야 한다.

지금까지 우리는 소유의 진화가 본질적으로 실정법의 진화를 통해 이루어져 왔다는 사실을 분명히 보았다. 법체계의 진화는 소유 원리가 작동하는 체계의 뼈대를 이룬다. 만약 소유의 문제를 체계라는 관점에서 바라보지 않고 단지 소유 대 무소유, 사유 대 공유의 이원론으로만 바라보거나, 어느 한 쪽에 도덕적 신성화 또는 단죄를 가해서는 소유를 올바로 인식하는 데 도움이 되지 않는다. 체계 속에서 살아가야만 하는 우리는 소유를 인정하면서 사물을 대해야 하지만, 동시에 개인 소유를 초월하는 마음을 유지해야 한다. 사적 소유를 누리지만 동시에 공동 소유를 허용해야 한다.

19세기 영국의 경제사상가 윌리엄 포스터 로이드$^{William\ Foster\ Lloyd,}$ $^{1794\sim1852}$는, 인클로저의 결과 담장을 두른 사유지의 가축은 포동포 동하고 작물은 생산성이 높은데, 담장이 없는 공유지는 그렇지 않다 는 사실을 발견했다. 내 땅이 아니면 굳이 열심히 일할 동기가 사라지 기 때문이다. 이를 바탕으로 1968년 미국의 생물학자 개릿 하딘^{Garrett} $^{James\ Hardin,\ 1915\sim2003}$이 〈사이언스(Science)〉 지를 통해 '공유지의 비극 (Tragedy of the Commons)'이라는 개념을 발표했다. 이후 토지의 사유 대 공유 사이에 끝없는 논쟁이 촉발됐다.

그간 등장했던, 토지를 포함한 재산 일반에 대한 사유권 논쟁 내용 을 요약하자면 다음의 표와 같다.

관점	긍정적 요인	부정적 요인
정치면	비교적 공정하게 배분되어 있다면 사회적 안정성을 제고하고, 정부의 역할을 제한한다.	불가피하게 불평등과 사회 불안을 일으킨다.
도덕면	누구나 노동의 결과물에 대한 소유권을 갖는 것은 정당하다.	노동하지 않고 소유하는 것, 불로소득은 부당하다.
경제면	소유권이 보장되어야 부를 생산하려는 동기가 생긴다.	사적 이익을 추구하는 행동은 낭비적 경쟁을 유발한다.
심리면	개인의 정체성과 자존감을 고양시키는 수단이다.	탐욕으로 인간의 성품을 타락시킨다.

이 복잡하게 작용하는 요소들을 함께 고려했을 때, 온 세상이 사적 소유만으로 가득 차도, 반대로 사적 소유가 완벽하게 사라져도, 고통은 사라지기 어렵다는 사실을 쉽게 짐작할 수 있다. 사적 소유를 일체 부정하면 앞의 표에서 요약한 모든 긍정적인 효과가 사라질 것이고, 세상을 온통 사적 소유만으로 가득 채우면 그 부정적인 효과들이 천지를 뒤덮을 것이다.

에덴동산 같은 유토피아를 꿈꾸며 사적 소유를 부정하는 이상주의자들은, 만약 법을 통한 사유재산 보호의 효력을 다 제거해버리면 공동체 질서가 어떻게 파괴될 것인지에 대해서는 알지 못한다. 만인의 만인에 대한 투쟁이 곧바로 재현되고, 세상은 약육강식의 지옥으로 변모할 것이다. 소수의 강자가 취득해 간 태산 같이 쌓인 사유재산들을 재산 없는 다수의 약자들은 그저 바라보며 울부짖기만 해야 할 것이다.

반면에 사적 소유권 보장이 부의 축적 동기로서 지니는 위력만을 강조하는 사람들은, 일체의 공유도 공동 소유도 없이 세상 모든 물건에 대해 사적 소유만이 허용된다면, 그 역시 공동체 질서를 파괴하는 결과를 가져올 것임을 무시하려 한다.

밧줄을 놓으면 악어가 우글거리는 늪으로 떨어질 것이고, 밧줄을 잡고 올라가면 맹수의 굶주린 입들이 우리를 물어뜯게 될 딜레마가 우리 앞에 있다.

우리는 소유권이 지닌, 이 두 얼굴의 효과를 어떻게 제어할 것인가? 다행히도 진화의 원리는 인류로 하여금 이런 딜레마 속에서 사유와 공유 전략을 함께 진화시켜 왔다. 모든 재산 영역에서 사적 소유가 강화되어 왔지만, 동시에 이를 길항(拮抗)하는 공유 제도들도 자연스럽게 등장했다. 소유의 역사는 둘 사이에 어느 한 쪽이 승리하는 역사가 아니라 경쟁과 협조 전략의 역사였다.

소유는 본래 없다. 그럼에도 불구하고 소유가 있는 이유는, 사람이 실정법을 통해 그리 있도록 진화시켰기 때문이다. 법이 그렇게 진화한 이유는, 자연법의 원리나 내면의 숭고한 양심만으로는 공동체의 질서를 달성할 길이 없었기 때문이다.

고금(古今)의 현자들은 한결같이 "내 몸이나, 집이나, 땅이나, 돈이나, 그밖의 모든 재산이나, 단지 머물렀다 가는 것일 뿐 영원히 내 것이라 할 만한 것이 없다."고 말했다. 그럼에도 우리가 소유에 웃고 우는 이유는, 소유가 일으키는 피할 수 없는 두 얼굴의 딜레마가 우리의 삶을 늘 교란시키기 때문이다.

마. 맺는말

무소유 사상에 매력을 느끼는 사람들이 많다. 청빈한 삶은, 아직까지도 그 무소유의 덕이 드러난 표현형이다. 예를 들어, 월든 호숫가의 초막에서 물질문명을 거부하고 자연을 벗하며 살았던 헨리 데이비드 소로Henry David Thoreau, 1817~1862의 삶이 그렇게 추앙받는다. 만약 그가 정당하게 재산을 형성할 능력이 없어서 그렇게 살 수밖에 없었다면 초라한 삶이라고밖에는 말할 길이 없다. 태어나면서부터 재산을 소유한 사람들 사이에서도 선택은 다르게 나타난다. 똑같이 풍족한 지주 가문에서 태어났지만, 레프 톨스토이Lev Tolstoy, 1828~1910는 말년에 모든 소유를 포기하고 무소유의 삶을 선택했지만, 라빈드라나드 타고르Rabindranath Tagore, 1861~1941는 평생 그 소유물을 누리며 명상에 잠기고 시를 썼다.

그나마 소로처럼 자본주의 개화기의 인물은 가진 자와 못 가진 자

사이에 선택의 여지라도 있었다. 하지만 고대의 지식인들에게 선택의 여지는 거의 없었다. 당시는 오늘날 기업 사회처럼 물자의 생산과 유통이 왕성히 일어나지 않았다. 그 시절 대개의 부는 권력에서 나왔지, 기술과 경영 자체에서 나오지 않았다. 부는 주로 정치권력에 봉사하는 사람들의 몫이었다. 부유한 상인들이 있었지만, 대개 권력자의 그것에 미치지 못했다.

초기 메디치 가문은 상인이었지만, 후기 메디치는 정치와 종교 권력을 조종할 수 있을 정도로 성장하면서 더 큰 부를 축적할 수 있었다. 19세기 후반 로스차일드(Rothschild) 가문이 여전히 정치권력 관계에 중점을 두고 있었을 때, 제이피 모건(JP Morgan) 가문은 기업 조직의 기술 경영이 새로운 부의 원천이 되리라는 사실을 간파했다. 모건은 미래의 부는 나폴레옹 같은 사람 주변이 아니라 GE 같은 기술 기업을 중심으로 나올 것이라는 사실을 알았다.

공자가 부귀를 뜬구름처럼 여긴 이유는, 권력의 산물로서 과분하거나 부당한 부[131]를 배격한 것이지, 결코 부 자체를 외면한 것은 아니었다. 그는 맑은 부유함(淸富)을 달성할 여건이 안 되었기에 맑은 가난함(淸貧)이라도 선택할 수밖에 없었다.

《논어(論語)》〈학이(學而)〉 편에는, 이 상황을 '빈이락(貧而樂)', 즉 '가난하면서도 즐겁다.'고 써 있다. 그는 이렇게도 썼다. '부유함을 구할 수 있다면 마부 노릇을 해서라도 나 또한 그렇게 하겠다.'[132] 공자는 어떤 군주에게도 등용되지 못한 채 천하를 주유하면서 제자를 가르치다 삶을 마쳤다. 더구나 오늘날 대학 같은 교육기관조차 없었기에, 교수로 임용되어 안정적인 급여를 수령할 환경도 아니었다. 공자의 먼 정신적 후손인 퇴계 이황退溪 李滉은, 비록 관직 진출에는 흥미가 없었지만, 다행히도 공신(功臣)의 가문으로서 상속받은 토지와 노비 덕분에 생활비나 연구비 걱정 없이 철학적 사색과 제자 교육에 몰두할 수 있었다.

고대의 지식인들은 대개 못 가진 자였다. 특별히 가문이 토지를 소유한 경우를 제외하면, 문사들은 관직에서 자의나 타의로 물러나면 대개 다음과 같은 내용으로 시를 읊었다. 도연명陶淵明, 365~427의 〈음주(飮酒)〉라는 제목의 연작시 중 제19수는 이렇다.

疇昔苦長饑(주석고장기), 옛날 오랜 굶주림에 시달리다가

投耒去學仕(투뢰거학사), 쟁기를 내던지고 벼슬살이를 나갔다.

將養不得節(장양부득절), 가족들 부양하느라 내 절개 지키기 어려웠고

凍餒固纏己(동뇌고전기), 춥고 배고픔은 단단히 나를 옭아맸다.

是時向立年(시시향입년), 그때가 내 나이 삼십이었으니

志意多所恥(지의다소치), 마음속에는 부끄러움이 많았다.

遂盡介然分(수진개연분), 마침내 내 할 일이 다하여

拂衣歸田里(불의귀전리), 옷을 털고 마을 밭으로 돌아와

冉冉星氣流(염염성기류), 천천히 별은 뜨고 지다가

亭亭復一紀(정정부일기), 정정히 또다시 12년 세월이 지났다.

世路廓悠悠(세로확유유), 세상 길은 크고 아득해서

楊朱所以止(양주소이지), 옛적 양주는 거기에서 멈춘 까닭이다.

雖無揮金事(수무휘금사), 내 비록 돈 뿌릴 일은 없어도

濁酒聊可恃(탁주요가시), 막걸리나마 겨우 의지할 수 있다네.

근대 이전 한자문화권 지식인들의 감상은 이처럼 기껏해야 무소유, 아니 무능소유(無能所有) 상태에서 초야와 강호에서 누리는 즐거움에 머물러 있었다. 사람으로 태어난 이상, 권력자와 그 근처에서 살아가는 소수의 집단만이 아니라 누구나 인간 지식의 집약체인 온갖 생활 문물과 문화 성과를 충분히 누리면서 살 권리가 있다. 오늘날 지식인들은, 예전처럼 정치권력이나 기업 권력에 봉사할 기회가 주어지지 않아도, 자신의 강점 콘텐츠를 생산할 수만 있다면 충분한 소유를 누리며 살 수 있다.

이제는 옛 문사들처럼 가난을 자백하는 시는 그다지 어울리지 않는다. 가지고 싶어도 가질 능력이 안 되는 사람이 소유를 배격한다면 그나마 들어줄 만한 변명으로 인정할 수 있다. 그러나 경영자가 조직 책임자 자격으로나 개인 자격으로나 소유를 배격하는 순간, 그는 경영자의 의무를 포기하는 것이다. 이는 비도덕적 행동이다. 조직의 한 지위에 책임이 있는 자라면, 기업의 소유 자산에 대한 권리와 그에 수반하는 여러 의무를 행사하는 자리에 있는 것이기 때문이다.

개인으로서 자신의 삶에 책임이 있는 사람도 상황은 다르지 않다. 지식노동자는 자신의 소유 자산이 사회 전반에 어떤 유익한 결과를 낳을 수 있는가를 생각하고 행동해야 할 책임이 있다. 자신의 소유 자산들, 예컨대 자신의 집, 현금, 컴퓨터, 가구, 의복 등을 활용해서

행하는 여러 행동이 그런 책임에서 자유로울 수 없다. 그 자산들 모두 경영의 대상이어야 한다. 특히 기부에 대해서는, 막연히 '기부는 아름다운 행동'이라는 정서적 끌림보다는, 그 기부금이 결과를 낳기 위해 어떻게 체계적으로 경영되는지에 더 관심을 기울일 필요가 있다. 내가 낸 돈이 올바른 경영 없이 단순 소비, 낭비, 오용 등으로 소진된다면, 소유를 포기했던 저 높은 의도와 달리 결과는 추악해질 수도 있다.

사람이 경영자로서는 물론이고 개인으로서 내리는 중요한 선택들조차 시스템 사고에 의존해야 할 이유가 여기에 있다. 그는 시스템의 관점에서 생각해야 한다: "내 소유물은 어떻게 경영되어 어떤 결과를 낳을 것인가?" 기부를 받거나 개인 자산의 운용을 위탁받은 기관 역시, 이런 책임과 시스템 사고에 충실하지 않으면 소유의 도덕을 파괴하게 된다.

경영자가 궁극에 도달해야 할 지점은 결국 모든 소유로부터 자유로워지는 상태다. 기업의 것은 물론이거니와 개인의 것조차 영원히 자신의 것은 애초에 없기 때문이다. 이래야만 그는, 니체의 표현을 빌리자면, 비로소 소유와 무소유를 초극(超克, überwinden)하는 경영자의 지위에 도달할 수 있다. 경영자의 소유가 아름다운 것이 되느냐 추악한 것이 되느냐는, 온전히 그의 소유가 어떤 결과를 낳을지 헤아릴 줄 아는 성찰에 달려 있다.

VI

서로 소통하지
못하는 지식

| 단절 |

가. 지식인과 경영자의 단절

책의 중간 지점을 넘었다. 이쯤에서, 단절된 두 지식 세계 이야기로 잠시 쉬어감이 좋겠다.

뮤지컬 사업 경영자 송승환은 한 인터뷰에서 조지 버나드 쇼^{George} ^{Bernard Shaw}의 것으로 알려진 말을 인용한 적이 있다: "은행가들은 모이면 예술 얘기를 하고, 예술가들은 모이면 돈 얘기를 한다."[133] 1960년대 미국의 한 광고회사 경영자는 "사업가는 이제 지식인들에 대한 반감을 멈추어야 한다."고 말했다.[134] 저명한 자유주의 사상가 프리드리히 폰 하이에크^{Friedrich von Hayek, 1899~1992}는 "지식인들이 기업가를 비난하는 이유는 그들의 역할과 기능에 대해 무지하기 때문"이라고 말했다.

이 두 집단은 상대를 동경하기도 했지만 자주 비난하기도 했다. 좋은 쪽에서는, 경영자는 인문 지식인의 통찰을 배우고 싶어 했고 인문 지식인은 경영자를 통해 이룩된 경제적 기여에 바탕을 두고 일을 할 수 있었다. 하지만 그 반대 방향에서, 경영자는 인문 지식인을 숭고하기는커녕 공리공론을 일삼는 무리로 치부하고, 인문 지식인은 경영자를 사악하고 세속적인 인물로 폄하하기도 했다.

이 두 집단 사이에 얽힌 애증의 역사는, 결국 무지에서 나온 것이다. 서로 잘 알 것 같지만, 사실은 서로 잘 모른다. 상대를 잘 모르는 이 두 사람을, 어떻게 만나서 소통하도록 만들 수 있을까?

이를 위해서는 자신이 하는 일을 전혀 다른 각도에서 규정하는 작업이 필요하다. 한번 이렇게 설정해보자: '경영자는 인문 지식이 제시하는 원리와 가치를 실천하는 일을 하는 사람이다. 인문 지식인은 경영자의 사상과 행동에 영향을 미치는 언어를 만들어내는 사람이다.'

그렇게 규정하지 않으면, 경영자와 인문 지식인은 영원히 화성인과 금성인처럼 별세계에 속한 인물일 수밖에 없다. 경영자는 각종 사업에서 수익과 이익을 창출하는 사람에 불과하고, 인문 지식인은 인간과 세계에 대한 통찰을 그저 화려한 언어로 표현하는 일을 하는 사람에 불과하다. 그런 세계에서 경영자는 경영자대로 한 편에서 엎치락뒤치락 일하면서 뭔가를 끊임없이 만들어내겠지만, 지식인은 지식인대로 한 구석에서 세상은 이래야 저래야 한다고 말로만 떠드는 장면만 무한반복 재생되는 데에 그칠 것이다.

경영자는 비단 영리기업에 속한 지식노동자뿐만 아니라, 각종 비영리조직(학교, 종교단체, 병원, 시민단체 등)을 이끄는 인물들까지 포괄한다. 사업가, 기업가, 지도자, 운영자, 최고책임자, 중간관리자 등,

그 속성과 위치에 따라 다양한 호칭을 붙일 수 있다. 인문 지식인 역시, 사상가, 석학, 선각자, 시대의 스승, 거장, 대가 등 속성에 따라 여러 용어를 빌어 표현되어 왔다.

21세기를 목전에 두었던 시점에, 피터 드러커는 그동안 사회를 이끄는 인물 집단으로서 경영자와 인문 지식인 사이의 지식 단절을 극복하는 일이야말로 자본주의 이후 사회의 핵심 과업이 될 것이라고 전망했다.

> "그 이분법은 바로 '지식인(intellectuals)'과 '경영자(managers)'
> 사이에서 일어나는데, 지식인은 말과 아이디어(words and ideas)에
> 관심이 있고, 경영자는 사람과 일(people and work)에 관심이 있는
> 사람들이다. 새로운 통합(synthesis)으로 이 이분법을 극복하는 일이
> 야말로 자본주의 이후의 사회가 핵심적으로 도전해야 할 철학과 교육
> 상의 과업이 될 것이다."[135]

과거의 경영자는 인문학을 알 필요가 없었다. 현장에서 분투하는 경영자에게 인문학 독서는 한가한 문사(文士)의 사치쯤으로 비쳤을 가능성이 높다. 정주영 회장은 책을 거의 읽지 않았다. 그러나 그는 책 대신에 신문에서 경영의 지혜를 충분히 얻을 수 있었다. 또한 그에게는 현장 자체가 또 다른 책이었다. 반면에 다독가(多讀家) 빌 게이츠는 경영과 무관해 보이는 다양한 인문학 독서를 통해 사업 구상의 단서를 찾고 통찰을 얻었다.

예전에는 임원이나 중간관리자만 되어도 자신이 맡은 경영 기능 분야의 전문지식만으로 충분했다. 조직관리, 생산관리, 마케팅, 재무, 회계, 디지털 전환 등등. 예컨대 재무 담당 지식노동자는 현장에서 늘 입출금을 관리하거나 금융기관 상대방을 만나면서 기업자금관리 실무 노하우를 몸으로 터득하면 됐다. 그러다가 부족한 지식은 가끔씩 전문서적이나 특수 교육과정을 이수해서 보완하기만 하면 됐다.

그들은 평생토록, 예를 들어, 《논어》의 의미를 곱씹지 않아도 평범한 성과를 내면서 생존하는 데에 지장이 없었다. 하지만 이제 위대한 성과를 추구하는 경영자들은 인문학을 피할 길이 없다. 종전처럼 기능 지식만으로는 경영 대상이자 주체인 사람과 변화하는 다원주의 사회의 속성을 바로 볼 수 없기 때문이다. 기능의 전문성과 인문학의 성찰 능력이라는 두 세계는 결국 깊은 곳에서 만나게 되어 있다. 더구나 그렇게 만난 두 능력은 서로 상대의 힘을 증폭시킨다.

변화의 밑그림은 이미 마련되고 있었다. 1975년, 장만기張萬基, 1937~2021는 '인간개발연구원'을 설립했다. 그는 보다 나은 사회를 위해서 사람의 지식이 가장 중요하고, 경영자야말로 그 지식 추구의 선봉에 서야 한다는 믿음을 가졌다. 저녁에 비즈니스 미팅으로 바쁜 경영자들은 이른 아침식사 자리에 모이기 시작했다. 그들은 거기에서 명사들의 강연을 들으며 공부했다. 세계에 유례없는 경영자 조찬 공부의 전통이 탄생했다. 1980년대 말 삼성그룹은 삼성경제연구소(SERI)를 설립했다. 처음에는 그룹의 사업전략 수립에 기여하는 지식 개발이 목적이었지만, 점점 사회 전반의 경영자를 상대로 한 지식 공유 플랫폼으로 성장했다. 이 지식의 영역에 리버럴 아트가 포괄하는 여러 주제들이 도입되기 시작했다. 이후 전국경제인연합회나 다수의 민간기업들이 유사한 기능을 하는 교육과 지식 공유 프로그램을 쏟아내기 시작했다. 이제 경영자가 알아야 할 것은 단지 비즈니스만이 아닌 시대다. 그들은 세상의 과학 기술 변화, 인간 심리, 역사, 예술, 그리고 철학에 이르기까지 널리 볼 줄 아는 눈을 길러야만 한다.

나. 인문을 가리키는 용어들의 혼란

1) 리버럴 아트, 휴매니티스, 인문학

스티브 잡스가 2011년 아이패드2(iPad2) 발표회는 21세기 인문학과 경영의 융합 열풍을 불러일으킨 기폭제였다. 그때 그는 리버럴 아트와 휴매니티스라는 말을 함께 썼다.

> "기술만으로는 충분치 않다는 것이 애플의 DNA에 담겨 있다. 리버럴 아트와 결합한, 휴매니티스와 결합한 기술이야말로 우리 가슴을 뛰게 하는 결과를 낳는다."

리버럴 아트, 휴매니티스, 그리고 인문학이라는, 지식의 특정 영역을 지칭하는 세 용어는, 비슷한 듯하지만 탄생 배경은 다르다. 그럼에도 이 세 용어는 여러 곳에서 뒤섞여 사용되어 왔다.

• 리버럴 아트

영어 '리버럴 아트(Liberal Arts)'는 라틴어 '아르테스 리베랄레스(Artes Liberales)'의 번역어다. 말뜻 그대로는 보편적인 교양지식의 양성을 목표로 하는 교육과정을 의미한다.[136] '자유학예'라고 번역할 수도 있다.

이 라틴어가 등장하기 이전, 그리스에서는 '파이데이아(paideia)'가 있었다. paideia는 '양육, 교육'을 뜻한다. 그러나 여러 도시국가의 파이데이아를 하나로 규정할 수는 없다. 스파르타, 크레타, 아테네는 전사를 양성한다는 공통의 목적이 있었을 뿐, 세부 교육과정은 조금씩 달랐다.

그리스의 고등교육 전통은 이후 '엔키클리오스 파이데이아(enkyklios paideia, ἐγκύκλιος παιδεία)'라는 이름으로, 자유인의 도야에 필요한 개별 학문들을 중시하는 방향으로 바뀌었다. enkyklios는 '반복적으로 등장하는(recycling, recurrent)'이라는 뜻에서 '일반적인, 보편적인(general)'이라는 뜻을 지니게 되었다. paideia는 원래 paides, 즉 '어린이를 대상으로 하는 교육'을 뜻했지만, 점점 성인들까지 포함하는 뜻으로 확대되었다. 그러므로 enkyklios paideia는, 모든 자유시민이 받아야 할 보편 교육, 교양 교육, 또는 누구나 공통으로 받아야 할 가르침이라는 뜻이다. 모든 자유시민에게 요구되는 교육이라는 뜻에서 '자유 교육(eleutheros paideia)'이라고 불리기도 했다.

후대의 학자들은 enkyklios paideia를 한 단어로 합쳐서 enkyklopaidia로 표기하기 시작했다. 이 단어는 훗날 백과사전을 뜻하는 '엔

사이클로피디아(encyclopedia)'의 어원이 되었다. 로마인들은 이 가운데 paideia를, 라틴어로 인간 본성이라는 뜻의 후마니타스(humanitas)로 번역해서 사용했다. 이후 그 단어에서 종래 paideia가 암시했던 '어린이'라는 뜻은 사라지고, '사람 일반'이라는 뜻이 한층 부각되기 시작했다.

그리스 자유시민 교육사상이 로마를 거쳐 중세로 이어지면서, 자유 과목, 즉 '아르테스 리베랄레스'라는 용어가 등장하게 된다. 원래는 문법, 수사학, 논리학(변증법)의 3학(trivium)을 의미했으나, 중세에는 수학, 기하학, 음악, 천문학(점성술 포함)의 4학(quadrivium)이 추가되어 총 7개 분야의 지식을 의미하게 되었다.

현대에 와서 리버럴 아트는 문학, 언어학, 철학, 역사학, 수학, 심리학, 자연과학을 포괄하는 넓은 의미를 지니게 되었다. 예를 들어서, 하버드대학교(Harvard University)의 리버럴 아트 석사(Master of Liberal Arts)는 생물학(biological science), 사회과학(social science), 그리고 휴매니티스 (humanities) 전공자에게 부여된다.

• 휴매니티스

기독교 스콜라 사상이 유럽을 지배했던 시대를 지나, 16세기에 이탈리아에서는 르네상스(Renaissance) 운동이 일어났다. 이때 지식 연구와 교육의 성격이 크게 변했다. 학자들은 신이 아니라 인간의 지식을 추구한다는 취지로 후마니타스라는 단어를 살려냈다. 그들은 인간에게 인간다움과 지적, 도덕적 교양을 가져다주는 학문을 '스투디아 후마니타티스(studia humanitatis)'라고 불렀다. 후마니타티스는 '인간성

연구(studies of humanity)'라는 뜻이다. 그들은 학습과 연구의 대상을 주로 문법, 수사학, 시, 역사, 도덕철학, 그리스 - 로마에 대한 연구 등으로 좁혔다. 그 결과 교육과목들도 다양한 언어와 문학, 예술, 역사, 그리고 철학으로 집중되기 시작했다.

1440년경에 구텐베르크[Johannes Gutenberg]의 활판인쇄술이 등장한 이후, 그 콘텐츠는《성경》을 넘어서 흥미로운 민담, 설화, 창작 소설 영역으로 점점 확장됐다. 숭고한 하늘의 세계와 달리 다채로운 욕구와 사건으로 가득한 현세의 이야기는, 휴매니티스의 발흥에 불을 지폈다. 그리스 - 로마의 고전에 대한 재해석이 이루어짐과 동시에, 신이 아닌 인간 이성 중심의 철학이 싹을 틔웠다.

16세기에 이르러 스투디아 후마니타티스는, 자연 세계를 다루는 지식과도 결별하고 사람과 사회를 다루는 지식으로만 남았다.[137] 결국 이 시기에 이르러 휴매니티스는 신학은 물론이고 이른바 '과학, 즉 사이언스(science)'와도 전혀 다른 종류의 지식으로 독립하게 되었다. 사이언스는 인간을 포함한 모든 존재를 다루되, 주로 수학 논리, 증거에 기반한 실증, 연역 또는 귀납 등 몇 가지 통용되는 방법을 통해서 다루는 학문으로 분가했다. 반면, 휴매니티스는 인간을 다루되 사이언스와 다른 방법을 사용하는 지식으로 형태를 점점 갖춰 갔다.

이런 흐름에 대한 우려도 있었다. 18세기에는 디드로[Denis Diderot]를 중심으로 하는 프랑스 백과전서학파(Les Encyclopédistes)가 스투디아 후마니타티스가 그리스와 로마의 문헌 연구에만 편협하게 치중한다고 비판하기도 했다.[138]

1808년, 독일의 교육가인 니트함머^{Friedrich Immanuel Niethammer,} ¹⁷⁶⁶~¹⁸⁴⁸가 자연과학 지식보다 그리스 - 로마의 고전에 입각한 지식을 지향한다는 의미로 '후마니스무스(Humanismus)'라는 단어를 처음 사용했다. 이후 르네상스 시대를 연구하는 역사가들이 이 개념을 르네상스 시대의 정신을 대변하는 용어로 사용하기 시작했다.[139]

이 단어가 영어 '휴머니즘(humanism)'으로 번역되었고, 이 단어는 현대에 이르기까지 세간의 보편용어로 정착했다. 한편 휴매니티스는, 20세기 후반 동아시아 한자문화권에서 '인문(人文)'이라는 단어로 치환됐다.

• 인문학

인문(人文)은 원래 중국에서 예절, 교육, 문화(禮教文化)처럼, 자연 현상에 대비해 '사람들 사이에서 일어나는 일(人事, 對自然而言)'을 의미하는 어구였다.[140] 거기에서 인문의 반대편에 속하는 자연의 일은 천문(天文)이라고 보았다. 문(文)은 '무늬(紋)'를 뜻한다. 사람과 자연이 서로 엮이고 엮이면서 생성하는 모든 다채로운 형태다.[141]

일본은 메이지유신(明治維新) 시절부터 서구의 서적들을 일본어로 번역하기 시작했다. 이 과정에서 일본의 개화파 지식인들은 영어 humanism에 대해서, 고대 한문의 '인문(人文)'을 따서 '인문주의'라고 번역했다. 일본 소학관(小學館)에서 간행한 《일본국어대사전(日本國語大辭典)》에는, '인문주의(人文主義, じんぶんしゅぎ)'가 15세기 이탈리아 르네상스 시대의 사조를 뜻하는 영어 humanism의 번역어라는 사실이 명기되어 있다.

오늘날 자주 쓰이는 용어로 '문사철(文史哲)' 또는 '문사철예(文史哲藝)'가 있다. 한자문화권의 19세기 이전 고문(古文)에 '文史哲'이라는 표현은 없었다.[142] '철(哲)'이라는 글자가 philosophy의 일본어 번역에 사용된 시기가 19세기 후반이기 때문이다. 중국 산동대학(山東大學)은 1951년에 인문과학과 사회과학 분야의 학술지인 〈문사철(文史哲)〉을 창간했다.[143] 사실 19세기 말부터 중국은 일본에서 등장한 한자 번역어를 이미 역수입해서 사용해 왔다. 이 표현이 보급된 뒤, 4자 운율을 맞춘 문사철예(文史哲藝)라는 단어가 생겼고 현대 중국어에 자연스럽게 편입되었다.

이한섭의 《일본에서 온 우리말 사전(2014)》에는, '인문과학(人文科學, じんぶんかがく)'이 일본에서 유래한 어휘로 등재되어 있다. 이 단어는 일제강점기 시대에 광범한 우리말 출판물에서 사용되기 시작했다. 이 단어는 '자연과학'과 대조되는 용어로 자주 사용되었고, 해방을 거쳐 오늘에 이르렀다.[144] '사회과학' 역시 비슷한 경로를 거쳐 우리나라에 자연스럽게 정착했다. 오늘날 철학, 수학, 화학 등 주요 학과의 이름을 비롯해 대부분의 학술용어들은, 그런 식으로 일본에서 생성된 단어라는 사실은 많이 알려져 있다.

중국 고전에서 '인문'이 포괄했던 4개 지식 과목, 즉 시문(詩), 글씨(書), 예의(禮), 음악(樂)은 그리스 중세의 리버럴 아트의 7개 과목인 문법, 수사학, 논리학, 수학, 기하학, 음악, 천문학(점성술 포함)과 절반 정도만이 일치한다. 중세 유럽 리버럴 아트의 수학, 기하학, 천문학은 중국의 인문에는 포함되지 않는 과목이었다. 중국에서 인문의 반대인 천문은, 말 그대로 하늘의 현상, 특히 별의 움직임에 중심을 둔 현상을 말했다. 수학이나 기하학은 중국에서 산학(算學) 또는 산술(算學)이라고 명명된 분야에 속했으며, 여전히 인문(人文)의 영역이 아니었다.[145]

2) 문과와 이과

동아시아, 특히 현내 일본과 한국에서는 특이하게도, 문과(文科)와 이과(理科)라는 용어로 지식 교육을 구분해 왔다. 심지어 이렇게 교육과정을 나누다 보니 어느 날부터인가 학교가 공급하는 지식과 사회가 필요로 하는 지식의 방향 사이에 심각한 불일치가 일어났다. 결국 문과의 담장에 갇혀 교육을 받은 사람 사이에 '문송합니다('문과라서 죄송합니다.'라는 의미)'라는 표현까지 나올 지경에 이르렀다. 1960년대 서구 사회에서 문과와 이과 지식인 사이에 소통 단절을 개탄했던 영국의 찰스 P. 스노^{Charles Percy Snow, 1905~1980}가 오늘날 한국에 다시 태어났다면, 그는 또 한번 좌절했을 것이다.

1919년 당시, 일본 고등학교의 교과목 자체는 언어, 인문과학, 사회과학, 자연과학으로 구분되어 있었지만, 대학 진학 후의 전공을 염두에 두고 학급은 문과 학급과 이과 학급으로 구분하고 있었다. 대학교의 교양과목들은 역시 고등학교의 연상선상에서 인문과학, 사회과학, 자연과학으로 구분되었다. 적어도 한자문화권에서 문과와 이과의 이분법은, 당시 일본의 고등학교에서 시작된 것이었다.

1924년에 조선교육령에 의거해 경성제국대학이 설립되었는데, 그 교과목은 기형적이었다. 일본식 대학제도가 도입되었지만, 법문학부와 의과 위주로 편성되었고, 농과와 공과가 없었다.[146] 경성제국대학은 과정을 교양과정인 예과와 전공과정인 본과로 나누었고, 예과는 고등학교의 학급 구분을 그대로 따라 문과와 이과로 구분했다.

이때부터 우리나라의 모든 학생들이 자신의 지식 출신을 문과와 이과로 나누는 관행이 시작됐고, 이후 약 100년이 지나도록 이런 관행은 이어지고 있다. 일본식 교육제도를 통해 한국 사회에 도입된 문과와 이과의 구분은, 이후 둘 사이에 심대한 지식 단절은 물론이고, 심지어 취업을 해서 사회적 지위를 획득할 전망에서도 큰 차이를 낳았다. 문과에서 수학을 배워야 하느니 안 배워도 된다느니 하는 무지한 논란까지 등장했다. 전통적으로 수학은 리버럴 아트의 필수 교양지식이었음에도, 이 사실을 잘 인지하지 못하는 사람들은 대개 문과 출신 지도자들이었다. 문과와 이과가 구분되면서 지식인의 세계관은 이렇게 뒤틀렸다. 이 파괴적인 구분법을 원천부터 무효화하고, 리버럴 아트 일반의 교양교육을 유연하게 담은 제도를 회복하는 일은, 21세기 한국 사회가 반드시 해결해야 할 과제 중 하나다.

3) ESG

경영 지식과 인문학 지식이 결국 만날 수밖에 없다는 사실을 입증하는 또 하나의 현상이 최근 일어나기 시작했다. 그것은 최근 ESG (Environmental, Social, Governance) 경영의 확산이다. ESG는 기업의 경영 성과를 환경, 사회, 그리고 지배구조 측면의 성과를 평가하려는 활동이다. 주주보다는 사회의 모든 이해관계자가 그 평가의 중심에 있다. 평가가 이루어지려면 그 대상으로서 성과들이 있어야 하고, 성과가 있으려면 행동과 (규칙의 집합체로서) 제도가 있어야 하고, 행동이 있으려면 앎이 있어야 한다. 따라서 ESG는 하나의 종합적인 경영원리다.

ESG의 본질은 도덕과 책임의 인문학 운동이다. 그것은 기업의 사회적 책임(CSR, Corporate Social Responsibility)과 깊은 관련을 지닌 원리다. 그에 앞서 기업의 사회적 책임과 윤리경영이 중요한 경영원리로 등장한 지는 이미 오래됐다. 그동안 기업이 야기해 온, 환경문제, 노동문제, 그리고 오너경영자의 전횡과 폭주는 언제나 불편한 사회문제였다.

그러던 어느 날, 미국의 비영리 단체 GRI(The Global Reporting Initiative, 1997년 설립)에서 2000년대 들어 이런 여러 문제들을 담아 처음으로 ESG라는 용어를 사용했다. 더 나아가 GRI지표(GRI Indicators)라는 이름으로 수십여 개에 달하는 평가지표를 개발해서 제시했다. 이후 수많은 유사 포럼, 단체, 언론, 행사(다보스Davos 포럼 등)에서 ESG를 다루면서 ESG는 거대한 유행이 됐다. ESG컨설팅 비즈니스가 등장하고, ESG펀드가 설정되고, 정부 부처마다 ESG 가이드라인이 마련되고, ESG 관련 서적과 정기간행물이 속속 쏟아져 나왔다. 마치 지난 시대의 화두가 '혁신(Innovation)'이었을 때 나타났던 현상처럼 말이다.

초기에 단지 개념에만 머물러 있던 ESG를 사회적 실천 차원으로 격상시킨 주체는, 아이러니컬하게도 금융투자와 회계 분야 종사자들이었다. 가장 관련성이 높아 보였던 HR이나 전략 방면의 지식인들로부터 나오지 않았다는 사실이 신기하다.

예를 들어, JP모건자산운용은 ESG 성과가 우수한 기업에 투자하겠다는 의지를 적극적으로 표명하기도 했다. 이후 많은 금융투자회사들이 ESG 투자 기준을 도입했다. 기업들은 내심 당황했다. 그전까지 기업에 비공식적으로 가해져 오기만 해서 적당히 피해 갈 수도 있었던 압력이 이제 금융권에서 공식화되었다는 것은 큰 충격이었다. 냉혹한 '돈'의 세계에서 느닷없이 인문 정신을 내세우며 들이닥친다는 것은 뭔가 어울리지 않았다. 글로벌 전주(錢主)들이 갑자기 '정의'와 '박애'의 여신에 빙의 당하기라도 한 것일까? 하지만 이건 현실이었다.

더 나아가 금융감독 당국은 기업의 공시 재무제표에, '기업지배구조보고서(2026년)', '지속가능경영보고서(2030년)'와 같은 ESG 성과 보고서를 포함시키도록 하는 장기 계획을 발표했다. 국제회계기준위원회(IASB)는 ESG 평가지표를 표준화해서 IFRS 기준 재무제표에 포함하는 방안을 추진했고, 그 관리조직 ISSB(Internationl Sustainability Standard Board)가 출범(2021년 12월 3일)했다.

역사에서 회계는 사업의 재무성과를 체계적으로 기록하는 활동으로 처음 탄생했다. 회계전문가는 전통적으로 대차대조표(또는 재무상태표), 손익계산서, 현금흐름표와 같은 재무제표의 작성과 분석, 또는 원가 - 조업도 - 이익(CVP) 분석, 원가관리와 배부 같은 일들이 주업이었다. 그런데 이제 회계가 경영의 사회적 책임, 기업 외부의 환경문제, 그리고 조직 구성의 원리까지를 기록하는 활동으로 변모하고 있다. 얼핏 어울리지 않는 것 같다. 불과 수십 년 전만 해도 회계학자에게 이것은 상상조차 할 수 없는 일이었다.

이미 20세기 후반, 기업의 ERP는 회계시스템과 긴밀히 연결되어 하나의 시스템으로 작동한 지 오래다. 따라서 회계는 이미 재무성과의 기록만이 아니라, 경영의 모든 지점에서 이룩되는 성과를 정보화하는 활동으로 변해 있있다. 나만 20세기에는 ESG 활동이라 할 만한 것이 회계시스템에는 없었다. 거기에는 재고의 조달과 관리, 공정의 흐름, 자산의 취득과 처분, 인건비와 각종 경비의 처리, 자금의 이동과 입출금, 인력 정보의 관리 등이 있었을 뿐이다.

오늘날 회계는, 경영원리가 작동하는 모든 지점을 포괄하는 활동이다. 자금관리 외에 생산과 공정관리는 기본이고, 조직과 인사관리, 마케팅과 전략 기획이 그 안에 들어가야 하고, 심지어 ESG로 인문 정신을 구현하는 경영활동까지 관리해야 할 상황이 됐다. 오늘날 회계 전문가는 자신이 단순 기장(記帳) 전문가인지, 성과관리 전문가인지, 마케팅 전문가인지 혼란스러울 지경이다.

이런 상황이 도래한 이유는, 회계가 재무성과 기록 활동이기 이전에 본질적으로 정보시스템 활동이기 때문이다. 정보는 사람의 모든 지식을 낳는 모태다. 그러므로 회계는 지식시스템의 하부구조로서, 저 인문 지식의 대양에까지 그 수로가 연결되어 있다. ESG 같은 도덕과 책임의 인문학 운동은, 그 가운데 하나의 중요한 해역(海域)이다.

ESG 활동의 평가 기록과 관련해 지금 회계기준은 크게 혼란을 느끼고 있다. 단순히 ESG 평가보고서를 재무제표에 병행, 포함시키는 것으로 해결될 문제가 아니다. 전통적으로 회계상 거래(transaction)로 분류되는 활동에 대한 인식과 측정 논리가, ESG 활동에 그대로 적용될 수 있는가? 그게 불가능하다면 과학으로서 회계는 도대체 일관성을 잃은 누더기 정보집을 출판하는 활동에 불과한 것이 아닐까?

다시 말해서, 인문학 운동으로서 ESG 활동은 기존의 회계 패러다임을 근본부터 재검토할 것을 강하게 요구한다. 경영의 수많은 성과 중에서 수량이나 금액으로 표시할 수 있는 것과 그렇지 않은 것에 대해, 측정의 철학과 논리를 재검토하는 인문학적 반성이 시급한 이유가 여기에 있다.

투자회사 입장에서는 ESG 성과가 우수한 기업이 투자수익률도 높을 것이라는 막연한 기대가 있었다. 마치 불과 얼마 전까지만 해도 기술력이 우수한 기업, 또는 우수한 특허를 보유한 기업이 투자수익률 역시 높을 것이라는 기대가 일었던 것과 마찬가지 현상이었다. 하지만 기술력이 사업 성과에 미치는 영향에 대해서는 뚜렷한 실증 결론을 얻기 어려웠다. 기술력이 우수하다는 것이 결코 사업 성과의 충분조건은 되지 못한다. ESG에 대해서도 마찬가지다.

앞으로 ESG에 대한 관심은, 유행이 가라앉으며 잠시 소강상태를 보일 수도 있다. 더구나 최근 ESG에 대한 논의는 자꾸 환경문제, 특히 탄소배출 저감 문제로 치환해서 이루어지는 경향이 있다. 기업들도 ESG를 환경비용 부담이라는 측면에서만 보고 싶어 한다. 하지만 시선을 이 방향으로만 집중하게 되면, ESG에서 인문 정신의 본질은 사라지고, ESG는 다시 파편화된 경영의 한 기능 지식으로 퇴화하고 말 것이다.

기업의 성과는 사회, 기술, 환경, 또는 경제, 어떤 것이든 특정 방향으로 치우쳐 사고하면 항상 위태로운 결과를 낳는다. 종합해서 성찰할 줄 아는 인문 정신이 날로 더 필요해지는 이유가 여기에 있다. ESG는 경영의 역사가 그 종합 정신을 향해 가는 길에서 등장한 중요한 요구사항이었다.

다. 기계 지식과 인문 지식의 갈등

앞에서 말했던 구시대의 지식 단절이 여전히 해소되지 않는 가운데, 현대에는 전혀 새로운 유형의 지식 단절이 일어나고 있다. 그것은 인공지능(AI, Artificial Intelligence)이 만들어내는 지식과 사람이 생성하는 지식 사이의 단절이다. 근대 과학혁명 이후 도입된 과학적 지식이 그전까지 인문 지식이 누렸던 영광을 앗아갔던 것처럼, 21세기판 인공지능, 특히 연결주의 인공신경망 원리에 기반을 둔 생성형 인공지능은, 그동안 기계는 절대 불가능하고 오직 사람만 고유하다고 간주했던 여러 지식 생성 능력, 예컨대 인문학자와 지식인의 추론과 창작은 말할 것도 없고 심지어 과학자들이 계산, 분석, 프로그래밍 능력에서 과시했던 자존심까지 무너뜨리기 시작했다.

2022년 12월 챗GPT의 첫 등장은, 70년 인공지능 역사에 거대한 전환점을 이룩한 대사건이었다. 아니, 단순히 인공지능 역사 차원이 아니라, 경영의 역사 관점에서도 새로운 의미를 지닌 사건이었다. 그 것은 종래에 컴퓨터가 정보를 산출하는 방법을 근본적으로 변화시켰 다. 그와 동시에 컴퓨터와 함께 일할 수밖에 없는 지식노동자의 일하 는 방식도 자연스럽게 변하게 될 것임은 자명해졌다.

인문학자들이 이 신기술의 등장에 당황하기 시작한 것은 당연했 다. 그들은 사람의 마음이 기계가 범접할 수 없는 고유의 상상력, 창 의성, 초월성을 가지고 있다고 수천 년 동안 믿어 왔다. 그렇게 믿어 왔던 일들을 이제 기계가 하나씩 해내기 시작했다. 시를 쓰고, 음악 을 창작하고, 그림을 그리고, 사물을 보고, 소리를 듣고, 냄새를 맡 고, 맛을 보고, 촉감을 느끼고, 번역하고, 요약하고, 심지어 사람과 자유롭게 대화를 한다. 거기에 휴머노이드 기계 신체를 결합시키기 만 하면, 짐도 들어 나르고, 달리기도 하고, 온갖 운동 동작까지 구사 한다.

근대 이후 자연과학과 공학의 위세 앞에서도 꿋꿋이 인간만의 고 유한 가치와 능력을 신봉해 왔던 인문학은, 이제 인공지능 앞에 무릎 을 꿇어야 할 것인가? 무엇보다 리버럴 아트와 인문학 훈련을 통해 길러야 하는 경영자의 성찰 능력은 이런 신기술 앞에서 쓸모없는 능 력으로 전락할 것인가?

1) 신종 자본재로서 인공지능과 조력 노동자

자본재는 본질상 사람의 몸과 마음의 연장물(延長物)이다. 신체 능 력과 마음의 능력을 확장한 외부의 보조재다. 사람의 욕구에 비해 몸과 마음의 능력이 그만큼 따라주지 못할 때, 금방 소모되지 않고 오랫동안 보존되면서 이를 돕는 역할을 한다. 듣고 싶어도 들 수 없을 때 기중기가, 보고 싶어도 볼 수 없을 때 망원경이, 가고 싶어도 갈 수 없을 때 자동차가, 날고 싶어도 날 수 없을 때 비행기가, 추위를 피하고 싶어도 피할 수 없을 때 집과 옷이, 알고 싶어도 알 길이 없을 때 미디어나 검색 시스템이 도와준다. 유한한 인간은 자본재가 있었기에 비로소 무한을 향해 도약할 수 있었다.

물론 그렇게 돕는 존재가 사람일 수도 있었다. 오랫동안 동료, 하인, 부하, 사무보조원 등으로 분류된 제3자가 그 역할을 해 왔다. 생산 관계는 이 조력자의 세계에서 다양한 자본재와 노동력을 어떻게 연결할 것인가의 문제였다. 그 연결 형태에 따라 역사상 모든 시기마다 특정 사회의 분업 체계, 그리고 계급과 지위의 체계가 만들어졌다. 왕과 신민, 귀족과 노예, 상사와 부하 등등. 그중에서도 현대 경영원리는 20세기 이후 독특하게 발전한, 자본재와 노동력을 결합하는 고유한 방식을 다루는 지식이었다.

마음의 능력 향상에 도움을 주었던 자본재 개발의 역사는 길다. 주판과 같은 고대의 계산기로부터 시작해서 20세기 컴퓨터에 이르기까지, 그리고 고대 파피루스에 기록된 기호로부터 시작해서 pdf, excel, mpg 같은 디지털 파일에 수록된 정보에 이르기까지 말이다. 그러나 이 세계에서는 아직도 자본재 대신에 사람이 그 역할의 중심에 서 있었다. 학교 제도는 특히 더 그랬다. 학교는 처음부터 자본재의 개입 정도가 상대적으로 낮은, 사람 대 사람의 관계에 의존해서 설계됐다.

선생님과 동료가 그 참여자들이다. 거대한 건물, 촘촘한 탁자, 널찍한 칠판은 그들을 중심으로 학습을 돕는 자본재에 불과했다. 거대한 도서관 건물과 방대한 종이책 장서들도 성격은 다르지 않았다. 한 걸음 더 나아가 1990년대 이후에는 학습자가 사람의 도움을 받지 않고도, 구글이나 네이버와 같은 검색 시스템을 통해 지식을 얻을 수 있는 시대가 왔다. 이 자본재는 종래의 교구나 교재보다 한결 더 개선된 자본재로서 수많은 자발적 학습자 사이에 급속히 확산, 수용됐다.

자본재로서 생성형 인공지능의 본질은 초(超)고성능 사전(辭典)이다. 완성된 편집본으로서 고형(固形) 사전이 아니라, 역동적으로 자기를 생성해 가는 거대한 변신(變身) 사전이다. 이 사전은 정보를 '찾아서' 보여주는 것이 아니라 '만들어서' 보여준다. 그런 면에서 기원전 로마 제국에서 이미 등장해서 18세기 백과전서파에 이르러 꽃핀 백과사전과도 다르고, 도서관을 가득 메운 두터운 용어사전, 편람, 총서, 정보집과도 다르고, 20세기 말에 등장한 위키피디아(Wikipedia)와도 다르다. 이 고성능 사전이 등장하면서 학습자와 지식노동자가 예전처럼 교사와 도서관의 도움을 받을 일도, 검색 시대에 비해 훨씬 줄어들게 됐다.

그러나 아무리 고성능 사전이라 해도 사전은 사전이다. 사전을 활용할 능력으로서의 기본지식이 갖추어져 있지 않은 사람에게 사전은 아무런 도움이 되지 못한다. 예를 들어, 미술사에 대한 지식이 전혀 없는 사람이 인공지능으로부터 자신에게 맞는 미술사 정보를 제대로 얻어낼 수는 없다. 조력을 받으려면 도움을 받을 만한 능력이 주력자에게 이미 갖춰져 있어야 한다.

인공지능이 탑재된 지식 조력 자본재가 등장하면서, 조직의 관점에서 예상되는 가장 중요한 변화는 그간 조력자로서 활동해 왔던 수많은 사람 직군들, 예컨대 집사, 대리, 비서, 심지어 전문경영자를 두지 않고도 지식노동자들이 목표 과업을 수행해낼 가능성이 향상되고 있다는 사실이다. 노동자는 그 과업 달성 과정에서 주력자인가 단순 조력자인가에 따라 그 고용 필요성이 달라지게 됐다.

그런 현상은 이미 한 차례 일어났었다. 1970년대에 서구 공장 자동화와 로봇 공정 도입으로 많은 공장에서 조립공들이 서서히 자취를 감추기 시작했다. 선진국에서는 농기계 자본재가 도입되면서 경작지에서 농부가 대부분 사라졌다. 더욱이 한때 트랙터와 농기계에 붙어 일하던 옛 농부조차 이제는 잘 보이지 않고, 스마트팜(smart farm)을 구성하는 디지털 자본재, 심지어 드론으로 관리되는 농장에는 단말기를 조작하는 사람만이 자리잡고 있다.

옛 모습의 농부들이 사라진 이유는, 그들이 단지 조력자에 불과했기 때문이다. 그렇다면 주력자는 어디에 있었는가? 바로 자본재를 설계하고 생산하는 외부의 지식기업에서 일하는 지식노동자로 숨어 있었다. 만약 21세기 인공지능 시대에 계급투쟁이 여전히 남아 있다면, 그것은 노동자와 자본가 사이, 또는 블루칼라와 화이트칼라 사이가 아니라, 자본재 생산 과정에서 지식을 구사하는 주력자와 주어진 자본재를 사용하는 조력자 사이에서 나타날 가능성이 높다.

20세기에 조성된 경영사상은 대부분 사람을 기능 단위로 나누어서 한 조직 내에서 결합시키는 원리에 중점을 두고 있었다. 조직 안에는 계급 대신에 직급이 있었다. 상이한 기능들 사이에는 원칙상 서열도, 차별도 없었다. 예컨대 연구개발 기능이 재무관리 기능 부서의 하위 부서가 되는 일은 없어야 했다. 행정부서와 영업부서는 평등하게 존중받아야 했다. 다만, 최고경영자는 기능 통합이라는 별도의 기능을 부여받았기 때문에 모든 개별 기능보다 상위 직급에 위치할 수 있었을 뿐이다.

상이한 기능들 사이의 관계는 상하가 아니라 평등한 조력자 관계였다. 엔지니어 출신 창업가는 재무관리를 해줄 조력자가 필요해서 파트너를 찾는다. 시장을 읽을 줄 아는 창업가는 물건을 제대로 만들어낼 수 있는 생산자의 기능이 필요하다. 물건을 만들어낼 줄 아는 사람은 이를 수송하고 유통할 수 있는 조력자의 기능이 필요하다. 경영대학의 교과목도 자연스럽게 마케팅, 생산, 재무, 연구개발, 인사조직관리, 물류 등, 여러 상이한 기능으로 구분된 상태에서 체계가 만들어졌다.

반면에 한 기능 안에서는 대개 주력자와 조력자가 하나의 위계 구조 아래 공존했다. 주간 회의마다 영업부장이 발표할 파워포인트는 대리가 성실하게 만들어주곤 했었다. 만약 인공지능 서비스를 이용해서 부장 스스로 이를 만드는 일이 수월해지고 결국 부장이 직접 그 일을 해야 한다면 그 대리를 해고할 것인가? 소프트웨어 개발팀에서 특급 개발자와 초급 개발자가 함께 일한다. 초급개발자가 특정 기능을 구현하는 단순 코딩을 해 왔는데, 어느 날 인공지능이 만들어준 구문을 특급 개발자가 약간 수정 후 그냥 붙여 써도 된다면, 초급 개발자를 더 이상 두지 않아도 될 것인가?

오직 원가절감 정신에 투철한 경영자라면 인건비 절감에 우선 눈이 갈 것이다. 하지만 지식 융합과 창조, 그리고 그로부터 이어지는 고객 창조를 목적으로 하는 경영자라면, 그 지식노동자를 주력자로 육성해서 인공지능이 결코 해낼 수 없는 어떤 일을 찾아주려고 고민할 것이다.

인공지능이 확산되더라도 이런 기능 분류는 여전히 유효하겠지만, 기존에 상이한 기능들 사이에 형성됐던 여러 평등한 조력자 관계는 하나씩 외부로 분산되거나 내부에서 흡수, 통합될 가능성이 높다. 분산되는 기능은 외부 조직에서 수행해줄 것이고, 흡수되는 기능은 내부에서 수행하되 인공지능이 탑재된 시스템이 상당수의 업무를 대리해줄 것이다. 그 결과 한 조직이 주력자 중심으로 갖출 기능의 가짓수는 점점 감소할 것이다. 아울러 각 기능을 맡은 사람의 수도 줄어들 것이다.

이런 변화는 결코 미래의 일이 아니다. 인공지능이 등장하기 전에도 이미 일어났었다. 제약회사나 반도체회사가 가치사슬상 대부분 지점의 일을 다 하던 시대가 지나고, 어느 날 신약 개발 전문회사와 반도체 설계 전문회사가 분리되어 등장했다. 수많은 조직들이 재무회계, 교육훈련, 판매관리 같은 기능을 외부 위탁으로 분산시키거나 내부의 자동화 시스템으로 대체한 지 오래다. 많은 기업들이 사내에 대규모 서버와 이를 관리할 전산부서를 두었지만, 이미 클라우드 서비스를 구독하는 추세로 이행 중이다. 경영의 세분화된 기능 모든 영역에서도 이런 일이 이미 발생해 왔다. 고객의 욕구도 한없이 세분화되어 개별 사업으로 분산되기 시작했다. 탈레스 테이셰이라^{Thales} $^{S. Teixeira}$ 하버드비즈니스스쿨 교수가 말했던 고객 가치사슬의 '와해(disruption)'는 고객뿐만 아니라 경영 지식의 사슬이 개입하는 모든 영역에서도 현재 진행 중이다.[147]

이 추세의 극한은 결국 경영의 개인화다. 수학에서 극한이란 거기에 도달한다는 뜻이 아니라 다만 그를 향해서 끝없이 가까워진다는 것을 의미한다. 조직은 크든 작든, 개인화의 압력 아래 개인화에 비록 가까이 갈 수는 있지만, 영원히 개인화되지 않은 채로 계속 남아 있어야 할 것이다. 다만 앞 시대를 지배했던 '조직'의 원리보다 '연결'의 원리가 점점 더 중요한 사고의 틀로 등장할 것이다. 누가 아는가? 먼 미래에 직원 10명 내외에 불과한 자동차 회사가 등장할지. 그 회사는 고객 맞춤형으로 디자인된 승용차의 설계도와 제조 알고리즘을 고객에게 전송하고, 고객은 이를 3D프린터 출력을 의뢰하고 배송받을 것이다.

어떤 경우에든 지식 연결을 통해 결과를 내는 행위로서 경영의 본질은 변하지 않는다. 그 연결이 조직 안이거나 바깥이거나 하는 구분은 무의미하다. 인공지능 시스템은 그런 연결 구조를 안에서뿐만 아니라 바깥을 향해서도 동시에 구비해야만 비로소 의미 있는 결과를 낼 수 있다. 내부의 연결은 하드웨어와 소프트웨어가 처리하겠지만, 외부를 향한 연결은 오직 성찰하는 경영자가 담당할 몫으로 남는다.

2) 평범한 지식의 소멸

관행대로 일을 해내는 모든 지식노동은 이내 몰락한다. 처음 등장했을 때 혁신적이라고 각광받았던 지식도 시간이 흐른 뒤에는 필연적으로 관행이 된다. 예를 들어, 등장 초기에 각광받았던 블록체인 NFT 개발도 이미 관행화됐다.

흔히 알려진 업무 '노하우' 가운데에는 관행이 많다. 이걸 습관이라고 불러도 좋다. 주문 처리 부서는 늘 해 오던 일의 순서와 방식이 있다. 원재료 조달과 입고 업무, 회계결산 업무, 고객 대면 업무 등, 경영이 처리하는 대부분의 일에서 그렇다. 이 습관에 따라 구사하는 지식은, 아무리 효율적으로 업무를 처리하고 있는 것처럼 보여도 이미 평범한 지식이다. 내가 그렇게 하고 있다면 주변 많은 곳에서도 이미 그렇게 하고 있다. 통계 관점에서 본다면, 이를 평균인(平均人)의 지식이라고 불러도 좋을 것이다.

현대인공지능 시대는 모든 평균인에게는 죽음을 안길 것이다. 반면에 특이인(特異人)에게는 기회를 만들어줄 것이다. 평균인과 구분되는 그들은 아웃라이어(outlier)다. 평균인은 주변인들과 크게 다르지 않은 평균적인 사고와 행동 속에서 사는 사람을 말한다. 반면에 특이인은 사람들의 사고와 행동 분포의 먼 끝 지점에 위치한 채 그곳을 경험하고 인식하는 사람이다.

현대인공지능이 생성하는 모든 텍스트, 이미지, 소리는 확률의 원리에 의거한 토큰 배치의 결과물이다. 심지어 어떤 기발한 조합에 대해서조차, 적어도 사람이 그 기발함을 대변하는 입력 프롬프트를 작성해주는 한 확률적으로 가능성이 가장 높은 기발함의 조합을 찾아줄 것이다. 생성형 인공지능으로 그림을 그려 보면, 엉뚱한 조합들이 마구 연결되어 그럴듯한 형상이 나오지만 이 모든 결과는 가짜 창의성이다. 생성형 인공지능이 입력 프롬프트 조건에 맞추어 가장 확률적 발생 가능성이 높은 정보를 조합한 것에 불과하기 때문이다. 그런 의미에서 인공지능의 기발한 생성물조차 사실은 인공지능의 수행 능력 안에서만 보자면 평균적인 산출물의 범위를 못 벗어난 것이다.

3) 살아남는 노동과 경영

이미 시작된 지 오래된 일이다. 회사에서는 부하가, 공장에서는 공원이, 상점에서는 점원이 점점 사라지고 있었다. 대기업조차 대규모 공채는 점점 줄어들고 있다. 이제 많은 조직들이 예전과 같은 규모로 사람을 필요로 하지 않는다. 제레미 리프킨[Jeremy Rifkin, 1945~]의 말처럼 '노동의 종말'이 올 것인가?[148]

노동의 종말이 올 수는 있다. 하지만 경영의 종말은 오지 않는다. 노동도 오직 단순히 '일하는' 노동이 줄 뿐, '경영하는' 노동의 비중은 오히려 더 늘어날 것이다. 단순 조력자 혹은 관행 지식노동자는 종말을 맞고, 성과를 창출하는 핵심지식을 지닌 인력만이 경영자로 남을 것이다. 인공지능은 오직 '경영하는' 노동사에게만 학습과 지식 통합의 효과적인 조력 수단으로 활용될 것이다.

경영하는 노동자나 단순 노동자를 막론하고, 살아남는 노동력은 다음과 같은 세 부류일 것이다.

• 아웃라이어 혁신가의 노동

마음의 고유하면서도 가장 위력적인 힘 가운데 하나는, '영감(靈感)'이다. 이 마음은 혁신과 창의를 낳는 지식 요소의 배치를 기계처럼 확률적으로 하는 것이 아니라, 그저 온 마음, 또는 온통으로 한다. 오랜 경험을 통해 익숙한 것 안에서만 찾는 것이 아니라, 어느 순간 그냥 엉뚱한 곳에서, 전혀 기대하지 않았던 곳에서 떠오르는 것이다. 앤드류 와일스Andrew Wiles, 1953~에게 '페르마의 정리'를 증명할 아이디어가 호숫가를 거닐 때 그저 온통 떠올랐던 것처럼 말이다.

이런 영감이 솟아날 가능성이 높은 인물들은 아웃라이어에 속할 가능성이 크다. 인공지능이 확산되면서 경영 과정에 평균인의 노동이 자리잡을 여지는 날이 갈수록 줄어들고, 오직 아웃라이어로서 혁신가만이 경영을 주도하는 지위를 계속 점유할 것이다. 예컨대 콘볼루션신경망(CNNs, Convolutional Neural Networks)을 착상, 개발, 응용했던 일은 얀 르쿤Yann André LeCun, 1960~ 이나 데미스 허사비스Demis Hassabis, 1976~ 같은 아웃라이어가 했지만, 그 방법도 이제 관행, 즉 평범한 지식이 되어버렸다. 한때 그들이 그랬던 것처럼 또 다른 아웃라이어가 등장해서 전혀 다른 지식을 등장시키고 나면, 이 과정은 다시 반복될 것이다.

• 조정(tuning)하는 지식노동

마음의 고유한 힘 두 번째는, '조정' 능력이다. 이 조정은 최적화 알고리즘이나 수학 방정식으로 통제되는 것이 아니다. 예를 들어, 보스턴다이내믹스(Boston Dynamics)의 신체 모방 로봇처럼 동물이나 사람의 운동 동작을 공학으로 제어하는 조정 같은 것이 아니다. 이 조정은 사람의 성찰 능력이 무한한 자유 속에서 행하는 것이다.

인공지능은 얼핏 그럴싸한 논문을 만들고, 음악을 작곡하고, 그림을 그리고, 도표를 만들고, 에세이를 쓰고, 프로그래밍을 할 수 있다. 그런데 좀 더 들여다보면 뭔가 어색하고 거칠다. 균형은 어딘가에서 미세하게 깨져 있고, 가끔 엉뚱한 조합을 내놓는 경우도 있다.

원재료 상태의 인공지능 산출물은 경영의 성과물로 내보내기 전, 언제나 미완성 상태다. 어떤 경영자라도 그 상태의 결과물을 보고 "오케이, 완벽해!"라고 외칠 수는 없다. 그 여러 불균형과 결함을 인공지능으로 반복해서 보정해도 결과는 마찬가지다. 결국 최후의 조정을 위해서는 경영자의 자유로운 마음이 동원되어야 한다.

• 업역 지식을 만들어가는 노동

마음의 고유한 세 번째 능력은, 이른바 '업역 지식(業域知識, domain knowledge)'을 생성하는 능력이다. 그것이 학문이거나 실무거나 어떤 한 분야에서 오랜 경험을 통해서 생산해내는, 또는 체득되는 지식이 있다. 그것은 컴퓨터 밖에서 생성되는 지식이다. 그 일을 해본 사람들의 몸과 마음에서만 형성되는 일종의 심상(configuration)이다. 그것은 몸과 마음에 체화된 업무 숙련 지식만으로 한정되지 않는다. 그 분야 종사자들만 아는 고유의 일화나 역사, 일하면서 형성된 인맥, 또는 업무 중 특수한 사건을 통해 체득한 통찰 등을 다 포함한다. 대부분의 업역 지식은 노나카 이쿠지로野中郁次郎가 말했던 암묵지 형태로 지식노동자에게 체화된다. 텍스트나 이미지 같은 형식지로는 도저히 이것들을 담을 수 없을 뿐만 아니라, 인공지능 스스로 이 업역 지식을 생산할 능력도 없다. 인공지능은 일을 하는 것이 아니라 오직 계산만을 하기 때문이다.

업역 지식을 생성할 줄 아는 사람의 역할이 중요한 또 다른 이유는, 그가 인공지능의 학습용 데이터 공급원으로서 지니는 가치 때문이다. 인공지능에 투입될 수 있는 학습용 데이터는 문자, 이미지, 소리 등으로 코딩된 데이터여야 하는데, 이 데이터는 '사람'이 끊임없이 새로 만들어 공급해주어야 한다. 인공지능의 산출물 자체를 이 훈련용 데이터로 재투입하는 것은, 동물에게 그 배설물을 식품으로 다시 공급하는 것처럼 유해하다. 이는 상상조차 할 수 없는 일이다. 인공지능은 태생 구조상 사람이 직접 생성한 데이터를 먹이로 요구한다. 그리고 그 데이터는 그 업역에 속한 전문가들이 자신의 새로운 경험을 바탕으로 끊임없이 새로 만들어내는 것일 수밖에 없다. 또 그래야만 한다. 모든 업역에 속한 경영자, 중간관리자, 실무자, 엔지니어, 문학가, 학자, 화가, 음악가, 개발자 등은, 오직 사람의 능력만을 이용해서 자신의 지식 결과물을 계속 창조해내야 한다. 그래야만 그 데이터를 학습한 인공지능이 자신의 유효한 능력을 계속 신장시키며 지속할 수 있다. 그렇지 않고 그 지식노동자들이 인공지능만으로 작품을 계속 생성해 간다면, 인공지능은 나날이 굶다가 자멸에 이르게 될 것이다.

• 사람의 가치가 담긴 노동

기계보다 사람이 수행하는 것이 더 높은 순효용(net utility)을 낳는 노동들이 있다. 그런 노동들은 영원히 살아남는다. 예컨대 미장 작업, 배관 작업을 로봇이 하도록 만들 수는 있다. 하지만 동일한 원가를 들였음에도 기계가 사람보다 더 못한 결과를 낼 수도 있다. 또는 동일한 품질에 도달하는 데 사람보다 기계가 더 원가를 더 많이 발생시킬 수도 있다. 사람의 능력에 의존하는 것이 원가 대비 효용이 훨씬 높다면 왜 기계를 굳이 사용하겠는가.

대규모 시장이 아닌 소규모 특수 시장에서는 로봇을 동원할 필요가 없이 사람이 그 일을 하는 것이 경제성의 원리에 부합한다. 장인(匠人)급의 고수준 지식노동은 그런 곳에서 빛을 발할 것이다. 저수준 단순 반복 업무를 수행하는 블루칼라 직군은 당연히 소멸할 것이다. 기계제가 아니라 수제이기 때문에 더욱 가치를 발하는 작품들은 사라지지 않는다.

학습용 데이터 자체가 희소해서 인공지능을 구현할 기반이 취약한 세부 분야라면, 역시 사람의 능력으로 수행해야 하는 것이다. 그런 업역에서는 굳이 대규모 투자를 통해 디지털로 전환하거나 인공지능 모형을 개발할 필요가 없다. 이런 사업 분야가 숫자로는 오히려 인공지능 도입 사업을 압도할지 모른다. 자영업과 소기업의 영역에서 이런 현상이 두드러질 것이다.

무엇보다도, 사람의 일을 바라보는 시선을 기계화와 경제성 프레임에만 가둘 수는 없다. 기계 지식 앞에서 사람 지식이 위협을 느끼는 것은 사람의 일을 오로지 경제주의 관점에서만 바라보는 데에서 나온다. 하지만 사람 노동의 숭고함은, 경제주의에 결코 침범당하지 않은 채, 스스로 목적으로서 존재한다. 로봇이나 인공지능이 아무리 유능하더라도 결코 숭고해질 수는 없다.

교육과 의료 현장은 물론이고 일반 영리사업 현장에서조차, 우리는 어떤 일을 기계가 아니라 사람이 해냈다는 이유만으로, 그것도 종종 경제 원리와 무관하게 해냈다는 이유로, 사람 존재의 저 숭고함 앞에 숙연해진다. 어느 분야의 지식노동자, 예술가, 학자이거나 막강한 자본과 기계의 도움 없이 어떤 위대한 과업을 성취했을 때, 단지 사람이 그 일을 해냈기 때문에 숭고한 것이다. 만약 베토벤이 인공지능으로 작곡했다면, 그는 이미 베토벤이 아니다. 로봇 연주기계가 아무리 정교하게 박자와 음색과 표현을 구사한다 해도, 사람은 그로부터 다만 얕은 쾌락을 경험할 뿐 결코 사람이 주는 음악의 깊은 체험에는 이르지 못한다. 사람은 단지 그 소리의 배열을 인지하고 싶어 하는 것이 아니라, 온 근육과 관절과 세포와 마음을 동원해서 악기를 통제하는 연주자 한 사람을 만나고 싶어 한다.

그리 멀지 않은 미래에 로봇 보모나 로봇 배우자가 등장할 수도 있다. 인공지능이 탑재된 휴머노이드 로봇 보모는 어린아이의 필요에 따라 책을 검색·선별해서 사람의 음성을 닮은 아름다운 기계음으로 책을 읽어주고, 최적의 영양 배치를 계산해서 내장된 음식 재료로 간식을 만들어줄 수도 있다. 하지만 깊은 곳에서 사람은 사람을 만나고 싶어 한다. 누가 아는가? 대량 생산되는 로봇 보모는 단지 저소득층이 사용하는 값싼 수단으로 남고, 부자들은 값비싼 사람 보모를 원할지. 혼술 하는 노동자를 대상으로 막걸리를 함께 마시며 대화를 나누어줄 로봇이 생산될 수도 있지만, 그런 시장에서 로봇이 차지할 공간은 그리 크지 않을 것이다. 평생을 로봇만을 상대하며 생활해 온 사람에게, '어머니'라거나 '친구'라는 말이 일으키는, 오직 사람만이 느낄 수 있는 감성은 없다.

라. 맺는말

한 사회가 전문가 양성에 주력하다 보면, 교양인을 길러내는 데에는 실패할 가능성이 크다. 전문가는 사회가 기능 관계로서 작동하는 데에는 기여할지 몰라도, 사람 관계로서 지속하는 데에는 도움이 되지 않는다. 사회가 자기 존속력을 유지하기 위해서는 전문가 못지않게 교양인의 비중이 높아야 한다. 전문가만이 넘쳐나고 교양인이 전무한 사회는 반드시 패망한다. 기업도 경영기술자만이 필요한 것이 아니라, 교양의 바탕 위에서 행동하는 경영자가 필요하다. 그런 경영자라야 비로소 성찰할 줄 안다.

대학에서 전공 과정이 교양 과정보다 상급 학년에 편제되어 있다고 해서, 혹시라도 교양이 전문지식보다 낮은 단계의 지식이라고 보는 일은 없어야 한다. 교양은 오히려 그 어떤 전문지식보다 상위의 자리에서 그 전문지식의 발휘와 행사를 통제해야 할 의무가 있는, 고급 지식이다. 또한 전문지식도 그렇지만, 교양지식은 그 이상으로 평생 학습의 대상이 되어야만 한다.

독일의 철학자 페터 비에리[Peter Bieri, 필명 빠스칼 메르시에(Pascal Mercier), 1944~2023]는 《페터 비에리의 교양 수업(Wie ware es, gebildet zu sein?)》에서 교양지식을 갖춘 사람의 면모를 이렇게 요약했다: 교양인은 미신의 희생자가 되지 않는다. 궤변적 외양과 올바른 사고를 구별한다. / 역시 속 우연성을 인식할 줄 안다. 교양은 이데올로기와 연관될 때 위험해진다는 사실을 안다. / 교양인은 표현할 줄 안다. 문학과 고전의 역할을 이해한다. / 교양인은 자기자신에 대해 안다. 그리고 그 앎을 얻기가 얼마나 어려운지를 안다. / 교양인은 끝없이 자신을 새로 만들어 나간다. 만들고, 버리고, 고치는 일은 한없이 계속된다. 교양인에게 미리 정해진 숙명이라는 것은 없다. / 교양인은 공감할 줄 알고, 다양성을 인정한다. / 교양은 유용성을 추구하지 않고 그 자체로 가치가 있는 것임을 안다. / 교양인은 오직 자신만이 그 지식을 경험하고 향유할 줄 안다. 타인 앞에서 자신의 뛰어남을 드러내려 하지 않는다.

인문학과 자연과학 사이, 리버럴 아트와 기술 사이, 지식인과 경영자 사이, 기계 지식과 사람 지식 사이에 일어난 온갖 상호 무지와 불필요한 배척도, 결국 이 교양 없음에서 나타난 현상이다. 이 모든 지식이 서로 보완하면서 서로를 생성해 가는 관계라는 사실은, 오직 성찰하는 교양인만이 인식할 수 있다.

경영자와 지식노동자의 교양은 단지 꾸준한 독서로부터만 나오는 것은 아니다. 현장에 대한 경험 축적만으로도 충분히 나올 수 있다. 그러나 이 둘을 병행하면서 보완한다면 교양의 생성력은 더욱 강화될 것이다. 독서를 주력으로 하거나, 현장 경험을 주력으로 하거나, 어떤 수단을 선택하더라도, 결국 교양 생성력의 열쇠는 성찰을 습관으로 삼은 경영자 본인이 쥐고 있다.

경영의 세계는 작동하는 곳이 아니라 성취하는 곳이다. 만약 작동만으로 충분하다면 구시대의 행정관리나 관료제 원리만으로도 경영은 소명을 다할 수 있을 것이다. 인공지능이 아무리 탁월한 수준의 정보를 산출해낼 수 있다 해도 그것은 다만 작동의 결과일 뿐, 결코 성취의 산물이 아니다. 성취는 오직 사람에게 고유한 것이다. 로봇 CEO는 비록 작동할 수는 있어도, 결코 성취하지는 못 한다.

인공지능이 첨단 자본재로서 경영자의 노동을 아무리 대신해준다 해도, 사람의 몸과 마음이 존재하는 한 그로부터 발생하는 모든 인문학의 문제는 사라질 수가 없다: 권력욕이 일으키는 갈등 해결하기, 혼란스러운 세계에서 방향 잡기, 생존 투쟁의 고통으로부터 벗어나기, 사람다움에 대한 추구, 인정받고 싶은 열망, 아름다움을 향한 소망, 더 살 만한 세상에 대한 꿈 등. 이를 향한 경영자의 인문학 공부와 그에 바탕을 둔 실천은 끊임없이 이어져야 한다.

VII

불공정하다고
느끼는 노동자

| 정의 |

가. 경영자가 직면하는 정의론

　정의(正義, justice)의 문제는 경영의 거의 모든 영역에 깃들어 있다. 조직 내부의 구성원 사이에서는 물론이고, 조직 외부의 사회를 향해서도 그렇다. 경영자가 이 문제를 도외시한다면, 조직 구성원들 사이에는 분열과 갈등이, 그리고 사회에서는 기업과 경영자에 대한 혐오와 공격이 만연할 수밖에 없다.

　우선 조직 구성원 사이에서만 보자. 승진과 보직 배치에 대해서 누군가는 부당하다고 느낀다. 정규직과 비정규직처럼 다른 처우를 받는 직군이 공존할 때, 어느 한 집단은 반드시 강한 불만을 느낀다. 성과급에 대해서도 누군가는 공정하지 않다고 느낀다. 새로운 업무를 부여받거나 지시사항을 전달받았을 때, 또는 인사고과 결과가 나왔을 때, 누군가는 거기에 문제가 있다고 느낀다. 심지어 CEO가 새로 부임을 했을 때도 누군가는 의심스러운 눈초리를 보낸다. 더구나 그가 외부에서 갑자기 영입된 사람이라면 말이다.

조직 외부로 시야를 돌려보자. 최고경영자의 터무니없는 고액 연봉은 질시와 비난의 대상이다. 창업가 가문의 지위 독점이나 승계도 늘 비판 대상이다. 해고가 부당하다고 느낀 사람은 억울함에 시위를 한다. 기업으로부터 특혜나 뇌물을 제공받은 사람이 있다는 사실이 드러나면, 사람들은 분노한다. 그밖에도 외국인 노동자 차별, 성차별, 고령자의 사회적 소외는 곳곳에 삼재해 있다.[149]

개인의 사회적 지위와 기능은 그가 일하는 조직 내 지위와 기능에 의해 결정된다. 많은 경우 사회 하층의 가난한 자는 불안정한 저소득 일자리가 그의 위상을 결정한다. 사회에서 인정받는 자는 그가 기업, 정부, 학교, 병원 등 소속 조직에서 맡은 직책으로 평가받는다. 그런 면에서 사회 정의 문제의 상당 부분이 사실은 조직의 인사정책으로부터 비롯된다.

그런데, 정의의 뜻이 도대체 무엇인가? 정의로운 상태란 '가치를 지닌 대상들이, 사회 내 개인 간 관계 속에서 각 개인에게 합당하게 배분되는 상태'를 의미한다. 여기에서 가치를 지닌 대상은 크게, 경제적 정의와 정치·사회적 정의의 대상으로 나뉜다.

• 경제적 정의의 대상

개인이 획득, 향유할 수 있는 소득(재산, 물품, 또는 이용권과 교환할 수 있는, 특정 통화 단위로 표시 가능한 구매력), 재산(집, 주식, 채권, 예금, 귀중품, 예술품 등), 물품(일상의 소비재, 도구 등), 재화 이용권(물품이나 서비스 향유권 등)이다.

- 정치·사회적 정의의 대상

생존에 대한 보장, 기본권으로서 자유(언론, 집회 결사, 거주 이동, 직업 선택, 교육 기회 선택 등의 자유), 사회 또는 조직 내 신분과 지위, 역할과 책임이 그 대상이다.

이 대상들을, 누구에게 어떤 기준으로 배분할 것이며, 그 기준은 누가 정할 것인가? 이 대상은 사회 전체의 구성원 사이에 배분되기도 하지만, 상당 부분은 조직 구성원이 조직 내 활동을 통해 배분받는 대상이기도 하다. 그런만큼 조직 경영은 정의의 문제를 비켜 가지 못한다.

이 모든 배분이 가격 메커니즘으로 다 해결된다고 보는 것은 무책임한 태도다. 특히 가격 메커니즘은 조직이 외부를 상대하는 순간부터 작동할 뿐, 조직 내로 들어오면 가격 메커니즘 대신에 계획과 규정, 결정과 지시가 지배한다.[150] 앞서 예로 들었던, 조직 내부와 외부의 사람들 사이에서 일어날 수 있는 온갖 불만과 저항은, 단순히 시장 원리에 맡기거나 관행으로 치부해서 해결될 문제가 아니다. 어쩌면 이 문제는 해결 자체가 절대 불가능한, 다만 영원히 해결하려고 노력해야 할 뿐인 과업일지도 모른다.

다시, '정의'란 무엇인가? 이는 베스트셀러였던 마이클 샌델[Michael J. Sandel]의 책, 《Justice》의 번역서 제목이기도 했다. 대부분의 독자들은 이 책을 숙독하고 나서도 의문이 풀리지 않았을 것 같다. 책은 계속해서, 모순과 딜레마에 빠진 상황의 일화만을 던져줄 뿐, 그 답을 주지 않았다. 예를 들어, 브레이크가 파열된 기관차가 앞에 갈래길이 나타났는데, 그대로 직진하면 철로에서 일하는 인부 5명을 죽이고, 갈라진 철로로 휘어서 가면 1명의 작업자를 죽인다. 샌델은 이런 '폭주하는 기관차의 딜레마' 같은 일화를 들고도 답을 주지 않았다.

왜 그런가? 저자 역시 현실에서 봉착하는 정의의 문제가 어떤 절대적인 해답을 찾을 수 없을 정도로 복잡한 문제라는 것을 알고 있었기 때문이다. 최고로 유능한 판사늘이라도 동일한 문제에 대해 동일한 판결을 내린다는 보장이 없다. 어쩌면 그 해답을 찾을 수 없는 것이 아니라, 아예 해답 자체가 존재하지 않는 것일 수도 있다.

우리는 단지 정의의 원칙만을 말할 수 있을 뿐, 정의에 부합하는 상태를 현실에서 구현하려고 실행하는 순간, 갖가지 모순과 이율배반에 직면하게 된다. 그리고 실행에 필요한 지식 부족에 필연적으로 봉착하게 된다.

여기서는 이 문제를 일반적인 공동체 전반에 대해서가 아니라, 경영 대상인 조직으로 한정시켜서 생각해보기로 한다. 먼저 조직 내 정의 실현이, 설령 영원히 해답에 이르지는 못할 과업이라 해도, 어떤 상태를 지향해야 하는지에 대해서만큼은 규정해야 한다. 이 규정은 자유와 평등이라는 추상적인 선언보다는 더 구체적인 형태를 띠어야 한다. 경영자가 지켜야 할 정의의 궁극적 지향점 내지 대원칙은, '책임과 강점에 의거한 배분'이다. 평등주의도, 공리주의, 자유지상주의 그 어느 것도 이보다 우선시될 수는 없다. 언어와 사상으로만 끝나거나 동어반복으로 일관하는 정의론이 아니라, 실천과 결과로서, 즉 아트(art)로서 조직 내 정의를 구현해야 하는 경영자에게 이 대원칙이야 말로 북극성처럼 놓치지 말아야 할 지향점이 되어야 한다.

본 장에서는 먼저 지금까지 등장했던 전통적인 공리주의, 자유지 상주의, 평등주의와 현대의 존 롤스, 마이클 샌델의 정의론에 대해 살펴보고, 각 정의론이 경영에 적용되는 과정에서 드러나는 장·단점에 대해 살펴볼 것이다.

나. 전통적인 정의론

1) 공리주의

전통적인 정의론의 계보는 크게 공리주의(utilitarianism), 자유지상주의(libertarianism), 평등주의(egalitarianism)로 대변될 수 있다.

공리주의는, 구성원 효용의 합을 기준으로 정의를 판단하는 사상이다. 사회구성원 '최대 다수의 최대 행복'을 낳는 배분 상태가 정의에 부합한다고 본다. 근대 계산주의와 합리주의의 산물이다. 공리주의의 단점은 첫째, 모든 대상을 수량으로, 주로 화폐액으로 측정된 수량으로만 판단한다는 것, 둘째, 획득 욕구를 충족해야 할 주체로서 개인의 고유한 특성을 간과한다는 것, 셋째, 순효용을 공동체 총액으로만 판단하고 개인 간에 귀속된 비율을 무시한다는 것이다.

공리주의는 주주 이익 극대화, 또는 좀 더 확장해서 기업 가치 극대화의 원리에 깊이 배어 있다. 주주 이익의 총합이 그 판단 기준이기 때문이다. 그러나 배당과 재투자 사이의 역학관계는 매우 복잡해서, 장기와 단기 사이에서 주주 이익의 진정한 극대화 지점이 과연 어느 수준인가를 찾아내는 일은 사실상 불가능하다. 다만 경영자는 주주의 이익을 허용가능한 범위 내에서 적정 수준만큼 추구해줘야 한다는 사실을 알고 있을 뿐이다. 전문경영자의 임기와 보수가 시장 주가로부터 영향을 받는 구조라 해도 그럴 수밖에 없다. 공리주의는 현대 자본 시장 안에서 활동하는 경영자의 정의론으로서 중요한 역할을 한다.

그런데 총량으로서 주주 가치 극대화는, 복합적인 목표의 추구, 더 나아가 조직 구성원 사이의 소득 배분, 또는 여타 이해관계자에 대한 의무 수행과 독립되어 있지 않다. 노동자 착취나 환경 파괴 같은 반(反)ESG경영은, 결국 주주 가치를 훼손한다. 주주 이익으로 계측 수단을 일원화해서 추구하다 보면, 역설적으로 주주 이익은 감소할 가능성이 크다. 연구개발이나 시설 확장 등 사업 재투자를 포기하고 거액의 주주 배당을 최우선시하는 일에 신중해야 할 이유가 거기에 있다.

2) 자유지상주의

자유지상주의는 자유로운 교환의 산물, 즉 그에 따른 기본재의 배분은 항상 정당하다는 사상이다. 이 논리는 개인이 자신이 향유하고 있는 대상물, 심지어 각자의 신체와 정신에 대해서까지도 온전한 소유권을 갖는다는 것을 전제로 한다. 이 전제하에 그 대상물을 사용, 수익, 처분하는 것은 온전히 개인의 권리라는 생각이 내포되어 있다.

자유지상주의에 따르면, 내 노동의 산물은 내가 가져가는 것이 정당하다. 논리로만 보면 지극히 타당하다. 그러나 실행 단계로 오면 많은 문제점에 봉착한다.

첫째, 계측의 문제가 발생한다. 내가 향유하는 대상물 가운데 온전히 내 노동의 산물이라고 볼 수 있는 부분이 어디까지인가를 올바로 계측하기가 매우 어렵다. 자신에 대한 초고액 연봉 책정이 정당하다고 주장하는 CEO는, 자신이 부임해서 회사에 이 정도 성과를 안겨주었으니 그 징도 금액은 성당하다고 생각할지 모른다. 물론 그의 능력에 따라 촉발된 부분도 크겠지만, 좀 더 자세히 들여다보면, 우연한 사건이나 임직원들의 숨은 노력과 기여, 그리고 회사가 지금까지 축적해 놓았던 유형·무형의 기반들이 없었다면, 그의 모든 성과가 불가능했을 것이다. 그 가운데 CEO 자신의 몫으로 가져가야 할 부분만을 어떻게 정확히 계산할 것인가? 이 문제는 그 어떤 수량과학으로도 해결 불가능하다.

상속세가 부당하다고 주장하는 사람들이 있다. 만약 자신의 노력과 선택으로 그 부모의 자식으로 태어났다면 그 주장은 어느 정도 수긍이 간다. 하지만 내 의지와 상관없이 그렇게 태어났다고 한다면, 그 상속재산이 온전히 자신의 것이라는 논거는 설 자리가 없다.

둘째, 자유지상주의의 논리를 고지식하게 적용하면, 타인에게 해악을 가하는 모든 행동도 자유 거래라는 명분으로 정당화된다. 내 오디오 기기를 내가 샀으니 이웃은 무시하고 음악을 최대 음량으로 틀거나, 식당에서 내가 돈 내고 배정받은 좌석이니 고성을 질러대거나, 내 돈 들여서 지은 공장이니 매연과 폐수를 마음대로 방출하는 모든 행위는, 경제지상주의 관점에서는 얼핏 타당해 보이기도 한다. 하지만 이런 행동은 자신의 효용은 증가시키지만 타인의 효용을 파괴한다. 경제학에서는 이런 행동에 대해 외부불경제(external diseconomy)라는 개념을 도입해서, 이를 억제하는 유인을 설계하기도 한다.

셋째, 자유지상주의 기준에 따르면 설령 타인의 자유에 직접적 해악을 가하지 않더라도 사회적 공감대를 위배하는 행동들이 정당화된다. 예를 들어, 합법적인 금전 거래가 수반되는 대리모 출산은 당사자 간의 자유로운 계약이라면 정당하다. 기부 입학은 대학에서 공식적으로 인정하는 기준에 따르기만 하면 정당하다. 기부입학은 자유지상주의 외에 공리주의 기준으로도 타당하다. 그가 기부한 돈을 이용해 가난한 학생들에게 장학금 형태로 더 넓은 교육 기회를 제공할 수 있다면, 거기에서 창출되는 순효용이 기부입학이 존재하지 않았을 경우에 비해 클 것이기 때문이다.

자유지상주의가 경제주의와 결합해서 극단으로 치달으면, 돈으로 무엇이든 살 수 있다는 생각이 팽배하게 된다. 그런 사회에서 매관매직, 뇌물, 인신매매, 매춘은 흔한 일이 된다. 조선 후기에 횡행했던 자매문기(自賣文記)와 공명첩(空名帖)을 보면, 경제주의가 얼마나 정의를 타락시켰는지가 여실히 드러난다. 자매문기는, 가난한 집에서 가족의 일원을 노비로 팔아버린다는 내용을 담은 계약문서다. 예를 들어, 여자아이를 팔 경우 손도장을 찍는 당사자는 그의 오라버니이거나 부모였다. 공명첩은 이름 칸만 비워 놓은 임명장 복사본을 여러 장 만들어 놓고, 누군가 돈을 내는 사람이 있으면 그의 이름만 채워 넣은 뒤 그에게 관직을 부여했다고 증빙하는 허위 증서다.

　자유지상주의 정의론이 조직에서 비판 없이 수용된다면, 합법적인 고액의 자문료 지급을 통해 영향력 있는 인사를 매수하는 행위, 상사에게 뇌물을 공여해서 유리한 인사를 유도하는 행동, 또는 법적인 환경 기준치를 교묘히 피해 가는 선에서 환경을 오염시키는 조업 등은 모두 합당한 행위가 된다. 이런 행동들이 단지 관행이라는 이유로, 또는 실정법을 위배한 사실이 없다는 이유만으로 횡행한다면, 이는 결코 올바른 경영이라고 볼 수 없다. 사회는 반드시 이런 부당한 행동에 부정적인 피드백을 가해 올 것이다. 시민은 분노하고 정부는 훨씬 강력한 규제로 그들의 경제적 자유를 봉쇄할 것이다.

　무엇보다 우리는 자유지상주의 정의론이, 조직 내부에 적용하는 원리로서는 큰 흠결이 있다는 사실을 알아야 한다. 조직이 외부의 고객과 공급사를 상대로 하는 거래에는 자유시장 원리가 적용되지만, 조직 안의 자원 배분과 소득 분배는 대부분 의사결정에 따른 할당, 그리고 미리 정해진 규정을 따른다. 일부 사내 거래를 통해 조직 내 자원 배분에 자유시장 원리를 도입하려는 시도가 있지만 일반적이지는 않다. 노동자가 회사를 상대로 맺는 근로 계약은, 적어도 계약이 이루어지는 순간은 거래지만, 그가 계약 이후 조직 구성원이 되고 나서는 더 이상 기업과 자유 거래는 없다. 계약 기간 중 연봉은 고정되거나 계약 규정에 따라 인상될 뿐, 매 순간 거래로 정해지지 않는다. 노동자는 자유에 의거하지 않고 규정과 의무에 구속된다. 근로기간 중 쟁의를 통해 노동 조건을 변화시킴으로써 마치 거래와 비슷한 결과를 낳을 수는 있지만, 이 역시 예외적으로 일어나는 일일 뿐이다.

경영자는 이때 역설에 처한다. 그가 조직 안에서 노동자의 자유 거래를 허용할 수는 없지만, 그럼에도 불구하고 그들의 자유를 어떤 식으로든 구현해줘야 하기 때문이다. 경영자가 노동자에게 부여할 자유는 조직 내 거래의 자유가 아니라, 목표 설정의 자유, 그리고 그 달성을 위한 전략과 계획 수립의 자유여야 한다. 물론 개별 노동자의 목표 설정의 자유는 무방향(無方向)과 방임(放任) 속에서가 아니라, 그 상위목표, 더 나아가 최상위에서 조직 전체의 목표에 기여하는 범위 안에서만 허용될 것이다. 이 자유는 일정한 수준의 '구속을 전제로 하는 자유'다.

3) 평등주의

평등주의는 언어와 사상의 세계에서는 막강한 위력을 발휘해 왔다. 하지만 현장에서 실천과 결과를 내는 데에서는 생각보다 효과가 작았다. 모든 사람이 각각 존엄한 존재로서 평등하게 태어났고, 평등하게 대우받아야 하며, 기회는 균등해야 하고 결코 차별받지 않아야 한다는 사실은, 근대 계몽주의가 확산된 이후 상식적인 당위론이 됐다. 그토록 상식이 됐음에도 이만큼 언어와 현실 사이에 괴리가 큰 영역도 드물 것이다.

현실에서는 사람 사이에 일, 소득, 재산, 지위에 언제나 차이가 생긴다. 그렇다고 해서 평등이 훼손당한 것일까? 만약 평등을 훼손한 것이 아니라면, 어떤 근거로 이 차이를 정당화할 수 있을까? 이 차이를 정당화하는 논리 중 하나는 '기회 균등의 원칙'이다. 일단 구성원들에게 기회가 균등하게 주어지기만 하면, 그들 각자가 자유롭게 이룩한 성과 간의 차이는 모두 정당하다는 것이다. 그러나 그 전제를 깊이 들여다보면, 온전한 기회 균등은 현실에는 존재할 수 없는 상상 속의 조건에 그친다는 사실이 곧 드러난다. 어떤 시험에 응시한 100명에게 동일한 응시조건을 부여한다 한들, 그것만을 보고 그들에게 균등한 기회가 부여되었다고 말하기 어렵다. 고사장에 이르기 전에 그들은 저마다 이미 상이한 조건들을 달고 왔기 때문이다. 그들의 시험 준비 과정에 개입했던 수많은 제약 요인이나 지원 요인(출생 환경, 거주 환경, 두뇌, 체력 등)에 이미 차이가 있었다. 기회의 평등은 그가 응시장에 도달하기 전에 이미 어그러져 있는 것이다.

한편, 균등주의와 수평주의는 기회 균등의 평등주의와 전혀 다른 궤도를 취한다. 그 생각에 따르면, 공동체 안에서 모든 사람은 보수를 동일하게 나누어 가져야 하고, 상하 간 지배 – 피지배가 없어야 한다. 개인이 기여한 몫, 그의 축적된 지식자본 능력과 가치에 따라 사회 안 또는 조직 안에서 보수와 지위에 차이를 둠이 부당하다는 이런 생각은, 이를 말하는 사람조차 비현실적이라는 것을 내심 알고 있다. 균등주의와 수평주의는 진정한 평등사상이 아니다. 오히려 모든 사람을 아무런 개성 없이 한낱 동질적인 물건으로 취급하는 물질주의에 불과하다.

다. 현대의 정의론

1) 존 롤스

존 롤스John Rawls는 기존의 공리주의, 자유지상주의, 그리고 평등주의 정의론이 각각 지닌 장점을 살리고 단점을 보완하는 정의론을 모색했다. 그의 정의론은, 사람들의 자유와 차이를 존중하면서도 평등주의가 요구하는 원칙을 어느 정도 수용하는 형태로 제시됐다.

롤스는 《정의론(Theory of Justice)》에서 근본 질문을 이렇게 규정했다: "민주주의 사회가 자유롭고 평등한 시민들 사이에 공정한(fair) 협력(cooperation)을 이룩하는 사회라고 한다면, 거기에는 어떤 원칙이 적용되어야 하는가?"[151] 그는 여기에서 '협력'을 '사회의 생산적 활동에 참여하는 개인들에게 서로 다른 다양한 역할을 나누어주며(assign) 분업을 구체화시켜주는 것'으로 정의했다.[152]

대부분의 시민은 (이민 같은 수단을 제외하고는) 사회 선택의 범위가 제한되어 있다. 그들은 어쩔 수 없이 태어난 나라에서 살아야 한다. 그리고 그 나라에서 맞이하는 불평등을 어쩔 수 없이 겪어야만 한다. 그런데 롤스는, 불평등을 그들이 처한 현재 상태가 아니라 기대 내지 전망의 문제로 본다는 사실에 주목해야 한다. "불평등이란 시민의 삶에 대한 전망(life-prospects)의 차이를 말한다. 이 전망은 그의 출신 가문(class of origin), 천부의 능력(natural endowment, 재능, 체력 등), 교육 기회, 생애에 걸쳐 발생하는 행운 또는 불운에 영향을 받는다."[153]

롤스의 근본 질문은 이렇게 시작됐다: 개인의 재능에 따른 자유 교환은 항상 정당한가 또는 자유로운 교환은 항상 개인 노력의 정당한 대가인가? 예를 들어서, 명문대학교에 입학한 부유한 집안의 자녀와 대학교에 진학하지 못한 가난한 집안의 자녀가 각각 처하게 될 삶에 대한 전망은 오로지 그의 노력에 기인한 정당한 대가인가?

롤스가 보기에 재능, 근면성, 인내심 등 천부적 품성은 온전히 개인의 노력으로 획득한 것이 아니었다. 그것은 개인이 무작위로 당한 추첨의 결과, 일종의 자연 복권(natural lottery) 같은 것이었다. 그는 사회의 출발선을, 각 개인이 무작위로 받은 상태 그대로 인정하는 것은 부당하다고 보았다. 그는 남보다 '우연히' 우수한 조건으로 출발한 개인이 받아 간 몫의 일부를 '우연히' 불리한 조건으로 출발한 개인의 몫을 향상시키는 데에 사용해야 한다는 결론에 이르렀다. 여기서 뒤에 해당하는 개인들을 그는 '최약자(The least advantaged)'라고 지칭했다. 최약자란 기본재(primary goods)를 갖출 전망이 가장 낮은, 저소득 계층을 의미한다. 기본재란 다음과 같은 것을 포함한다.

1. 기본권 : 사상의 자유, 양심의 자유

2. 거주 이동과 직업 선택의 자유

3. 권위 있는 지위와 직위상 특권, 그리고 책임

4. 소득과 재산(교환가치가 있는 모든 물품 포함)

5. 사회적 자기존중감

그의 정의론은 평등의 원칙과 차이(difference)의 원칙이라는, 얼핏 서로 융합하기 어려울 것 같은 두 원칙을 종합한 것이다.

먼저 평등의 원칙은, 헌법의 본질(constitutional essential)로 규정되어야 한다. 각 개인은 평등한 기본적 자유를 향유할 권리를 동등하게 보유하며, 이 자유는 모든 개인의 자유와 합치한다.

이때 등장하는 것이 개인의 원초적 지위(original position)라는 개념이다. 이는 시민으로서 각 개인의 지위를 추상적으로 대표(representation)하는 수단으로 설정된 것이며, 현실의 행동 목표를 의미하는 것이 아니다. 즉, 개인의 출신 가문, 타고난 재능, 지위 등이 개입되기 전, 자유롭고 평등한 존재로서 개인이 부여받은 가장 본원의 위치를 대변하는 개념이다. 롤스가 개인의 원초적 지위는 칸트의 '목적으로서 인간'이라는 개념과 유사하다. 이는 정의로운 사회의 원칙을 도출하는 과정의 가장 근원에서 작동하는, 일종의 헌법적 준수 요인 또는 제약 조건이어야 한다.

이 근원처에서 사람들 사이에는 아무런 차이가 없다. 하지만 이 '차이 없음'은, 그가 태어나면서 받은 부존자원과 평생에 걸친 노력의 프리즘을 통과한 끝에 불가피하게 '차이 있음'으로 귀결된다. 롤스는 제대로 질서가 잡힌 사회에서, 이 '차이 있음'을 어떤 구조로 유지해야만 비로소 공정한 소득 분배 상태로 간주할 수 있을까를 고민했다. 동시에 그런 공정한 상태가 어떻게 해야 지속될 수 있을 것인가를 연구했다. 결국 그가 바라본 평등의 원칙은 사회에서 '허용가능한 수준의 소득 불평등(allowable income inequality)'을 어떻게 유지할 수 있을 것인가의 문제로 귀착했다.

평등의 원칙에 뒤이은 차이의 원칙[154]은, 사람들마다 발생하는 차이를 어떤 식으로 조성할 것인가에 대한 것이다. 이것은 '분배 정의(distributive justice)'의 원칙이기도 하다.

차이 원칙의 첫 번째 조건('가'라 칭함)은, 기회의 공정한 평등(fair equality of opportunity)이다. 모든 구성원이 다양한 학교와 사회기구(관청, 기업 등)에 접근할 수 있는 기회가 공정하게 개방되어 있어야 한다. 사람들이 교육받을 기회와 직업을 획득할 기회는, 각자의 능력과 업적에 따라 배분되어야 한다. 말하자면, 기회가 공정하다는 전제하에 개인들은 능력에 따라 서로 다른 특성을 지닌 학교에, 그리고 업적에 따라 서로 다른 일자리에 자리할 수 있어야 한다. 이 조건만 떼어 놓고 보면 롤스의 생각은 자유주의에 부합한다.

그런데, 자칫 오해할 여지가 있다. 여기에 롤스는 단서를 붙였다. 사회적 배경이 능력과 노력의 차이에 영향을 미칠 수 없다는 한에서 그래야 한다는 것이다. 개인의 능력과 노력의 차이에 따라 그에게 귀속되는 대가의 차이는 철저히 존중하되, 그 능력과 노력이 그가 업고 나온 사회적 배경과 무관하게, 순수하게 그 개인의 것이어야 한다는 점을 그는 강조했다.

타고난 재능이 사람 사이에 차이가 있다는 것을 전제하면, 동등한 재능을 지닌 사람들은 그 재능을 활용하려는 의지가 동일하다면, 모두 출신 계층과 무관하게 '동일한 성공 전망(the same prospects of success)'을 지녀야 한다.

이 조건을 뒤집어 해석하면, 자유주의가 진정으로 작동하려면 개인이 온전히 자신의 노력에만 기인한 대가를 자유롭게 수취해 가야 한다. 그렇게 할 수 있으려면 개인이 개인 이외의 것으로 부여받은 일체의 유리한 조건들(출신 가문 등)을 벗겨내야만 한다.

이쯤 되면 롤스의 정의론은 사실상 혼돈 상태에 빠진다. 왜냐하면 현실 속 모든 개인은 개인 이외의 것들을 자신으로부터 도저히 분리할 수 없는 상태에서 경제적 거래에 임하고 있기 때문이다. 그래서 온전한 개인의 노력과 능력을 분리하고자 하는 작업은, 실행 불가능한 상태로 빠져들고 만다.

롤스가 개인의 자유에 추가한 또 하나의 단서는, 기회의 평등과 병행해야 할 자유의 구조였다. 즉 자유시장 경제가 부의 과도한 집중을 방지하는 정치적, 법적 프레임을 반드시 갖추어야 한다는 것이었다. 부가 과도하게 집중되면, 구성원들이 개인의 노력에 따라서가 아니라, 사회적 배경에 따라 대가를 수취해 가는 작용력이 더욱 강화될 것이기 때문이다.

롤스가 말했던, 부의 과도한 집중을 막는 정치적, 법적 프레임은,

필요할 때마다 정부가 개입하는 형태가 아니라 헌법적 기초를 전제로 한 하나의 질서로서 정립되어야 했다. 그런 면에서 동일한 문제에 대해 롤스의 입장은 드러커의 견해와는 차이가 있다. CEO의 과도한 보상 문제를 예로 들자면, 드러커는 이 문제를 경영 윤리의 차원에서 파악했다. 그에 따르면, CEO가 천문학적 고연봉을 스스로 책정하는 행위는 사회를 분열시키는 해악 행위이므로, 경영자는 자신의 행동이 사회에 미치는 영향을 늘 생각하면서 이를 자기통제할 책임이 있다. 이를 법을 통해 강제하는 것은 도덕이라는 이름의 전체주의에 이르는 길이라는 이유로 반대했다. 그의 눈에, 윤리를 법으로 강제하는 것은 결국 자유를 파괴하는 것이었다.

반면에 롤스는 이를 드러커처럼 윤리와 책임의 차원에서 보지 않고, 일종의 유인 메커니즘 설계(incentive mechanism design)의 문제로 파악했다. 이는 한때의 강자가 영원히 독식하지 못하도록 하는, 모든 참여자가 공정하게 협력 시스템에 참여하도록 유도하는 경기 규칙이다. 그리고 이 규칙은 그때그때 임시방편 내지 재량이 아니라, 예상 가능한 구조로 설계해 놓아야 한다.

롤스가 든 한 가지 예는, 미국 풋볼 리그(NFL)의 드래프트(Draft) 제도였다. 구단은 시즌 성적 역순으로 특급 신인 선수에 대한 지명권을 부여받는다. 하위 팀에게도 우수한 선수를 확보할 기회를 주자는 취지로 도입된 제도다.[155] 그렇게 하지 않으면 성적이 우수한 팀은 고연봉으로 우수한 선수를 영입하면서 강자의 지위를 강화할 것이고, 하위 팀은 영원히 하위 성적을 면하지 못하는 구조가 정착될 것이기 때문이다. 돈으로 특급 선수를 무제한 영입할 수 있는 구조에서는 승자 독식이 영원히 지속될 수밖에 없다. 스페인 프로축구 구단 중 FC바르셀로나, 레알마드리드 등이 항상 승자일 수밖에 없는 이유가 여기에 있다.

차이 원칙의 두 번째 조건('나'라 칭함)은, 사회의 최약자 집단이 누리는 '편익을 가장 크게 만들어주는(the greatest benefit of the least-advantaged members of society)' 체제가 바람직하다는 것이다. 앞의 '가' 조건이 자유주의를 지향한 것과 달리, 조건 '나'는 인위적 계획과 할당의 사고를 따른다.

만약 누군가가 롤스의 다른 차이 원칙과 조건들을 다 무시하고 오직 '나' 조건 하나만 떼어 놓고 이야기한다면, 롤스는 순식간에 약자의 절대 수호자로 등극하게 된다. 여기서 더욱 생각을 방만하게 풀어 놓으면, 권력의 강제력을 동원해서 강자의 것을 약자에게 이전시킴이 바로 정의라는 궤변까지 이끌어낼 수 있다.

하지만 롤스는 이 원칙 간 우선순위를 분명하게 밝혔다. 헌법적 본질로서 모든 평등한 개인들이 보유한 자유의 원칙, 즉 평등의 원칙이 차이의 원칙에 우선하며, 차이의 원칙 안에서도 '가'가 '나'에 우선한다. 한 사회에서 삶에 대한 전망이 개선될 가능성이 희박한 계층, 즉 최약자에 대한 적절한 배분을 인위적으로 설정한 상태에서, 최약자가 아닌 계층들에 대해서는 기회의 공정한 평등 조건을 추구해야 한다.

한 사회에 이런 식으로 '배후에서 작동하는 정의(background justice)'가 마련되어 있지 않으면, 그 사회는 시간이 경과할수록 과도

한 소득 격차에 반드시 봉착하게 된다. 그러면서 애초 그 사회가 추구했었던 '기회의 평등'이라는 원칙 자체가 훼손된다. 왜냐하면 자유로운 시민들 가운데 상당수가 교육 기회에 대한 접근성 자체를 박탈당할 것이기 때문이다.

사회가 이런 상태에 돌입하면, 평등한 존재로서 개인들 가운데 상당수가 교육 의지를 자발적으로 포기하게 된다. 이 포기는 두 방향에서 나타난다. 첫째, 부자들은 사회적 지위를 획득하고 유지하는 데에 그리 어려움이 없는 지대(地貸) 추구 계층으로 전락하면서, 특별히 교육과 학습에 노력을 기울이지 않게 된다. 둘째, 빈자들은 사회적 지위 향상의 발판이 될 양질의 교육 수혜와 인적 네트워크를 형성할 기회를 차단당한 채 절망과 낙오로 모든 지식 축적을 포기한다.

이런 상황이 지속되면 개인들 사이에서는, 특히 가난한 자들 사이에서는 사회로부터 공정하게 대우받는다는 인식이 점점 사라진다. 과도한 불공정 인식에 노출된 대중들은 모든 사유를 부정하고 생산의 일체 원인과 결과를 공공으로 귀결시키려는 단순 논리가 횡행하게 된다. 정치인들은 서민과 공공만을 외치고, 대중들은 그에게 박수칠 것이다. 그렇게 되면 자유시장 생산 시스템은 서서히 자기파괴 상태로 진입한다. 한 사회가 불공정한 상태로 몰락하는 과정에 대한 롤스의 이런 묘사에는, 약 반세기 전 드러커가 《경제인의 종말(The End of Economic Man, 1939)》에서 말했던, '대중의 절망'이 전체주의를 탄생시키는 모든 과정이 고스란히 담겨 있다. 이쯤 되면 사회의 여러 필요를 충족시키는 수단으로 작동해 왔던 개별 경영자의 모든 역할은 사라진다.

한때 사회를 지탱했던 그 모든 합리성도, 도덕도 사라지고, 서민과 공공을 위한다고 입으로만 외치는 사회 지도층의 지위만 더욱 공고해진다. 그 와중에, 정작 사회는 롤스가 말했던 분배 정의의 상태, 즉 '공정하고 효율적이며 생산적인 사회적 협력 시스템이 시간 경과 속에서, 한 세대에서 다음 세대로 지속할 수 있도록 사회적 기구들을 규제하는 통일된 체계를 달성할 수 있도록 하는 상태'로부터 점점 멀어지게 된다.

• 노동은 동일한데 전망은 차이 나는 불평등

롤스가 채택한, 전망으로서의 평등주의가 조직 내 정의의 대원칙이어야 함은, 적어도 언어와 사상 측면에서는 부인하기 어렵다. 다만 그것이 균등한 소득의 추구나 위계구조의 무분별한 폄하가 아닌 한에서는 분명히 그렇다. 그러나 실천과 결과라는 면으로 돌려서 보면, 현실은 대개 이 원칙과 무관하게 작동한다.

그 심각한 위배 사례 중 하나는, 남용되고 있는 비정규직 제도다. 정규직과 비정규직 간 근로계약의 차이 자체가 정의를 위배하는 것은 아니다. 학업이나 기타 이유로 정시 출퇴근이 어렵거나, 장기 근무를 원하지 않고 일정한 기간만 일할 필요가 있는 근로자라면, 그들의 자발적 비정규직 근로계약은 합당하다. 이렇게 체결된 비정규직 계약의 당사자들이 형성하는 전망은, 과업 여건이 전혀 다른 정규직 노동자의 그것과 다를 수 있고, 이 차이 자체가 평등의 원칙을 훼손하는 것은 아니다.

하지만 동일한 과업을 동일한 조건으로 수행하는 사람들 사이에, 단지 계약 형태의 차이 때문에 미래의 조직 내 지위와 소득에 대한 전망에 넘기 어려운 차별이 생겼다면 부당하다. 사실 비정규직 계약의 상당수가 자유의사에 의한 것이라고 보기 어려운 경우가 많다. 그들의 희망은 정규직과 동등한 조건으로 동등한 과업을 수행하는 것이었겠지만, 내개 소식이 원가절감 같은 이유를 들어 처음부터 그런 기회의 문을 차단하고 고용 형태를 달리해서 제시했다면, 그 계약은 적어도 형식상으로는 자발성을 띠겠지만, 내용으로는 피할 수 없는 선택지를 강요당한 것이다.

앞에서 소개한 롤스의 선언, 즉 '동등한 재능을 지닌 사람들은 그 재능을 활용하려는 의지가 동일하다면, 모두 출신 계층과 무관하게 동일한 성공 전망을 지녀야 한다.'는 것을 조직 내에서 동등한 과업을 수행하는 노동자 집단의 관점에서 생각해보자. 조직 특정 과업에 적합한 능력을 지닌 다수의 구성원들을 선발했다는 가정하에, 동등한 과업을 수행하는 사람들은 그 과업 목표를 달성하려는 의지가 동일하다면, 모두 출신 배경(학력, 경력 등)과 무관하게 동일한 성공 전망을 지녀야 한다. 전망은 동일하겠지만 실제로 과업 달성도는 당연히 차이가 날 것이라는 점은, 롤스의 관점에서도 인정해야 할 사실이다. 그 결과 고평가자가 조직 내에서 성공하고 저평가자가 그렇지 못한 것, 이 차이는 평등의 정의론을 결코 위배하지 않는다.

대신, 정의에 대한 훼손은 바로 전망의 차이에서 나온다. 예컨대 고졸 비정규직이 대졸 정규직과 사실상 동일한 과업을 수행하면서도, 아무리 열심히 일해도 대졸 정규직에 비해 미래의 보수 수령과 복지 혜택과 지위의 유지·획득에서 불리할 수밖에 없을 것이라고 전망한 다면, 이는 결코 정의롭지 못하다.

그럼에도 불구하고 이 부당한 근로 형태가 횡행하는 이유는, 경영 자가 노동자를 한낱 수단으로만 바라보기 때문이다. 그들을 자유와 평등을 누릴 권리를 지닌 존엄한 개인으로 보지 않고, 단지 경제적 거 래의 대상으로 보기 때문이다. 그들을 마치 잠시 대체물로 쓸 수 있는 부품 정도로 간주한다. 그런 시각을 지닌 경영자들에게 정의 인식이 란 존재하지 않는다. 평등으로서의 정의가 훼손된 조직에서, 차별당 하는 노동자들은 스스로 성과 창출 동기를 일으키지 않는다. 그들의 절망은 조직을 서서히 죽음에 이르게 한다.

• 성평등과 연령 평등

성차별과 연령 차별은 정의가 자주 훼손되는 또 다른 영역이다. 전 통적으로 남성과 여성 사이에 신체 특성 차이는 그에 맞도록 사회적 역할을 분화시켰다. 그 과정에서 남자는 몸을 더 많이 쓰는 바깥일을 하고, 여자는 출산과 육아는 기본이되 몸을 상대적으로 덜 쓰는 집안 일을 주로 맡았다. 둘의 과업에는 뚜렷한 차이가 있었다. 하지만 대다 수 육체노동이 기계로 대체된 현대 지식사회에서 남성과 여성은 자주 동등한 지식 과업을 맡게 됐다. 심지어 학교에서 수석 졸업자들의 상 당수를 여성이 차지할 정도로 여성은 남성보다 더 탁월한 지식 과업 성취 능력을 자주 보이고 있다.

그런데 여성에게 출산과 육아의 의무가 부과되는 상황이 오면, 그가 부여받은 지식노동자로서 과업과 상충하기 시작한다. 이때 출산과 육아의 비용은 여성의 출발선을 뒤로 후퇴시키는 셈이다. 이 점만 놓고 보면 여성은 순식간에 불공정 조건으로 추락하는 것이다. 그래서 회사는 여성 입장에서 후퇴한 출발선을 다시 앞으로 전진시키는 정책으로서 특별히 여성에게 유리한 근로조건을 허용하기도 한다. 반대로 군복무 기간을 거치지 않고 남성보다 일찍 지식노동 경력을 시작하는 여성 앞에서 남성은 자신의 출발선이 강제로 후퇴당한다고 느낄 수도 있다. 그래서 남성에게 군복무 가산점이 부여되기도 한다.

이런 구조적 불평등을 해소하려는 많은 노력들이 있지만, 이를 대하는 남성과 여성의 공정 심리는 매우 복잡하고 미묘하다. 남성과 여성이 위치하는 지식노동의 모든 출발선을 완벽히 동일하게 만들어주지 않는 한 해결이 어렵다. 억지로 전망해보자면, 먼 훗날 기술 발전으로 태아가 여성의 몸을 통하지 않고 시험관에서 착상, 성장, 출산하는 것이 보편화되고, 아이가 생물학적 부모의 곁을 떠나 양육과 교육만을 전문으로 담당하는 사회적 기구(기업 등)에서 성장하거나, 여성도 남성과 동등한 조건으로 군복무를 할 수 있는 제도가 마련된다면, 앞에서 언급했던 불공평의 해소는 어느 정도 가능할 것이다. 그런 여건이 갖추어지기 전까지 경영자와 노동자가 할 수 있는 일이란, 완벽한 평등을 구현하기가 도대체 불가능하다는 현실을 인정하되, 다만 기회의 평등에 조금이라도 더 가까이 가려는 노력을 기울이는 일뿐일 것이다.

연령 불평등, 특히 나이 든 사람에 대한 차별 문제는 더욱 심각하다. 지식노동자의 성과 창출 능력은, 육체노동자의 그것과 달리 나이가 든다고 꼭 감소한다고 보기 어렵기 때문이다. 그럼에도 많은 조직들이 나이가 많다는 이유로 어느 순간 그들과 함께 일하기를 거부한다. 필자는 어떤 핸드백 제조회사와 투자금융사에서 60대를 넘긴 고령의 장인(匠人)과 전문가들이, 임원으로서가 아니라 평직원으로서 여전히 자신에게 맞는 지위를 부여받고 일하는 모습을 본 적이 있다. 하지만 이런 일은 매우 예외적이다. 사람이 단지 고령자라는 이유로 조직 내 지위에서 원천 배제되는 것은, 피부색이나 성(性)이 다르다고 해서 레스토랑이나 클럽에 입장을 거부당하는 것과 같다.

경영자가 과업 수행자의 나이나 성에 차이를 둬야 하는 경우는, 오직 사물의 존재 이유, 즉 샌델이 강조했던 텔로스(telos, 345쪽 참조)에 부합하는가를 판단해야 할 경우로 한정되어야 한다. 노인에게 힘 있고 빠른 몸놀림이 필요한 일을 시키거나, 숙련과 통찰이 필요한 일에 경험이 미숙한 청년을 앉힌다면, 결코 정의롭지 않다. 이런 인사 배치를 두고 평등의 원칙을 구현했다고 말할 수 있는 사람은 없다. 사람마다 지닌 강점과 사물마다 부여받은 존재 이유에 맞게 각각 자리를 구분해주는 것은 차별이 아니다. 이것이야말로 진정한 평등이다. 그런 면에서 경영자의 정의 구현은 만물의 차이를 아는 데에서부터 시작한다.

• 기업은 약자의 보호를 추구하는 사회가 아니다

롤스의 최약자 보호 원칙은, 공동사회에서는 유효할지 몰라도 이익사회로서 기업 조직에서는 타당하지 않다.(387쪽 참조)

예를 들어, 공동사회 중 하나인 가정을 보자. 정신과 신체 능력이 현저히 부족하게 태어난 자녀를, 그가 가족 구성원으로서 갖추어야 할 조건에 미달한다는 이유로 방치하거나 심지어 버려서는 안 된다. 부모나 자식이 자신의 기대에 부합하지 못한다고 해서 그를 트레이드 대상으로 삼을 수는 없다. 오히려 다른 자녀들에게 능력 개발의 기회를 만들어주는 것 이상으로, 그가 자신의 삶을 유지할 수 있는 최저한의 추가적인 보호와 지원을 부조건으로 제공해야 한다. 양자 입양제도가 있기는 하지만, 자식이 더 훌륭한 부모를 찾아 가정을 선택하거나 부모가 자기 자식을 버리고 더 뛰어난 자식을 받아들이는 일은 거의 일어날 수 없다. 그런 곳에서 최약자 보호 기능은 논리적으로나 역사적으로나 정당화되어야 한다.

반면, 이익사회인 기업 조직은 다르다. 기업 조직은 노동자들에게는 이동의 자유를, 그리고 경영자들에게는 선발의 자유를 부여한다. 노동자는 자신의 강점을 살릴 수 있는 곳을 찾아 이동할 수 있고, 경영자는 자기 조직에 기여할 수 있는 강점을 지닌 노동자를 고를 수 있다. 적어도 이 원칙대로라면, 기업은 논리적으로 최약자 계층 자체를 허용하지 않는 공간이 되어야 한다.

하지만 이 원칙은 이상일 뿐, 현실은 조금 다르다. 이익사회 안에서도 이동과 선발의 자유를 행사하는 일에는 제약이 있다. 노동자는 이 지옥 같은 사업장을 떠나 이동하고 싶지만 자신이 정작 무엇을 잘할 수 있는지를 모르고, 어디로 갈 수 있을지도 찾기 어렵다. 경영자는 선발 과정에서 아무리 적임자를 찾고 싶어도 제대로 강점을 갖춘 사람을 만나기도 어렵거니와 지금 앞에 나타난 사람의 실제 능력을 파악하기도 어렵다. 심지어 경영 관점 이외의 정치적 압력 또는 인간 관계에 따라 사람을 앉혀야 할 상황에 처하기 일쑤다. 또한 조직에 기여하지 않는, 심지어 해를 끼치는 구성원을 해고하는 일은 대개 벗어나기 어려운 법적 제약과 엄청난 저항에 직면하게 된다.

롤스가 염두에 두고 있었던 정의의 구현 공간은 매우 넓었다. 그곳은 지속적인 자유시장 경제의 생산과 분배 구조가 적용되는 공동체 전반이었다. 반면에 경영자가 정의를 실현할 곳은, 롤스처럼 큰 공간이 아니라, 상대적으로 작은 대상인 조직이다.

자유시장 일반을 전제로 구상된 롤스의 정의론은 조직 내부에서는 통하기 어려운 지점이 많다. 조직 안에서 여러 과업들은 구성원 간 자유 거래의 원리가 아니라, 계획과 할당의 원리에 따라 배분되어야 하기 때문이다. 그곳에서 노동자를 자유롭게 퇴출시키기는 어려우며, 임금 역시 유연하게 조정하기가 어렵다. 경영자가 상대하는 외부는 시장이지만, 그가 몸담은 조직 내부는 시장이 아니다.

2) 마이클 샌델

마이클 샌델은 롤스의 사상을 대부분 계승하되, 평등주의와 경제지상주의론의 단점을 더욱 보완하는 방향으로 정의론을 제시했다.

국가 공동체를 수호하는 병사의 지위에 개인들을 배정하는 제도로서, 징병제와 모병제 가운데 무엇이 더 정의로운 제도인가? 평등주의 관점에서는 징병제가 정당하고 모병제는 부당하다. 반면, 자유지상주의 관점에서 징병제는 무당하고, 모병제는 정당하다. 이렇게 동일한 사안에 대해 결론이 어긋날 수 있다면 평등주의와 자유지상주의 자체가 정의의 원리로서 결함이 있거나, 사안 자체가 결정 불가능한 문제이거나 둘 중의 하나일 것이다. 한 걸음 더 나아가서 양심적 병역 거부는 과연 정의로운 행동인가? 이는 평등주의 관점에서는 부당하고, 자유지상주의 관점에서는 합당해 보인다.

이렇게 결정 불가능한 사안이 발생하는 이유는, 샌델의 표현에 따르면, 가치 중립성과 다원적 자유를 옹호하는, 이른바 '절차적 공화국(procedural republic)'이 지니는 근본적 결함 때문이다. 거기에서 다양성과 자유라는 이름 아래 아무 행동이나 다 용인된다면, 사회적 합의는 도대체 불가능할 수밖에 없다. 낙태, 동성혼, 마약 투약, 매춘, 간통, 이 모든 행동이 자유의 이름으로 어느 선까지 허용될 수 있을까? 사실 이런 행동이 타인의 신체와 사상의 자유에 위해를 가하지 않는 한, 특별히 단죄할 근거는 역사적으로나 논리적으로도 발견할 수 없을지 모른다. 마약은 고대 사회에서 허용되는 물질이었고, 매춘 역시 그렇게 받아들여진 관행이었다. 다만 우리는 현대 사회의 지속가능성에 미치는 중요한 요소로서 그 허용 수준과 행동 지침을 구성원 사이에 어떤 방식으로 합의할 것인가의 문제에 직면한다. 샌델은 이 점에 초점을 두었다.

자유지상주의를 향한 그의 문제의식은 능력주의(meritocracy)에 대한 비판으로도 이어졌다. 그가 바라보는 현대 능력주의 사회는 성공한 사람의 성과는 무엇이든 용인되는 사회다. 그는 특히 돈으로 모든 것을 살 수 있는 사회의 부당성을 문제삼았다. 물론 그는 돈으로 '무엇'을 사는 행동 자체가 부당하다고 본 것이 아니라, '무엇이든' 살 수 있다는 것이 옳지 않다고 보았다. 샌델 자신도 시장원리에 따라 자신의 저술과 강연을 돈 받고 팔지 않았는가!

능력주의는 관료제와 마찬가지로 두 얼굴의 사상이라고 말할 수 있다. 그것은 한때의 공적에 이어 후대에 큰 폐해를 낳았기 때문이다. 능력주의는 서구 역사에서 공정 사회를 태동시킨 가장 큰 원동력이었다. 근대 이전 유럽 사회에서는 상류 지위 획득이 주로 가족 세습, 매관매직, 족벌주의, 정실주의로 이루어져 왔다. 그때 하층민이 자신의 능력과 노력으로 높은 지위를 획득할 가능성은 매우 낮았다. 그러다 18세기 후반 영국의 민주주의 혁명, 프랑스 혁명 그리고 미국 혁명 시기를 거치면서 공정한 시험을 통해 공직자를 선발하는 관행이 정착되면서, 하층민이 높은 사회적 지위를 획득할 수 있는 길이 열리게 됐다.[156] 여기에 19세기 후반 기업이 사회의 중추적 기구로 등장하게 되면서, 기업가와 노동자 모두 자신의 능력에 따라 합당한 사회적 지위와 부를 달성할 기회가 열렸다. 여기까지가 능력주의의 공헌이었다.

그럼에도 샌델이 능력주의를 이토록 비판하는 근거는 무엇이었을까? 그것은 능력주의의 변질에 있었다. 현대 사회의 시험과 선발 과정이 원래 의도처럼 어떤 개인의 순수한 능력이 아니라 그가 태어나면서부터 받은 부존자원, 즉 가문의 재력으로부터 크게 영향을 받는 상황으로 전락했다는 것이다. 미국의 SAT제도, 한국의 수학능력시험이나 생기부전형제도, 심지어 변호사 양성기관인 로스쿨 입학과 수학(修學)조차도 가문의 재력이 뒷받침되는 사람에게 유리한 구조가 됐다. 샌델의 문제의식은, 공정하다고 알려진 현대의 수많은 시험들이 깊이 들여다보면 결코 공정하지 않다는 사실에서 출발한다. 시험에서 벗어나 한 걸음 더 나아가, 돈의 도움으로 자격을 취득할 수 있는 제도, 예를 들어 기부입학은 공정한가? 또한 기금교수 채용은 공정한가? 샌델의 입장에서는 이런 행동이 아무리 공리주의나 자유지상주의의 논거를 들이댄다하더라도, 본질은 학생증과 교수직을 돈으로 사는 것에 불과하므로 불공정한 것이었다.

샌델이 앞선 시대의 정의론을 보완했던 중요한 요소 하나는 텔로스(telos)였다. 텔로스란 어떤 사물의 존재 이유, 또는 목적이다. 어떤 개인에게 어떤 자원을 배분해야 하는가? 바로 텔로스에 맞게 배분해야 한다. 누가 플루트라는 악기를 가져야 하는가? 플루트의 텔로스, 즉 아름다운 음악을 만들어내는 목적을 실현하기에 합당한 개인이 가져가야 한다. 누가 의료혜택을 누려야 하는가? 의료서비스의 텔로스가 시급히 치료받아야 할 사람을 치료하는 것이라면, 부자나 권력자보다 치료가 시급한 환자에게 먼저 제공되어야 한다.

미국에서 한때 미식축구 응원단에서 뇌성마비 장애인을 거부했던 사건은 많은 사회적 논란을 일으켰다. 그 장애인이 차별 없이 대우받아야 한다는 입장이라면, 채용이 정당한 것이었다. 설령 그 장애인이 거액의 돈을 내고서라도 응원단에 들어오려고 했다면, 자유지상주의 관점에서는 채용을 허용했어야 했다. 하지만 어떤 논법도 모두 옹색

했다. 샌델은 이 문제에 대해 응원의 텔로스는 무엇인가를 기준으로 결정해야 한다고 생각했다. 그에 따르면, 정의의 문제는 단순히 권리, 효용, 자유 교환의 관점에서만 다루어서는 안 되며, 반드시 배분 대상의 텔로스를 고려해야 한다.

또한 그에 따르면, 정의의 문제는 사회에 필요한 덕목과 공동선을 고려해야 한다. 그는 공리주의와 자유지상주의처럼 윤리로부터 중립적인 태도는 정의론으로서 결함이 있다고 보았다. 왜냐하면, 모든 개인은 사회적 존재이며, 결코 타인과 아무 연고 없이 독립된 자아가 아니기 때문이다. 이런 이유로 그는 덕목을 형성하는 정치(formative politics)의 필요성을 강조했다. 그가 보기에 애국심이나 결혼의 덕목 같은 것들은, 그것이 어떤 절대선이라서가 아니라 국가 공동체의 지속이라는 필요 때문에 적절히 조성될 필요가 있었다.

현실 속 정의의 문제는 많은 경우 딜레마에 봉착한다. 모든 개인이 당면한 사건의 역사적 맥락이 상이하기 때문이다. 그런 이유로 어떤 보편적인 정의 원칙을 도출하는 것은 애초에 불가능하다. 특히 이 문제를 오로지 수량 기준으로 판단하는 일은 더욱 불가능하다. 그가 예로 들었던 폭주하는 기관차의 딜레마, 브레이크가 파열된 열차가 그냥 가면 인부 다섯 명을 죽이고, 궤도를 변경하면 한 명을 죽인다면, 어떤 선택이 정의의 원칙에 부합하는가? 샌델은 그의 《정의란 무엇인가》에서 이런 문제를 포함해 여러 미묘한 사안에 대해 결코 확정적인 답을 제시하지 않았다. 그 이유는 정의의 보편적 원칙을 수립하려는 시도 자체가 무의미하다고 보았기 때문이다.

사회는 물론이고 조직 내에서도 상황 맥락의 복잡성 때문에 정의로운 해법은 항상 난제가 된다. 더구나 그 맥락의 복잡성은 시간이 흐르면서 변신하기까지 한다. 유능한 지식노동자가 한때 올렸던 성과가 다음 시기의 탁월한 성과로 이어진다는 보장이 없다. 믿었던 인사 배치나 신사업 팀이 기대만큼 결과를 내지 못하거나, 예기치 않았던 인적, 물적 사고로 모든 사업계획이 수포로 돌아가기도 한다. 경영자가 한때 정의롭다고 생각했던 의사결정이 한순간 방만 경영이나 배임으로 낙인찍힐 수도 있고, 과거에 무모하고 비합리적이라고 비난받았던 정책이 어느 날 갑자기 성공 사례로 둔갑할 수도 있다.

경영자는 그가 처한 현재의 맥락에서 계산이성과 도덕적 믿음을 동시에 가동하면서 최선의 선택지를 찾아야 하겠지만, 그렇게 내린 결정이 과연 정의로운 해법인지 아닌지에 대한 판단은 그의 지각력을 벗어나는 문제가 된다. 각종 사업 지표에 대한 수량 예측과 미래 현금흐름 추정은 물론이고, 노동력과 제반 자원의 텔로스에 대한 인식도, 조직이 추구할 공동선과 덕목에 대한 인식도, 시대와 상황을 초월한 그 어떤 절대적인 해답을 찾을 수 있는 과업이 아니기 때문이다. 결국 그가 그나마 의지할 수 있는 수단은, 자신이 내리는 결정이 어떤 결과를 낳을 것인가에 대한 시스템 사고 능력 정도에 그칠 것이다.

라. 피터 드러커의 기업 정의론

《기업의 개념(1946)》은 법철학자였던 드러커가 경영사상가로 전향했음을 최초로 알린 기념비적 저서였다. 8년 후, 현대 경영사상의 초석을 놓았다고 평가받는 《경영의 실제(The Practice of Management, 1954)》를 출간하기에 앞서, 그는 《기업의 개념》에서 기업의 역할을 법철학과 정치철학의 관점에서 분석했다. 기업은 경제적 성과를 낳는 기구이기 이전에 정치와 법이 집약된 실체였다.

그가 《기업의 개념》에서 제시한 자유와 평등의 정의론은 이후 그의 평생에 걸친 경영사상의 근저를 관통했다. 훗날 그가 경영자에게 지식 통합의 역할을 추가하기 전, 이 책에서 먼저 경영자의 중요한 의무로서 조직 내 정의 구현을 강조했다. 그래서 우리는 현대 지식인들이 펼치는 거대 담론으로서의 정의론보다 시기상 한참 앞섰던 드러커의 경영 정의론에 먼저 주의를 기울일 필요가 있다. 하지만 옛날 일이 아니다. 그가 고민했던 이 문제는 아직도 현재진행형이다.

드러커의 기업 정의론은, 18세기 후반 미국의 건국 사상론이 집약된 《연방주의 논고(The Federalist Papers, 1788)》와 알렉시 드 토크빌 Alexis de Tocqueville의 미국 견문기였던 《미국의 민주주의(De la démocratie en Amérique, 1권 1835, 2권 1840)》로부터 강하게 영향을 받았음을 먼저 알아야 한다. 천년 넘게 지속되어 온 유럽의 저 견고한 귀족 사회, 신분 사회의 철옹성을 빗어나, 모든 개인의 자유와 평등이라는 계몽주의 이념은 유럽 본토가 아니라 신대륙 식민지에서 본격적으로 구현됐다. 본토의 프랑스 대혁명조차 그 실험에 실패한 뒤였다.

이 새로운 실험의 땅으로서 미국 사회는 19세기 내내 자유 기업을 수없이 배출하기 시작했다. 이 전통의 연장선상에 1940년대 당시 대기업 제너럴모터스(GM)가 있었다. 그는 GM의 요청으로 조직 진단을 시작했다. 그 과정에서 미국 사회가 추구하는 정의를 대기업에서 어떻게 구현할 수 있는가에 대한 실마리를 찾을 수 있었다.[157]

그는 우선 미국의 정치철학이 지니는 특성은 개인의 고유성(uniqueness)에 대한 기독교적 기초 위에 서 있으며, 이로부터 다음의 두 가지 약속이 나올 수 있다고 보았다.

- 첫째 약속은, 정의, 즉 흔히 말하는 균등한 기회(equal opportunity)에 대한 약속이었다.
- 둘째 약속은, 개인의 성취(individual achievement), 즉 '좋은 삶(good life)'에 대한 약속이었다. 보다 정확히는 개인으로서 지위와

기능(status and function as an individual)에 대한 약속이었다.

그가 보기에 이 약속은 신의 나라에 든다는 기독교식 구원의 약속을, 하늘나라 대신에 현세로 치환한 것이었다.

또한 미국 사회의 평등은, 철학적 평등의 이상 대신에 소위 '중산층 사회'라는 개념에 반영되어 있다고 보았다. 1940년대 〈포춘(Fortune)〉지 설문조사에 따르면, 응답자의 90퍼센트 이상이 자신을 중산층에 속한다고 생각했다. 이는 사회 구성원 대부분이 자기자신에 대해 최상위 부자라고도, 최하위 빈자라고도 생각하지 않는다는 것을 뜻했다. 응답자들은 소득분포 통계를 알지도 못했으며, 중요한 것은 스스로 거기에 소속되어 있다고 느낀다는 사실이었다.

20세기 미국인들이 흔히 말했던 평등은, 유럽에서는 발견할 수 없는 특별히 미국적인 현상이었다. 이 평등은 '타인의 성공을 질시하지 않고 진정으로 기쁘게 여김, 사회 최상층에 있는 사람을 특별한 계층으로 공경하지 않음, 사무실 건물에 상사를 위한 별도의 엘리베이터 따위가 없음, 그리고 자신의 힘을 과시하는 사람에 대해서는 적개심을 가짐' 같은 현상으로 나타났다.

당시 미국 사회가 중산층 사회를 이룩했다는 것은, 모든 구성원이 의미 있고, 쓸모 있으며, 충실한 삶을 영위할 기회가 있다는 것을 의미했다. 즉 개인으로서 사회 내 지위와 기능을 지닌 삶을 누릴 수 있다는 것이었다. 또한 이 지위라는 것이, 그가 사회에 기여한 바에 따라서만 결정되고, 또 결정되어야만 한다는 것을 의미했다. 이런 관점에서 바로 그 어떤 상위 계층이나 하위 계층도 존재하지 않는다는 것, 결과적으로 중산층 사회란 결국 계급 없는 사회를 의미했다. 그러나 이 사회는 마르크스식 유토피아처럼 보수의 평등이 아니라 정의의 평등이 지배하는 사회였다.

드러커는 평등에 다음 두 축이 있다고 보았다.

- **기회의 평등**(equality of opportunity) : 개인이 사회에 기여할 수 있는 자격 자체는 만인에게 동등한 것인데, 이것만으로는 아직 무질서 내지 무정부(anarchy) 상태다.
- **지위와 기능**(status and function)**의 인간적 존엄성** : 개인의 고유성은 불가피하게 지위와 기능의 차이를 낳으며, 이를 바탕으로 비로소 계층(hierarchy)이 형성된다.

그가 보기에, '아나키(anarchy)'와 '하이어라키(hierarchy)'라는 두 가지 극단이 서로 모순되지 않고 일종의 샴쌍둥이처럼 조화롭게 통합된 사회야말로 가장 정의로운 사회였다. 그는 이 중 어느 한 가지에 치우친 시도는 반드시 실패한다고 보았다. 정서적 평등주의자들은 위계를 마치 지배와 피지배 구조의 모순이 가득한 제도라고 비판하고, 지위, 힘, 소득의 차이를 부정하는 경향이 있다. 그런 생각은 21세기에 명령통제형 위계조직의 부작용을 없앤다는 명분하에 직급, 직위, 호칭을 철폐해야 한다는 운동으로 이어졌다. 그리고 그들은 그것이 인간중심 경영인 것처럼 호도하기도 한다. 반면에 극단적 위계주의자들은, 사람 사이에 기본적으로 차이가 있고 지배와 명령통제야말로 타인을 일하게 할 수 있는 수단이라고 본다. 하지만 이 두 방향의 생각은 모두 불완전하다. 정의로운 경영자의 과제는 이 두 가지를 항상 통합하는 일이다.

20세기에 미국 사회를 이끄는 대표적 기구로 부상한 대기업은, 기회의 평등과 동시에 지위와 기능의 배분을 통해 인간의 존엄성을 구현할 책임이 있었다. 대기업에 요구하는 이 사회적 기능이 경제적 목적, 즉 이익 추구보다 하위에 배치되어서는 안 된다. 대기업은 효율적인 생산자로서 자신을 강력하게 만듦과 동시에 이런 사회적 책임을 다해야만 한다.

평등의 책임을 방기한 기업에서는 어떤 현상이 일어나는가? 그는 다음과 같은 세 가지를 들었다.

- **첫째, 승진이 합리적인 원칙에 따라 이루어지지 않는다.** 인사는 경영진의 변덕이나 사적인 감정을 따르지 않아야 하며, 사람의 감정 요소가 배제된 합리적인 기준을 도입할 필요가 있다.
- **둘째, 관리직을 맡을 자격으로 (제도권) 학벌을 선호한다.** 학위가 승진을 보장하는 것은 아니지만, 학위 여부 자체가 극복할 수 없는 제약이 되어 있다면, 이는 평등의 원칙을 포기한 것이다. 예를 들어서, 학력이 상대적으로 낮은 공원(工員) 출신에게는 관리직 승진 기회가 좀체 부여되지 않는 것도 그런 현상의 일환이다. 이때 청년을 향한 사회의 약속, 즉 출신이 아니라 일의 성과대로 판단하겠다는 약속은 무의미해진다.

- 셋째, 개인이 (대)기업 내에서 자신의 잠재능력을 발휘할 기회를 찾지 못한다. 큰 조직 안에서는 개인의 능력이 드러나지 못한 채 사장될 가능성이 높다. 기업은 청년 노동자가 자신이 잘할 수 있는 일을 보여줄 기회를 제공할 의무가 있다.

기업 내 존엄한 개인은, 그가 자신의 지위와 기능을 보유하고 있는 상태에서 엄연히 독립된 개인으로 설 수 있을 때에만 나온다. 타인에게 예속된 상태에서는 불가능하다. 이는 그가 하급직원일 때도, 임원이 돼서도 마찬가지다. 노예처럼 일하는 대가로 단지 높은 보수만을 받는다면, 개인의 존엄성은 없다. 그가 자신의 존엄성을 확인하는 동기는, 자신의 지위와 일에서 찾는 만족에 있다. 지위 상승과 보수 증가도 중요한 요소지만, 이것들이 철저한 단독자로서 개인의 자기충족감을 대체하지는 못한다.

진정한 평등관은 개인 사이에 차이를 인지하는 데에서 출발한다. 그것은 차이일 뿐, 우열을 말하는 것이 아니다. 경영자가 현장 전문가보다 우월하다거나, 현장 전문가가 경영자보다 우월하다는 사고는 잘못이다. 한 분야의 일과 지식이 다른 분야의 일과 지식보다 뛰어나다거나 못하다는 인식도 착각이다. 이 모든 것들이 하나의 전체를 이룩하는 데에 서로 다른 자리에서 기여하는 것일 뿐, 결코 높고 낮은 것이 아니다.

그에 따르면, 칼뱅주의(Calvinism)나 다윈주의(Darwinism)에서 보이는, 이른바 '선택받은 자'의 논리는 정의를 훼손하는 사상이다. 차이 대신에 교묘한 우월주의가 그 생각의 바탕에 깔려 있다고 보았기 때문이다. 대개 대중들은 암묵적으로 이런 가치로 타인을 대한다. 경제적으로 성공한 사람만을 사회에서 가치 있는 사람으로 보는 견해는 이 선택받은 자의 논리에서 한 치도 못 나간 것이다. 전근대 사회가 그랬었다. 그때에는 높으신 어른, 그러니까 날 때부터 양반이고 귀족이었던 사람이야말로 선택받은 사람이었다. 그밖의 사람은 선택받은 사람이 아니었기 때문에 사회에서 지위를 인정받고 향상하고픈 희망을 포기한 채 평생을 살아야 했다.

현대 기업 사회가 이룩한 쾌거는, 과거 정복자의 논리와 신화가 지배했던 시대처럼 영웅과 리더만이 위대한 것이 아니라 사회에 기여하는 개별 구성원이 다 소중하다는 사실을 발견한 데에 있었다. 드러커의 이런 사고는 조직의 최고경영자만이 아니라, 각 기능을 담당한 모든 지식노동자의 평등사상으로 이어졌다. 조직 구성원의 자존감, 지위, 성취는 오로지 일을 통해서 달성할 수 있어야 한다. 일 이외에 그 어떤 특권에 바탕을 두고 그가 대우받는 일이 결코 있어서는 안 된다.

그가 훗날 경영 계승자로서 젊은 후계자를 미리 정해두는 제도를 정의롭지 못한 정책이라고 비판한 이유도 여기에 있다. 오늘날에도 많은 조직이, 이른바 S급 인재를 미리 분류한 뒤 미래의 사장감으로 낙점하고, 그들을 육성하기 위한 지원을 일찍부터 아끼지 않는 경우가 있다. 또는 많은 가족기업들이 창업주의 자녀를 미래의 최고경영자로 사실상 인정한 상태에서 근무를 시키곤 한다. 하지만 이런 정책은 그에 들지 못한 구성원들이 경영자로서의 강점을 육성할 기회를 사전에 차단한다. 이는 평등의 원칙을 위배한 것이다. 정의로운 조직이라면 이런 정책이 자리잡아서는 안 된다.

마. 강점, 성과, 기대의 조직 정의론

앞에서 예로 든 여러 가지의 정의론은 각각 일말의 타당성이 있다. 하지만 기업의 목적을 어떤 한 가지로 규정할 수 없는 것처럼, 경영자가 구현할 정의의 기준 역시 그중 하나만을 취할 수는 없다. 왜냐하면, 각각의 정의론마다 조직 정의론으로서 채택하기에는 중대한 제약이 있기 때문이다.

그렇다면 경영자는 이 모든 제약 속에서 도대체 어떻게 해야 자유와 평등의 이상을 조직 안에서 구현할 수 있을 것인가?

1) 인력 선발은 정의 구현의 첫 단추다

이런 여러 제약 아래에서, 경영자가 정의 구현을 위해 최우선으로 주의와 노력을 기울여야 할 과업은 인력 선발이다. 경영 성과에 미치는 효과로만 보면, 여기에도 80대 20의 법칙이 작용한다. 정확하지는 않겠지만 굳이 상징적인 수치로 표현하자면, 선발 과정이 80퍼센트, 선발 이후의 인사 배치와 승진이 20퍼센트 정도를 차지할 것이다.

그러나 현실에서 대부분의 경영자들은 선발 과정에 지극히 낮은 노력만을 기울이고 선발 이후의 관계 형성과 갈등 해결에 대부분의 노력을 쏟는 경향이 있다. 이런 불일치 때문에 수많은 기업 조직에서 정의의 구현, 즉 일과 보상의 올바른 배분을 통한 지속적인 성과 창출은 갈수록 어려워진다.

노동자 선발 과정에서 면접이야말로 조직 내 정의 구현을 위한 첫 단추와 같다. 첫 단추가 잘못 끼워지면 이어지는 조직 내 성과와 소득 분배의 모든 단추는 하나씩 어긋나게 된다. 업계 최고의 지위를 누리는 일본의 자동차 딜러회사 넷츠도요타난고쿠(ネッツヨタ南国)[158]와 블랙록(Black Rock) 자산운용 같은 회사는, 면접 단계에서 지나치다는 느낌이 들 정도로 심혈을 기울인다. 채용하려는 사람이 과연 이 회사에 맞는 강점을 지닌 사람인지 수개월, 수차례에 걸쳐, 다양한 인력들이 참여하면서 온갖 각도에서 점검한다.

MBTI 같은 인성 테스트, 전문성 검증을 위한 필기시험, 경력증명서 검토, 평판 조회 등도 어느 정도 도움될 수 있겠지만, 그것만으로 그의 강점을 올바로 분류하는 데에는 한계가 있다. 앞으로 인공지능 인사관리 시스템이 발전하기라도 한다면, 그 분류 확률은 살짝 높아질 수 있을지도 모르지만 여전히 한계는 남을 것이다. 어떤 경우든 경영자를 포함해 성과 창출과 유관한 인력들이 선발 대상자와 진지하게 대면함으로써 그의 강점을 발견하려는 노력이 최우선이 되어야 한다.

많은 기업 조직이, 인간관계에 의거한 주관적 판단이나 형식적인 면접 관행을 통해 노동자를 선발하지만, 얼핏 큰 문제 없이 운영되는 것처럼 보인다. 그 이유는 그들의 평범한 성과로도, 이미 안정된 사업을 당장 유지하는 데에는 큰 지장이 없기 때문이다. 하지만 그것으로는 결코 장기에 걸친 성장과 지속을 담보할 수는 없다.

2) 기대를 만들어주는 일

인력 선발에 이어 두 번째 할 일은, 구성원 사이에 성공 전망에 대한 기대를 만들어주는 일이다. 그 수단으로서 조직의 헌법과 하위규정을 제정하고 공유해야 한다.

아무리 조직에 맞는 강점을 지닌 노동자를 확보했다 하더라도, 조직 안에서 그의 사명, 권리와 책임, 보수 책정의 기준, 인사 배치와 승진의 원칙, 금지와 처벌 규정이 분명하지 않으면, 성공에 대한 그의 기대는 서서히 사라진다. 채용된 뒤, 시키는 대로 일을 행하며 정해진 보수만을 받으면서 나날을 보낸다면, 이 노동자는 어느 날 자신이 이 조직에서 과연 자신이 잘할 수 있는 일을 행하고 있는지, 그리고 그에 합당한 보수를 받고 있는지, 수년 뒤 자신의 모습이 어떨지에 대해 조금씩 의구심을 품게 된다. 더구나 동료 노동자들도 대개 비슷한 환경에 처해 있다면, 그들은 자신의 일이 낳을 결과와 조직 내 타인에 대한 기여를 생각하는 것이 아니라 일 이외의 사람 관계와 당장의 불편에만 주의를 기울이게 된다.

드러커가 말했던 기업의 목적과 목표체계는, 바로 조직의 헌법과 같은 역할을 하지만 그것만으로는 부족하다. 사명선언문과 가치규정도 마찬가지다. 그것만 가지고는 지식노동자로 하여금 일하도록 할 동기를 부여하지 못함은 물론이고, 조직 내 정의를 실현하는 장치로서도 효과가 없다. 여기에 반드시 보완되어야 할 것은 구성원 사이에 '기대'를 만들어주는 일, 그리고 그 기대가 깨지지 않도록 해주는 정책들이다.

첫째 요소는, 승인된 보수 책정 기준이다. 여기서 승인이라는 것은, 새로 들어오는 노동자가 이를 인정하거나 기존 노동자들이 수락했다는 것을 의미한다. 기업은 기본적으로 직급별 임금 테이블을 지니고 있지만, 이 승인은 그런 공식 규정 이상으로 무형의 의미를 내포한다. 조직 내 구성원은 일에 대비한 보수를, 조직 내에서는 물론이고 조직 바깥과도 암암리에 서로 비교한다. 최고경영자나 상사, 동료가 그 일에 비해 부당하게 높은 보수를 받는다거나, 자신이 사내 동료, 또는 외부 기업의 동종 업무 종사자에 비해 부당하게 낮은 보수를 받는다고 느끼는 순간, 그들 사이에는 불공정 인식이 싹튼다. 이런 불공정 인식은 대개 태업, 비협조, 그리고 퇴사를 이끄는 강력한 동기가 된다.

둘째 요소는, 인사 배치와 승진의 기준이다. 들어와서 어떤 일을 하게 될지에 대한 구체적인 설명은 물론이고, 그 지위와 과업이 조직 내에서 어떻게 지속될 수 있는지, 또는 변경될 수 있는지를 공유해야 한다. 많은 기업들이, 특히 인력이 부족한 스타트업이나 중소기업에서, 이런 공유 없이 입사한 지식노동자들에게 아무 일이나 맡기는 경우가 있다. 그렇게 함으로써 불공정 인식이 서서히 싹튼다. 특히 이런 회사에서는 노동자가 앞으로 조직 내 역량을 키우면서 승진할 전망에 대한 설명이 생략되기도 한다. 이런 일이 습관적으로 반복되는 조직이라면, 노동자는 자신이 기본적으로 목적이 아닌 한낱 수단으로 대우받고 있다는 느낌을 가질 수밖에 없다.

마지막으로 특히 중요한 요소는, 금지와 처벌의 원칙이다. 1990년대 이후 전 세계적으로 자율과 긍정의 경영사상이 확산되면서, 이 정책은 홀대받는 경향이 있다. 구성원에게 해야 할 것을 알려주는 것 이상으로, 해서는 안 될 행동을 각인시키는 일은 더 중요하다.[159] 국가 공동체의 형법이나 상법이 규정하고 있는 것처럼, 조직 내 하위 법체계는 이 금지와 처벌의 항목을 명문화해야 한다. 심지어 필요하다면 복장, 화법, 표정, 예절에서도 그런 명문화가 필요하다. 그리고 면접 과정에서 철저히 공유해야 한다. 이런 일을 자유에 대한 구속이라고 간주하는 사람이 있다면, 그는 미성숙한 인식 단계에 있는 것이다. 이런 구속은 자유를 누리기 위해 불가피하게 치러야 할 질서 비용이다.

조직 구성원으로서 절대로 해서는 안 되는 행동들에 대해 경영자가 단순히 '상식이 있다면 알아서 행동하겠지.'라는 수준으로 생각하고 머문다면 위험하다. 대부분의 기업에서는 상벌 규정과 그를 결정하는 인사위원회, 그리고 나름의 위험관리 시스템을 운영하고 있다. 하지만 이런 식으로 상황별 사후(ad hoc) 규제 제도만으로는 효과가 작다. 조직 구성원으로서 해서는 안 될 행동을 구체적으로 명시하고,

그 취지를 평소에 구성원의 마음에 각인시키는 소통 채널(회의, 교육 등)을 충분히 가동하지 않으면, 막상 사업 성과에 치명적인 손해를 입히는 구성원의 행동이 발생했을 경우에 치러야 할 비용이 너무 크다. 종종 발생하는 뇌물 수수, 사내 지위를 이용한 사적 이익 편취, 횡령 사건은, 그 금지 규정이나 방지 시스템이 없어서가 아니다. 그런 일은 구성원들 사이에 심리적 구속력이 희미해졌을 때 조용히 싹튼다. 예를 들어서, 야근을 신청해 놓고 실제로는 그 시간에 일 이외의 일탈 행동을 하면서 야근수당을 챙겨 가는 식의 불공정한 행태들도, 그런 빈틈을 비집고 자라난다.

경영자가 진정으로 중시해야 할 과업은, 법체계를 구비하는 것이 아니라 목표와 과업의 체계가 구성원 사이에 공유 및 각인(刻印)되도록 하는 일이다. 이 모든 '추구해야 할 일'과 '해서는 안 될 일'은 새로 들일 노동자의 면접 과정에서, 특히 면접의 후반 과정에서 그들과 확고하게 공유해야 한다. 이런 공유가 없는 상태에서 조직에 들어온 노동자는 뒤늦게 현실과 기대의 차이를 인지하고 나서부터 혼란을 느끼기 시작할 것이다. 어느 기업이나 사명선언문은 물론이고 사규가 구비되어 있지 않은 곳은 없다. 심지어 사망 수순을 밟는 사업체조차 그 사명선언문은 아름답고, 법체계는 정교하기 그지없다. 예컨대, 사훈은 '정도(正道) 경영', '신뢰 경영' 같은 멋진 말로 가득하지만, 상사나 동료, 심지어 경영진의 행동 어디에서도 그와 반대되는 행태만이 반복된다면, 과연 노동자들은 어떤 기대를 가지고 일할 것인가?

최고경영자와 중간경영자가 정의 인식을 지닌 채 일하느냐 아니냐에 따라, 구성원들의 기대와 행동은 현저히 달라진다. 구성원들은 출근해서 일하는 매 순간 자신이 과연 올바른 지위, 적합한 일, 합당한 보수를 부여받고 있는가를, 자신을 상대로 해서만이 아니라 조직 내 상사·동료, 때로는 조직 바깥의 사람들과 늘 비교하면서 불공정 인식을 키울 태세가 되어 있다.

경영자 계층과 달리, 스스로 의사결정을 내릴 수 있는 범위가 상대적으로 작은 노동자 입장에서 취할 수 있는 최선의 전략은, 자신의 지식 강점을 되도록 일찍 파악하는 것이다. 하지만 현실은 이와 거리가 멀다. 청소년 시절 또는 학창 시절에 이를 발견하는 사람은 희귀하다. 청소년 시절부터 자신이 탁월한 운동 능력이나 창작 능력, 또는 통솔 능력을 갖추고 있음을 알아차릴 기회는 소수에게만 돌아간다. 그 시기에 경영자, 예술가, 연구자 등 확고한 희망을 정립한 사람 역시 드물다. 어찌어찌 취업한 이후에도 조직 안에서 자신이 발휘할 강점을 인식할 기회를 만나기는 어렵다. 불행하게도 수많은 사람들이 이런 불일치 속에서 조직생활을 한다.

만약 자신의 강점을 파악할 기회를 만나지 못했다면, 그가 취할 수 있는 차선책은 현재 던져져 있는 교육과정에서, 또는 주어진 과업에서 지식과 역량을 최대한 키우려 노력하는 것이다. 그렇게만 할 수 있다면, 동일한 학습과 훈련 기간을 가정했을 때, 비록 타고난 자질을 갖춘 사람만큼 비범한 수준에 이르지는 못하더라도 충분히 높은 수준의 능력을 후천적으로 개발할 수 있다.

불행하게도 많은 지식노동자들이, 자신이 잘할 수 있는 일을 발견하지 못한 채 퇴사와 이직을 반복하고, 지식 역량을 스스로 성장시키려는 노력도 없이 능력을 사장시키는 삶을 산다. 가끔씩 우연히 경영자의 올바른 인사 결정, 즉 선발, 배치, 승진 대상으로 선택됨으로써, 비로소 자신에게 알맞은 일을 하면서 성장할 기회를 얻는 노동자도 있다. 하지만 많은 지식노동자들이 그런 행운을 만나지 못한 채 평범한 성과에 평범한 보수로 나날을 보내면서 조직생활을 끝낸다. 그들은 사회 안에서 어떤 중요한 지위를 맡고 기능을 발휘할 것인지 전망할 기회조차 부여받지 못한 채 한 삶을 보낸다. 그 빈도가 높아질수록 전망으로서의 정의는 조직 내부에서는 물론이고 사회 전반에서 서서히 빛을 잃어 간다.

그렇게 되더라도 비록 사회는 무력한 상태를 이어 가겠지만, 당장의 질서를 유지하는 데에는 큰 문제가 없을 것이다. 문제는, 상황이 가중되다가 어느 날 그들의 불공정 인식이 충동적인 반사회, 반기업, 반부자 정서로 대거 집결, 표출될 가능성이다. 이 단계가 되면 사회는 서서히 자기파괴 상태에 진입할 것이다.

그런 의미에서 교사가 학생의 강점을 발견해주는 일, 그리고 경영자가 강점을 지닌 구성원을 올바로 인지하고 선발하며 그에 합당한 과업을 부과하는 일이야말로, 참으로 막중한 사회적 책임이다. 그들이 이런 책임을 다할 때라야 구성원 사이에는 전망으로서 정의 인식이 비로소 자리잡을 기반이 마련될 수 있을 것이기 때문이다. 하지만 현실 속 많은 교사와 경영자는 단지 짜여진 제도와 관행에 따라 가르

치고 지시하는 일만을 자신의 주요 과업이라고 인식하는 경우가 많다
는 것은 안타까운 일이다.

바. 맺는말

많은 지식인들이 유토피아 같은 정의론을 말한다. 하지만 유토피아일 뿐이다. 말 그대로 세상에 존재하지 않는 곳이다. 지식인들도 내심으로는 그런 상태가 세상에 실현될 수 없음을 잘 알고 있었을 것이다. 하지만 이 지향성을 포기해서는 안 된다. 경영자는 늘 이곳으로, 세상에 존재하지 않는 이곳으로 그의 마음이 향해 있어야 한다. 경영자는 이 지향성과 동시에 다음과 같은 제약을 알고 의사결정해야만 한다.

첫째, 정확한 계측이 불가능하다. 복잡한 시스템으로서 경영 조직에서는, 개인 강점의 기여분을 결정론적으로 산출하는 것은 불가능하다. 지식노동자가 한계생산성, 즉 그의 기여분만큼 임금을 지급받는 것이 공정하다는 명제는, 사람은 자신의 몸에 맞는 옷을 입어야 한다는 말처럼 자명한 공리이자 이상이다. 하지만 실행 차원으로 넘어오면, 그의 한계생산성을 분리해서 측정하는 일은 불가능하다.

벤처캐피털의 심사역은 성과급 산정에 늘 불만이 있다. 3년 전 그가 주도해서 성사시킨 10억 원 투자 건이 최근 IPO 후 50억 원을 회수했다고 하자. 그에게 성과급으로 얼마를 지급해야 공정한 것일까? 어떤 심사역으로부터 이런 말을 들은 적이 있다. "투자 성과급을 가장 합리적으로 산출할 수 있는 방법이 있으면 좀 알려주세요. 경제학자들이 그 기준을 좀 연구해주었으면 좋겠어요." 벤처캐피털 투자 1건의 성과는, 그를 주도한 심사역 개인의 기여 외에, 동료의 기여, 회사 경영진의 기여가, 과거로부터 현재에 이르기까지 모든 성공과 실패의 과정에 걸쳐 복잡하게 연결되어 결정된다. 벤처캐피털뿐이겠는가. 일반 기업에서 신사업을 추진한 모든 임직원이 그런 구조 아래에서 일한다. 복잡 시스템에서 개별 생산요소의 기여도는 본질적으로 미지수다.

그래서 많은 조직이 관행에 의거하거나, 퍼지 수(fuzzy number)[160] 개념, 즉 어림 추산으로 이를 정한다. 근로계약서에 명기된 성과급 배분 기준, 즉 산출 베이스나 배분 비율(8대2, 5대5 등)은 특별히 과학적 근거에 따른 것이 아니라 관행상 수용할 만한 수준에서 합의한 것에 불과하다. 그 배분 기준 결정은 원가계산 실무 기법이 발달했다고 해서 해결할 수 있는 문제가 아니다. 거기에서도 원가동인(cost driver)[161]을 설정하고 원가를 배부하는 작업은 구성원 간의 합의를 전제하고 이루어진다.

지식노동자의 기여분을 계산할 때, 누구도 부정할 수 없는 절대적이고 객관적인 수치 대신에 주관적 믿음과 상호합의가 반영된 값을 사용할 수밖에 없는 이유는, 지식노동의 본원적 복잡성 때문이다. 한 지식노동자가 성과를 창출하려면 다른 지식노동자들의 성과가 거기 개입해서 기여해야 한다. 이는 그 지식노동자의 성과가 다른 성과로부터 기여받음에 머물지 않고, 역시 다른 지식노동자들의 성과에 기여한다는 것을 의미한다. 이 복잡 시스템에서 특정 개별 요소의 기여분을 도출할 수 있는 수학 모형을 구축할 수는 있을지 몰라도, 결국은 어림값을 벗어날 수는 없다.

둘째, 차이는 결코 피할 수 없다. 생산요소 간 완전한 평등은 불가능한 이상이다. 이때 세상에 존재할 수 있는 것은, 다만 이에 보다 가까이 가길 희망하는 경영자의 의지 외에는 없을 것이다. 여러 수강생들이 평등하게 앉아 있는 것처럼 보이는 한 강의실의 여러 좌석들조차도 사실은 평등하지 않다. 앞좌석과 뒷좌석은 수강 여건에서 큰 차이가 있다. 모든 육상선수가 같은 조건에서 출발하는 것처럼 보이는 레인들도 사실은 평등하지 않다. 중앙 레인과 가장자리 레인은 경기 중 선수에게 작용하는 대기의 흐름과 시야에서 차이가 있다. 남자와 여자는, 청년과 노인은, 심지어 내국인과 외국인은 적어도 존재로서는 평등하지만, 그들이 처한 몸과 마음의 상태는 평등하지 않다. 이들에게 아무리 기회의 평등을 부여한다 해도, 누군가는 반드시 유리한 조건을 가져간다.

현대 기술 발전은 이 중 일부를 해결했다. 특히 정보기술이 발전하면서, 참여자들은 유사한 성능의 기기와 인터넷 환경에 접근할 수 있게 됐다. 이에 따라 정보 획득 수단의 불평등은 상당히 해소됐다. 유형의 공간으로서 학교에 잔존하는 물리적 불평등(이동 비용의 차이, 착석 위치의 차이 등)은 온라인 학습 공간에서 상당히 사라지고, 학습자들은 거의 동일한 조건에서 보고 들을 수 있다. 여기에 특권은 없다. 더구나 기술 발전에 힘입어 몸의 능력 차이는 동력을 구동하는 기계장치로, 마음의 능력 차이는 검색과 인공지능 기술을 통해 나날이 보완되고 있다.

하지만 이런 평등화 압력 못지 않게 차이 생성의 압력도 동시에 증가하고 있다. 여기에 문제의 복잡성이 있다. 전에 보지 못했던 새로운 기회의 차이와 성과의 차이는 쉼 없이 드러난다. 이 차이 복잡성 세계에서 완전한 평등은 도대체 도달 불가능하다. 이때 모든 경영자와 지식노동자는 사람마다 차이의 불가피성을 인식하고 저마다 고유한 강점을 극대화하려는 의지 외에 평등에 이르는 다른 길이 없다.

VIII

사람과 사람을
잇는 경영
| 사회 |

가. 회사 대 사회

회사(會社)를 다닌다. 이것이 대부분 현대인들의 삶이다. 회사를 뒤집으면 사회가 된다. 그는 사회로 출근한다. 친구, 동업자 등을 뜻하는 영어 'company'와 사람들 사이의 만남 관계라는 뜻의 'society'를 어떻게 번역할까 고민했던 19세기말 일본 지식인들은, 고심 끝에 전자는 회사로, 후자는 사회(社會)로 번역했다.

사회 일반을 구성하는 단위 사회들로는 가정, 지역, 국가, 단순 사교 집단과 같은 공동체가 있다. 다음으로는 흔히 회사로 불리는 법인 회사나 개인사업자 조직, 그리고 종교, 의료, 교육, 사회사업 등을 업으로 하는 비영리조직이나 정부 조직 등 여러 형태의 조직들이 존재한다. 이 가운데, 전업 학생과 가정일을 담당하는 사람을 제외하고, 대부분의 사람이 가장 많은 시간을 어디서 보내는가? 바로 그가 다니는 조직, 예컨대 회사다. 조직은 현대사회에서 한 개인이 노동자로서 가장 많은 시간을 들여서 직접 대면하게 되는 사회인만큼, 그 중요도가 다른 어떤 단위 사회보다도 크다.

그런데, 사회란 무엇인가? 사회라는 것이 도대체 실재하기는 하는가? 사회는 본질적으로 개인 사이의 관계에 불과하지만, 개인으로 환원되는 것 이상의 그 무엇이 있는가?

관계는 법, 제도, 관행, 규범, 약속 등 다양한 형상으로 우리 앞에 나타난다. 이 관계들은 얼핏 허상 같다. 나뭇가지나 돌처럼 손에 잡히지도 않는다. 하지만 우리는 이 보이지 않는 존재에 늘 구속당한다. 정해진 규정에, 상사의 눈빛에, 동료의 행동에, 가족의 압박에, 친구의 견제에, 관청의 지시에, 더 나아가 관습상 따라야만 하는 수많은 요청사항에 묶인 채 살아야 한다. 이 묶임이 이끄는 대로, 어떤 사회에서 여성은 유독 부르카(Burqa, 머리부터 발끝까지 천으로 감는 이슬람의 여성 복장)를 쓰고 다녀야만 했고, 문화혁명 당시 중국인들은 참새를 잡으러 온 벌판을 휘젓고 다녀야 했다.

조직 사회든 조직 이외의 사회든, 개인들이 모여서 관계를 맺고 있는 모종의 공간을 사회라고 부를 때, 사회는 도대체 어떤 원리로 질서와 지속을 유지할 수 있는가? 그리고 개인은 그 안에서 어떤 의미를 지니는가? 이는 근대 이후 사회를 연구하는 지식, 그러니까 사회학의 근본 질문이었다. 이 근본 질문은 조직 사회에도 그대로 대입해서 제기할 수 있다. 조직 사회는, 예컨대 회사는 어떻게 해야 질서와 지속을 유지할 수 있으며, 지식노동자 또는 경영자로서 개인은 그 안에서 어떤 의미를 지니는가?

나. 개인이 했는가, 사회가 했는가

"삼성전자가 고성능D램을 개발했다." 정말로 삼성전자가 했는가? 형식은 맞다. 하지만 내용으로 보자면 연구개발과 그 경영 업무를 수행한 여러 실명의 개인들이 그 일을 해낸 것이다. "일산시가 호수공원을 조성했다." 호수공원 개발을 제안한 개인과 이를 실행한 시청 소속 개인 공무원들, 그리고 수많은 협력 기업들의 엔지니어와 노동자 개인들이 역할을 분담해 만든 것이다.

그럼에도 불구하고 우리가 개인의 이름이 아니라 그가 속한 조직의 명칭을 내세우는 이유는, 그 수많은 이름을 다 거명하는 것보다 그 개인들을 하나로 엮은 사회 기구의 이름을 한 번 부르는 것이 편리하기 때문이다. 그것이 불편할 때는 그저 핵심 개인의 이름 하나를 거명하는 것이 편리했다. 특히 과거에는 "몽고가 대륙을 정벌했다."거나 "조선 군대가 왜적을 막았다."는 말보다 칭기즈칸^{Chingiz Khan}이나 이순신

장군이 그리했다고 말하는 것이 더 자연스러웠다. 조직을 구성했던 저 수많은 개인 중에서도 흔히 한 명의 카리스마를 갖춘 개인의 역할이 유독 컸기 때문이다.

하지만 오늘날에는 이름을 부르는 관행에 변화가 생겼다. "○○시가 지하철을 건설했다."거나 "○○전자가 신제품을 출시했다."고 말해야지 ○○○ 시장이나 ○○○ 회장이 그리했다고 말하면, 사람들이 고개를 갸우뚱할 것이다. 도시마다 지하철역에는 공사를 수행한 저 위대한 개인들의 이름이 동판에 하나하나 새겨져 있다. 한 편의 영화 상영이 끝날 즈음 화면에는 참여한 모든 개인들의 이름이 하나씩 비친다. 신제품에는 개발과 생산에 참여한 모든 개인들의 이름이 새겨지지는 않는다. 아마 기록할 공간이 작아서일 것이다. 그 모든 개인들은 각각 우리의 아버지, 어머니, 친구, 형제, 선배, 후배, 또는 자식 중 한 명의 개인이었을 것이다.

생산에 참여한 모든 개인의 존재는 상품 뒤에 익명으로 숨어 있다. 소비자는 주택이든 스마트폰이든 의자이든, 그것들을 공급하는 데 기여한 개인들이 누구였는지 전혀 알 필요가 없다. 하지만 오늘날 회사가 그 익명의 개인을 단지 그림자 인간처럼 취급하거나 급여수령자로만 간주했다가는, 회사는 지속은커녕 당장의 성과 달성조차 어려울 것이다. 개인의 존엄을 부인하는 조직은 점점 설 자리가 없어지고 있다. 조직 사회의 모든 성과는 궁극적으로 개인에 의존하고, 또 개인은 그만큼 존중받아야 할 존재라는 인식은 점점 분명해지고 있다.

그렇다면, 유능한 개인들을 그저 모아 놓고 그들에게 자율을 부여하고 존중해주기만 하면 성과가 저절로 나오는가? 조직이론을 굳이 들먹이지 않더라도, 경영자들은 절대로 그렇지 않다는 사실을 잘 알고 있다. 다시 말해서, 조직은 개인이라는 구성요인 이상의 그 무엇을 구비하고, 그것이 개인에게 부여될 때만 성과를 낼 수 있다.

그러므로 사회 속 경영의 의미를 이해하기 위해서는, 먼저 조직 바깥의 사회와 조직 내부의 사회를 구별해서 접근해야 한다. 경영자는 조직 바깥의 사회, 즉 시장, 공급자, 그리고 그밖에 다양한 이해관계자와 관계를 맺어야 함과 동시에, 조직 내부의 사회, 즉 노동자들과 의사소통해야 한다. 두 범주의 사회를 하나씩 살펴보자.

다. 사회로서의 조직

1) 복잡시스템으로서 사회의 진화

사회학자들은 전통적으로 수많은 개인들이 모여 있는 사회가 사회로서 질서를 유지하고 존립하도록 만들어지는 원리를 여러 가지로 설명해 왔다. 그 스펙트럼은 매우 넓지만, 크게 구조이론 대 행위이론의 두 방향으로 나뉜다.[162]

구조이론이란, 사회는 사회 자체의 '구조'를 갖추고 개인의 행동은 그로부터 유도되거나 제약당한다는 입장이다. 구조란 사회에 배어 있는 어떤 고유한 이념, 가치체계, 문화와 관행, 법률과 제도, 각종 사회적 기능(정치, 경제, 예술 등) 사이의 운동 역학 같은 것을 포함한다. 카를 마르크스Karl Marx, 막스 호르크하이머Max Horkheimer나 테오도르 W. 아도르노Theodor Wiesengrund Adorno, 위르겐 하버마스Jürgen Habermas 같은 계열이 구조 쪽에 방점을 두었다.

행위이론이란, 사회의 구조는 개인들의 '행동'을 출발점으로 해서 형성되는 것이며, 개인들이 어떤 심리 동기, 어떤 가치, 어떤 원인, 어떤 능력으로 행동을 일으키는가가 사회 구조보다 우선한다고 본다. 에밀 뒤르켐Emile Durkheim, 게오르그 짐멜 같은 사람은 구조와 행위 사이에 상호작용을 인정했지만, 행위 쪽에 보다 중점을 두었다.

탈코트 파슨스Talcott Parsons나 니클라스 루만 같은 사회학자는, 단순히 구조나 행위의 범주를 넘어 사회를 분화된 기능의 '복잡한 체계(system)'로 이해했다.[163]

예컨대 '열심히 공부하고 일해서 성공해야지!'라고 마음먹고 열심히 일하려고 하는 사람은 행위하는 사람이고, 아무리 열심히 공부하고 일해도 지위 획득이나 소득 확보를 가로막는 제도나 문화의 장벽이 있다면 그것이 바로 구조인 것이다.

구조이론의 세례를 받은 사람들은 개혁이나 혁명을 통해 사회를 보다 나은 사회로 만들 수 있다고 생각하는 경향이 있다. 반면에 성공학자들은 대체로 행위이론을 신봉하는 사람들이라고 봐도 크게 틀리지 않는다. 그래서 약자들은 구조이론에 매력을 느끼고, 강자들은 행위이론을 선호하는 쪽으로 치우친다.

사실, 구조와 행위 양자 사이에 무엇 하나가 절대적으로 우선한다고 보기는 어렵다. 이 두 요인은 서로 상호작용을 하면서 상대에 영향을 미치는 것이 맞다. 사회사상가들 대부분 양자가 다 중요하며 그 상호작용을 대부분 인정하지만, 이 둘 사이에 어느 쪽에 중점을 두느냐에 차이가 있을 뿐이다.

경영자 입장에서 외부 환경인 사회는 구조냐 행위냐의 차원을 넘어, 일종의 진화하는 복잡계로 다가온다. 그 안에서 여러 가능과 시장은 분화하고 상호작용한다. 김위찬과 르네 마보안Renée Mauborgne의 '블루오션 전략(Blue Ocean Strategy)', 클레이튼 크리스텐슨의 '와해형 기술(disruptive technology)'과 탈레스 테이셰이라의 '고객 와해(customer disruption) 전략' 등은, 이런 복잡계 시스템 아래 생존 전략 가운데 하나로 제시된 것들이다.

경영자가 현대사회 변화에서 읽어낼 수 있는 교훈은 세 가지다.

첫째, 시장은 과거 어느 때보다 관찰하기도 통제하기도 어려운 대상으로 변모했다. 사회에 더 이상 단일 중심점은 없으며, 다원주의가 사회를 지배한다. 이런 사회는 도덕과 계획에 입각해서 통제할 수 없다. 다원화된 사회의 필요는 예측불가능한 형태로 돌발한다. 제품을 만들기만 하면 대개 팔리는 시대가 20세기였다면, 21세기는 팔리는 시장을 찾아서 제품을 만들어야 하는 시대가 됐다.[164] 그러나 이 판매의 실현 가능성은 이전 어느 시대보다 더 자주 경영자의 예상을 빗나가고 있다.

둘째, 조직 구성원에 대해 권력이나 인간관계로 통제하기는 더욱 어려워졌다. 이제 날이 갈수록 조직 구성원은 올바른 의사소통을 통해서만 일을 하려는 동기가 생길 것이다. 공감할 수 없는 과업이나 과업 이외의 일을 단지 상사의 권력으로 강제할 수 있었던 시대는 지났다.

셋째, 방대한 네트워크에서 방향성을 상실하지 않아야 할 필요성이 더욱 증가했다. 다원 사회에서 경영자가 관계를 맺어야 할 대상은 전례 없이 확대되고 있다. 무한에 가까운 현재 고객과 잠재 고객들이 정보망과 소셜미디어 네트워크를 통해 연결되어 있다. 공급기업들은 20세기에는 협력업체라는 이름으로, 장기간 공고한 관계를 맺어 오는 한정된 기업군으로부터 출발했지만, 오늘날에는 ICT 혁신에 바탕을 두고 그 대상을 자유롭게 선택할 수 있는 여지가 날로 늘어나고 있다. 하지만 경영자는 이토록 넓어진 세계에서 주의력의 한계 때문에 모든 관계를 통제할 수는 없다. 오히려 정보의 과부하는 오판과 혼란을 야기할 수 있다. 올바른 관계를 맺어야 할 대상과 효과적인 지식 콘텐츠를 선별하는 능력이 날로 중요해지고 있다.

한편 조직은 사회 안에서 작동하는 또 다른 사회다. 드러커가 지식인으로서 자신을 경영학자가 아니라 사회생태학자(social ecologist)라고 정의한 것은, 니클라스 루만 같은 사회체계 이론가들이 사회를 체계로 바라본 것과 같은 맥락에 놓여 있다. 드러커의 사회생태학은 사회를 예전처럼 뉴턴 - 데카르트식 기계론, 원자론, 이원론, 법칙론의 입장에서 바라보는 것이 아니라, 앨프레드 N. 화이트헤드 Alfred N. Whitehead, 1861~1947처럼 변화하는 전체(whole)와 과정(process)으로 바라보는 입장이다. 그의 이런 철학적 입장은 《Landmarks of Tommorrow(내일의 이정표, 1957)》에 잘 드러나 있다.

2) 중앙집중 대 자율분산

조직 바깥의 사회가 19세기 이래 겪었던 기능 분화, 다원화, 복잡화, 탈분화 현상은 조직 내부에서도 일어났다.

초창기 대기업 조직은 최상층에 단일의 중심점을 지닌 위계구조를 따랐다. 양차 세계대전을 거치고 정보통신기술이 발달하면서, 제반 경영 기능들은 분리되기 시작했다. 원재료나 중간생산물은 상당 부분 아웃소싱 대상이 됐고, 기업의 여러 기능 지식들도 하나씩 외부 독립조직으로 위탁되기 시작했다. 행정, 회계, 연구개발, 교육훈련, 전산 업무는 외부의 아웃소싱이나 클라우드 서비스로 분산된 지 오래다.

외부의 사업 주체로 분리되는 지식들을 주변지식이라 하고, 그렇지 않고 조직 내부에 남아 있는 것을 핵심지식이라고 부를 수 있겠다. 핵심지식과 주변지식의 구분은 절대적이지 않다. 핵심지식은 더 이상 분화할 수 없고, 외부에 위탁할 수도 없는 최소한의 경계선이 있다. 아무리 개방형 혁신(open innovation)이라 해도 핵심지식은 내부에 보유한 채 주변지식에 국한해야 하며, 고객관계관리(CRM) 활동을 주변지식으로 분류해서 외부에 위탁하는 일은 신중해야 한다. 상황에 따라 다르지만 핵심지식과 주변지식의 경계선은 경영 환경의 변화에 따라 유동적으로 변해 왔다. 그래서 한동안 핵심지식이라고 간주되어 왔던 지식도 어느 날 주변지식이 될 수 있다.

반면 조직 내 자유는 사회 일반에서 허용된 자유에 비해 상대적으로 엄격한 통제 기조를 유지했다. 사회 일반의 자유는 고유의 사회규범 하에 타인의 자유를 침해하지 않는 수준에서 통제되는 반면, 기업 내 자유는 성과목표라는 제약 속에서 더욱 적극적이고 엄격히 통제되어야 할 대상이었기 때문이다. 한때 유행했던 권한위임과 자율경영 사상도 이 관점에 비추어 효과성을 점검할 필요가 있다.

드러커의 조직 사상은 결국 이 질문에 대한 응답이었다: '조직 내 개인의 자유를 어떤 구조 아래 통제할 것인가?' 그는 초기에 연방제와 반연방제 사이의 대화에서 그 실마리를 찾았다. 드러커가 나치의 박해를 피해 미국으로 이주한 후, 그의 지식 탐구 대상으로 접했던 첫 기업이 바로 미국의 대기업 GM이었다. 이때 그가 처음 주목한 것은 18세기의 거대한 실험국가로서 미국의 건국사상이었다. 초기 미국 제헌회의의 논쟁은 각 주정부를 중앙정부 아래 통합해야 한다는 연방주의(Federalism)와, 각 주를 독립된 국가로서 자율성을 인정하자는 연합주의(Confederation) 사이의 대결이었다. 결국 그 논쟁은 연방주의자의 승리로 끝났다. 당시 연방주의자들의 생각이 집대성된 《연방주의 논고》는 드러커의 조직 사상에 큰 영향을 미쳤다.[165]

미국의 연방주의는, 주정부의 자율과 중앙정부의 통합 기능 사이에 어떻게 균형을 유지할 것인가 하는 고민의 산물이었다. 드러커 역시 구성원의 자유와 조직의 통합 사이에 어떻게 균형을 유지할 것인가를 고민했다.

그가 초기에 채택한 해법은 연방분권화(federal decentralization)였다. GM은 캐딜락, 시보레 등 독립된 회사들을 하나씩 합병하면서 탄생한 회사로서, 연방분권화를 기업 경영에서 구현했다. 이 과정에서 GM은 사업부별 자율경영 영역을 인정하되, 이를 통합할 강력한 중앙통제 기능을 병행했다. 예를 들어, 신차 디자인, 부품 조달은 사업부의 자율로, 신차 가격 결정과 금융 조달은 중앙 부문의 결정사항으로 나뉘어 있었다. 연방분권화는, 마치 미국 정체가 그러했던 것처럼, 중앙집중과 자율분산을 성공적으로 병행시킬 수 있는 제도였다. 경쟁사였던 포드는 단일 중앙통제시스템으로 운영되는 조직이었다는 면에서, GM과는 전혀 달랐다.

3) 법치와 독재의 갈등

그러나 연방분권화는 통치제도의 형식에 지나지 않았다. 그것만으로는 부족했다. 그 내용으로서 운영 철학이 필요했다. 훗날 드러커는 목표와 자기통제에 의한 경영(MBOS, Management By Objectives and Self-control)을 그 철학으로 제시하기에 이르렀다. 연방분권화는 조직의 사업 형태와 규모를 막론하고 만능으로 통용될 성격의 것은 아니었다. 설령 대기업이라 해도 GM 같은 식으로 이종(異種) 사업부가 병존하는 조직이 아니라면, 또는 소규모의 스타트업이라면 굳이 연방분권화라는 형식을 택할 필요는 없다. 그러나 MBOS는 소기업, 중견기업, 대기업을 막론하고 모든 조직에, 심지어 1인 기업에도 적용할 수 있는, 아니 적용해야만 하는 원리였다.

드러커가 MBOS를 구상한 계기는 그가 학문 이력의 출발점이었던 법철학의 근본 질문으로부터 나왔다.[166] 국가의 통치 근거로서 헌법과 법체계의 원리는, 조직의 경영 근거로서 도입될 수 있는가? 법철학의 핵심어들로 쉽게 떠올릴 수 있는 다음의 것들이 조직에도 적용될 수 있는가? 권력의 정당성/균형/견제, 구성원의 자유/평등/자기결정권,

공동체의 안녕과 질서, 구성원의 안전 보장과 복지 증진 등. 그 탐구의 첫 결실이, 바로 그가 GM 분석서로서 펴낸 《기업의 개념(1954)》이었다.

그가 추구한 이상적인 조직은 법치(法治, rule of law) 기업이었다. MBOS는 바로 법치 기업을 구현하는 원리였다. 그 취지는 인간에 의한 통치가 조직에 발붙이지 못하도록 하는 데에 있었다. MBOS 아래에서는, 탁월하거나 탁월하다고 인정받는 영도자의 사상이나 지시 대신에, 기업이 추구하는 복수의 목표체계가 바로 법의 역할을 한다. 리더의 탁월성은 이 법으로서 목표체계를 조성하고, 그 성과를 피드백하는 데에 기여하는 역할만을 할 뿐이다. 그 법은 성문화될 수도 있지만, 단순히 성문화된 것 이상의 지식으로서 구성원 사이에 공유된다.

법철학자들 사이에서 법의 의미에 대해서는 여러 갈래 해석이 있었다. 자연법 사상에서는, 실정법은 단지 수단에 불과하며 그 근저에 존재하는 형이상학적, 초월적 지배 가치가 바로 법이었다. 반면에 법실증주의에서는 실정법 자체가 목적이며, 상위의 지배 가치 같은 것은 부인당한다. 그러나 실정법을 위반하지만 않으면 법의 정신을 준수한 것이라고 단정할 수 있을까?

히틀러의 모든 집권과 독재 과정은 적어도 표면상으로는 실정법을 어긴 적이 없었다. 종종 수많은 악행들이 법의 이름으로 자행된다. 기업이 목표관리 수단으로 규정한 여러 성과평가지표, 예컨대 KPI 체계가 있다. 그 지표들이 단지 양적으로 충족됐다고 해서, 가짜 성과를 수량 지표로 기만하는 극단적인 경우까지는 가지 않더라도, 진정으로 사업이 추구하는 목표를 달성했는지는 경영자의 성찰로 다시 판단해야 한다. 조직은 목표 달성 판정 기준이 질적 지표이거나 수량 지표이거나를 막론하고, 경영자의 이런 판단이 올바로 작동해야만 법치의 함정에 빠지지 않는다.

그러나 오늘날 현장에 적용되는 MBO는 MBOS에서 자기통제(Self-Control)의 첫 글자 S를 삭제한 채 통용되고 있다. 흔히 '목표관리제'로 불리는 이 관행은, 드러커의 원래 철학적 고민과는 거리가 멀다. 심지어 MBO의 구현 수단 가운데 하나로 흔히 활용되는 핵심성과지표(KPI)는 자유를 구현하는 수단이 아니라 억제하는 수단으로 전락하기까지 했다. KPI든, 한때 유행했던 균형성과평가표(BSC, Balanced Scorecard)든, 최근 유행하기 시작한 OKR(Objectives and Key Results)이든, 그 자체로는 잘못이 없었다. 이 수단을 자유와 성과 창출의 동력으로 삼지 못하고 경영의 족쇄로 전락시킨 것은 이를 구사하는 경영자의 인문학적 앎의 수준에 있었다.

한편, MBOS가 통용되지 않는 극단의 위기 상황에서는 어찌할 것인가? 법치는 독재를 허용하지 않는 것이 원칙이지만, 자유와 법치 사회를 구현하기 위해 필요하다면 헌법에 의거한 독재(constitutional dictatorship) 가능성을 열어 놓아야 한다. 이 가능성은 정치학자 클린턴 로스티어Clinton Rossiter의 책에서 제기됐는데, 그는 '고대 로마공화국이 시행했던 헌정질서 내에서 이루어진 제한적 독재(임기 6개월의 독재)와 그것을 옹호한 《리비우스 논고》의 저자 마키아벨리'를 인용했다. 평상시 로마공화국은 2명의 집정관(콘술, consul)을 선출해서 통치해 나갔는데, 국내 정치의 위기나 국제적 전쟁 상황이나 원정 전쟁의 필요 상황에서는 평시와 달리 임기 6개월의 독재관(딕타토르, dictator)을 뽑아 우기나 전쟁을 이끌 수 있다고 보았다. 때로는 연임시켜 임기를 1년으로 하기도 했다.[167]

　아주 드문 경우이기는 하지만, 조직이 통상적인 MBOS를 구사하기 어려운 절대적 위기 상황에 직면했을 때, 이를 타개할 지도자의 한시적 독재, 즉 앞에서 언급했던 헌정독재의 필요성이 인정된다. 모든 승선자의 생명이 위태로운 난파선에서는 일일이 합의와 피드백을 구할 겨를이 없다. 그때에 한해서는 탁월한 리더의 생각과 지시대로 움직이는, MBOS가 가장 경계해야 했던 그 상황을 받아들여야 할 때가 있다. 이 점에 대해서는 드러커 역시 긍정한 바 있었다.[168]

　성찰하는 경영자는 '다수의 독재(tyranny of the majority)'가 조직에 자리잡지 못하도록 경계해야 한다. 이는 1인 독재가 아니라 다수 대중의 정서와 여론에 바탕을 두고 이루어지는 독재다. 이 병폐는 고대 플라톤과 아리스토텔레스로부터 시작해서, 마키아벨리, 제임스 매디슨James Madison, 알렉시 드 토크빌을 거쳐, 현대의 로버트 달Robert Alan Dahl에 이르기까지 수많은 정치철학자들이 지적해 왔다. 그런 의미에서 다수결의 원칙은 다수의 독재를 낳을 위험이 있다. 올바른 소수의 견해가 무지한 다수의 압력 앞에서 굴복할 가능성이 항상 있기 때문이다.

　기업 조직은 주주총회나 이사회의 핵심 의결은 다수결의 원리를 채택하지만, 경영자와 중간관리자의 대부분 전략적 의사결정은 투표나 여론조사 방식을 따르지 않는다. 일상의 의사결정에서 MBOS를 통해 목표의 체계가 사람들의 행동을 이끌 수만 있다면, 다수의 독재가 조직을 위태롭게 할 우려는 내려놓아도 될 것이다. 하지만 이따금 포퓰리스트 경영자는 다수의 여론을 동원해서 자신의 지위와 이익을 공고히 하고, 조직 내 탁월한 지식노동자의 권위를 실추시켜 조직을 위태롭게 만들기도 한다.

조직에서 다수의 독재만큼이나 위험한 또 하나의 현상은 귀족정이다. 어떤 형태로든 이른바 조직 내 '황족'과 그 추종 집단이 암약하는 현상이다. 조직의 중요한 사업계획 수립과 의사결정, 성과 인정과 승진은 그들이 독차지한다. 이렇게 특권을 누리는 계층이 생기면서, 그 집단에 속하지 않은 이른바 조직 내 '평민' 집단이 생기고, 조직의 정의는 서서히 무너진다. 당연히 MBOS도 자리잡지 못한다. 역으로 MBOS를 제대로 추진한다면, 귀족정 자체가 자리잡을 수 없다.

그런 의미에서 MBOS는 민주정과 귀족정으로 비유할 수 있는 양극단의 지배구조가 지닌 위험을 극복할 수 있는 유일한 사상이다. 구시대 인류 역사를 점철해 왔던 귀족 지배가 독약이었다면, 오늘날 과도한 만민수평 - 동등 사상은 마약과 같다. 독약은 고통 속에서 사람을 죽음에 이르게 하지만, 마약은 쾌락 속에서 사지를 병들게 한다. 반면에 양약은 비록 쓰지만 질병이 악화되지 못하도록 한다. 조직에서는 MBOS가 양약의 역할을 한다.[169]

4) 자기조직화의 허상

명령통제 경영의 정반대 쪽에 자기조직화(self-organization) 경영이 있다. 자기조직화는 그 명칭만으로도 애덤 스미스의 '보이지 않는 손'이라는 표현만큼이나 마술 같고 환상적이다. 세포의 신진대사와 자기보호 시스템, 신체 조직의 항상성(homeostasis)에서 나타나는 것처럼, 자연계에서 자주 관찰되는 이 현상은, 아무도 통치하지 않는데 저절로 질서가 생성되는 현상이다. 하지만 통치가 사라진 인간 조직에서는 이를 기대하지 않는 것이 낫다.

2023년 하반기, 그동안 카카오그룹 산하에서 '자율경영'을 표방했던 계열사들 사이에 불거진 무질서는 대표적이었다. 자회사들의 자율적인 성장을 기대하고 방임했던 카카오그룹은 뒤늦게나마 과오를 깨닫고 중앙통제 기능을 강화하는 방향으로 지배구조를 개편했다. 2000년을 전후해서 한국 벤처의 대부 고(故) 이민화 대표가 구상했던 '초생명기업'도 그런 오류에 빠진 대표적인 사상이었다. 그것은 독자적인 자기생성 능력을 지닌 사업체 간 느슨한 연결을 통해, 영원히 지속되는 불사의 기업 생태계를 이룰 수 있다는 믿음이었다. 안타깝게도 메디슨(Medison)은 창업주의 그런 믿음은 아랑곳하지 않고 자금난을 겪다가 대기업에 인수당하는 것으로 막을 내렸다.

극단의 자유도, 극단의 독재도, 결국 조직을 파괴한다. 이 둘은 정말로 양립 불가능한 것인가? 이 문제에 대한 드러커의 해법은 이 둘을 어색하게 혼합하는 방식이 아니었다. 자유든, 독재든, 모든 해악은 그를 구사하는 '사람' 자신의 피할 수 없는 나약함과 어리석음에서 기인한 것이다. 결국 드러커가 도달한 결론은, 조직에 통치 기능은 명백히 유지하되, 다만 '사람'에 의한 통치가 아니라, '목적과 목표'에 의한 통치를 정착시켜야 한다는 것이었다. 이것이 바로 MBOS였다.

그렇다면 이때 사람으로서 가치는 완전히 사라지는가? 아니다. 조직에서 사람이 발휘할 가치는 바로 그 개인이 지닌 고유한 강점(strength)에 있다. 목표체계의 역할은 사람 내면의 온갖 권력욕, 탐욕, 무지, 독단의 작용력이 그의 강점을 누르고 일어서지 못하도록 철저히 통제하는 것이다. 구성원들은 상하 소통을 통해, 그리고 각자 강점에 의거해 자신의 목표를 결정하고, 그 성과에 책임을 져야 한다. 이때 구성원들의 자유는 방종이 아니라, 목적과 목표의 구속하에 누리는 진정한 자유가 된다.

5) 공동체와 사람 요소의 인정

경제적 성과를 추구하는 기업 조직은 퇴니스^{Ferdinand Tönnies, 1855~1936}의 기준에 따르면 이익사회(Gesellschaft)로 분류된다. 하지만 그곳에서 가정이나 사교 모임 같은 데에서 요구하는 소속감, 안정감, 즐거움, 정서 같은 공동사회(Gemeinschaft) 요소를 완벽히 배제하는 것은 불가능하다. 드러커 역시 이를 부인하지 못했다. 그는 조직에서 '사람'의 나약함과 무지를 배제하려 했지만, 사람 사이에 필요한 최소한의 공동사회적 요소가 있어야 한다고 보았다. 이것은 일종의 위생(hygiene)[170] 조건 같은 것이었다. 사람의 욕구는 복잡하고 다층적이기에, 조직은 성과 욕구와 직접 무관해 보이는 마음의 요소들을 최소한으로 인정하고 이를 활용해야 한다.

　조직 차원에서 복지 정책이 성과와 무관하다고 치부하고, 모든 복지 지원을 철폐하는 것은 어리석은 일이다. 식사나 휴식, 적절한 과외 활동, 사내 동호회 운영 등에 대한 지원이 부러울 정도로 잘 이루어진다고 해서, 그것들이 조직이 성과를 내는 데에 기여하는 요인은 될 수 없다. 하지만 이런 복지 요소들이 최소한의 수준으로조차 갖추어져 있지 못하면, 지식노동자의 성과 욕구는 저하된다. 어떤 전문가로부터 이런 말을 들은 적이 있었다: "전문가로서 탁월한 실력은 당연히 중요하지만, 옷을 어떻게 입느냐도 경쟁력이다." 의상은 분명히 성과 외 요인이지만, 최소한의 의상 예의조차 갖추지 않는 전문가는, 그 실력 여하를 떠나서 누구에게도 환영받을 수 없다.

　하지만 둘 사이에 가치가 전도되면 위험하다. 조직이 목적과 목표의 관점에서 중시하는 가치에 우선순위를 두고, 나머지 가치는 최소한 수준에서 유지해야 한다. 그런 의미에서 기업이 복지에 무분별하게 비용을 지출하거나, 구성원이 기업에 과도한 수준의 복지를 요구하는 것은 결국 조직의 붕괴를 촉진하는 길이다. 지식노동자의 권익 향상을 주로 복지에 초점을 두고 보는 노동조합이 잘못된 길을 걷게 되는 것도 이 지점에서다.

6) 숨어 있는 독재, 관료제

　관료제는 조직에 잠복한 또 다른 독재다. 한때는 양약이었지만, 어느 순간 독약이 됐다. 일찍이 막스 베버Max Weber, 1864~1920가 예찬했듯,

관료제는 전근대적 인치(人治)를 극복하고 근대적 합리성을 구현한 제도였다. 모든 행정이 사전에 정해진 절차와 규정, 위계와 역할에 따라 차곡차곡 추진된다는 것은, 구(舊)시대 성스럽고 박식한 군주의 뜻이 더 중요했던 시절의 통치와 비교했을 때, 일대 혁명이었다. 근대 기업조직이론은 바로 관료제에 기반을 둔 군대, 행정 조직에서 차용한 것이었다.

그러나 관료제가 효과를 봤던 것은 과거 정치와 군사가 사회의 중심 기능으로 작용하던 시절의 일이었다. 오늘날, 사회가 필요로 하는 여러 기능은 기업이 대부분 담당하고 있는데, 기업이 필요로 하는 여러 하위기능들은 한없이 세분화하고 기업 외부로 독립해 나가고 있다. 이제 기업은 내부 운영보다 외부 연결과 소통이 더 중요한 과업이 됐다. 이런 시대에 관료제는 하나의 거대한 제약이다. 예전에 어떤 공공기관 간부로부터 이런 말을 들은 적이 있다: "기업은 목표에 의거해서 일합니다. 공공기관은 무엇에 의거해서 일하는지 아십니까? 규정에 의거해서 일합니다." 그들은 규정이 없으면 결코 일하지 않는다는 말이다.[17]

아도르노와 호르크하이머 같은 비판이론가들은 관료제에서, 자유롭고 창의적인 개인이 아니라 질식하고 통제당하는 개인을 보았다. 여기서 그를 짓누르는 독재자는 사람 아무개 씨가 아니라 무형의 규정과 절차였다.

경영사상가 개리 해멀Garry Hammel과 미셸 자니니Michelle Zanini는 이런 관료제를 '부드러운 독재(soft tyranny)'라고 불렀다. 그들은 미래의 조직은 뷰로크러시(bureaucracy) 독재를 폐기하고 휴머노크러시(humanocracy), 즉 인간 지배를 채택해야 한다고 주장했다. 그들은 미국의 농업기업 모닝스타팜(Morning Star Farms), 철강기업 뉴코(NuCor), 원단기업 고어(Gore), 스웨덴의 은행 스벤스카 한델스방켄(Svenska Handelsbanken AB), 네덜란드의 헬스케어기업 부르트초그(Buurtzorg Nederland), 프랑스의 시설물 운영기업 빈치(Vinci S.A.) 등을 휴머노크러시의 성공 사례로 들었다. 이곳에서는 중앙통제와 계획 대신, 분권화된 단위 조직들이 자율적으로 의사결정하고 그 성과에 책임을 진다. 자유를 과도하게 부여하면 자칫 일탈과 안일을 낳을지도 모른다는 우려를 불식하고, 이들은 한결같이 업계 최고의 사업 성과를 냈다.[172]

사실, 관료제에 대해 19세기에 일어났던 극단적인 칭송도, 근래 일어나고 있는 극단적인 배격도, 어느 한 쪽에 치우칠 일은 아니다. 개리 해멀의 휴머노크러시에서 '사람'은 과연 어떤 사람을 뜻하는 것이었을까? 그들은 온정, 이기(利己), 방향 없는 자율에 빠진 사람이 아니라, 분명한 목표체계와 능력 기반 평가, 그리고 구성원 사이에 적절한 위계와 결속 아래 통제되는 사람이었다. 경직되고 비대한 위계가 나쁜 것이지 역동적 위계는 반드시 필요하다. 그렇지 않으면, 사람과 자율을 표방하는 모든 조직은 이내 무성과와 무질서 상태에 빠지고 말 것이기 때문이다. 사람의 이 양면성을 무시한 채 막연히 사람 중심 경영을 추구하는 경영자는 그래서 위험하다.

라. 맺는말

니체는, 사람은 일종의 심연(深淵)이라고 말했다. 그만큼 정체를 알수 없고 속을 헤아리기 어렵다는 뜻이다. 그렇다면 사람으로 구성된 기업 조직이야말로 심연 속의 심연이다. 깊음 속에 깊음이, 무한 속에 무한이 중첩된 불가사의(不可思議)한 세계다.

조직이 지닌 이런 속성을 잘 드러낸 사람은 개러스 모건Gareth Morgan, 1943~이었다. 그는 《조직의 이미지(Images of Organization)》에서 조직 존재의 속성을 기계, 유기체, 두뇌, 문화, 권력, 심리 감옥, 변형, 그리고 지배 착취의 8가지의 이미지로 은유했다.[173] (본서 393쪽 별면의 설명을 참고하라.) 조직은 어떤 안경을 통해 보느냐에 따라 전혀 다른 실체로 우리 앞에 나타난다. 조직은 우리가 생각하는 것 이상으로 훨씬 더 복잡하고 다면적이며 역설로 가득 차 있다.

지금까지 등장한 수많은 경영이론들은, 각각 조직 속성의 일면에만 초점을 두고 개발된 것들이었다. 또한 시대마다 특정한 속성을 강조하는 사상이 유행해 왔다. 과학적 경영, 리스트럭처링과 다운사이징, 숫자 경영, 복잡계 경영, 지식경영, 자율경영 등등.

이 중 어떤 한두 가지 원리에 지나치게 경도된 경영자는, 자신의 기대와 달리 움직이는 조직의 모습에 혼란을 느끼게 된다. 구성원의 자발성을 기대했으나 누구도 스스로 움직이지 않고, 강력히 명령하면 따를 것으로 예상했으나 대부분은 저항하며, 톱니바퀴처럼 여러 일들이 맞아떨어지기를 바라지만 곳곳에서 엇박자가 난다.

경영자의 일이 참으로 위업(偉業)인 이유는, 그가 도저히 규정 불가능한 대상과 씨름해야 한다는 데에 있다. 운동선수도, 예술가도, 문학가도 어떤 거대한 대상을 정복하기 위해 분투하지만, 경영자가 마주하는 대상만큼 예측과 단정이 어려운 수준은 아니다. 특정 경영이론에 매몰된 경영자가 아니라, 오직 성찰하는 경영자라야 그 위업에 더욱 가까이 다가갈 수 있다.

1) 기계(machine)로서의 조직

조직은 기계와 노동자가 맞물려 마치 톱니바퀴처럼 움직이는 존재다. 19~20세기 전반에 등장한 고전적 경영사상은 바로 이에 바탕을 두고 태어났다. 계획통제가 사상의 중심에 있을 때였다. 미국의 포디즘(fordism)과 테일러Frederick Talyor의 과학적 경영사상(scientific management), 위계조직, 관료형 조직 사상 등이 그랬다. 이 이미지는, 기계는 물론이고 노동자조차 일종의 공학적 작동 대상처럼 본다. 한 사업장은 물론이고, 전국에 산재하는 매장이나 지점에 걸쳐, 노동자들은 정교한 분업 시스템 아래 상품이나 원재료를 조립, 배송한다. 이런 조직에서 요구되는 가치는 정확성, 속도, 명확성, 규칙성, 효율성 등이다.

개러스 모건은 MBO를 기계 은유로 분류했다.[174] 그는 드러커의 MBO를 제대로 이해하지 못했다. 그의 눈에 MBO는 목표를 세워 매진하도록 하고, 직무를 합리적으로 규정하고, 효율적으로 직무를 통제하는 원리로 비쳤다. 그는 아마도 현실에 잘못 적용된 MBO만을 보고, 드러커가 원래 말했던 MBO의 철학적 속성은 잘 보지 못한 것 같다.

모건이 말한 대로 기계로서의 조직은 환경 변화에 취약하고, 변화와 혁신 기능이 결핍되어 있을 수밖에 없다는 한계가 있는데, 드러커의 MBO 사상은 오히려 그런 기능을 보완하는 속성을 지니고 있기 때문이다.

2) 유기체(organisms)로서의 조직

이는 조직이 마치 생물체 또는 살아 있는 유기체로서 존재한다는 것이다. 조직은 자신의 생존을 위해 각 구성요소가 상호의존하면서 정보와 에너지를 교환한다. 또한 조직은 그 외부 환경에 대해 개방된 시스템으로서 존재한다. 항상성(homeostasis), 엔트로피(entropy), 필요 다양성(requisite variety) 같은 원리가 조직 안에서도 작동한다. 시스템의 응집력, 전체성, 자원의 흐름과 처리 과정을 중시한다. 임시 조직으로서 애드호크러시(adhocracy)나 매트릭스 조직은 유기체 이미지를 잘 드러낸다. 이 조직 원리의 근본사상은 진화생물학이다. 기계 조직과 달리, 변화와 혁신의 원리를 내포하고 있다.

하지만 자연 생물체의 원리를 조직에 그대로 투영하기에는 한계가 있다. 무엇보다도 거기에 사회 구성의 최소단위로서 사람의 역할은 잘 보이지 않는다. 사람은 무한성과 나약성에 이르기까지 온갖 가능성을 지녔다. 그 개인들이 조직에 개입함으로써 야기되는, 유기체 이상의 현상들은 담지 못한다. 또한 이 조직관은 일종의 이념(ideology)과 같아서 조직 현실을 있는 그대로 보지 못하고, 하나의 이상적인 당위의 모습으로만 상상하게 만들 위험도 있다.

3) 두뇌(brain)로서의 조직

이는 조직을 일종의 정보처리기관으로 본다. 이런 조직의 이미지는 정보와 지식을 생성하고, 교환하고, 축적하고, 관리하는 존재다. 경영정보시스템(MIS), 지식경영시스템(KMS), 전사적자원관리시스템(ERP)은, 두뇌로서의 조직의 면모가 잘 드러난다.

드러커의 지식노동 사상이 강조했던 것처럼, 지식의 생성, 소통, 처리 구조야말로 조직의 지속과 성장의 가장 중요한 동력이라는 점은 이제 명백해졌다. 하지만 우리는 지식이 단지 뇌의 소산이기만 한가에 대해서는 물론이고, 사람의 두뇌 자체를 완전히 알지 못한다. 현대 뇌과학이 발전했음에도 불구하고, 지식 생성에서 두뇌가 구사하는 메커니즘의 전모는 아직도 밝혀져 있지 않다.

두뇌 이미지에는 좌뇌(논리, 계산)와 우뇌(비논리, 통찰)의 균형 잡힌 작동 이론, 자기규제(self-regulate)하고 자기학습(self-learning)하는 사이버네틱(cybernetic) 시스템의 원리, 자기발현(self-emerge)하는 성과, 부분 속에 전체가 담긴 홀로그래픽 구조(holographic sturcture) 원리가 주요 내용으로 추가된다. 만약 모건이 21세기 생성형 인공지능의 출현을 접했다면, 그 원리도 두뇌 이미지에 추가했을 것이다.

하지만 현실에서 조직의 가동은 단지 두뇌 프레임으로만 설명되지 않는다. 개인의 자유의지, 무의식, 권력욕과 탐욕이 초래하는 갈등 같은 요소들은, 단순히 두뇌의 통제를 넘어서 개입한다.

4) 문화(culture)로서의 조직

이는 조직을 어떤 가치관, 규범, 전통들을 공유한 실체로 보는 것이다. 조직이 내세우는 각종 사명선언문, 슬로건, 캐치프레이즈, 행위규범 등이 문화로서의 조직을 잘 표현한다. 문화는 구성원의 결정이나 행동에서 무엇이 정상적이고 무엇이 비정상적인지를 구분할 수 있도록 한다. 예컨대 미국 기업에는 개인주의나 계약주의가 흔히 받아들여지지만, 일본 기업을 지배하는 문화는 충성과 연대감의 정서 같은 것들이다.

기업마다 상이한 문화적 요소는 그만의 고유한 성과를 만들어내는 데에 기여한다. 톰 피터스나 짐 콜린스 등으로 대표되는 미션, 비전, 가치경영은 바로 성과에 기여하는 조직문화의 이미지를 특별히 부각시킨 것이다. 이런 공식 문화의 이면에는 비공식적 문화가 별도로 작동하기도 한다. 예컨대 근무시간 외 모임을 통한 소통과 단합, 독서와 예술 활동 참여 같은 문화는, 이 렌즈를 통해 바라보면 그 순기능이 분명해진다. 하지만 문화는 단지 성과에 기여하는 역할만 하지 않는다. 많은 조직에 기생하는 부정적인 비공식 문화들은 더 심각하게 조직의 역량을 파괴한다. 부서나 전문가 사이의 이기주의, 따돌림, 상사나 동료를 향한 정보 은폐 같은 관행들이 그것이다.

5) 이해(利害), 갈등, 권력(interest, conflict, and power), 즉 정치시스템으로서 조직

이는 조직 구성원들이 유한한 자원과 경력 기회를 놓고 벌이는 싸움이다. 어느 조직이나 구성원들마다 선호에 차이가 있고, 각자 자신의 이익을 추구한다. 조직 안에서 이들은 서로 충돌한다. 물론 표면상으로는 조용하다. 하지만 그 아래에서는, 상대를 제압하면서 내 지위를 유지하고 이익을 극대화하려는 온갖 책략과 술수가 펼쳐진다. 임원들이나 직원들 사이에는, 그것이 학연이든 지연이든, 보이지 않는 파벌이 형성되어 서로를 견제한다. 성차별, 부당한 인사관리와 경영의사결정에 대한 저항, 특히 이에 대한 노동조합의 정치적 행동도 수시로 일어난다.

역사상 다양한 조직 통치체제들이 이 복잡한 권력관계를 통제하기 위한 수단으로 등장해 왔다. 독재 통치, 연방분권화, 관료제, 기술관료제, 그리고 노동자들이 참여하는 자주관리참여 시스템, 민주주의적 공동의사결정 구조 등 온갖 대안이 제시됐다. 하지만 어떤 시스템도 그만의 결함이 있었다. 흔히 말하는 리더 그리고 리더십의 위력은, 제도 설계만으로는 결코 해결되지 않는 권력 갈등의 난제를 해결할 수 있는 능력에 있다. 아무리 조직이 하나의 시스템으로서 잘 설계되어 있더라도 경영자에게 정치적 리더십이 결여되어 있다면, 그 시스템은 구성원 사이의 권력 갈등에 압도되어 제 기능을 못하게 된다.

6) 심리적 감옥(as psychic prison)으로서 조직

구성원들은 어떤 깊은 심리적 믿음에 갇히게 된다. 한때의 성공에 대한 도취, 자신의 일하는 방식이 최고라는 착각, 기존에 정착된 기술과 제품의 패러다임이 영원할 것 같은 예상 등이 대표적이다. 세상을 향해 어떤 '보는 방식'이 고착되면, 이는 동시에 그 바깥의 것을 '보지 못하게 하는 방식'으로 작용한다.

심리적 감옥은 프로이트 ^{Sigmund Freud} 심리학에서 강조하는 무의식 세계나 칼 융Carl Jung 등 여러 심리학자들이 다루었던 여러 정신병리 현상에서 발견할 수 있다. 거기에서는 합리와는 거리가 먼 행동들이 등장한다. 명령통제형 관료제는 기계론적이기도 하지만, 심리적으로는 일종의 가부장적 억압 기제를 품고 있기도 하다. 사람들은 어린 시절 장난감에 집착하는 데에서 나타나듯 어떤 대상물을 물신화해서 자신을 거기 투영시키는데, 혈연관계로 맺어진 가족기업은 종종 과거의 화려했던 가문의 역사에 대한 환상 속에서 살곤 한다. 신임자는 종종 전임자의 공적을 폄하하고 그 흔적을 지워버림으로써, 자신이 새 정복자로서 보다 우월한 존재라는 사실을 입증하고 싶어 한다. 위기 시에 조직이 사라짐으로써 구성원 자신의 삶이 위태로워질 수도 있다는 불안과 공포가 생기면, 그를 해소하기 위한 대리만족 수단들, 예컨대 정부를 상대로 정책(무역 규제, 생존 지원 등)을 요구하고 자신의 저조한 성과 책임을 외부에 전가하려고 한다.

또는 집단사고(group thinking)의 함정에 빠져 구성원들은 합리적인 논의의 장을 만들지 못하고 편협한 결정에 이르기도 한다. 수많은 신화와 문학에서 상징적으로 등장하는 주술사 혹은 사제의 기원, 초인적 영웅담, 악령의 행동들, 이른바 집단무의식(collective unconsciousness)이나 원형(archtype)에서 유발되는 온갖 행동들이 조직에서도 자주 반복된다.

글로벌 기업조차도 사무실을 이전할 때 역술가나 풍수사를 찾고 고사를 지내며, 임원을 영입할 때 관상가를 대동하곤 했다. 경영자들이 표면으로는 목적과 목표 설정, 성과 합리성, 효과적인 전략을 강조하면서도, 내면 깊은 곳에서 이런 심리적 감옥에 자신을 가두는 일은 흔하다.

7) 흐름과 변형 과정(flux and transformation)으로서의 조직

이는 조직이 한시도 고정된 실체로 존재하지 않고 끊임없이 변화하는 존재라는 것이다. 이 변화는 상위의 통제자가 계획을 통해 조성하는 것이 아니다. 조직이 조직 외부 환경과 에너지와 정보를 소통하면서 자기생성(autopoiesis)하는 것이다.

이는 또한 변화의 주체가 변화의 객체에 동시에 포함되는, 일종의 자기준거(self-reference) 과정이기도 하다. 이 이미지에서 질문자는 질문 대상과 분리되어 있지 않다. 경영자가 "우리의 사업은 무엇인가?", "새로운 시장에서 어떤 전략을 추구할 것인가?" 같은 질문을 던질 때, 그 질문은 질문자와 분리된 객체로서 시장, 전략, 또는 사업만을 향하는 것 같지만, 사실은 질문하는 경영자 자신의 지식과 행동을 동시에 가리킨다.

그의 해답이 가리키는 곳은 자신과 분리된 외부의 존재만이 아니라 자신까지를 대상으로 포함한다. 그 해답의 목적은 경영자를 포함한 조직 구성원 전체에 변화를 일으키면서 조직 외부의 시장에도 변화를 일으키는 데에 있다. 자기 바깥의 존재를 물을 때 동시에 자기를 물어야 할 수밖에 없는 이 재귀성(再歸性)은, 성찰하지 못하는 경영자들이 흔히 범하는 오류다.

이처럼 자기를 함께 보지 못하고 오직 통제 대상으로서 외부만을 보는 것도 문제지만, 자기 내부에만 갇혀 외부를 보지 못하는 것은 더 큰 문제다. 마구잡이 포획으로 물고기의 씨가 말라 그들의 사업 기반 자체를 사라지게 만들었던 수산업 회사나, 한 우물만 판다는 명분으로 시장의 변화를 외면한 채 과거에 성공했던 제품만을 고수하는 회사나, 한결같이 자기와 자기 바깥 세상을 함께 보지 못하는 외눈 경영에 머무는 것이다.

이 이미지에서는 복잡시스템(complex system)의 원리가 작용하기도 한다. 복잡시스템을 묘사하는 여러 특성 중, 소위 나비효과(butterfly effect)로 알려진 것이 있다. 이는 최초의 어떤 미세한 변화가 전혀 예측하지 못했던 방향으로 증폭되어 거대한 변화를 일으키는 현상을 비유적으로 표현한 것이다. 대개 세상을 뒤바꾼 혁신적인 제품과 서비스는 처음에 아주 우연하고도 사소한 착상에서 시작한 것이 많다. 벨크로, 청바지, 페니실린 등, 찾아보면 끝이 없을 것이다. 반면 미세한 품질 결함이나 안전점검 실수가 거대한 재앙으로 이어지는 사태, 예컨대 챌린저(Challenger) 호의 비극 같은 사례들도 수시로 발생한다.

시스템 동학(system dynamics)은 여러 복잡한 변수 사이에 비선형(non-linear) 관계로 일어나는 움직임을 묘사하는 중요한 기법으로 자주 활용된다. 경영자가 최초의 정책을 시행한 후 기대하는 결과는 대개 긍정적 피드백(positive feedback)을 거쳐 나타나는 것이겠지만, 실제로는 예상치 못했던 부정적 피드백(negative feedback)이 개입하면서 참담한 결과를 가져오곤 한다. 경영자가 미래에 대해 장밋빛 환상에 빠지는 일은 자연스러운 일이다. "다 잘될 거야!" 성찰하지 않는 경영자는 관성에 따라 긍정적 피드백을 과대평가하고, 부정적 피드백을 과소평가하는 습관이 있다.

광우병 사태는 2003년 우리나라에서만 있었던 사건이 아니다. 1980년대 영국에서는 몇몇 목장에서 소들이 발광하다가 푹푹 쓰러졌다. 이 사건은 언론을 통해 보도됐다. 이 병이 '우종 스폰지형 뇌종증'이라는 것이 알려지면서 영국인들은 소고기 식사에 불안감을 표시하기 시작했다. 의학계와 정부는 이 병이 인체에 무해하다는 사실을 공식 발표하고, 국민들을 안심시키려 했다. 1996년 어느 날, 의료위원회가 기존의 입장을 뒤집고 '크로이펠트 야콥병(Creutzfeldt-Jakob Disease)'으로 사망한 10명의 젊은 영국인이 광우병과 연관이 있을 수도 있다는 사실을 시사했다. 이어서 언론사의 부정적인 논조들이 확산되면서 영국인들은 공포심에 휩싸이기 시작했다. 언론은 더 나아가 정부를 향해 신속히 소 1천만 마리를 도살하라고 요구하기까지 했다.

영국 정부는 여전히 여러 과학계의 의견을 근거로 소가 사람에게 무해하다는 공식 입장을 천명했으나, 이미 촉발된 부정적 피드백은 연쇄 고리를 타면서 극대화되기 시작했다. 소고기 소비는 급락했고, 해외 패스트푸드 기업들조차 영국산 소고기 수입 중단을 선언했다. 결국 곤경에 처한 영국 정부는 여론에 굴복할 수밖에 없었다. 건강한 소 470만 마리를 도살하는 결정을 내릴 수밖에 없었다.[175]

경영자의 의사결정이 예상치 못한 부정적 피드백에 휘말릴 가능성은 어느 영역에나 잠복해 있다. 누군가는 기대와 다른 행동을 하고,

자연재해나 사고는 발생할 것이다. 대안 시나리오로서 플랜B, 플랜C가 항상 필요한 이유가 이것이다. 경영자가 비선형 피드백의 메커니즘을 알고 시스템 사고 훈련을 게을리하지 말아야 할 이유가 여기에 있다.

변화와 흐름의 이미지가 조직의 중요한 작동원리인 것은 맞지만, 그때 경영자가 통제를 통해 어디까지 결과를 낼 수 있을까는 여전히 화두로 남는다. 자기생성, 자기창발, 복잡시스템 동학이 설령 사람의 의지와 독립해서 작동한다 하더라도, 경영자의 지위에 있는 사람이 무위(無爲)에 사로잡혀 있어서는 안 될 것이기 때문이다. 그가 변화의 원리를 안다고 해서 곧 변화를 창조할 수 있는 것은 아니지만, 그 원리를 모르는 사람은 변화를 창조할 기회 자체가 없다. 자신의 행동이 어떤 결과를 낳을지에 대한 예상은 오직, 오래도록 리버럴 아트를 통해 성찰하는 훈련을 해 온 경영자에게만 가능하다.(추가 논의는 본서 '닫는말 : 변화와 시간 앞에 선 경영자 _ 시간'을 참조하라.)

8) 지배 수단(instruments of domination)으로서의 조직

이는 얼핏 기계나 관료제와 비슷해 보이지만, 전혀 다른 차원의 부정적인 이미지다. 이 렌즈를 통해 본 조직은, 환경 파괴, 재무적 약탈, 노동 착취를 일삼는 존재다. 이런 모습은 경영자가 속한 세계 자체가 내포한 모순에서 나온다. 한 쪽에서 합리적인 행동은, 다른 쪽에서는 고통을 낳는다. 사회의 필요에 의해 재화를 생산하다 보면 반드시 자연을 채굴하고 폐기물을 처리해야 하지만, 이는 자원 고갈, 환경 파괴, 오염을 낳는다. 생산에 필요한 기능과 지식을 조달하려다 보면 노동자를 고용해야 하지만 그 지위는 늘 불안할 수밖에 없다. 시장 불확실성과 원가관리의 압력 때문에 임금 억제와 구조조정 가능성을 늘 수반한다.

또한 기업이 생존을 유지하기 위해 시장과 생산기지의 세계화를 추구한 결과, 초국적기업들의 영향력은 전에 없이 커졌다. 초국적기업들이 관련국 환경을 파괴하고 노동 문제를 야기하는 규모와 정도는 더 커졌고, 심지어 정치권을 좌지우지하기까지 한다. 환경주의자나 진보 사상가들은 조직의 이런 이미지를 유독 부각시킨다. 그들은 조직의 다른 이미지들에는 관심이 없다.

기업가들은 자신에 덧씌워진 이런 이미지를 부정하고 싶어 하며, 그 비판의 첨병인 지식인들을 공격한다. 하지만 기업가는 조직의 이런 이미지가 분명히 현실로 존재한다는 사실을 부정해서는 안 된다. 기업가는 이런 이미지에서 오히려 사업의 기회를 발견할 수 있어야 한다. 지배와 착취가 아니라 공존과 협력의 이미지를 강화하고, 이를 보다 많은 사람에게 인지시켜야 한다. 어떤 제지회사는 자연림을 전혀 파괴하지 않으면서 제한된 범위의 인공림에서만 원재료를 조달하고 있다. 더 나아가 '나무 심기 캠페인'을 적극적으로 벌이고 있다. 그럼에도 불구하고, 이런 이미지는 대중에게 잘 심어져 있지 않다. 지배와 착취의 이미지는 기업에 걸핏하면 얹혀지는 불편한 멍에이지만, 기업이 반드시 극복해야 할 이미지다.

IX

불안과 소외를
극복하는 조직
| 종교 |

가. 미션 기업의 명멸(明滅)

20세기 전반까지만 해도 미션(mission)이 훗날 경영사상의 중요한 어휘로 등장하리라고 생각한 사람은 없었다. 땅끝까지 복음을 전파해야 한다는 것은, 기독교 사도들에게 부과된 절대 사명이었다. 미션의 대구(對句)로 비전(vision)이 있다. 비전은 신의 계시를 신도가 시각(視覺)으로 체험하는 것이다. 그것은 현재의 모습이 아니라 미래에 도달할 어떤 상태다.

짐 콜린스와 제리 포라스Jerry Porras는《성공하는 기업의 8가지 습관(Built to Last, 1994)》에서 비전 기업, 콜린스는《좋은 기업을 넘어 위대한 기업으로(Good to Great, 2001)》에서 미션 기업의 유행을 촉발했다. 또한 그들은 미션과 비전에 이르기 위해 구성원이 갖추어야 할 계명으로서 가치의 중요성도 빠뜨리지 않았다. 피터 드러커와 톰 피터스가 앞길을 예비하고, 콜린스와 포라스가 1990년대에 본격 확산시

컸던 미션, 비전, 가치경영은, 종래 주로 목표, 합리, 성과, 통제에 익숙한 경영자의 사고에 크게 영향을 미쳤다. 저자들이 언급했던 많은 탁월한 기업들, 예컨대 3M, 월트디즈니(Walt Disney), 휴렛패커드(Hewlett-Packard Company), 존슨앤존슨(Johnson & Johnson), 프록터앤갬블(The Procter & Gamble Company) 같은 회사들은, 비록 종교를 표면에 내세우지는 않았다 하더라도, 구성원 사이에 종교에 가까울 정도의 헌신과 결속을 유도함으로써 큰 성과를 낼 수 있었다.

그런데 그들이 훗날 《위대한 기업은 다 어디로 갔을까(How the Mighty Fall, 2010)》에서, 한때 저 탁월했던 미션과 비전 기업들조차 세월의 흐름 속에서 쇠락할 수밖에 없었다.

종래 행정관리 경영, 과학적 경영, 심리 경영, 기술경영, 혁신경영, 예술경영과 차원을 달리한 이 새로운 경영원리, 즉 종교성에 기반을 둔 경영원리는 과연 어느 정도까지 유효할까?

나. 종교의 동기

1) 공포와 불안, 그리고 초월

사람들은 처음에 왜 종교를 만들어냈는가? 피할 수 없는 공포와 불안 때문이었다. 두려움과 떨림이 종교를 낳았다. 이 공포와 불안에는 두 가지가 있다.

첫째, 자연으로부터 오는 것이다. 사람의 몸은 외계의 자연물이 사람의 의지와 상관없이 가해 오는 각종 위해와 자연재해, 그리고 몸 스스로 일으키는 질병과 사망의 위협 앞에서 그저 무섭고 떨릴 수밖에 없었다. 흉년이나 유행병 앞에서는 누구나 굶거나 앓다가 죽을 것을 걱정해야 한다.

둘째, 사회로부터 오는 것이다. 이는 타인으로부터 오는 위해다. 사람들은 사회관계 속에서 수많은 의무와 속박에 얽매인 채 살아야 한다. 그러는 과정에서 언제든지 폭력과 강압의 희생물이 될 가능성이 있다. 외적의 침략, 타인의 협박, 동료의 압박, 상사의 폭압 등등, 온 갖 가능성이 우리 곁을 떠나지 않는다.

이에 대해 역사상 크게 네 가지 해결 방법이 등장했다.

첫째, 미신과 무속으로서 초기 종교들이 이를 해소하는 역할을 담당했다. 이는 자신보다 거대하고 높은 어떤 힘을 향한 탄원이었다. 태양 숭배, 인신공양, 조상 숭배 등이 그렇게 등장했다. 이는 나약한 개인이 의존할 수 있는 가장 원초적이고 효과적인 수단이었다.

둘째, 지도자의 통치를 통해 해결하는 방법이었다. 지도자는 태양도 하늘도 아니었지만, 마치 그런 것처럼 자신의 위상을 정립했다. 정치인 또는 집단의 리더들은 그 권위를 이용해서 사람들의 행동을 조직화했다. 외적의 침입을 막아주고, 법을 어긴 사람에게는 형벌을 내리고, 시장 질서를 조성함으로써 물자가 배분되도록 하고, 때로는 의적(義賊)이 행하는 역할을 제도화해서 강자의 것을 빼앗아 약자에게 나누어줌으로써 자연과 사회가 주는 공포와 불안을 막아줬다. 그들이 구사하는 중요한 수단 가운데 구호를 통한 심리 안정화가 있다. 그들이 토하는 웅변이나 제정하는 강령은, 비록 허위와 오류로 가득 차 있다 해도, 그것을 듣고 읽는 나약한 개인들에게 한없는 신뢰감을 안겨주었다. 역사상 모든 악마적 전체주의 지도자들은 한결같이 이를 능수능란하게 구사할 수 있는 인물이었다.

셋째, 도피처를 찾는 방법이다. 이는 공포와 불안으로부터 반대편에 있는 지각을 동원해서 그것들을 잠시 망각하는 방법이다. 사람의 몸과 마음에 쾌감을 주는 모든 활동, 예컨대 레저와 스포츠 활동에 몰입하거나, 음주나 흡연을 통해 기분을 고양시키거나, 예술을 감상하면서 고수준의 쾌락을 경험하는 것들이 대표적이다. 극심한 고통을 느끼는 환자에게 진통 효과가 있는 마약성 약물을 투여하는 일도 그렇다. 심지어 예배를 드리고 경전을 암송하고 신도들과 사교하는 순간만큼은, 사찰 바깥에서 시달려 왔던 저 모든 공포와 불안으로부터 잠시나마 벗어날 수 있다. 그러나 대부분의 신도들은 성전 바깥 사회로 나와 사람들과 부대끼는 순간, 예전의 불안으로 되돌아간다. 그리고 다시 사찰과 교회로 돌아가 안식했다가 또다시 세상으로 나온다.

어쩌면 모든 종교와 인문 지식이 이미 하나의 거대한 도피처일 수 있다. 그래서 카를 마르크스가 종교는 민중의 아편이라 한 것도 그 때문이고, 레이몽 아롱^{Raymond Aron}이 다시 마르크스주의를 가리켜 지식인의 아편이라고 말한 것도 그 때문이다. 누구나 지식인들의 언어에만 취하면 마치 자신이 이 세상 이치를 다 깨닫고 모든 모순과 고통에서 해방된 듯 희열감을 잠시 경험할 수 있고, 증상이 좀 심한 경우에는 마치 자신이 세상을 구원이라도 할 수 있을 듯한 돈키호테식 망상에 사로잡히기도 한다.

넷째 수단은, 과학기술 지식과 제도의 발전을 통한 해결이었다. 이제 사람들은 비가 안 온다고 해서 더 이상 하늘을 향해 기우제를 지내지 않는다. 질병을 낫게 하려고 무당을 불러 굿을 하는 사람은 없다. 이 모든 변화가 자연과학을 통해 자연의 인과관계가 상당 부분 밝혀졌기 때문에 가능했다. 또한 사람이 사람을 향해 가하는 온갖 폭력과 만행은 법치 질서가 정착하면서 누그러들었다. 홉스^{Thomas Hobbes}가 우려했던 저 '만인의 만인에 대한 투쟁 상태'는, 적어도 정쟁과 내전으로 점철된 제3세계가 아닌 한, 제도가 정비된 모든 사회에서 수면 아래로 가라앉았다. 물론 제도의 정비는 앞의 셋째 수단으로서 정치권력이 일으킨 긍정적인 효과이기도 했다.

이 과학기술과 제도의 발전을 통한 해결이야말로, 앞의 세 가지 방법과 비교해봤을 때 가장 신뢰할 만하며 효과적이고 합리적인 방식이었다. 이는 앞의 세 가시가 죄면, 환상, 또는 권력을 동원하는 것과 달리, 합리를 동원한 유일한 방식이었기 때문이다.

이 여러 방법을 통해서 사람들은 삶의 고통에서 꽤 벗어날 수 있었지만, 완전한 해결은 이루어지지 않았다. 아직도 수많은 개인들은 사회관계에서, 특히 조직생활에서 극도의 불안, 소외, 스트레스 속에 살고 있다. 지금도 허황된 미신과 거짓 우상들이 종종 그 틈을 비집고 들어온다. 사람들은 틈나는 대로 사주팔자로 운세를 점치거나, 강자에게 자신의 삶을 의탁하는 노예이기를 자청한다. 또는 기껏 레저와 유흥을 통해 마음을 풀면서 위안을 받지만, 현실은 크게 달라지지 않는다.

한편 사람들은 공포와 불안을 경험하면서 보다 고차원의 의문이 등장했다. 그것은 '현세의 번잡하면서도 고통스러운 문제들을 어떻게 해결할 것인가?'에 대한 의문이 아니라 존재 자체에 대한 의문이었다. '사람은 왜 태어나고 죽는가?', '나는 누구인가?'

이 의문을 배경으로 불교, 기독교, 이슬람교와 같은 고등종교가 등장했다. 오리엔트 지역에서 예수가 탄생하기 전후 1천년 사이에 중앙아시아 일대에서 일어난 일이었다. 그 시기 피타고라스교(Pythago-reanism), 조로아스터교(배화교, Zoroastrianism), 자이나교(Jainism), 마니교(Manichaeism)와 같은 유사한 가르침들이 세력을 얻기도 했다. 이들은 비슷한 시기 유행했던 미신이나 무속과는 차원을 달리하는 새로운 지식이었다. 어떤 초자연적인 힘을 찾는 것이 아니라, 존재, 특히 나의 본질을 바로 보는 데 초점을 두었다.

하지만 완전한 초월이든, 해탈이든, 구원이든, 고등종교의 이상 자체는 조직에 속한 지식노동자의 세계를 전제로 한 것은 아니었다. 왜냐하면 그 가르침들이 가리키는 상태는 철저히 개인 단독자의 체험에 속한 것이었기 때문이다. 오로지 온전한 나로서만 홀로 있는 세계에는 사회도 조직도, 이웃도 관계도, 성과도 파괴도, 더욱이 언어도 지식도 없기 때문이다. 석가모니는 마하가섭(摩訶迦葉)에게 연꽃 하나만 들어 보여도 서로 미소를 지었다 하지만, 조직에서 일하는 상사와 부하는 절대 그런 식으로 소통할 수 없다.

사회관계에 엮인 채 나날의 삶을 살아야 하는 세속인들이 단박에 초월에 이르기란 매우 어려운 일이었다. 그래서 초월을 말했던 고등종교는 자주 초월로부터 내려와서, 사회인들의 체험에 비추어 수용 가능한 언어를 빌려서 초월을 표현했다. 불교와 기독교의 초기 경전에 기록된 대부분의 비유와 일화가 대개 그런 식이었다. 반면에 애초부터 초월이 아니라 춘추전국시대에 사회 통합과 질서 유지를 목적으로 등장했던 유학(儒學)은 좀 달랐다. 유학은 그 태동 목적 자체가 초월이 아니라 사회성에 있었다. 유가(儒家)는 그 유파를 막론하고 공동체 지도자가 갖추어야 할 덕목과 사회인들이 갖추어야 할 규범을 말하면서 태어났다. 다만 송(宋)대에 이르러 거기에 불교식 초월사상과 존재론이 접목되면서 신유학, 이른바 성리학(性理學)이 태어났고, 그 뒤 명(明)대에 양명학(陽明學)으로 분류되는 지식이 등장했을 뿐이다.

다. 두 가지 길

1) '나'를 낮춤과 높임

고등종교가 제시했던 길, 현세에 속한 나를 초월하는 데에는 두 가지 길이 있었다.

첫 번째 길은, 나보다 더 높고 큰 존재에 복속해서 나를 버리는 길이다. 이는 자신을 한없이 낮추는 길이다. 이는 나를 주인이 아니라 종으로 삼는 방법이다. 기독교는 이 방법을 택했다. 이 길을 걷는 수행자들은 자기를 목적으로 정립하는 것이 아니라, 다만 절대자의 도구로 설정하고 한없이 낮춘다. 아시시의 성(聖) 프란시스^{Sanctus Franciscus Assisiensis} 같은 기독교의 수많은 성인들이 그랬다. 오늘날 기독교 정신에 충실한 경영자들 역시, 자신을 신의 도구로서 한없이 낮춘다. 그들은 섬김의 경영을 실천한다. 고전적인 힌두교(Hinduism), 즉 브라만교(Brahmanism) 역시 그런 방법을 썼다. 그들은 브라만(梵, brahman)

이라고 칭한, 우주에 가득한 궁극의 존재를 설정하고, 소아가 수행을 통해 거기에 합류할 수 있다고 보았다. 그래서 이렇게 하나로 합쳐지는 수행을 요가(yoga)라고 불렀다. 이 길을 통해 사람은 '나', 그러니까 에고(ego)에서 일어나는 온갖 교만, 탐욕, 망상을 효과적으로 제어할 수 있다.

두 번째 길은, 직접 '나'의 본연(本然)한 초월성을 증득(證得)하는 길이나. 이는 나 스스로 나를 통해 향상하는 길임과 동시에, 나의 경계 없음, 무애(無碍)함을 깨닫는 것이다. 그 길은 나를 직접 대하면서 나라는 테두리에서 벗어나려는 것이다. 이 방법은 높은 존재를 설정하고 거기에 자신을 복속시키려 하지 않는다. 그래서 이 방법으로 나를 버리는 일은 가장 성취하기가 어려웠다. 기원전 5세기에 등장한 불교는 그런 면에서 인류 역사상 전례가 없었던, 혁명적 사상이었다. 하지만 석가모니는 당시 사람들의 사고와 생활 습관을 지배하고 있었던 브라만교의 영향을 완전히 무시할 수 없었다. 그래서 원시 불교는 브라만교의 언어와 사고를 빌려서 말했다. '피안에 이른다(到彼岸, paramita)'거나, 어딘가에 있을지 없을지 알 수 없는 '공(空, sunyata)'이라거나 '법(法, dharma)'이라든가 하는 말을 굳이 쓴 것은 그 때문이었다.

예수보다 좀 더 동쪽의 오리엔트인이었던 남인도 팔라바국의 왕족 보리달마菩提達磨, Bodhidharma, ?~528는, 더 동쪽 땅이었던 당(唐)에 선(禪, dhyana)불교를 전파했다. 선불교는 더 노골적으로 이 방법을 택했다. 그런 의미에서 선불교는 기성 종교의 언어를 일부라도 빌렸던 원시 불교와는 또 다른 차원의 혁명이었다. 거기에서는 어떤 높은 것, 신성한 것, 절대적인 것도 설정하지 않았다. 뭔가 절대적인 존재를 언어로 설정하거나 논리적으로 설명하려고 시도했던 서양 철학의 모든 전통도 선불교 앞에서는 무장을 해제해야 했다. 보리달마가 양무제^{梁武帝} 앞에서 "다만 이러해서 성스럽다고 할 것조차 없다.(廓然無聖)"라고 말한 것은 바로 이것을 말한 것이다. 그들은 직접 자기자신과 대면한다. 이때 질문, 흔히 화두라고 불리는 모종의 긴박한 의구심이 마치 열쇠처럼 그에게 던져진다. 그중 대중에게도 잘 알려진 하나는 "이게 무엇인가?(是甚麼, 이뭣꼬?)"라는, 스스로에게 던지는 질문이었다.

위대한 질문은 위대한 만큼이나 풀기가 더욱 어렵다. 위대한 경영자는 위대한 질문을 하는 자, 즉 풀기 어려운 질문을 스스로에게 던지는 자다. 대부분 경영자는 막상, 피터 드러커의 5대 질문 가운데 첫째인 '당신의 사업은 무엇인가?(What is your business?)'라는 질문을 받으면 말문이 막힌다. 위대한 경영자는 이 질문의 답에 이르기 위해 매 순간 성찰하는 사람이다. 그 성찰의 결과 떠오르는 착상을 하나씩 기록하고 궁리하거나 구성원들과 대화하면서 그 실체를 끊임없이 확인하다 보면, 그 답은 서서히 모습을 드러낸다.

2) 지식노동자의 복종과 자존(自尊)

지식노동자는 이 두 가지 길 중 어떤 길을 취해야 하는가?

우선 접근할 수 있는 길은 자신을 일단 낮추는 것이다. 조직의 목적과 목표에 자신의 모든 것을 복속시키는 것이다. 구성원이 과거 성공

경력, 명성, 학위, 검증된 능력 등 그 어떤 배경을 지니고 있다 해도, 지금 조직이 추구하는 목표 앞에서는 다 내려놓아야 한다. 그는 오직 조직의 목표 달성을 위해 자신이 어떻게 기여할 수 있는가만을 생각해야 한다. 거기에 '잘난 나'라거나 '못난 나' 같은 것은 없다.

여기 한 가지 의문이 생길 수 있다. 이는 혹시 노예의 길이 아닐까. '나'를 한없이 낮추기만 한다면, 지식노동자는 조직 안에서 노예처럼 살면서 스스로의 존엄을 포기하게 되는 것인가? 즉 '나'를 높일 수 있는 길은 영원히 차단되는가? 조직은 노동자를 수단이 아니라 목적으로 대해야 한다고 했던 드러커의 주장은 무색해지는가?

그렇지 않다. 그는 낮아짐으로써 오히려 높아진다. 그는 조직에서 자신에게 부여된 목표를 실현함으로써 자신이 존재 이유를 구현할 수 있다. 그의 존엄은 오직 조직 성과에 대한 기여로 입증된다. 그러나 이 기여는 명령통제에 의해 달성될 성격의 것이 아니다. 그것은 드러커의 MBOS 철학에서 늘 강조했듯 궁극적으로 자기통제(self-control)를 통해 이루어져야 한다. 오직 그렇게 해서만 지식노동자는 목적으로서 자신의 존엄을 조직 내에서 구현할 수 있다.

초월 철학자나 고등종교의 창시자가 말했던 가르침을 지식노동자와 경영자가 조직 안에서 실천하는 일은 불가능하다. 수도자들은 수도원이나 선원에서 고립된 채 그 목적을 추구할 수 있지만, 조직에서 타인과 함께 일해야 하는 지식노동자가 그렇게 할 수는 없다. 대신에 그를 이끄는 에너지는 신이나 초월성을 향한 간절한 마음이 아니라 오직 목표에 기여하려는 자발적인 마음이어야 한다. 그를 방해하는 것은 욕망과 망상이 아니라, 목표 인지와 정보 전달을 방해하는 온갖 의사소통 장애다. 이 사실을 개별 구성원 스스로 충분히 알고서, 더 나아가 나 이외의 다른 구성원도 모두 그러하다는 사실을 동시에 알고서 MBOS를 실천해 갈 수만 있다면, 속세를 벗어나지 않은 채 일 속에서 성찰을 통해 얻는 구원은 가까운 곳에 있다.

라. 종교 안에서 태어난 경영

앞에서는 경영자와 지식노동자가 종교에 귀의하는 마음으로 조직 생활에 임하도록 할 필요성을 말했다. 방향을 뒤집어서, 종교인이 개인으로서가 아니라 사회 안에서 자신을 정립시킬 필요성도 있다.

종교인은 두 종류의 사회에 대면한다. 하나는 종교 안의 사회고, 다른 하나는 종교 바깥의 사회다.

종교인들 안에는 그만의 사회가 있다. 거기에서 주목할 부분은, 바로 종교 공동체의 경영원리다. 기독교 수도원 공동체, 선불교의 선원, 이슬람 수행자들의 수행조직 등을 규율하는 원리들이 있었다. 이 원리는 현대 대기업 조직의 경영원리와 별도로 태어난, 오직 종교 안에서 종교의 필요로 태어난 또 다른 경영원리였다. 서로 다른 배경으로 태어났음에도 이 두 원리는 서로 같은 방향을 가리킨다는 사실이 놀랍다.

다음으로 종교인들 외부에는 종교를 목적으로 하지 않는 다양한
사회 단위들이 하나의 환경으로서 종교를 감싸고 종교와 소통하고 있
다. 종교가 그 바깥 사회를 대하는 태도는, 불교의 구분법을 빌려 말
하자면, 소승(小乘, 작은 수레, hirayana)과 대승(大乘, 큰 수레, mahayana)
으로 나뉜다. 소승은 철저한 개인으로서 수행하는 것이다. 거기에는
사회가 없다. 반면에 대승은 보다 많은 사람을 초월로 이끌기 위해 수
행자가 일부러 바깥으로 나가는 것이다. 흔히 교화(教化)라고 불리는
이런 행동은 일부 사회에 종교가 보다 적극적으로 개입하는 것이다.
사실 소승과 대승 중 어느 하나가 더 우위에 있다고 말할 수는 없다.
이 둘은 대립 현상이 아니라, 서로 이어지면서 보완하는 활동이기 때
문이다. 수행자가 대승을 실천하려면 우선 소승에 어느 정도 충실한
다음이라야 한다. 대승의 길에 들지 않고 소승으로 과업을 완수하는
것도 자신의 목적을 다하는 것이고, 소승에서 벗어나 대승으로 이어
지는 것도 고유의 목적이 있다. 대승에 나섰던 사람도 궁극에는 소승
의 길로 다시 들어야 한다.

역사의 경험으로 보았을 때, 사회로 파고든 종교는 단순히 교화에
만 머물지 않았다. 그것은 사회의 작동과 질서 유지에 기여하는 개인
의 행동규범을 제공하기도 했다. 오랜 세월 기독교 교회, 이슬람 사
원, 불교 사찰 등을 통해, 대승 또는 미션의 이름으로 전파된 모든 도
덕준칙들이 사회 규범으로서 역할을 하면서 한 사회의 직업관, 사회
관, 노동관을 형성하는 데에 크게 기여했다. 더 나아가 정치권력자들
은 종교의 가르침에 바탕을 두고 자신의 통치 근거를 정립하고 제도

를 구축하기도 했다.

먼저 종교 안의 사회로서 종교 공동체의 경영원리를, 다음으로 한 사회의 도덕관과 직업관 형성에 기여한 종교의 역할에 대해서 살펴보기로 한다.

1) 중세 기독교 공동체의 경영원리

초기 기독교인들은 서기 313년 로마 제국에서 '밀라노 칙령(Edic-tum Mediolanense, Edict of Milan)'을 통해 공인받기 전까지 박해를 피해 은거하면서 수도생활을 했다. 동굴 같은 곳이 대표적 은거지였다. 이 험난한 환경에서 그들의 공동체 생활이 지속될 수 있었던 힘은 신앙을 통한 결속에서 나왔다. 공인 후에 수도원들이 증가했는데, 거기 사람들이 모이다 보니, 단순히 신앙의 힘 이상으로 공동생활의 규율과 원칙을 제정할 필요성이 생겼다.

누르시아의 성 베네딕도Saint Benedictus of Nursia, 480~547는 525년 이탈리아의 몬테 카시노에 수도사 공동체(Monte Cassino Abbey)를 만들고 그 회칙으로서 《베네딕도 수도규칙서(Regular Benedicti)》[176]를 제정했다.

베네딕도는 노동을 수도의 한 형태로 보았다는 면에서 현세와 초월 사이에 균형을 유지한 사상가였다. 그는 "산을 옮기는 것은 기도가 아니라 곡괭이와 삽이다."라는 유명한 말을 남겼다. 이는 훗날 토마스 아퀴나스Thomas Aquinas, 1225~1274가 생필품을 생산하는 노동을 저급한 기예로 보았던 것과 대비됐다.

《베네딕도 수도규칙서》는 총 73개의 장으로 이루어져 있다. 거기에는 현대 HR과 리더십의 핵심원리, 더 나아가 목표에 의한 경영사상의 원형이 대부분 담겨 있었다. 그중 몇 가지만 살펴보자.

수도사는 조직의 목적에 대해 자발적으로 복종해야 한다. '하늘의 고향을 향해 달려가려 하는(RB 제73장 8)' 것이야말로 조직 전체의 목적이자 개별 구성원의 목적이다. 수도회의 일원이 되겠다는 요청만으로는 절대로 입회가 허락되지 않았다. 입회 요청자는 자신이 목적을 향해 얼마나 강렬한 의지가 있는가를 점검하는 절차를 통과해야만 했다. 조직은 그를 여러 날에 걸쳐 거절하고 푸대접한 뒤에, 이를 통과한 사람에 한해 비로소 객실에 들였다.

수도사는 정신적인 활동과 물질적인 활동 사이의 균형을 유지해야 한다. 정해진 시간에 육체노동, 독서, 기도, 식사를 해야 한다. 육체노동은 작물을 짓거나 물품을 만드는 일로, 이렇게 생산된 것들은 자급자족했고 남는 것들은 시장에 판매해서 재정에 충당하도록 했다. 기도와 노동을 병행해야 하는 수도사에게 '한가함이야말로 영혼의 원수(RB 제48장 1)'였다.

공동체의 지도자 지위에 있는 수도사는 '아빠스(Abbas)'라고 불렸다. 경영자로서 아빠스는 그만의 고유한 책임이 명확히 규정되어 있다. 아빠스는 모든 것을 말보다는 행동으로 보임으로써 가르쳐야 하며, 구성원 누구라도 차별하지 말아야 하되 모든 이를 그 공적에 따라 그에 맞는 규율을 적용할 뿐이며, 엄격함과 온순함을 다 갖추고 구성원들의 기질과 역량에 맞추어 그를 적절한 방식으로 대해야 하며, 잘못은 결코 묵과하지 않아야 한다.

특히 아빠스는 '자신이 부여받은 지위의 의미를 늘 기억'하고 있어야 한다.(RB 제2장 63) 그렇게 함으로써 '자기가 어떤 짐을 받았는지 알아야 하며, 남을 지배하기보다는 유익이 되어줘야 한다'는 사실을 알아야 한다.(RB 제64장 7)

수도규칙에는 베네딕도 판만 있는 것이 아니었다. 여러 수도원마다 다양한 편집본이 전해 내려왔다. 사실 베네딕도 자신도 이미 보급되어 있던 여러 수도규칙에 바탕을 두고 자신의 것을 작성한 것이었다.[17] 중세에 여러 수도원 공동체에서 제정된 운영원리는 이후 영국과 프랑스의 행정제도 설계의 중요한 참고자료가 되기도 했다.

여러 수도원의 것 가운데 유독 베네딕도 수도규칙이 가장 널리 인정받게 된 이유는, 교황 그레고리오1세$^{Gregorius PP. I}$의 역할이 컸다.

그레고리오1세는 로마의 집정관 출신이었다. 그는 집정관으로서 출세하는 것보다는 신앙생활에 더 큰 뜻을 두었다. 자신의 집을 수도원으로 개조하고 수도생활을 시작했다. 당시 교황 펠라지오2세$^{Pelagius PP. II}$는, 로마의 집정관 출신으로서 그가 갖추었던 유능한 경영 능력을 알아보고 그를 발탁해서 교황청에서 일하게 했다. 그는 이후 승승장구하여 서기 590년에 교황이 되었다. 그때는 서로마 제국이 멸망한 뒤 100년이 넘게 지난 시기였다. 동로마 제국은 여전히 이민족의 침입으로 시달리고 정치와 사회는 불안했으며 사람들의 윤리의식도 퇴락한 상태였다.

그레고리오1세는 수도승과 경영자로서 두 본분 사이에 균형을 찾으려고 노력했다. 하지만 일상의 경영 업무가 과중했기에 수도에 전

념할 시간을 내기 어려웠다. 당시 로마의 행정력은 극도로 취약해져 있었기 때문에, 그는 교회의 일뿐만 아니라 지역의 일반행정 업무까지 담당해야 했다. 일에 지친 그는 항상 홀로 쉴 수 있는 공간을 찾곤 했다. 이 와중에 베네딕도 수도사들을 만났다. 그리고 베네딕도를 자신이 그리던 이상적인 수도생활의 전범으로 받아들였다.[178] 그는 잉글랜드, 아일랜드, 프랑크왕국을 비롯한 유럽 전역에 기독교를 전파하는 데에 힘썼는데, 그 과정에서 베네딕도 수도규칙을 근간으로 삼아 운영되는 여러 수도원들을 설립했다.[179]

유능한 경영자였던 그레고리오1세조차도 과중한 업무에서 오는 압박을 피할 길이 없었다. 아마 현대의 경영자들도 마찬가지일 것이다. 경영 대상으로서 교회 조직은 교황에게조차 안식처가 되기 어려웠을 것이다. 물론 조직은 안식하려고 찾는 곳이 아니다. 안식은 조직 바깥에서 찾아야 한다. 경영자의 지위는 안식할 자리가 아니라 일에 대해 성과를 내야 할 자리다.

경영자라면, 수도회가 목적으로 삼았던 '하나님에 이르는 일'이라는 자리에 단지 '고객을 발견하고 창조하는 과업'을 대입해보자.[180] 고객은 잘 보이지 않는다. 어느 순간 잠시 보였다 해도 쉽게 변신하고 자취를 감춘다. 어찌 보면 고객은 신이나 초월 세계보다 더 불가사의하다. 또한 그 일에 '고객 창조를 위해 함께 일하는 지식노동자들의 강점을 발견하고 성과를 이끌어내는 과업'을 대입해보자. 구성원들의 마음에 어떤 일들이 일어나고 있는지는 경영자의 눈에 잘 띄지 않는다. 성찰은 이 모든 보이지 않는 것들을 드러나게 하는 힘이 있다. 경영사상가들이 제시한 여러 원리는 그 성찰의 훌륭한 재료이자 도구가 될 수 있다. 그동안 보이지 않았던 것들이 보이게 되는 기적은 오직 성찰하는 경영자에게만 가능하다.

2) 선불교 사원의 조직 경영원리

불교에서 경장(經藏), 율장(律藏), 논장(論藏)의 삼장(三藏) 가운데 유독 율장은 경시당하는 성향이 있다.《범망경(梵網經)》은 극소수의 율장 스님 외에는 읽는 사람이 극히 드물다. 특히 '문자를 세우지 않음(不立文字)'을 특히 강조하는 선불교 수행승들 사이에서 격식과 의례의 중요성은 상대적으로 경시되었다.

옛날에 제정된 계율과 의례는 지금 현실에 맞지 않는 것들이 많다. 초기 불교의 율장은 2500년 전 인도 사회를 배경으로 탄생했다. 탁발, 1일1식, 기타 여러 가지 규범들은 당시 지배적이었던 힌두교 문화를 포함해 인도 지역의 독특한 기후와 의식주 문화를 바탕으로 생긴 것이었다. 인도는 1년 중 추운 날이 없고 걸식(乞食)만으로 육신을 유지하는 일이 가능했다. 하지만 중국의 승려들이 처한 환경은 그렇지 않았다. 때에 따라 의복을 바꿔야 했으며, 토지를 직접 경작하면서 사원의 경제를 운영할 필요가 있었다.

대규모의 수행승이 공동생활을 했던 인도식 불교 공동체(Vindhya-vana)는 중국에 건너와서 중국식 '총림(叢林) 제도'로 변형됐다. 수많은 제자를 거느렸던 마조도일馬祖道一, 709~788 선사가 중국식 대규모 수행 공동체의 효시였다. 마조의 법통을 직접 계승한 백장회해百丈懷海,

^{749~814}는 "하루 일하지 않으면 하루 먹지 않는다.(一日不作 一日不食)"는 유명한 말을 남겼을 정도로, 선원생활에서 노동을 중시했던 인물이다. 그는 《백장청규(百丈淸規)》라는 선원생활 규칙서를 지었다. 《백장청규》 원본은 소실됐고, 지금은 원(元)나라 동양덕휘^{東陽德輝}가 그를 바탕으로 지은 《칙수백장청규(勅修百丈淸規)》만이 남아 있다.[181] 한국 조계종의 《선원청규(禪院淸規)》도 이 청규를 바탕으로 지은 것이다.

《칙수백장청규》는 총 9개 장으로 이루어져 있다. 그중 몇 가지만 옮겨보자.

먼저 수행승들이 추구할 목적과 수단을 명확히 구분해서 정립했다. 수행 공간인 선원에는 불전(佛殿)을 세우지 않았다. 대응전에 불상을 안치하는 흔한 사찰의 모습과 달랐다. 깨달음은 내면의 일이며, 결코 외부의 그 어떤 형상에도 담겨 있지 않다는 철학이 거기에 들어 있었다.

구성원들의 직무와 책임은 체계적으로 배분됐다. 모든 직책은 지사반(知事班)과 두수반(頭首班)으로 나누고, 각 반마다 담당 업무와 지위가 세세히 나뉘어졌다. 지사반에는 서기(書記, 의례용 공식 문장을 기록한다), 지정(知藏, 간경당을 담당한다), 지객(知客, 손님을 맞이한다), 지욕(知浴, 목욕실을 관리한다), 지전(知殿, 향과 등을 관리한다), 시자(侍者, 향, 의발, 탕약을 관리하고 고승을 시중한다), 두수반에는 도사(都寺, 회계, 재무를 담당하고 식량을 관리한다), 감사(監寺, 도사를 보좌한다)와 부사(副寺, 도사를 보좌한다), 고사행자(庫司行者, 도사의 지시를 받아 실무를 수행한다), 유나(維那, 서무, 인사, 비행 감찰을 담당한다), 전좌(典座, 주방을 담당한다),

직세(直歲, 시설 건립과 농작 관리를 담당한다), 그리고 기타 다양한 직책들이 있었다.

자율과 책임을 조화롭게 구성했다. 특히 좌선의 근태(勤怠)와 몰입에 대한 내면의 책임은 수행승의 자율에 맡겼지만, 외적 형식은 예외 없이 엄격히 준수할 것을 강조했다. 법문 참석과 좌선(坐禪)의 모든 행동들은 엄격한 형식과 규칙에 따르도록 했다.[182] 유교 성리학의 비조(鼻祖, 시조)였던 송(宋)의 성호程顥, 1032~1085는, 선불교 총림의 의례를 보고 감동한 나머지, 유학이 추구했던 예악의 전범이 남김없이 여기에 있다고 칭송하기까지 했다.[183]

자유와 초월을 추구하는 수행 공동체가 왜 굳이, 저 까다로운 계율과 격식과 의례를 갖추려고 했을까? 높은 목적을 추구하는 과업에는 높은 규율이 수반돼야 하기 때문이다. 비단 수행 공동체가 아니라 해도 군대의 규율이 그토록 엄격한 이유도 바로 여기에 있다. 반면에 낮은 목적과 쉬운 목표를 추구하는 과업이라면, 느슨한 규율로도 충분할 것이다.

역사 속 위대한 경영자들은 항상 엄격한 규율에 자신을 복속시켰다. 정주영 회장은 하루 4~5시간만 자면서 늘 새벽 4시에 일어났고, 5시부터는 현장 보고를 받았다. 그리고 시간만 나면 현장으로 달려갔다. 그곳이 전국 어디든 개의치 않았다. 이병철 회장은 본인은 물론이고 모든 임원들에게 쉴 새 없이 공부할 것을 주문했다. 사장단과 대화를 나누면서, 경기 현황, 기술 동향, 국내외 정치나 사회의 변화, 이 모든 것들에서 결코 평범한 수준의 지식을 용납하지 않았다. 또한 그의 행동거지는 옷매무새 하나, 자세 하나, 흐트러짐이 없었다. 그의 아들인 고(故) 이건희 역시 아버지의 언행으로부터 영향을 받아서인지, 좀처럼 웃지 않고 칭찬하지 않으며 흐트러진 모습을 보이지 않았다.[184]

그것뿐이겠는가? 그들은 마찬가지로 조직 구성원들 모두가 지켜야 할 규율을 만들었다. 상사가 부하를, 또는 부하가 상사를, 동료가 동료를, 타 부서를, 그리고 외부의 고객과 온갖 이해관계자를 대할 때 지켜야 할 그들만의 언행 원칙을 만들었다.

의식(儀式, ritual)이 왜 있어야 하는가? 행정 조직, 기업 조직, 교육 조직을 막론하고 모든 의식의 기원은 종교에 있었다: 조상에 대한 제사, 조회, 서품식, 승단식, 입회식 등등. 논리적으로 보면, 의식 자체는 허례처럼 보일지 모른다. 의례가 성과를 낳는 데에 무슨 기여를 한단 말인가? 지루하고 형식적으로 보이는 절차로 가득하고, 심지어 불위를 걷는 것 같은 고통스러운 의례를 왜 굳이 행하는가?

의례는 사회 내 유대감과 소속감을 강화하고, 구성원들이 목적을 잊지 않도록 각성시키는 역할을 하기 때문이다. 그런 기능은 구성원의 자율로만 맡겨두어서는 결코 보장되지 않는다. 예컨대 선서(宣誓) 행위는 그것을 단지 말뿐인 내용의 반복이라고 치부하면 허례에 불과하지만, 자신이 하는 일의 목적과 사명을 잊지 않으려는 막중한 행동이라고 보면 매일 같이 반복해도 모자랄 것이다. 그런 의미에서 의례는 공동체 지속을 위해 불가피한 최소한의 수단이었다.

비단 형식적인 의례가 아니라 해도, 구성원들이 대면 근무 과정에서 준수해야 할 무형의 규범들은 분명히 효과가 있다. 그를 통해 함께 일하는 지식노동자들은 적절히 긴장하고 동료와 함께 있다는 사실로부터 일에 자극을 받는다. 최근 자율 근무 분위기가 조성되고, 특히 코로나19 사태 이후 재택근무가 확산되면서 이 효과가 퇴색했다. 만약 경영자가 탁월한 조직을 추구한다면 이 형식의 고삐를 어떤 형태로든 조직에 걸어 놓아야 한다. 관료제 규정을 강요하라는 것이 아니라, 구성원들이 행동의 방향성과 긴장감을 잃지 않도록 수단을 갖추라는 것이다. 이는 조직의 에너지가 모래알처럼 흩어지지 않도록 할 일종의 본드, 즉 접착제와 같은 역할을 한다.

사이먼스Robert Simons는《창의적인 회사, 효율적인 관리(Levers of Control, 1994)》에서 탁월한 성과를 추구하는 조직은 과도한 자율에 기울어서는 안 되며 적절한 타율로 균형을 유지해야 한다고 강조했다.[185]

이는 1990년대 이후 경영사상이 자꾸 자율과 평등 편향으로 흐른 데 대한 일종의 경종이었다. 조직은 구성원들이 자발적으로 생성하는 긍정적인 효과들을 인정하는 것 못지않게, 그들의 부정적인 행동이 야기할 부작용을 통제해야 할 책임이 있다. 구성원들이 작업장에서 복장, 태도, 언어 모든 면에서 절대로 해서는 안 되는 행동, 반드시 지켜야만 할 규범에 대해 명확하게 뇌리에 각인시키는 일이 무엇보다 중요하다고 했다. 자유와 초월을 추구하는 종교인이 그 목적을 달성하기 위해 오히려 엄격한 규율에 자신을 복속시켜야만 한다는 이율배반의 원리에서 경영자는 배워야 한다.

마. 종교의 사회적 기능

1) 경제 행동의 가치관으로서 종교

기독교, 불교, 이슬람교와 같은 고등종교는, 시대마다 지역마다 해당 공동체 구성원의 도덕관을 제공했다. 그중 하나는 재물과 경제적 이익을 대하는 태도였다. 근대 이전의 기독교와 이슬람교 모두 대부업을 신성한 노동으로부터 동떨어진 죄악처럼 보는 경향이 있었다.

상업과 금융은 역사적으로나 이론적으로나 불가분의 관계에 놓일 수밖에 없는데, 이 두 활동에 대한 종교의 태도는 매우 복잡하게 얽혀 있었다. 중세 기독교에서 상행위를 천한 행위로 보았다는 것이 일반적인 견해지만, 정작 성직자와 군주들은 상인 덕에 축재할 수 있었고 상인으로부터 돈을 빌려서 전쟁을 수행할 수 있었다. 심지어 교회가 군주 또는 교구민에게 돈을 빌려주는 경우도 있었다. 상인은 자신이 세속의 재물을 추구하는 악행에 대해, 교회에 재물을 기부함으로써 죄사(罪赦)함을 받을 수 있다는 믿음을 지니고 있었다. 이슬람교의 창시자 마호메트Mahomet는 상인 출신이었고, 이슬람 대상(隊商)들은 동서무역의 핵심 세력으로 활동했을 만큼 이슬람교와 상업의 관계는 밀접했다. 하지만 금융 측면에서 이슬람 율법상 돈을 빌려준 대가로 이자를 받는 행위는 금지되어 있었다. 그래서 이자가 아니라 수수료를 받는 방식으로 절충안이 통용되어 왔다. 이렇듯 종교가 상업과 금융을 대하는 태도는 기묘하게 꼬일 수밖에 없었는데, 이는 그 종교가 현실의 복잡계 속성을 부정하고 그에 대해 정신 대 물질, 창조주 대 피조물, 또는 신국 대 지상국 같은 이분법 사고를 고수하다 보니 생겨난 현상이었다.

그러다가 생각의 변화가 일어났다. 18세기에 이르러 유럽과 미국에서 근대 자본주의가 확산하면서 종교가 오히려 이를 태동시킨 정신적 기반으로 인정받기 시작했다. 물론 이는 기독교 사회에만 한정된 것이었으며, 이슬람교 국가에는 해당 사항이 없었다. 막스 베버Max Weber의 《프로테스탄티즘의 윤리와 자본주의 정신(Die protestantische Ethik und der 'Geist' des Kapitalismus, 1920)》 출간이 그 신호탄이었다. 베버는 근대 자본주의 태동 당시 유럽에서 개신교 가문이 가톨릭 가문에 비해 고등 교육열, 진학률에서 앞서가고, 특히 기술과 상공업 계통 진학률과 직업 종사율이 더욱 높다는 사실을 발견했다.[186] 그가 보기에 자본주의 정신은 흔히 말하듯 탐욕을 추구하는 정신이 아니라, 사람이 자신의 노동에 가하는 냉철한 자기통제와 절제, 그리고 합리적인 계산 정신이었다. "무제한적으로 영리를 탐하는 것은 자본주의와 아무런 상관이 없으며, 자본주의 정신과는 더 관련이 없다. 자본주의는 오히려 이러한 비합리적인 충동의 억제, 또는 적어도 합리적 조절과 동일할 수 있다."[187] 또한 그때 직업을 통한 노동은 수단이 아니라 그 자체로 목적, 그러니까 마땅히 해야 할 일, 소명이었다.[188]

이런 합리적 자본주의 정신은 마르틴 루터[Martin Luther] 이전 시대의 주술적이고 현실도피적인 가톨릭 사상에서는 발견하기 힘들었다. 오히려 그런 정신은 다양한 개신교 유파들, 그중에서도 특히 프랑스의 종교개혁가였던 장 칼뱅[Jean Calvin, 1509~1564]의 신학이 발전시킨 합리적인 신앙의 태도에서 나왔다고 보았다. 베버가 칼뱅을 해석한 바에 따르면, 진정한 신앙인은 오직 현세의 일을 통해 매일 같이 구원을 자기 확증하는 고독한 개인이라야 했다. 그 신앙은 고해성사나 수도원 생활을 통해서 이루어지는 것이 아니었다. 개신교 신자들 사이에 형성된 구원에 대한 이런 확신은, 구원받는 자가 이미 예정되어 있다는 칼뱅의 예정설로부터 나왔다는 것이 베버의 해석이었다.[189]

베버의 이런 문화사적 해석은 일면 타당한 면도 있지만, 과학의 입장에서 보면 허술하다. 정확히 개신교 윤리와 자본주의 확산이라는 두 변수 사이에 인과관계를 말하는지 상관관계를 말하는지 불분명하다. 얼마든지 반증될 수 있는 주장이다. 심지어 서구 우월주의에 치우친 편향된 결론이라는 비판도 가능하다. 그가 말했던 자본주의 정신은 종교개혁 이후 등장한 여러 개신교 사상에 대한 베버의 독특한 해석에서 나왔는데, 그의 주장만을 놓고서 가톨릭이나 비유럽권 전통 종교는 합리, 절제라는 자본주의 정신을 낳을 계기가 없었다고 섣불리 결론 내릴 일은 전혀 아니다. 미국의 마이클 노박^{Michael Novak, 1933}~2017은 《가톨릭 윤리와 자본주의 정신(The Catholic Ethic and the Spirit of Capitalism(1993)》에서 가톨릭에서 자본주의를 발흥시킨 요인을 찾아낼 수 있다고 보기까지 했다. 만약 통계상 특정 공동체에서 활동하는 기업가들 사이에 기독교 신자가 높은 비중을 차지한다고 해서, 기독교가 다른 어떤 종교보다도 경영 마인드 형성에 더 강력한 효과를 발휘한다고 일반화할 수는 없다. 그렇게 치자면 이건희 회장은 원불교 신자였고 정주영 회장은 무교였는데, 이를 단지 예외적 사건으로 치부할 것인가?

베버가 이런 주장을 하게 된 역사적, 사상적 배경은 충분히 인정할 수 있다. 하지만 칼뱅의 신학 자체에 대해서 베버 이외에도 많은 해석이 가능하지만, 칼뱅의 주장도 그리스도의 원래 가르침이 아니라 《성경》의 언어로부터 칼뱅이 별도로 파생시킨 해석학적 결론일 것이다. 칼뱅만 그런 것이 아니었다. 어느 시대, 어느 지역이든 종교의 원래 창시자의 언어와는 결이 다른 새로운 가르침을 등장시키는 개혁가가 등장하면서, 그 시대, 그 지역의 도덕관을 변화시키곤 했다. 기독교조차 예수의 직계인 바울과 베드로는 물론이고, 먼 후대에 아우구스티누스^{Augustinus Hipponensis}, 아퀴나스, 현대의 여러 독창적인 신학자들에게서도 예외는 아니었다.

유학에서도 베버와 비슷한 논법이 등장했다. 하버드대학교의 투웨이밍^{杜維明, 1940~}은 1980년대 한국, 일본, 대만, 홍콩, 싱가포르가 경제

부흥을 이끌 수 있었던 핵심 정신이 신유교 윤리(the New Confucian Ethic)에 있었다고 주장했다. 런던경제대학(LSE)의 마르크스 경제학자 모리시마 미치오森嶋通夫, 1923~2004는 1980년대에 《왜 일본은 성공하였는가?(Why has Japan succeeded: western technology and the Japanese ethos, 1983)》에서 화혼양재(和魂洋才), 통합정신, 엘리트 관료의 행정력 등이 동원된 일본식 유교(Japanese Confucianism)가 일본 기업의 세계적 성공을 이끈 동력이었다고 말했다. 이랬던 모리시마조차 17년 후 《왜 일본은 몰락하는가?(なぜ日本は没落するか, 1999)》에서 일본은 후진 정치와 정신의 황폐화 때문에 몰락할 수밖에 없다면서 논조를 뒤집었다. 그에 따르면, 어느 날부터인가 일본은 물질의 풍요를 누리면서도 그에 상응하는 도덕적 책임감은 사라졌고, 향락과 현실 안주만을 추구하게 됐다. 거기에서 일본식 유교의 웅혼한 기풍 같은 것은 더 이상 흔적도 찾아볼 수 없었다.

천년이 넘도록 낡은 종교 언어의 권위에 기대 기업 성과 창출의 동력을 합리화하려는 그 어떤 해석학적 결론도, 결과와 성과를 추구하는 경영자의 입장에서는 무의미하다. 《논어》의 구절들을 잘 이해하고 실천한다고 해서, 그것이 경영자가 성과를 달성하는 데에 기여하지는 않는다. 다만 그 모든 구절들은 경영자가 자신의 성과를 사후에 합리화하는 수단으로는 유용할지 모르겠다.

사실, 종교는 한 사회의 정신적 자본을 형성하는 데 영향을 미치는 많은 요소 가운데 하나에 불과했던 것이다. 독일의 경제사상가 프리드리히 리스트Friedrich List, 1789~1846에 따르면, 종교 외에도 한 시대에 한 나라에 구축된 교육·사법·행정제도와 입법, 문화, 예술, 관습, 지식문화 등이 총체적으로 그 나라의 물질적 생산력에 영향을 미친다.[190]

그때 사람들이 올바른 행동이라고 간주하고 실천에 옮기는 많은 가치들, 예컨대 정직, 근면, 검약, 충성, 헌신, 기부, 조상 숭배, 일부일처제, 간통 금지, 재능 육성 같은 가치들이 종교 언어에 일정 부분 연원을 둔 것은 맞다. 그 종교를 비단 기독교로만 국한할 수는 없다. 기독교 안에서도 종파에 따라 그 가치는 다 조금씩 다르고, 이슬람교처럼 다른 종교로 넘어가면 많은 부분이 달라진다. 더 나아가 종교 이외의 지식들도 이런 행동규범을 형성하는 데에 한껏 가세한다. 한 사회의 생산력을 증대시키는 정신적 자본으로서 행동규범들은 사회 요소들이 총체적으로 작동하면서 생성되는 것일 뿐, 종교에 일반적이고 궁극적인 원인을 귀속시킬 수 있는 것이 아니다.

그렇다면 불교에는 그런 정신적 자본을 제공하는 요소가 없었는가? 누군가 동남아시아의 불교 국가들을 보고, 그들이 기업가를 육성하지 못하고 경제 성장을 못 하는 이유가 불교사상 때문이라고 주장한다면 너무 성급한 것이다. 총체로서 한 사회의 정신적 자본은 종교 이외에 수많은 계기들, 예컨대 정치, 경제, 문화의 작용들이 연합하는 과정에서 생성되기 때문이다.

기독교도 그랬지만 불교 역시 태생부터 사회철학은 아니었다. 그런 점에서 유교의 탄생과는 달랐다.[191] 불교는 신(神) 대신에 '나'와 '마음'에 대한 자각을 목적으로 한 것이었다. 그래서 석가모니의 원시 불교에는 본디 경제나 경영의 도덕 같은 것이 들어 있지 않았다. 초기 인도의 수행승들도 먹고사는 문제를 해결해야 했기에 탁발, 공양, 보시 같은, 인도의 자연환경과 문화에 맞는 최소한의 경제적 수단을 갖추었지만, 체계적인 공동체 운영원리를 구축하지는 못했다. 석가모니 본인은 경영에도 물질에도 관심이 없었다.

> 세존께서 말씀하셨다. "나는 누구도 고용하지 않는다. 손에 간단한 것을 들고 세계 어디라도 간다. 임금에게 지급할 은(銀)을 세 낼 필요도 없다. 하늘의 의지로 비가 쏟아져도 상관없다."[192]

불교 경전 곳곳에는 경제와 직업 활동에 대한 언급이 많이 등장했지만, 그 자체가 목적이 아니라 마음의 법을 일깨우기 위한 수단에 불과했다.

> 활 만드는 공인은 뿔을 다듬고(弓工調角), 물에 사는 사람은 배를 다루며(水人調船), 재목의 장인은 나무를 다루듯(材匠調木), 지혜로운 사람은 몸을 다룬다(智者調身).[193]
> 마음은 늘 가벼이 날뛰어(心多爲輕躁) 지키기도 어렵고 가누기도 어렵지만(難持難調護), 지혜로운 사람은 뜻대로 할 수 있으니(智者能自在) 활 만드는 장인이 화살을 곧게 펴듯 한다(如匠搦箭直).[194]

하지만 후대의 지식인들은 불경으로부터 경제 내지 경영사상을 도출하려고 시도했다. 예컨대 미야사카 유쇼宮坂宥勝 같은 일본의 불교학자는 중세 기독교의 7덕(근면, 정직, 검약, 자선, 믿음, 소망, 사랑)과 불교의 육바라밀(六波羅蜜, 보시, 지계, 인욕, 정진, 선정, 지혜) 윤리가 공통점이 있다는 점, 불교의 무상(無常)과 성주괴공(成住壞空)의 철학은 상품의 생성-확산-소멸, 경제의 생산-유통-분배의 원리와 유사성이 있다고 설명했다. 하지만 변화의 속성에 대한 유비(類比)는 세계 어떤 현상에서도 도출해낼 수 있을 뿐만 아니라, 그 언어만으로는 경영자가 성과를 내는 데에 기여하지 못한다.

불교 경전에서 경영원리를 읽어내려는 여러 시도 역시 그렇다. 그런 시도의 여러 근거 중, 초기 경전에 등장하는 고용자와 피고용자 사이의 윤리가 있다.

> 고용인은 피고용인에게 일을 시킬 때 해야 할 다섯 가지 일이 있다.
> 첫째, 때에 맞추어 음식과 의복을 제공해야 하고, 둘째, 병에 걸렸을 때는 의사를 불러 치료해주어야 하고, 셋째, 망령되게 그를 때리거나 매질해서는 안 되고, 넷째, 그가 소유한 물건을 빼앗아서는 안 되며, 다섯째, 물건을 평등하게 나눠주어야 한다.
> 피고용인은 고용인을 대할 때 다섯 가지 해야 할 일이 있다.
> 첫째, 아침 일찍 일어나서 고용인이 부르지 않도록 해야 하고, 둘째, 스스로 해야 할 일을 찾아서 해야 하고, 셋째, 고용인의 물건을 아끼고 잘 보살펴 버리거나 도둑맞지 않도록 하고, 넷째, 고용인이 출입할 때 맞이하고 배웅해야 하며, 다섯째, 고용인의 좋은 점을 말하되 그의 나쁜

점을 말하지 말아야 한다.[195]

하지만 이것은 수행자가 수도인이기 이전에 먼저 사회인으로서 자신의 흐트러진 몸과 마음을 다스릴 수 있어야 한다는 상식 언어였을 뿐, 경영원리는 아니었다. 깨달음을 가리키는 언어는 더욱 아니었다. 불교의 가르침에서 경영자의 철학을 도출하는 일은 원천부터 어울리지 않았다. 그럼에도 불구하고, 마치 기독교에서 칼뱅이 그랬던 것처럼, 불교 언어는 시대마다 새로운 개혁가의 언어를 통해, 지역마다 경영 혹은 경제활동에 부합하는 가치를 담는 방향으로 각색되곤 했다.

일본 에도(江戶) 시대의 승려 스즈키 쇼조鈴木正三, 1579~1655는, 재물을 다루는 활동을 깨달음이라는 목적에 봉사하는 하나의 수단이라고 새롭게 해석했다. 그는 한때 정신세계의 활동보다 낮은 대우를 받았던 세속의 물질과 재화 추구 행위에 높은 지위를 부여했다. 그는《만민덕용(萬民德用)》에서 세속의 일이 출가의 일과 다르지 않으며, 세상에서 맡은 직업을 통해 세상을 유익하게 하는 것이 바로 부처의 발현이라고 말하면서, 칼뱅과 유사한 주장을 펼쳤다.[196] 더 나아가 매매를 일삼는 상인은 먼저 이익을 증식하고 마음가짐으로 수행해야 한다고 말하면서, 이익 추구욕은 꼭 필요하되 과도한 사욕으로 흘러서는 안 되며 적절한 통제가 필요함을 강조했다.[197]

종교인이 상업활동을 해석한 언어도 의미가 있지만, 반대로 기업가가 종교를 바라보는 시각도 함께 살펴보면, 종교와 기업 경영 사이에서 인식의 중심을 잡는 데 도움이 된다. 미쓰이(三井) 가문의 행동규범(1722)은 다음과 같이 종교에 앞서 상인으로서 본분을 우선 잊지 말라고 가르쳤다.

"신과 부처를 믿고 공자의 가르침을 따르는 것은 인간의 의무이다. 그렇지만 극단적인 것은 좋지 못하다. 종교에 너무 깊이 빠진 사람은 결고 상인으로서 성공할 수 없다. 그런 사람들은 자신의 사업을 게을리하여 집안을 파멸로 이끌기 쉽다. 많은 돈과 보물을 절이나 사당에 갖다 바치지 않도록 각별한 주의가 필요하다. (중략) 신과 부처는 사람의 마음속에 있다. 그러므로 금이나 은을 갖다 바치고 나서 뭔가 특별한 은혜를 보답받기를 기대하지 말아라. 금과 은을 신사나 절에 바쳐 낭비하는 대신, 가난한 사람이나 고통받는 사람에게 적절히 기부해야 한다. 그러면 그 보답이 수만 배 더 커져서 돌아올 것이고 너의 선행은 크게 가치를 나타낼 것이다."[198]

바. 맺는말

공포와 불안의 해소 수단으로서 종교는 과거 어느 때보다 힘을 잃고 있다. 통계청 2015 인구주택 총조사에 따르면, 우리나라 전체 국민의 56%가 무교였는데, 역사상 처음으로 무교 인구가 종교 인구보다 많아졌다. 2021년 한 조사에 따르면, 전 세계적으로 삶을 의미 있게 만들어주는 여러 요소 가운데, 종교는 애완동물과 함께 최하위의 빈도로 언급되는 요소로까지 추락했다. 최상위는 가족과 자녀, 그리고 직업과 경력이었다.[199]

인류가 그동안 사회제도와 과학기술 지식을 발전시켜 왔고, 특히 자유 기업의 발흥을 통해 인간의 다양한 필요들이 충족될 수 있었기에, 자연과 사람 앞에 대면했을 때 느꼈던 공포와 불안의 상당 수분이 해소될 수 있었다. 대신에 21세기에는 새로운 종류의 불안과 필요가 대두하고 있다. 경쟁 스트레스, 고독, 절망, 억압감, 일탈 심리 등, 사회학자, 심리학자들은 이런 마음의 방황을 일종의 사회 병리현상으로 분석한다. 심지어 처방하기까지 한다. 제도권 종교가 이 새로운 유형의 불안을 치유해줄 것이라는 믿음을 주지 못하는 한, 그 사회적 역할이 감소할 것임은 자명하다.

종교인의 사회적 위상도 점점 추락하고 있다. 이는 종교인의 두 존재 양식, 즉 생계인 대 수행인으로서 존재 양식이 불일치하는 데에서 나온다. 비종교인들은 한결같이 사회인으로서 부여받은 지위와 역할에 충실함으로써 그 생존의 물리적 기반을 조성하며 살아가는 데 반해, 종교인들은 그런 사회적 삶의 현장에서 분리되어 있다. 사회 체험이 부족하고 경영의 세계를 알지 못하는 종교 언어의 설교자들이 과연 지식노동자들이 직면한 이 새로운 종류의 공포와 불안이 무엇인지알고 그들에게 조언할 수 있을까?

이제 새로운 지혜는 경영과 인문학이 융합된 지식에서 나와야 한다. 지난날 종교 언어는 나태하고 절망한 인간에게 목적에 대한 헌신을 가르치고 미래에 대한 희망을 심어줌으로써 노동의 동기를 부여하는 역할을 했다. 그러나 그런 내적 추동력만으로는 부족하다. 그 이상으로 여러 경영원리에 바탕을 둔 다양한 성과 창출 수단이 제공되지 않았을 때, 조직 내 지식노동자와 경영자는 지금도 엄연히 지속되고 있는 저 공포와 불안으로부터 결코 자유로울 수 없다.

경영자는 조직 구성원의 의사와 무관하게 발생하는 외부의 위험으로부터 조직을 보호하고 지속시킬 책임이 있다. 경기변동과 예기치 않은 사업 환경 변화는 경영자와 지식노동자에게 거대한 공포다. 오직 미션과 비전만으로 이를 헤쳐나가라고 요구한다면, 지휘관이 총한 자루 쥐어 주지 않고 애국심만으로 전쟁터에 뛰어들라고 요구하는 것과 같다. 오늘날 경영자의 죄악은 신에 대한 불경이 아니라, 조직을 지속시킬 책임을 망각하는 데에서 나온다.

고대 이래 사람들은 현세의 고통으로부터 벗어날 길을 종교에서 찾았다. 경전은 "믿는 자는 구원을 받으리라."고 약속했고, 사람들은 공포와 불안이 엄습할 때마다 "신이시여!"라고 외쳤다. 근대 국민국가가 등장한 이후에는 정치를 향해 구원을 요청하기 시작했다. 정치인은 국민을 향해 "행복한 세상에서 살게 해주겠다."고 늘 약속했고, 사람들은 어려움만 생기면 "정부는 뭐 하고 있는가?"라고 반문했다. 이제 '오 마이 갓(Oh my God!)'보다 '오 마이 가번먼트(Oh my Government!)'가 훨씬 위력적인 시대가 됐다.

오늘날 삶의 중심을 조직생활 또는 자기경영으로 영위하는 노동자들은 노동을 통한 성과 창출로 구원받아야 한다. 조직의 존속과 자기경영 성과에 대한 전망이야말로, 개인으로서 지식노동자가 심리적 안정감을 유지할 수 있는 가장 튼튼한 토대다.

노동자가 목적과 목표에 자신을 복속(MBOS)시키도록 하고, 그가 조직에서 인정받는 존재임과 동시에 조직이 그의 강점을 발휘하는 공간이라는 느낌을 주고, 그가 거기에서 수단이 아니라 목적으로 대우받고 있음을 느끼게 해줄 수 있다면, 그야말로 종교가 과거에 세계를 향해 도모했던 모든 역할을 경영이 그대로 구현하는 것이 된다.

조직에 속하지 않고 개인의 지식으로 일하는 사람도 마찬가지다.

21세기에 무한히 분화된 여러 기능 분야에서 계약 기반으로 활동하는 소프트웨어 개발자, 기술자, 컨설턴트, 교사, 예술가, 작가, 연구자, 자영사업가들도 자기경영을 통해 삶의 의미를 발견하고 생(生)을 창조할 수 있다.

이 시대에 종교가 그 역할을 할 수 있는 것은, 사회적 기능으로서가 아니라 단지 내면세계의 체험에 이르는 길로서뿐이다. 그때 개인은 사회적 존재로서가 아니라 온전한 단독자의 자격으로, 기도나 선정(禪定)에 들 뿐이다. 그가 거기에서 나와 다시 사회적 개인으로 활동할 때, 그는 오직 일하는 공간에서 성과를 통해 구원받아야 한다. 그런 의미에서 성찰하는 지식노동과 경영 마인드야말로 새 시대의 종교다.

닫는 말 :

변화와 시간 앞에
선 경영자
| 시간 |

가. 변화하는 세계

1) 변화 원리에 대한 성찰

지금까지 여러 장에서 거친 성찰의 여러 여행지들은 저마다 다른 풍경이었다. 그러나 지식, 아름다움, 도덕, 소유, 정의, 사회, 종교, 그 어느 세계든 공통으로 갖추고 있는 하나의 모습이 있었다. 그것은 변화였다. 세계는 변화 그 자체다. 우리가 세계라고 말하는 순간, 변화를 말하는 것이다. 또한 변화를 아는 순간, 세계를 아는 것이다.

경영자가 변화의 원리를 안다고 해서 변화를 창조할 수 있는 충분조건이 되지는 않는다. 해부학 지식이 풍부하다고 해서 곧 유능한 외과수술 집도의가 될 수 없는 것과 같다. 살을 가르고 실을 봉합하는 능력은 해부학과는 전혀 다른 차원의 지식이다.[200]

하지만 적어도 그 지식은 변화를 성찰하는 데에는 도움이 된다. 변화의 원리는 사상가마다 조금씩 다른 언어를 입고 나타났다. 헤겔과 마르크스는 '운동(Bewegung)'이라고 했고, 찰스 다윈과 에드워드 윌슨Edward Wilson 같은 진화생물학자들은 '진화(evolution)'라고 했고, 가스통 바슐라르Gaston Louis Pierre Bachelard는 '인식의 장애물과 대결하는 과정'이라 했다. 이들은 각각, 주로 모순(paradox), 변이(mutation), 상상력(imginacion)이 이런 변화를 일으키는 중요한 계기라고 보았다. 또한 고대 중국에서는 역(易)이 변화의 원리를 상징하는 단어로 사용됐다.

사실 지식인마다 서로 나른 개념과 언어를 사용했지만, 경영자가 속한 세계에서 어느 한 종류의 것만 나타나지 않는다. 이들은 도처에서 함께 나타난다. 그리고 서로 자극하고 유발한다.

헤겔식 변증법은, 새로운 현실은 언제나 새로운 모순을 낳는다는 관점에서 출발한다. 모순이란 'A'가 'A 아님'과 공존하는 상황을 말한다. 한 세계 안에서 새로운 존재 A가 등장한 이후에, 그 세계는 A가 등장하기 이전과 달리 A의 존재 이유를 끝없이 되묻는다. A가 등장하기 이전의 세계는 A를 등장하도록 했던 근거였지만, A가 등장한 이후의 세계는 A를 부정하려는 계기를 내포하는 곳으로 변모한다. 가까운 예를 들어, 누군가 우승자가 되는 순간 곳곳에서 우승자로서 그의 상태를 부정하려는 의지들, 예컨대 도전자들이 등장한다.

내가 부장에서 임원으로 승진하는 순간, 나는 이내 모순에 노출된다. 승진한 나는 오로지 부장으로 훈련되어 있는 나였기 때문이다. 나는 이제 부장 아닌 나로서 활동해야 한다. 내 직급은 상무일지 몰라도 내 지식은 아직 상무의 그것이 아니다. 이 모순을 극복하지 못하면 나는 실패한 임원으로 쓸쓸히 짐을 싸야 할 것이다. 부장으로서의 나를 폐기하고 임원으로서 새로운 성과를 창조해내면, 즉 '지양(止揚, Aufheben)'에 성공하면 내게는 CEO와 같이 더 높은 지위로 이행하는 현실이 도래할 것이다. 이 새로운 현실은 다시 새로운 모순을 낳는다. 누구든 새로 취업을 하든, 승진을 하든, 이직을 하든, 어떤 상황에서도 이 과정은 반복된다.

신제품이 확산된 후에는 전에 없었던 새로운 모순이 등장한다. 출시는 세계에 '새로운 맞춤'이 등장하는 것이다. 하지만 출시 초기에 고객을 매료시켰던 그 참신했던 효용은, 확산이 충분히 이루어진 뒤에는 더 이상 새로운 효용이 아니다. 그 제품은 고객에게 더 이상 예전의 그 제품이 아니다. 고객의 마음에는 또 다른 필요가 발생한다. 이 순간 그 제품은 '어긋남'의 상태로 진입해 있는 것이다. 만약 오랜 기간 한 제품만을 공급해 올 수 있었던 기업이 남아 있다면, 그들에게는 아직 이 모순이 도래하지 않은 상태일 뿐이다. 다만 시간의 차이가 있을 뿐 어떤 경우에든 세계는 그 상태를 그대로 놓아두지 않는다. '이내 어긋남'과 '다시 맞춤'의 끊임없는 진행은 세계의 운명이다. 사업이든, 결혼이든, 무엇이든 드러커의 말마따나 "오래오래 행복하게 잘 살았다는 말"은 동화 속에나 등장하는 대사다.[201]

신제품은 예상치 않았던 역기능을 드러내서 스스로 존립 기반을 잠식하는 자기모순을 낳기도 한다. 예를 들어서, 어떤 증상에 특효가 있다고 개발된 신약이 장기간 사용 경험이 축적된 후 전혀 예상치 않았던 부작용이 드러나거나, 사람들에게 즐거움을 주려고 개발됐던 제품이 중독자를 양산함으로써 불매운동의 대상이 되곤 한다.

또한 어떤 신제품이 확산되면 과거에 존재하지 않았던 새로운 욕구들이 태동한다. 그 제품만으로는 이 새로운 욕구를 충족시키기 어려워진다. 이 미충족 지점은 그 제품이 스스로 만들어낸 일종의 자기부정 영역인 셈이다. 마케팅에서 말하는 비고객(non-customer), 비소비자(non-consumer)가 바로 이 영역에 해당한다. 사용하는 사람이 생기면 동시에 사용하지 않는 사람이 생긴다. 예를 들어, 고가의 고수익 고객집단만을 추구하고 저가 시장을 외면하는 일명 '크림파이(cream pie) 전략'은 자기부정 영역을 스스로 만들어내는 행동이다. 틈새시장 전략이나 와해형 혁신은 바로 그렇게 외면당한 시장을 파고든다.

이런 모순들이 사람들 사이에 인지되기 시작하면, 최초의 공급자가 스스로 이 모순을 해결하는 신제품을 개발하거나, 그게 안 되면 제3자가 그 일을 해내고야 만다. 그 결과 헤겔식의 새로운 정립(These) 또는 합정립(Synthese)이 이루어진다. 그렇게 함으로써, 대개 영원할 것처럼 보였던 시장 1위 기업이 몰락하고, 새로운 기업이 그 자리를 꿰차게 된다. 그리고 이 운동 과정은 다시 반복된다.

철학에서 헤겔이 변증법 운동을 말했던 것처럼, 생물학에서는 진화를 또 다른 중요한 변화 원리로 등장시켰다. 변이는 유전자에서만 일어나는 것이 아니라 지식 세계에서도 발생한다. 연구원, 기획자, 경영자에게는 가끔 전혀 새로운 착상이 일어난다. 내가 원했던 것도 아니다. 논리적으로 나오는 것도 아니다. 그냥 나온다. 길을 걷다가, 먼 산을 바라보다가, 책장을 넘기다가, 실험장비를 정리하다가, 심지어 잠결에 갑자기 나온다.

이 가운데 어떤 것은 망상이거나 잡상일 수도 있다. 그것이 망상인지 아닌지는 오직 결과가 도래한 이후라야 판정할 수 있다. 탁월한 신기술이나 아이디어라고 평가받았던 것들도 대부분 실행 과정에서 온갖 장애에 부딪혀 흐지부지된다. 그 변이체는 진화 과정에서 선택되지 못한 것이다.

그중 생존과 확산에 성공하는 아이디어는 극소수다. 인류의 삶을 바꾼 수많은 혁신 제품 중 상당수, 예를 들어 페니실린, 굴삭기, 컨테이너, 벨크로, 스프레드시트 소프트웨어 등이 그 좁은 길을 통과해서 탄생했다. 다른 모든 실패한 아이디어들은 단지 우리에게 알려지지 않은 채 사라졌기 때문에 보이지 않는 것뿐이다.

슘페터는 기업가가 최초로 구상하는 신결합은 체계적으로 나오는 것이 아니라 우연히 나온다고 보았다. 하지만 그의 제자였던 드러커는 슘페터의 우연을 단지 우연으로만 놓아두지 않았다. 그는 경영자가 체계적인 경영을 통해서 우연을 결과로 바꿀 가능성을 조금이라도 향상시킬 수 있다고 보았다. 그래서 드러커는 돌발적이고 천재적인 아이디어보다 더 중요한 것이, 결과를 낳는 체계적인 혁신경영이라고 주장했던 것이다.

진화론의 선구자 찰스 다윈은 최초의 돌연변이가 왜 생기는지 그 이유는 아무도 알 수 없다고 했다. 이 변이체가 생존에 적합한 구조를 갖추고 있으면 개체 수는 증가하고, 그렇지 않으면 도태당한다는 사실은 누구도 부정할 수 없다고 보았다. 그것이 바로 '자연선택의 원리'였다. 진화경제학(evolutionary economics)은 경제 현상도 그런 원리를 따르는 변화 과정이라고 보았다. 그리고 이를 설명하는 다채로운 수학이론과 컴퓨터 시뮬레이션 모형을 개발했다.

그러나 진화 원리를 안다고 해서 혁신경영에 곧 성공할 수 있는 것은 아니다. 혁신 제품의 최초 착상에서 출발해서, 실험, 개발, 출시, 확산에 이르는 전 과정의 온갖 시행착오와 세세한 난국은, 별도의 경영원리를 통해 통제 내상이 되어야 한다. 에버렛 로저스Everette Rogers, 1931~2004는 《혁신의 확산(Diffusion of Innovation)》에서 이 모든 과정이 결코 자동적 과정이 아니라, 심리적, 문화적, 사회적, 기술적 복합 현상의 기나긴 고리라고 말했다. 드러커는 그의 《미래사회를 이끌어가는 기업가정신(Innovation and Entrepreneurship, 1985)》에서, 혁신은 기발한 아이디어나 소수의 천재만 있으면 자동으로 달성되는 과업이 아니라, 오직 체계적인 경영에 의해서만 결과를 낳을 수 있다고 강조했다.

바슐라르는 헤겔이 관망했던 변화의 절대 법칙과 진화론이 제시했던 우연성과 다양성의 변화 원리가 가리키지 못한 빈 곳들을 메웠다. 바슐라르의 변증법은 그들과 달리 '대조(opposition)'와 '보완(emboîtement)'이 중심적 원리로 등장한다. 그것은 상상력을 통해 이루어질 수 있었다. 대체와 확산 못지않게 대조와 보완은 세계의 다채로운 변화를 이끌어내는 큰 원동력이다. 그런 변화는 연속적이고 점진적이지 않으며, 특정 시기 또는 지역에서 집중해서 일어나곤 한다. 발전·송전 기술, 컴퓨터, 항생제, www, 스마트폰, 생성형 인공지능,

유전자 조합 기술 등이 그렇게 등장하고 성장했다. 이 변화의 불연속성과 군집성은 진화론에서도 강조했지만, 바슐라르는 이 변화들이 단순히 방치된 자연 현상으로 나타나는 것이 아니라, 인간 정신이 올바른 인식을 향해 끝없이 교정하고 논증하는 과정을 통해 이루어지는 것이라고 보았다. 이 끝없는 교정과 논증의 정신이야말로 경영자가 갖추어야 할 진정한 과학 정신이기도 하다.

2) 예언은 없다

경영자 앞에 닥칠 변화의 거대한 해일은, 예고가 없다. 변화의 원리는 원리일 뿐, 결코 예언 시스템이 아니기 때문이다. 물론 미미한 신호는 세상에 조금씩 드러난다. 하지만 사람들은 감지하지 못한다. 이 신호를 감지하고 해일을 예고하는 현자 1명이 등장한다 해도, 나머지 10명이 이를 의심하고 반박할 것이기 때문에 세계는 이를 막지 못한다. 결국 올 것은 온다.

10명 중 5명이 미래는 이렇게 변할 것이라고 이야기하는 단계가 되었을 즈음이면, 이 그 변화가 곳곳에 자리잡은 상태다. 10명 중 9명이 그리 말할 즈음이면 이미 대세가 되어버린 상태다. 경영자들은 세상이 다 변하고 나서야 뒤늦게 그것이 해일이었음을 안다. 2000년대 모바일기기 시장을 주도했던 블랙베리(Blackberry)는 "아이폰은 엉성하기 짝이 없는 엉터리 모바일폰"이라고 비아냥댔다. AT&T는 1970년대에 통신회사도 아닌 유리회사 코닝(Corning)이 광섬유 개발에서 자신들보다 앞서갈 줄은 꿈에도 생각 못 했었다. 대형 백화점들은 21

세기에 들어서도 계속 모바일쇼핑은 유통 시장에서 부분적인 현상에 불과할 뿐이라고 간주했다.

신호를 미리 포착하고 그 변화를 만드는 데 동참하기 시작하는 기업들은 언제나 소수다. 왜 그런가? 초기에는 아예 눈치를 못 채거나, 설령 낌새를 느꼈다 해도 의심하는 사람이 더 많기 때문이다. 그렇게 시간이 흐르다가 전문가들이 이구동성으로 외칠 때가 돼서야 경영자들은 부산해지고 사회 명사들은 변화에 대응해야 한다는 칼럼을 쏟아내기 시작한다.

구글이 2017년 자연어 처리를 위한 트랜스포머 어텐션(transformer attention) 모델을 발표했던 것도 그런 초기 신호의 일종이었다. 당시 그 모델은 자연어 처리 전문가 사이에서 매우 혁신적인 성과로 수용됐지만, 외부의 일반 산업에는 거의 알려지지 않았다. 그로부터 5년 뒤 정작 구글 당사자도 아닌, 제3의 회사 오픈AI(Open AI)가 이 모델을 발전시킨 챗GPT로 세계를 쑥대밭으로 만들고 나서야 경영자들은 갑자기 바빠지기 시작했다.

물론 누구에게나 열려 있는 문은 아니다. 오직 소수의 경영자만이 미리 이 변화를 감지한다. 적어도 끊임없는 자기질문 안에 자신을 던져 놓은 경영자에게, 특히 그 안에서도 상대적으로 운이 좋은 경영자에게 그런 기회가 보인다. 이때 '변화'라는 단어는 잊어야 한다. 세상이 변화하고 있으니 거기에 대응해야 한다는 외침만으로는 소용없다. 드러커의 5대 질문이거나 경영자 스스로 던지는 자신만의 질문들, 먼저 이런 질문들이 일상화된 뒤라야, 전에 보이지 않던 외계의 신호들이 그의 안테나에 하나씩 잡히기 시작할 것이다. 만약 그렇지 않으면, 그 앞에 사건과 정보들이 아무리 가득하다 해도, 그는 아무것도 보지 못할 것이다.

나. 경영자의 시간

1) 궁극적 자원인 시간의 불공평함

마르틴 하이데거^{Martin Heidegger, 1889~1976} 식으로 보자면, 존재가 내게 의미를 드러내는 현상을 '존재의 시간성'이라고 부를 수 있을 것이다. 그런 의미에서 경영자에게 의미를 던지며 생기(生氣)하고 변화하는 세계는 그에게 순수한 시간 체험으로 다가온다. 단순히 시계바늘이나 달력의 위치가 달라지는 현상을 시간성이라고 부를 수 없는 것처럼, 경영자의 시간 체험을 결코 시계(時計)에 대한 경험으로 환원할 수는 없다.

시간은 모두에게 공평한 자원이라는 말이 있다. 시계 경험만으로 보자면, 내가 보내는 1시간이나 친구가 보내는 1시간이나 똑같은 1시간이다. 억만장자의 하루나 빈민의 하루나 똑같은 하루다. 어떤 경우에도 두 사람의 시계바늘은 똑같은 크기만큼 이동한다. 그렇게만 보면 얼핏 시간의 형식은 모두에게 영원불변이자 고정인 것 같다. 적어도 뉴턴이나 칸트식 시간 세계에서는 그렇다.

하지만 그 내용으로 들어가면 시간은 공평하지 않다. 예컨대 어떤 주제에 대해 유능한 교사로부터 수업을 듣는 1시간과 돌팔이 선생에게 설명을 듣는 1시간은 전혀 다른 1시간이다. 경영자가 중요한 고객을 만나는 저녁식사 1시간과 한량이 술집에서 잡담으로 보내는 1시간은 전혀 다른 1시간이다. 왜 어떤 사람은 그런 1시간을 얻게 되고, 또 다른 사람은 전혀 다른 1시간을 얻게 되는 것일까? 두 사람에게 각각 변화를 생성할 여건, 이미 형성된 지식, 주의력, 목적을 포함한 몸과 마음의 상태, 그리고 외부에서 제공되는 자극과 정보가 상이하게 형성되기 때문이다. 그들이 비록 동일한 시간 형식 안에 놓여 있다 하더라도, 그 안에 들어가 변화를 만들어내는 조건은 다르다. 그래서 시간은 내용 차원에서는 사람마다 불공평하다. 그런 의미에서 기회의 균등은 사실 기회의 균등이 아니다.

드러커는 적어도 형식상으로는 시간이 모두에게 공평하게 주어진 자원이라고 말했지만, 내심 시간경영을 할 수 있는 사람과 그렇지 않은 사람은 전혀 다른 세계에 살게 된다는 사실을 알고 있었다. 누구에게나 시간은 똑같이 흘러가지만, 거기에서 이룩하는 성과는 저마다 다르다. 모두에게 공평해 보였던 시간은 사실은 사람마다 불공평한 현실을 안겨준다.

체험하는 세계의 질이 다르다는 것은, 시간의 질이 다르다는 것을 의미한다. 시간의 질을 바꿀 수 있는 수단들로서 유용한 시간관리 지침들이 이미 널리 알려져 있다. 메모 습관, 일정표 작성, 하지 않아야 할 일을 찾아서 중단하기, 반드시 해야 할 일에 우선순위 부여하기 등등. 그중에서도 성찰하는 경영자가 마음에 늘 새길 만한 가치가 있는 것들 몇 가지를 적어본다.

• 첫째, 시간 부채(負債, debt) 계약을 체결한다.

시간 활용 의무를 자기 스스로 정하면 가장 좋겠지만, 나약한 인간은 자주 이를 어긴다. 그래서 외부로부터 오는 강제가 어느 정도 필요하다. 채권(債券)을 뜻하는 영어 bond의 어원은, 묶어둔다는 뜻이다. 채무자는 이 속박 때문에 일한다. 경영자도 일정 수준의 시간 속박 안에 있어야 한다. 시간 부채 계약과 동시에 내게는 의무가 생긴다. 반대로 마감일이 강제되지 않는 프로젝트 또는 원고 집필은 좀처럼 끝나지 않는다. 출퇴근 시간을 지켜야 할 의무가 있을 경우와 그렇지 않은 경우, 또는 체육관 이용권을 구매한 경우와 그렇지 않은 경우의 결과 차이를 상상해보라.

그러나 어디까지나 적절한 수준의 부채라야만 한다. 그래야만 경영자에게는 필요한 만큼의 긴장감이 생겨난다. 과도한 재무 부채가 회사의 부도 내지 파산을 불러일으키는 것처럼, 지나치게 촘촘한 시간 부채는 오히려 경영자의 삶을 질식시킬 수 있으므로 피해야 한다.

여기에도 자유와 구속 사이의 적절한 균형 문제가 개입한다. 지식 노동자가 막연히 제약 없는 자유 상태에 처해 있을 때, 시간 체험은 좀처럼 생성되지 않는다. 그는 그때 단지 '시간이 흐른다'고 말한다.

반면에 시간의 의무 속에 자신을 던져 놓은 사람에게 시간은 흘러가 버리는 것이 아니라 '늘 함께 있다'. 그런 의미에서 완전한 자율출근제는 허상일 뿐 아니라, 일정한 자율 수준이 허용된다 해도 시간 성과에 대한 엄격한 의무를 반드시 수반해야 한다. 그것은 지식노동자의 소중한 시간 재산을 지켜주는 길이기도 하다.

• **둘째, 집중하는 것이다.**

집중하게 되면 몰입에 이른다. 미하이 칙센트미하이^{Mihaly Csikszentmihalyi}나 황농문 등, 몰입의 효과를 강조한 인물이 많다. 몰입은 성과 창출을 가속한다. 몰입을 통해, 자칫 며칠이 걸릴 수도 있을 과업을 몇 시간 만에 끝낼 수 있다. 어떤 면에서 몰입은 시간을 고무줄처럼 늘려주는 효과가 있다. 그의 1시간은 다른 사람의 3시간일 수 있다. 또한 몰입은 전에 없었던 창조의 계기를 만들어주기도 한다. 난제를 해결할 착상은 유유자적할 때 나오기도 하지만 몰입 중에 나오기도 한다. 이 모든 효과가 사실은 시간 자체를 늘려주는 것이 아니라 경험의 밀도를 증폭시키는 것이다. 즉 시간의 품질을 향상시키는 것이다.

집중 상태로 순식간에 들어갈 수는 없다. 운동선수가 본 운동에 들어가기 전에 준비운동 단계를 거치는 것처럼, 지식노동자는 집중에 이르기 위해 예비해야 할 약간의 시간을 거쳐야 한다. 누군가는 자신만의 고유한 루틴을 개발할 텐데, 예를 들어, 집중을 방해하는 요소, 예컨대 스마트폰 소음의 제거, 작업 도구와 정보 수단의 정렬, 본격 집중 작업 전에 느슨한 끄적거림이나 자료 훑어보기 같은 것들을 들 수 있다.

나이가 들수록 시간이 빨리 지나간다고 말하는 사람들이 많다. 노인의 시간은 화살처럼 날아가는 것 같다. 이는 시간 지각을 관장하는 뇌의 특정 부위에 변화가 있기 때문이라는 학설도 있지만, 큰 이유는 시간 부채와 시간 집중의 강도가 청소년 또는 장년기에 비해 현저히 낮아지기 때문이다. 청소년기는 짜인 시간표에 복속된 집중적 학습기다. 그때 학생에게는 시간의 강제성과 집중성이 부과된다. 평생 지속될 지식의 기본 덩어리들이 그때 거의 다 만들어진다. 하지만 학교를 졸업한 이후 이 효과는 사라진다. 뒤적뒤적 오늘은 뭘 할까를 고민하는 노인에게는, 한두 달도 안 된 것 같은데 1년이 흘렀고, 별로 한 것도 없는 것 같은데 어느덧 10년이 흘렀다.

성찰하지 않는 범인들은 늘 말하곤 한다. "뭘 했는지도 모르겠는데 시간이 그렇게 흘러버렸다." 오직 자기 학습을 학창 시절과 동일한 강도로 이어 가는 사람만이 예외적으로 시간 체험의 밀도를 유지할 수 있다.

• 마지막 수단은, 시간을 돈으로 사는 것이다.

내게 주어진 형식상 ××시간, 또는 ××일, ××년을 보다 생산적인 시간으로 탈바꿈시키기 위해서는 거래가 필요하다. 시간을 소모하기만 하는 번잡한 일들은 돈을 주고 다른 사람에게 맡긴다. 돈을 들여 성능이 더 뛰어난 작업 도구를 산다. 돈을 들여 교육과정에 등록한다. 이렇게 시간을 거래한 이후에는 경험의 품질이 달라진다. 생산성의 중요한 요건 하나가 충족되는 것이다. 지식노동자의 소득을 창출하는 궁극의 시간이라는 점을 감안하면, 돈이 시간을 산다는 말은 결국 시간이 시간을 산다는 것이다. 지식이 지식을 만들 듯, 시간이 시간을 만든다.

2) 과거-현재-미래는 나뉘지 않는 하나의 체험

성찰하지 않는, 일상에 매몰된 경영자에게 시간이란 그저 흘러가서 사라져버리는 허망한 것일지 모른다. 하지만 성찰하는 경영자에게 시간은 늘 함께한다. 그에게 시간은 생겨나지도 사라지지도 않으며, 그는 다만 세계를 만들어 갈 뿐이다.

시간의 또 다른 속성은, 과거 - 현재 - 미래라는 구분이다. 이 구분이 경영자에게 어떤 의미를 지니는가? 과거 - 미래 - 현재가 연속한다는 말은, 기억 - 상상 - 기대가 함께 일어난다는 말과 같다. 기억 - 상상 - 기대의 생성에 시간은 없다. 거기에는 다만 하나의 체험만이 있을 뿐이다.

동서고금의 현자들은 "다만 이 순간을 살라.", "현재에 충실하라." 는 교훈을 숱하게 남겼다. 무신론자 괴테는 파우스트의 입을 통해 "멈추어라. 순간이여!"라고 외쳤고, 독실한 기독교인들조차 "내일 일은 난 몰라요."라고 찬송했다. 그럼에도 불구하고, 그들은 한결같이 희망의 철학을 이야기했다. 희망은 미래에 속하는 것인데도 말이다.

그런데 이 모든 희망의 스토리조차 한결같이 과거의 사건을 바탕으로 해서 나왔다. 미래에 피해야 할 고통과 회복해야 할 영광은 모두 과거의 아름다운 기억과 슬픈 이야기가 없었다면 나올 수 없었다. 미래를 말하는 지식인은 먼저 자신의 분야에서 역사가여야만 했다. 과거 – 현재 – 미래는 서로 구분되어 있는 것 같지만, 사실은 서로가 서로를 포함하는 단일 체험이다.

경영사상가들은 흔히 과거의 성공에 안주하지 말라고 한다. 또한 과거의 실패에도 집착하지 말라고 한다. 이 말은 과거를 부정하라는 말이 아니다. 과거가 없었다면 현재 내 행동을 가능하게 하는 축적 기반이 있을 수 없기 때문이다. 그런 의미에서 "오직 현재에만 집중하라."는 가르침만으로는 부족하다. 모든 현재는 과거를 포함하고 있기 때문이다. 충분한 과거를 축적해 놓지 않은 상태의 현재는 지극히 취약하다. 예를 들어, 전문지식 창업은 물론이고 일반 창업조차도, 성숙 기업의 신사업 추진조차도, 최소 수년 혹은 십 년 이상의 지식 탐색과 축적이 있은 뒤라야 가능하다.

한편 미래를 바라보고 결정하라는 가르침만 놓고 보면 난센스다. 미래를 알 수 없는데 어떻게 미래를 바라보고 결정하겠는가! 경영자가 '미래 수종사업은 A기술 사업', '미래에 떠오를 신시장은 B국가'라고 결정하고 여기에 투자를 집중시킬 때, 사실 그의 결정에 동원된 모든 지식은 미래에서 온 것이 아니라 A 기술이나 B 국가에 대한 현재까지의 정보에서 나온 것이다. 미래학자들의 온갖 미래 예측보고서조차 단지 과거가 상상을 통해 미래로 연장된 내용에 불과하다. 결국 과거는 현재를 포함하고 현재는 과거를 포함하며, 현재는 미래를 포함하고 미래는 현재를 포함한다. 이것은 언어의 유희가 아니라, 성찰하는 경영자라면 누구나 깨달을 수 있는 생생한 현실이다.

불교의 《금강경(金剛經)》에서는 "과거의 마음도 얻을 수 없고, 현재의 마음도 얻을 수 없고, 미래의 마음도 얻을 수 없다."고 했다. 길에서 떡 파는 노파는 선승에게 "그렇다면 당신은 어느 마음에 점을 찍을 것인가?"라고 물었다. 그 질문은 본래 시간 없음의 상태를 보라는 요청이었다. 경영자 역시 마찬가지다. 그가 붙잡아야 할 것은 화려하거나 처절했던 과거도 아니고, 상상 속의 미래도 아니다. 또한 그에게 현재란 원래 존재할 수조차 없다. 현재라고 말하는 순간 이미 과거가 되어버리기 때문이다.

누구나 얼핏 시계와 달력 속에서 사는 것 같지만, 동시에 시간을 초월한 체험 속에서 산다. 시계란 경영자가 발 디딘 자리에서 관측되는 별들의 자전과 공전의 주기로 나타낸 기호체계에 불과하다. 만약 경영자가 전혀 다른 천체에 서 있다면 지구의 시계와 달력은 무의미해지고 그곳의 하루는 지구의 천년이 될 수도 있다. 경영자와 지식노동자가 깊은 몰입 또는 명상 상태에 있을 때 시간은 사라진다. 시간이 흘렀다는 말은, 그가 그 상태에서 빠져나왔을 때라야 비로소 성립하는 선언이다. 경영자가 공정 진행도, 간트(Gantt) 차트, 프로젝트 관리 맵, 또는 장기계획 등을 통해 시계와 달력을 확인하는 작업들은, 그가 시간 없음의 창조 세계 밖으로 나왔을 때라야 수행될 뿐이다. 시간의 기호학은 시간 없음 안에서 창조를 영위하는 자에게만 의미를 보여준다.

어떤 경영자든 깊이 경청, 관찰, 숙고, 몰입할 때 그는 이미 시간 없는 세계에 살고 있다. 그가 시계로 측정되는 시간의 세계로 돌아오는 것은 거기에서 나왔을 때뿐이다. 래리 엘리슨^{Larry Ellison}이나 스티브 잡스처럼 참선 상태에서 시간 없음에 자주 들었던 경영자는, 거기서 나와 다시 시계를 보며 사람을 만나고 문서를 검토하고 회의를 주재했다.

결국 경영자는 이 시간 없음과 시간 있음의 세계를 동시에 살 수 있어야 한다. 그에게 과거란 머물러 있어서는 안 될 곳이고 미래 역시 붙잡을 수 없는 곳이지만, 그는 과거를 반성하면서 미래를 창조해 나가는 이율배반 속에서 살아야 한다. 이런 이율배반성을 드러커는 다음과 같이 표현했다.

> "오늘의 행동과 자원 투입을 미래 사건에 대한 예측에 기반을 두려는 모든 시도는 아무 쓸모가 없다. 우리가 바랄 수 있는 최선의 방책은 돌이킬 수 없는 상태로, 이미 일어난 사건들이 미래에 미치는 영향을 예상하는 것이다. (중략) 미래를 만드는 일의 목적은 내일 무엇을 해야 하는가를 결정하려는 것이 아니라, 내일을 갖기 위해 오늘 무엇을 해야 하는가를 결정하는 데에 있다."[202]

혁신이야말로 경영자가 지속적으로 미래를 만들어 가는 유일한 방법이다. 미래는 말 그대로 미래에서 뚝 떨어지는 것이 아니라 지금 내가 만들어 가는 현재가 탈바꿈한 것에 불과하다. 경영자가 혁신을 하지 않는다면, 그는 미래를 만드는 것이 아니라, 타인이 만드는 미래에 계속 끌려다니는 것이다. 경영자는 과거에 내렸던 결정에 계속 머물러 있기만 해도 무책임하고, 수개월 뒤 또는 수년 뒤 무엇을 해야 하는가를 미리 정해 놓기만 해서도 효과가 없다. 그는 자신이 상상하는 내일을 만들기 위해 지금 무엇을 해야 하는가에만 철저히 집중해야 한다. 그 '지금'들이 쌓이고 쌓여, 하나의 과거가 되고 동시에 미래를 만들어간다. 이렇게 과거 – 현재 – 미래는 나뉘지 않는 한 체험이다. 피천득 선생은 다음과 같이 말했다.

> "위대한 사람은 시간을 창조해 나가고
> 범상한 사람은 시간에 실려 간다.
> 그러나 한가한 사람이란 시간과 마주 서 있어 본 사람이다."[203]

시간 성찰에 성공한 경영자와 지식노동자라야 진정한 철학자, 즉 지혜를 사랑하는 사람의 지위에 오를 수 있다. 일상의 시간에 매몰된 사람들에게 이런 경험은 도대체 불가능하다. 드러커는 소크라테스가 자주 인용했던 "네 자아를 알라!(Know thy self!)"는 신전의 경구가 일반 경영자들에게는 너무 어려운 과제라고 보았다. 그래서 그 대신에 누구나 쉽게 실천할 수 있는 "네 시간을 알라!(Know thy time!)"는 지침을 제안했다.[204] 만약 그가 말했던 시간이, 단순히 자원으로서의 시간이라는 의미를 넘어, 모든 시간성을 초월한 생성(生成)의 체험(體驗, Erleben)[205]을 뜻한다면, "네 시간을 알라!"는 말은 바로 "네 자아를 알라!"와 동일한 요청이 될 것이다. 이곳이 바로 성찰하는 경영자와 지식노동자가 도달해야 할 궁극의 지점이다.

감사의 글

이 책이 나오기까지 많은 도움과 조언을 주신 분들께 감사의 뜻을 표하고 싶다.

먼저 필자의 제안에 따라 2018년 2학기부터 고려대학교 기술경영 전문대학원에서 '기술경영과 인문학' 강의를 개설하도록 결정을 내려 주었던, 당시 김영준 부원장과 정진택 원장에게 감사드린다. 교육 과 정의 특성상 공학, 경제학, 경영학 중심으로 과목이 구성되어 있는 상황에서 성격이 다소 특이한 과목이었음에도 불구하고 그 필요성을 인식하고 내려준 결정이었다. 이후 그 과목을 수강하면서 다양한 경로로 강의 내용에 대해 피드백을 제공해주었던 원생 여러분께도, 비록 그 이름을 다 거명할 수는 없지만, 이 자리를 빌어 감사한다.

고(故) 이재규[1947~2011] 총장의 유지를 이어 2011년 이래 피터 F. 드러커의 원전을 공부해 온 모임인 '드러커리언라운드테이블'에서 매달 통찰력 있는 의견으로 필자의 생각에 많은 자극을 주었던, 한국코치협회 김재우 명예회장, 인천연구원 박호군 원장, JK그룹 민남규 회장, 시사저절 권대우 부회장, 성도GL 김상래 회장, 최규복 전(前) 유한킴벌리 대표, 이경열 전(前) 인덕대 교수, 중앙대학교 하영목 교수, JSB 도시환경 최재정 의장, 김주원 변호사, 문정엽 대표, 이인국 대표께 감사드린다. 특히 이 모임에 속한 덕연인문경영연구원 한영섭 원장은 인간개발연구원장으로 재직 당시 경영과 인문학을 연결하는 여러 강좌와 프로그램에 필자가 강사로 또는 수강자로 참여할 기회를 제공함으로써, 필자가 지식을 정리하고 견문을 넓힐 수 있는 기회를 얻을 수 있었기에 다시 한 번 감사의 말씀을 드린다.

필자는 2024년 초부터 본서의 초고를 작성하는 과정에서, 페이스북에 '리버럴 아트로서 경영'이라는 소규모 그룹을 만들어서 원고의 많은 부분을 연재하고 공유했다. 그 과정에서 필자의 포스팅에 대하여 여러 유익한 의견을 제시해주신 페이스북 친구들, 정치사상에서 안정석 박사, 수학철학에서 신정수 박사, 인지과학에서 이수화 박사, 정보과학에서 박춘원 대표, 경제사상에서 임송학 대표, ㈜휴넷의 조영탁 대표, 중앙대학교 하영목 교수께 감사드린다.

필자의 친우 김봉주 박사(전 국회입법조사처 산업자원팀장, 미라위즈 연구위원)는 초고를 꼼꼼이 읽고 수정 보완이 필요한 여러 부분의 텍스트를 직접 문서로 작성해주어 특히 감사드린다. 또한 외국인 페이스북 친구로서, 원고 집필 과정에서 그리스어에 무지한 필자의 번거로운 자문 요청에 친절히 응답해주었던 그리스의 조안나 비스키치-벤트^{Joanna Biskitzi-Vent} 교수께도 감사드린다.

이 모든 고마운 분들의 도움에도 불구하고, 이 책 내용에 여전히 많은 미숙(未熟)과 흠결(欠缺)이 있다면 그것은 오로지 필자의 과오일 뿐이다.

마지막으로, 집에서는 무심히 글만 쓰는 사람을 곁에 두고도 늘 묵묵히 응원해주었던 아내 세은, 딸 나현, 아들 수범에게 고마운 마음을 표한다.

2024년 10월 송경모

1 2022년 11월 29일자 〈조선일보〉 송의달 기자와 차석용 회장의 인터뷰, [송의달 LIVE] "18년간 매일 새벽 6시 출근·오후 4시 칼퇴근해 '기적' 쏜 CEO"를 참고하라. (https://www.chosun.com/opinion/morning_letter/2022/11/29/ENAYZMAV7ZBERK6A6VJOOQU2Z4/)

2 중세 영어 busy는 원래 '뭔가에 몰두하고 있는 상태(occupied, engaged)'를 가리켰다. 그러다가 1720년대 이후, 상인과 공업가의 활동을 의미하는 단어로 사용되기 시작했다. 한편 유럽 전통 사회의 주력이었던 수도사나 농민은 비즐리스맨(busilessman)이었다. 근대 영국 사무엘 존슨(Samuel Johnson)의 영어사전에는 business의 반대말로서 busiless가 '한가하다'로 정의되어 있었다.(https://www.etymonline.com/word/business)

3 《Delphi Complete Works of Atristotle》, Topics(1002) Loc6598, On The Soul(402a) Loc17220, Eudemian Ethics(1241a) BookII, 1226a, p.3,868. 이 영역본에서 성찰하는 것은 speculative, 실용적인 것은 practical로 표현되어 있다. 물자를 생산하고 유통하는 활동은 business로 되어 있다. 현대 영어 business로 번역된, 아리스토텔레스가 사용했던 고대 그리스어는 χρηματίζεσθαι 였다. 이는 노동한다는 뜻이다. 그 당시 speculate로 번역된 원문의 고대 그리스어는 κινδυνεύειν τοῦ εὐδαιμονεῖν ἕνεκα 였다.

4 남종국(2006), p.136.

5 여기에서 활동이란, 기업이 원가를 유발하는 활동, 즉 활동기반원가계산(ABC, Activity-Based Costing)에서 말하는 활동으로 이해하면 보다 정확하다.

6 Digital Autonomous Organization. 프로그래밍 가능한 전자화폐 이더리움(Ethereum) 기반으로 설계된 디지털 탈중앙화 사업조직을 말한다.

7 P. F. Drucker(1993), pp.19~40 ; P. F. Drucker, 이재규 옮김(2001), 제1장 지식의 전환과 지식사회, pp.31~54.

8 영국토목공학회 ICE는 지금도 활동 중이며, 전문기술자 단체로서는 세계에서 가

장 오래된 역사를 지니고 있다. 2013년에 유네스코 세계 유산으로 등재됐다. (https://heritage.unesco.or.kr/영국토목학회ice-의-회원-신청-증서/)

9 한편 교과서 시장의 급성장에는 근대 의무교육 제도의 도입도 크게 작용했다. 프러시아, 오스트리아, 헝가리에서는 1760년~1770년 전후로 의무교육 입법이 이루어졌다. 미국은 1850년대 동부 메사추세츠 주에서 관련 입법이 태동한 후 1920년대까지 미국 전역으로 확대가 진행됐다. 일본은 메이지유신 당시였던 1868년에 의무교육 제도가 정비됐고, 2차대전 이후 미국식 제도를 도입해서 더욱 강화됐다. 한국은 일제강점기에 일본 총독부가 의무교육 정책을 수립했다가, 해방 직후인 1946년에 미군정에서 초등학교 의무교육을 도입했다.

10 P. F. Drucker(1946), p.184.

11 보다 정확히는 하드디스크나 RAM에 할당된 주소지에 접근해서 정보를 읽고 처리하고 저장하는 것이다.

12 예를 들어, 데이터 집합의 위상수학적 구조를 이용한 Gunnar Carlson의 Ayasdi 소프트웨어를 들 수 있다.

13 Samuel Arbesman, 이창희 옮김(2014).

14 그가 인용한 것은 Rong Tang(2008)이었다. 앞의 책 p.60. Rong Tang, "Citation Characteristics and Intellectual Acceptance of Scholary Monographs." College Research Libraries 69, no.4 (2008): 356~69

15 앞의 책, pp.280~282

16 동일한 경제 문제에 대한 경제학자들의 해법은 광범위한 스펙트럼에 걸쳐, 심지어 정반대의 입장에서 형성되면서, 그 어떤 합의된 지식도 도출해내지 못하고 있다. George Cooper, PLS 옮김, 송경모 감수(2015)를 참조하라.

17 예를 들어, Imre Lakatos, 우정호 옮김(1991), Morris Kline, 박세희 옮김(1984) 등을 참고하라.

18 드러커가 말한 'tolerable'에 대해 '견딜 만한'이라는 번역어도 사용되고 있으나, 영어 tolerable과 tolerance가 사용될 수 있는 다양한 맥락을 고려하여 '수용할 만한'이라는 용어를 사용했다.

19 존 미클스웨이트& 에이드리언 울드리지, 박병우 옮김(2000), 《누가 경영을 말하는가?》, p.249.

20 특허권으로 확보한 지식의 효용에는, 지식 자체의 효과와 법적 보호의 효과가 섞여 있기 때문에 이런 문제가 발생한다.

21 김재권의 《심리 철학》, 권홍우·원치욱·이선형 옮김(2023)은 이 분야의 고전이다.

22 P. F. Drucker(1973), pp.400~401.

23 이인식(2012), 이인식 외(2013), Gunter Pauli(2010), 송경모(2014).

24 청색기술의 사업화 현황과 과제에 대해서는 앞의 책 이인식 외(2013)의 제2장(송경모) '청색기술의 사업화'를 참고하기 바란다. 청색기술과 관련해서, 같은 맥락에 있는 청색경제(blue economy)의 다양한 사안을 다루는 매체로 〈청색경제뉴스〉(https://www.blueconomy.co.kr/)를 참고하라.

25 이 문제에 대응하기 위해 국가 차원의 자기 제어 시스템으로 등장한 것이 수정자본주의였다. 하지만 수정자본주의는 복지국가라는 또 다른 거대한 모순을 낳았다. 이 모순 또한 이 시대에 반드시 극복되어야 할 과제다.

26 P. F. Drucker, 이재규 옮김(2001), 《프로페셔널의 조건》, 제3장 생산성을 어떻게 향상시킬 것인가, pp.91~110, P.F.Drucker(1999), Ch. 5 Knowledge-Worker Productivity, pp.133~159.

27 Justin Etheredge, "20 Things I've Learned in my 20 Years as a Software Engineer", October 7, 2021.(https://www.simplethread.com/20-things-ive-learned-in-my-20-years-as-a-software-engineer/)

물론 이 프로그래머는 '모름'의 선언을 평생 학습이라는 대응 명제로 보완해서 완성시킬 수 있었다. 그리고 나머지 19가지는 프로그래머로서 그가 깨달은 여러 지혜들이었다. 마치 오랜 종교의 경전이나 구루의 말씀 모음집이 우리의 삶에 대해 알려주는 것처럼, 프로그래밍 지식의 본질에 대해서 업계 종사자들에게 알려주는 지혜로운 선배의 가르침이다. 예컨대 3번째 사실 "최고의 코드는 아무 코드가 없는 것 또는 유지보수할 필요가 없는 코드다." 물론 이 가르침은 현실에서는 실현 불가능한 것이지만 프로그래머들이 영원히 지향해야 할 목표로서, 저 너머에 늘 불을 밝히고 있어야 할 가르침이다.

28 P. F. Drucker(1973), Preface: Management as Profession and Commitment, p.xi.

29 이 절은 한국산업기술진흥원(KIAT)의 월간지 〈테크앤비욘드〉에 게재되었던 송경모(2014)의 기사 내용을 재편집한 것이다.

30 《우리는 어떤 의미를 입고 먹고 마시는가(Best Global Brands 100)》(2013), 인터브랜드 지음, 윤영호 옮김, 세종서적.

31 시장에 그 사용자층이 많이 형성되어 있는 데에서 오는 효용을 경제학에서는 '네트워크 외부성(network externality)'이라고 부른다.

32 이런 고객 체험의 궁극은 마르틴 하이데거가 말했던 '존재의 존재함을 깨닫는 것'이다. 하이데거 사상을 경영원리에 접목한 사례로는, Christian Madsbjerg, 김태훈 옮김(2017)과 Dominik Heil(2011)을 참고하라.

33 우수한 신기술이 종종 시장에서 실패하는 이유에 대해서는 Pip Coburn, 민봉식 옮김(2007)을 참조하라.

34 Arthuer M. Melzer(2014), p.135.

35 그나마, 《경제인의 종말》에서 한 챕터를 이에 대해 다룬 것이 가장 많은 분량으로 할애한 것이었다.

36 드러커의 사상에 스며들어 있는 기독교 전통에 대한 상세한 설명, 특히 성 아우구스티누스, 사도 바울, 고트프리트 빌헬름 라이프니츠, 성 보나벤투라, 라인홀드 니부어로부터 받은 영향에 대해서는 Joseph A. Maciariello, Karen E. Linkletter, 조성숙 옮김(2013), pp.140~156, 개인의 지위와 기능에 대한 기독교적 해석에 대해서는 같은 책 pp.230 ~232을 참고하라.

37 P. F. Drucker의 《The Ecological Vision》(2000), Ch. 30.

38 이 책 제목은 《경제발전의 이론》으로 번역, 통용되고 있지만, 필자는 《경제 진화의 이론》이 더 적합하다고 생각한다. 송경모(2022), 제9장 슘페터 편, p.343과 각주 176을 참고하라.

39 Arthur M. Melzer, 앞의 책, pp.288~290.

40 명지병원 홈페이지 (http://mers.mjh.or.kr/sub08/main.html)

41 Rita Gunter McGrath(2019)에 보청기 시장에서 읽어내는 메시지 사례가 자세히 소개되어 있다.

42 Karl Mannheim의 지식사회학 논의가 이런 성격을 말한 것이다.

43 Niklas Luhmann이 말했던 이중 불확실성이 이런 성격을 지닌다. 이는 사회의 의사소통을 방해하는 메커니즘으로 작용한다.

44 Patrick Lencioni, 송경모 옮김 (2000).

45 Tom Peters, 《Liberation Management: Necessary disorganization for the nanosecond nineties》, Knopf, 1992.

46 Vail, P.B., 《Managing as a Performing Art》, Jossey-Bass, 1991.

47 Bolman, L.G. and T.E. Deal, 《Reframing Origanizations : Artistry, choice and leadership(2nd ed)》, Jossey-Bass, 1997.

48 Paco de Lucia 다큐멘터리(https://www.youtube.com/watch?v=HuigQEXzDIM, 36:05-36:24), Documenatry Paco de Lucia, ALEA TV, VE S.A., ARTE G.E.I.E, 2002. 이 다큐멘터리에서 동시대의 기타리스트 마놀로 산루까(Manolo Sanlucar)는 이렇게 말하기도 했다. "사람들에게 예술은 오락이다. 하지만 예술가에게 예술은 오락이 아니다. 그것은 고뇌다."

49 P. F. Drucker(1989), Ch.15. Management As Social Function and Liberal Art, p.231.

50 石濤, 《화어록(畵語錄)》, '夫一劃, 含萬物于中'

51 P. F. Drucker(1973), p.442.(1954), p.136.

52 재즈 은유로 드러커의 혁신경영사상을 풀어쓴 것으로 허연(2015)을 참고하라.

53 좁은 의미의 '클래식' 음악은 낭만주의 음악이 등장하기 이전 모차르트와 베토벤에 이르기까지의 음악이라는 뜻으로 사용된다.

54 허연, 앞의 책.

55 드러커의 체계적인 혁신에 대해서는 P. F. Drucker(1985), 그리고 그 내용에 대한 요약은 송경모(2016), 제4부 4장 '개혁하지 말고 혁신하라' pp.393~428을 참고하라.

56 고(故) 삼성그룹 이건희 회장과 전(前) 유한킴벌리 문국현 회장의 천재경영론에 대

한 상반된 입장에 대한 논의는 송경모(2016), 제1부 1장 '과연 한 명의 천재가 수많은 사람을 먹여 살리는가' pp.25~37을 참조하라.

57 노년에 더욱 빛난 예술가들의 삶에 대해서는 이재규의 《노년의 탄생(2010)》을 참고하라.

58 2014년 11월 21일자 〈한국경제신문〉, "현대건설 최동수 이사의 삶 이야기", (https://www.hankyung.com/article/2014112198311)

59 P. F. Drucker(1999), pp.188~190. (1973), pp.421~422.

60 F. Dorian, 아미자 옮김(1991), pp.55~56.

61 https://www.worldhistory.org/Dutch_East_India_Company/

62 https://en.wikipedia.org/wiki/General_Electric

63 https://www.teatroallascala.org/en/the-theater/history.html

64 프랑스의 철학자 루소(Jean Jacques Rousseau, 1712~1778)는 극장에서 당시 유명했던 지휘자 륄리(Jean Baptiste Lully, 1632~1687)가 소란스럽게 박자를 두드리는 것에 항의를 하기도 했다. F. Dorian, 앞의 책, p.57.

65 Philip Kotler & Joanne Scheff, 용호성 옮김(2007).

66 A. B. Krueger(2019), p.78.

67 본서 p.105 하단 설명을 참조하라.

68 모서리(구석) 해(解)란, 수학 문제의 해답이 어떤 경계선의 끝 지점으로서 모서리에 존재할 경우를 가리킨다.

69 터치 스크린의 등장과 확산 역사에 대한 것은 송경모(2016)를 참조하라.

70 웹밴을 포함해 전례 없는 혁신적 신기술이 왜 자주 실패하는가를 자세히 분석한 것으로 Pip Coburn, 허영주, 민붕식 옮김(2007)을 참고하라.

71 Catharina Brents, 오공훈 옮김 (2013), p.33.

72 앞의 책, p.78.

73 앞의 책, p.132.

74 그래픽디자이너 월터 도윈 티그(Walter Dorwin Teague)는 코닥의 카메라 패키지를, 레이먼드 로위(Raymond Loewy)는 시어스앤로벅을 위해 냉장고를, 무대디자이너

출신인 헨리 드레퓌스(Henry Dreyfuss)는 벨 전화회사를 위해 전화기를 디자인해서 큰 성공을 일궜다. 제조업의 디자인 수요가 폭증하면서 1930년대부터 디자인 전문 에이전시들이 미국 도처에 생겨났다. 그들은 소수의 인원을 거느린 독립 사무실을 운영하면서 수많은 공산품의 디자인을 수행했다. 에그몬트 아런스(Egmont Aarons)나 노먼 벨 게디스(Norman Bel Geddes) 같은 인물들이 대표적이었다.

75 앞의 책, p.173.

76 앞의 책, p.16.

77 앞의 책, p.16.

78 이는 2차대전 이후 시대별로 디자이너가 조직 내에서 차지하는 역할의 변천사를 보면 더욱 명확해진다. 1950년대: 창조자로서의 디자이너, 1960년대: 생산기술 및 마케팅 팀 일원으로서의 디자이너, 1970년대: 최종 소비자를 위한 전문가로서의 디자이너(인간공학의 향상)-제품 규정, 1980년대: 조정자로서의 디자이너, 1990년대: 경험과 견문을 바탕으로 하는 생산자로서의 디자이너, 2000년대: 혁신을 위한 원동력으로서의 디자이너. 앞의 책, pp.17~18.

79 앞의 책, p.54.

80 앞의 책, p.53.

81 앞의 책, pp.50~51.

82 2021년 12월 27일자 〈한국경제신문〉, 크라운제과 윤영달 회장의 인터뷰 (https://www.hankyung.com/economy/article/2021122647251)

83 니졸리는 1913년에 이탈리아의 파르마예술학교(Accademia di Belle Art of Parma)를 졸업한 뒤, 밀라노에서 핸드백, 마네킹 등 패션 디자인 분야에서 명성을 날렸다. 1938년에 카밀로의 아들 아드리아노 올리베티를 만나면서 올리베티에 합류했다.

84 Lettera22_il documentario su Adriano Olivetti (https://www.youtube.com/watch?v=Ax_zKInSxHE&list=UU2wwYbSdYCTn7SbEgdk-j2A)

85 Catharina Brents, 오공훈 옮김 (2013), p.201.

86 앞의 책, p.203.

87 앞의 것은 숭고함, 고결함, 향상, 초월을 추구하는 것이었다. 뒤의 것은 반대로 생

존과 필요의 문제를 해결하기 위한 것이었다. 그것은 철저하게 땅의 도덕이었다. 땅에서 벌어지는 최악의 고통, 전쟁은 아이러니컬하게도 그만의 도덕을 낳았다. 평화주의자였던 칸트조차도 전쟁은 비극이지만 동시에 인간을 고양하는 동기가 된다는 점을 알았다. 그가 보기에 전쟁은 해악을 초래하지만, 전쟁이 있기에 오히려 문물이 꽃피고 인간의 자유를 가능케 한다. 전쟁에서 승리하기 위해 강대국이 되어야 하며, 강대국이 되려면 부가 필요하고, 부는 자유가 허용되어야만 생산할 수 있기 때문이다 I. Kant, 《칸트의 역사철학(2009)》. 전쟁이 야기하는 이런 효과를 칸트는 반사회성의 사회성(ungesellige Geselligkeit)이라고 불렀다. 전쟁과 경영의 여러 면모를 분석한 것으로는 보스턴컨설팅그룹 전략연구소(2001)를 참고하라.

88 스콜라철학에서 나태를 배격한 이유는 여가, 즉 스콜레(schole)를 불가능하게 만드는 '평정의 결여'를 의미했기 때문이다. 박정애(2010), p.58.

89 Jeseph Henrich(2020). 그에 따르면, 영장류 인간은 고대사회에서 원래 일부다처, 근친혼, 다신 숭배, 대가족 공동생활과 공동소유 등이 그 주된 특징이었다. 그러다가, 고등종교로 등장한 기독교가 로마에서 공인된 이후 일부일처, 간통 금지, 일신 숭배, 핵가족화를 추구하는 사회규범이 등장했고, 혈족을 기반으로 권력을 휘둘렀던 지역 가문들은 속속 교회 앞에 굴복했다. 죄를 씻고 천국에 가기 위해 부자는 교회에 기부해야 한다는 믿음은 교회가 재산을 축적하는 결과를 낳았다. 타락한 교회는 프로테스탄트 종교개혁을 낳았고, 이와 동시에 대중 사이에 《성경》 출판과 보급이 인쇄술에 힘입어 폭증하면서 사회의 지식 수준이 향상되기 시작했다. 기계식 시계가 발명되고 합리성과 규칙성을 따르는 심리가 등장했다.

90 십이자란 순자가 〈비십이자편(非十二子篇)〉에서, 당시에 세상을 사악한 설을 퍼뜨리고 다닌다고 비판한 12명의 사상가를 가리킨다. 순자는 묵자(墨子)와 맹자도 거기에 포함시켰다.

91 하향의 도덕을 내세운 대표적인 인물은 토마스 홉스(Thomas Hobbes), 버나드 맨더빌(Bernard Manderville)이 있었다. 근대에 등장한 하향 도덕과 전통적인 상향 도덕 사이에 균형을 맞추는 작업은 애덤 스미스가 시도했다. 애덤 스미스의 도덕 사상에 대해서는 송경모(2022)의 제1장 애덤 스미스 편을 참고하라.

92 마키아벨리의 《군주론(1532)》의 텍스트를 표면상으로 보면, 그는 도덕 따위는 아랑곳하지 않고 통치를 위해 지도자가 수단과 방법을 가리지 말 것을 주장한 탈도덕론자처럼 보인다. 마키아벨리 연구자들은 그의 또 다른 저작 《리비우스 논고(Discourses on Livy)》(1517)에 나타난 도덕론과, 《군주론》에 나타난 탈도덕론이 너무나 상반된다는 점에 혼란을 느꼈다. 레오 스트라우스는 《마키아벨리에 대한 생각(Thoughts on Machiavelli, 1958)》에서 마키아벨리의 이 두 저술이 내적으로 연관성이 있음을 지적했다. 레오 스트라우스는 또한 마키아벨리의 여러 서신과 저작들을 비교 검토한 결과, 《군주론》이 본뜻 숨김, 즉 밀교주의적(esoteric) 서술 방식을 택했다고 결론지었다(밀교주의, 즉 본뜻 숨김에 대해서는 본서 제II장 참조). 그의 서술의 많은 부분이 사실은 반어법이었다. 그는 권력의 무자비한 자행을 옹호한 것이 아니라 오히려 이를 풍자하고 비판한 것이었다.

93 드러커의 《The Effective Executive(자기경영노트, 이재규 옮김(2003), 조영덕 옮김(2022), 한경BP, 2003, 2022)》와 《Managing for Results(1964)(창조하는 경영자, 이재규 옮김, 청림출판, 2008)》를 참고하라.

94 virtu의 의미에 대해서는 강정인, 김경희 번역의 《군주론(3판 개역본)》, pp.188~189를 참조하라.

95 P. F. Drucker(1946), p.130.

96 캔터 교수와 드러커의 논쟁에 대해서는 Maciariello & Linkletter(2011), pp.135~138, 조성숙 옮김(2013), pp.175~179을 참고하라.

97 Peter Drucker 외, 이수영 옮김(2005), '페터 파셰크(Peter Paschek)와 드러커의 인터뷰', p.326. 정부의 필요성과 역할에 대한 드러커의 견해는 다음 문장에 함축적으로 담겨 있다. "정부의 목적은 통치(govern)하는 것이지 결코 집행(doing)하는 것이 아니다. 통치와 집행은 양립불가능하다."《단절의 시대(The Age of Discontinuity)》, 이재규 옮김, 제9장 정부의 질병, p.307.

98 I. Kant, 《실천이성비판(1738)》, 백종현 옮김 (2009), pp.189~190.

99 I. Kant, 앞의 책, pp.163~168.

100 "목적들의 순서에 있어서 인간은 목적 그 자체라는 것, 다시 말해 인간은 동시에

그 자체로서 목적이 됨 없이 결코 누군가의(심지어 신의) 한낱 수단으로 사용될 수 없다는 것, 그러므로 우리 인격의 인간성은 우리 자신에게 신성하지 않을 수 없다는 것, 이것은 이제 당연한 결론이다. I. Kant, 앞의 책, p.229.

101 I. Kant, 앞의 책, p.271.

102 존 코자(John Koza, 1990)가 개발한, 변이와 교배를 통해 자기진화하도록 하는 컴퓨터 프로그램 방법론이다.

103 작곡은 윤일상, 작사는 신철, 이건우다.

104 M. Desai(2017), pp.69~70.

105 default는 이런 맥락에서 매우 다양한 뜻으로 사용된다. 피고인이 재판정에 출석하지 않은 상태에서 이루어지는 재판을 '궐석 재판(Judgement by default)'이라 하고, 컴퓨터 사용자가 직접 지정해주어야 할 파라미터를 정하지 못한 상태에 대해 컴퓨터가 미리 정해놓은 값을 '디폴트 값(Default Value)'이라고 한다.

106 P. F. Drucker(1973), p.372. 물론 그는 1:10 가이드라인 이내에서 가끔씩 예외가 있을 수 있다는 점을 인정했다. 탁월한 기여를 한 과학연구자, 경영자, 세일즈맨 등에 대해서 그 범위를 넘는 특별 보너스 제공은 허용할 수 있다고 보았다.

107 P. F. Drucker(1973), ch28. pp.366~375.

108 김혜경(2012), p.1.

109 1.교회가 가르치는 모든 것을 믿고 모든 계율을 지켜라. 2.교회를 보호하라. 3.약한 자를 공경하며 그들의 보호자가 되어라. 4.네가 태어난 나라를 사랑하라. 5.적 앞에서는 물러나지 말라. 6.불충한 자들과는 가차 없는 전쟁을 하라. 7.하나님의 법에 어긋나는 것이 아닌 것이라면 봉건적 의무를 다하라. 8.거짓을 말하지 말 것이며 약속을 충실히 지켜라. 9.모든 사람에게 자유롭고 관대하게 대하라. 10.불의와 악에 대항하여 언제나 정당하고 선한 것의 승자가 되어라. 레옹 고티에(Léon Gautier)의 저서 《Le Chevalerie(1884)》에서 발췌한 내용을 이미선(2008), pp.334~335에서 재인용했다.

110 버크는 말했다. "기사도 시대는 지나갔다. 궤변가, 경제학자, 그리고 계산가(計算家)들의 시대가 뒤를 이었다. 그리고 유럽의 영광은 영원히 사라졌다. 설령 그것이 복종 안에서 이루어졌다 해도 그 자체로서 숭고한 자유의 정신을 살아 숨쉬게 했던 계급과

이성에 대한 한없는 충성, 저 긍지에 찬 굴복, 고귀한 순종, 그리고 마음으로부터의 복종 같은 것들을 이제 우리 눈앞에서 찾아볼 수 없을 것이다. 해방된 삶의 은총과 손쉬운 영토의 보호, 남성의 정서와 영웅적인 모험심의 육성(育成)은 사라졌다!" Edmund Burke(1790), 《Reflections on the French Revolution(1790)》, p.63에서 인용되는 유명한 구절이다.

111 기사의 몰락 원인에 대해서는 김태산(2014)을 참고했다.

112 젠틀맨의 어원은 영국의 젠트리(gentry) 계급이었다. 이들은 원래 귀족도 아니고 농민 요먼(yeoman)도 아니었던 중산층 지주 계층이었지만, 봉건제가 해체되면서 영주와 귀족이 몰락하는 틈을 타 새로운 지배 계층으로 등장했다.

113 물론 메이지 정부 자체가 사무라이를 몰락시킨 근본 원인은 아니었다. 중세 기사 몰락의 배경이 그랬던 것처럼 여기에도 사회·경제적 배경이 있었다. 18세기 이후 도시가 성장하고 상품경제가 발달하면서 바쿠후를 지탱하던 농업 기반이 취약해지면서 각 다이묘의 재정 적자가 심해졌고, 무사 계급을 유지할 만한 경제적 기반이 붕괴됐다. 이것이 나중에 하급 무사단에 의해 바쿠후가 무너지게 되는 계기가 됐다. 이덕훈(2009), p.59.

114 이덕훈(2009), p.80.

115 시부사와 에이이치, 노만수 옮김(2009). 원서는 1927년에 추세도(忠誠堂) 출판사에서 출간되었다.

116 《논어》 '里仁 篇'에 등장하는 "부와 귀는 사람마다 바라는 것이나 정당한 방법으로 얻은 것이 아니면 누리지 않으며, 빈과 천은 사람마다 싫어하는 것이나 정당한 방법으로 얻은 것이 아닐지라도 버리지 않는 것이다.(富與貴, 是人之所欲也, 不以其道得之, 不處也. 貧與賤, 是人之所惡也, 不以其道得之, 不去也,)"는 유명한 구절을 인용하면서 무사의 정직, 청렴, 의협, 패기, 겸양의 도덕은 부를 추구하는 상인이 반드시 갖추어야 할 덕목임을 강조했다. 시부사와 에이이치(노만수 옮김, 2009), p.319.

117 이덕훈(2009), p.87.

118 합작지분회사(Joint stock company)는 중세 유럽에도 존재했었다고 추정된다. 근대에 합작지분회사는 대개 사회 유력 인사들이 의회의 승인을 얻어서 설립하는 것이 일반적이었다. 그중 역사상 가장 큰 영향을 미친 것은 1602년에 설립된 네덜란드 동인

도회사였다.

119 조녀선 커피점은 1778년에 문을 닫았지만, 이후 유사한 기능을 하는 회합 장소가 유럽과 미국 곳곳에서 하나씩 문을 열었다. 뉴욕 맨해튼에서는 1793년에 톤틴 커피점(Tontine Coffee House)이 문을 열었다. 개점 당시 5개 주식 종목과 연방정부 채권 3종이 거래됐다. 1792년에는 뉴욕증권거래소(NYSE)가 설립됐다. 시카고, 필라델피아, 보스턴, 샌프란시스코, 로스앤젤레스 등 30여 곳에서 지역 증권거래소가 운영되기 시작했다. 시카고 증권거래소에 상장된 기업 수는 1926년 237개, 1929년 535개에 이르렀다. 그밖에도 여러 장외시장(Over the Counter)이 개설되고 전문 중개인들이 활약하기 시작했다. 신기술 회사들은 장외시장을 거친 뒤, 거래소로 진출해서 불특정 다수의 거래 대상이 됐다. 나스닥(NASDAQ)은 1971년에 IT 거래 시스템에 기반을 두고 설립된 대규모 장외시장으로서, 미국 벤처캐피털과 신기술 스타트업 성장의 견인차 역할을 했다. 주식이 소유의 대상으로 등장한 이유, 주식 투자 광풍이 전개된 역사에 대해서는 Thomas Levenson(2020)을 참고하라.

120 Katharina Pistor(2019).

121 소유권과 자연법의 관계에 대해서는 박영도(1985)를 참고하라.

122 Adrian Johns(2010)는 전반에 걸쳐 이 충돌과 타협의 문제가 다루어졌다.

123 https://www.thomasedison.org/edison-patents

124 romance는 원래 애정물이라는 뜻이 아니라, 중세 기사들의 무용담을 담은 문학 장르를 가리키는 말이었다.

125 Adrian Johns(2020), Ch.2.

126 앞의 책, p.275(Mill), pp.52~56(Kant, Condorcet), pp.413~429(Wiener).

127 Simon Winchester(2021), pp.404~406.

128 초기 iPhone 탈옥과 애플의 개방형 플랫폼 전환에 대한 상세한 내용은 Daniel P. Simon(2020) xxxii~xxxiii을 참고하라.

129 국가기술표준원(https://www.kats.go.kr/content.do?cmsid=285).

130 이 그룹의 정확한 명칭은, ISO 산하 정보기술 분야 연합기술위원회 제29부위원회 제11작업반(ISO/IEC JTC1/SC29/WG11)이다.

131 "불의하면서 부귀한 것은 내게 뜬구름 같다(不義而富且貴 於我如浮雲)",《논어》 '述而 篇'.

132 "富而可求也 雖執鞭之士 吾亦爲之 如不可求 從吾所好",《논어》 '述而 篇'.

133 2018년 6월 14일자 〈조선일보〉, '뮤지컬 제작자 송승환의 인터뷰'를 참조하라. (https://www.chosun.com/site/data/html_dir/2018/03/02/2018030202503.html)

134 https://pubs.acs.org/doi/10.1021/cen-v040n013.p007

135 P. F. Drucker(1993), p.9.

136 《브리태니커 백과사전(Encyclopedia Britannica)》에는 리버럴 아트의 의미가 이렇게 기술되어 있다. "전문대학 또는 종합대학에서 일반적인 지식을 전달하고 일반적인 지적 능력을 개발하는 데에 목표를 두는 커리큘럼. 이 커리큘럼은 특정의 전공, 직업, 또는 기술 분야의 커리큘럼과 대비된다."

137 그간의 지식 분화 과정을 조망했던 프랜시스 베이컨(Francis Bacon)은, 1605년에 지식을 신(神)철학(Divine Philosophy), 자연철학(Natural Philosophy), 그리고 인간철학(Humane Philosophy) 또는 인간학(Humanities)의 세 가지 종류로 구분했다.《옥스포드 영어사전》, humanity 항 4.

138 《브리태니커 백과사전》, humanity 항.

139 박준철, "고대와 중세의 인문주의", 〈서양중세사연구〉 제3집.

140 《辭源》, '人文' 항.

141 역분(易賁)에 "천문을 바라보아 때의 변화함을 살피고, 인문을 바라보아 세상을 이룬다.(觀乎天文以察時變 觀乎人文以化成天下)", 그리고 같은 글의 공영달(孔穎達, 574~648)의 소(疏)에 "성인이 인문을 살펴본다는 말은, 곧 시문(詩), 글씨(書), 예의(禮), 음악(樂)을 가리키는 것이니 마땅히 이 가르침을 법으로 삼아 천하를 이루는 것이다.(言聖人觀察人文則詩書禮樂之謂 當法此敎而化成天下也)"라는 말이 있다.《檀國大學校 漢文大辭典》, '人文' 항.

142 한국고전번역원의 한국고전종합DB(db.itk.co.kr) 에서 '文史哲' 검색 결과, 대만에 소재한 문사철출판사(文史哲出版社) 이름을 제외하고는 그 표현은 한 건도 등장하지 않는다. 대신에 '文史'는 매우 자주 등장한다.

143 산동대학 홈페이지(http://www.sdu.edu.cn/2010/lsyg.html).

144 "인문과학적 모든 방법으로써 그 내용을 검토한 결과는, 그 재료와 결구가 아모 것허고도 모순(矛盾)되지 아니하고 저어(齟齬, 어긋남)하지 아니함이 대개 이러합니다.(〈別乾坤〉, 1928년 5월 1일, 단군급기연구(檀君及其硏究, 단군과 그 연구))"라거나, "이러한 견지에서 금차에 문상이 강조한 인문과학과 자연과학을 일원화시킨 종합과학의 진흥책은 매우 주목을 끌며(〈三千里〉, 1940년 9월 1일)"라는 표현이 등장한다. 이한섭, 《일본에서 온 우리말 사전》, p.646

145 중국 명, 청대에 선교사를 통해 유럽의 수학과 천문학을 유입하는 과정과 당시의 관련 용어에 대해서는 김용운, 김용국(1984), pp.172~179 참조하라.

146 독립운동의 일환에서 추진된 민립대학에서는 사정이 좀 달랐다. 인문학과 자연과학 위주를 탈피하여 공과, 농과, 의과를 설치하려고 시도했다. 나라를 되찾기 위해 산업을 일으켜야 한다는 필요성이 당시 민립대학 운동을 주도했던 이상재, 이승훈 등과 같은 인물들은 공감했기 때문이다. 그러나 민립대학 설치 운동은 1920년대 전국적인 경제난과 일본의 사상 탄압으로 좌절되고 말았다.

147 고객 가치사슬상 세분화된 지점들이 독립된 사업으로 등장하는 원리에 대해서는 T. Teixeira, 김인수 옮김(2019)를 참조하라.

148 제레미 리프킨 지음, 이영호 옮김 (2005).

149 본서는 사회 정의에 대한, 예를 들어 진보 또는 보수로 구분되는 이념적 논의에는 관심이 없다. 다만 경영자가 구현하는 조직 정의가 사회 정의 구현의 중요한 출발점이라는 관점에서 조직 내 정의로 시야를 국한한다. 이념에 치우치지 않는 시각에서, 21세기 서구 사회가 신봉건 사회(new-feudalism)로 회귀하면서 계층구조의 고착과 소득 양극화라는, 정의의 훼손 상황을 분석한 것으로 Joel Kotkin(2020)을 참고하라. 국가(nation), 시장(market), 공동체(community)의 3각 기둥 사이의 균형을 유지함으로써 사회 정의를 구현할 수 있다는 관점은 Raguram Rajan(2019)를 참고하라.

150 물론, 사내 거래 같은 조직 내 가격 메커니즘이 일부 존재할 수 있으나, 경쟁시장이 아니므로 엄밀한 의미의 가격 메커니즘이 작동한다고 보기는 어렵다.

151 J. Rawls(2004), p.40. 이 책은 1971년에 출간한 《A Theory of Justice》를, 이

후 30년에 걸쳐 이루어진 세간의 논쟁을 바탕으로 자신의 생각을 다시 정리한 것이다.

152 앞의 책, p.63.

153 앞의 책, p.40.

154 우리나라에서는 대개 '차등 원리'라고 번역한다. 필자 역시 학교에서 후생경제학을 공부할 당시 교재에서 차등 원리라고 소개된 내용으로 배웠다. 아마 평등(平等)의 대구(對句)로 부각시키기 위해 차등(差等)이라는 단어를 채택한 것이 아니었을까 짐작된다. 하지만, 필자는 '차이'라는 말이 더 적합하다고 생각한다. 한자어 '等'은 같은 높이의 것들을 함께 지칭할 때 쓰는 글자다. 다시 말해서 차등이라고 하면, 높이의 차이, 또는 등급의 차이를 미묘하게 암시하게 된다. 은연중에 누구는 높은 곳에, 누구는 낮은 곳에 있게 된다. 차라리 그냥 '차이'라고 함으로써, 우리는 그저 '서로 다름'을 보다 충실하게 표현할 수 있다고 생각한다. 필자는 만인이 한결같이 존엄한 존재로서 평등하다는 생각을 담기에 보다 적합하다는 의미에서 Difference에 대해 '차이'라는 단어를 사용했다.

155 물론, 이 때문에 탱킹(tanking), 즉 고의로 경기를 태만하게 운영하는 부작용도 발생한다.

156 A. Wooldridge(2021), 이정민 옮김(2023)을 참조하라.

157 이하 소개하는 드러커의 정의론은 P. F. Drucker(1946), III. Corporation as a Social Institution, pp.130~208를 중심으로 소개한 것이다.

158 요코타 히데키(2016)는 《회사의 목적은 이익이 아니다》에서 이 회사의 지리할 만치 긴 면접 과정을 상세히 소개하고 있다.

159 R. Simons(1994)는 특히 이 부정적(negative) 작용력을 강조하는 지침이 조직의 지속적 성과 창출에 중요하다는 사실을 강조하고 있다.

160 퍼지 수학은 경계가 모호한 수량의 특성을 연구하는 수학의 한 분야다.

161 원가동인이란, 어떤 원가 대상의 크기에 영향을 미치는 활동 변수를 의미한다. 예를 들어서, 유류비는 운행거리가 늘면 증가하므로, 운행거리는 유류비의 원가동인이 된다. 사업 A와 사업 B에 대한 공통지원인력(예를 들어 행정기획, 판매인력 등)의 인건비를 두 사업에 대한 기여도만큼 나누고자 할 때, 과연 무슨 기준으로 나누는가의 문제

는, 어떤 합의된 원가동인을 가정할 때만 가능하다. 가장 단순하게는 사업 A와 사업 B의 매출액을 원가동인으로 합의하고, 일률적으로 6대4로 분할할 수도 있다. 하지만 행정기획과 판매인력이 실제로 들인 노력이 그 비율에 부합하는가는 전혀 다른 문제이므로 항상 불공정 시비가 일어날 수 있다. 예컨대 구제품 A 대비 신제품 B의 개발과 판매지원에 그들 노력의 대부분이 다 투입됐다면, 매출액 비율 6대4 배분은 공정하지 않다.

162 현대 사회학 형성 과정을 행위이론과 구조이론 계열로 나눈 것은, Hartmut Rosa, David Strecker, Andrea Kottmann, 최영돈, 이종희, 전태국 옮김(2024)의 구분법을 따른 것이다.

163 1970년대 독일 사회학계를 달궜던, 비판이론가 위르겐 하버마스와 체계이론가 니클라스 루만의 논쟁은 구조이론과 체계이론 사이의 입장 차이를 대변했다. 하버마스는 공론장과 의사소통의 중요성, 그리고 구성원의 공감에 바탕을 둔 개혁이 필요하고 사회는 그렇게 함으로써 진보할 수 있다고 보았다. 하지만 루만은 사회학은 사회 자체를 하나의 체계로서 올바로 인식하는 작업이어야 하며, 거기에 연구자 자신의 도덕적 지향점을 개입시키는 작업을 하지 말아야 한다는 입장이었다. Habermas & Luhmann, 이철 옮김(2018)을 참조하라.

164 원가에 마진을 얹어서 가격을 책정하는 마크업 방식이 통하던 시대는 저물고, 팔릴 만한 상품의 팔릴 만한 가격을 먼저 찾은 뒤 거기에 맞는 원가를 달성하는 목표원가 계산(target costing)을 해야만 하는 시대가 됐다.

165 연합주의자의 우려에 대응해서 연방주의는 바람직한 국가 통치체제가 갖추어야 할 5대 원리를 제시했다.

1) 견제받지 않는 다수자 권력(unchecked majority power)의 위험, 즉 특정 정치적 분파(faction)가 권력을 장악하는 데에서 오는 위험을 최소화해야 한다. 2) 리더십은 덕성(virtue in leadership)을 갖추어야 한다. 3) 권력은 정당성(legitimacy)을 확보해야 한다. 권력욕과 이해관계에 따른 인물이 아니라, 적합한(능력) 인물(ex. Washington)에게 권력을 맡겨야 한다. 4) 주권의 본질(sovereignty)과 관련해서는 주권은 개인(국민)으로부터 나온다. 5) 개별 주정부의 기피선언권(right of nullification)이 보장된다.

166 드러커가 공식적으로 출간한 1933년의 첫 독일어 저서는 법철학자 슈탈

(Friedrich Julius Stahl, 1802~1861)의 사상에 대한 것이었다. 슈탈은 베를린대학교에서 헤겔의 후임으로 활동했던 철학교수였다.

167 본절 헌정독재에 대한 설명은, 정치철학자 안정석 박사의 도움에 의거했다.

168 P. F. Drucker(1973) Ch. 21. Responsible Worker: Common Peril, p.272.

169 MBOS에 대해서는 원전인 P. F. Drucker(1954)의 Ch.11, P. F. Drucker (1973)의 Ch. 8, Ch. 9, Ch. 10, Ch. 34, 또는 그 본질에 대한 해석과 요약으로서 송경모(2016)의 제2부 2장의 내용을 참고하라.

170 위생 조건은 프레더릭 허즈버그(Frederick Herzberg, 1923~2000)가 처음 제시한 개념이었다. 조직 구성원은 회사의 정책과 경영, 감독기술, 급여, 대인관계, 작업 조건 등에서 느끼는 불만족 요인은 부정적 위생요인이었다. 이것을 적절히 제거함으로써 조직 성과는 더욱 향상될 수 있다고 주장했다.

171 아이러니컬하게도 1970년대 미국에서 피터 드러커의 목표에 의한 경영(Management by Objectives) 원리를 처음 도입하려고 노력한 곳은, 기업이 아니라 공공조직이었다.

172 Garry Hammel & Michele Zanini (2020).

173 Gareth Morgan(2006), 박상언, 김주엽 옮김(2012).

174 Gareth Morgan, 앞의 책, p.38, p.42, p.134.

175 Gareth Morgan, 앞의 책, pp.378~381.

176 Benedictus, 이형우 역주(1991).

177 《콜롬바누스 수도규칙(Regula Colombanus)》, 《스승의 규칙서(Regular Magistri)》와 같은 다양한 수도규칙 판본들이 형성된 과정과 그 관계에 대해서는 이형우 역주본(1991)의 해제, pp.26~42를 참조하라.

178 주재현(2011), pp.40~42.

179 앞의 책, pp.39~40.

180 이런 생각에 대해 어떤 사람들은 마치 높은 하늘의 목적을 낮은 세속의 목적과 같은 지위로 끌어내리는 불경(不敬)으로 받아들일지 모른다. 오히려 그 반대로 세속의 일이라도 하늘의 일에 준할 정도로 진지하게 격상시킬 수 있다고 해석하는 편이 나을

것이다.

181 《동양덕휘(東陽德輝)》, 최법혜 역주(2008).

182 "매일 끼니를 마친 후 행자는 수좌(首座)에게 고한 뒤 승당(僧堂)과 중요(衆寮) 앞에 모두 좌선의 패(牌)를 걸어 대중에게 알리며, 공두(供頭)를 시켜 승당 안에 향을 비치하고 등불을 켠다. 먼저 중요 앞의 판(板)을 울리되 첫 번째 소리에 대중은 승당으로 들어가 앉는다. 차례로 모두 모이면 중두수(衆頭首)에게 알리되 판의 두 번째 소리를 울린다. (중략) 부요(副寮)는 중요(衆寮)의 문을 닫는다. 수좌요(首座寮) 앞의 판을 세 번 울린다. 수좌는 첫소리에 문을 나서고, 둘째 소리에 절반쯤 이르며, 세 번째 소리가 날 때에 입당한다. 수좌는 향을 피운 뒤 승당 안을 순회하는데, (중략) 다음에는 주지(住持)에게 알리되 방장(方丈)의 판을 세 번 소리내어 울린다.(후략)"

183 《동양덕휘》, 최법혜 역주(2008)의 역주자 해제, p.36.

184 박상하(2014).

185 Robert Simons, 포스코경영연구소 옮김(1995).

186 Max Weber, 김덕영 옮김(2010), pp.45~60.

187 막스 베버의 '종교 사회학 논총 서문', 앞의 책 p.16.

188 앞의 책, p.87.

189 앞의 책, 제2장, pp.167~248. 그리고, 여러 개신교 분파들의 사상과 자본주의 정신의 관계에 대한 베버의 또 다른 저술은 앞의 책에 수록된 보론 논문 〈프로테스탄티즘의 분파들과 자본주의 정신〉, pp.420~481을 참조하라.

190 송경모(2022) 제4장 프리드리히 리스트 편을 참고하라.

191 공자(孔子)는 군주에게 인(仁)과 군자(君子)의 사회사상을 전파하려 했으나 뜻을 펼치지 못하고 서거했다. 그의 사후 300여 년경, 잊혔던 그를 되살린 것은 통일 서한(西漢)의 거유(巨儒) 동중서(董仲舒, BC176~BC104)였다. 통일 제국의 질서를 유지할 이념이 필요했던 그는 선대의 여러 사회사상 가운데 공자와 맹자(孟子)를 채택했다. 맹자가 말했던 인의예지(仁義禮智)의 사단(四端) 중에서 사람의 행동을 통제하고 질서를 유지하는 역할을 하는 예(禮)의 지위를 특히 격상시켰다. 임금은 신하를 위하고, 아버지는 자식을 위하고, 지아비는 아내를 위한다는 3강(君爲臣綱, 父爲子綱, 夫爲妻綱)을 새로

제정했다. 공자와 맹자가 사용했던 천명(天命), 천도(天道), 천성(天性) 같은 구절에서 의도적으로 하늘(天)의 역할을 부각했다. 더 나아가 사람의 아들 공자의 이미지를 신인(神人)으로 격상시켰다. 그가 이런 종교적 언어 전략을 취했던 이유는, 도참설(圖讖設)과 신비주의가 횡행하던 원시 유교의 분위기 때문이었다.

192 《경집(經集)》,《다니야경(Dhaniyasutta)》, 미야사카 유쇼(1980), p.186에서 재인용. 원문의 '줄'을 '지급할'로 바꿔 썼다.

193 《법구경》 80.

194 《법구경》 33.

195 본 인용문은 《尸迦羅越六方禮經》, 대정장 각각 p.251b. p.251c를 구병진(2007), p.37에서 재인용하였다. 번역은 글쓴이가 다소 수정했다.

196 앞의 책, p.135.

197 앞의 책, pp.135~136.

198 스즈키, 박우희 옮김(1989), p.41.

199 https://www.pewresearch.org/global/2021/11/18/what-makes-life-meaningful-views-from-17-advanced-economies/

200 P. F. Drucker(1973), Ch.31. p.401.

201 P. F. Drucker(1973), Ch.7. p.88.

202 P. F. Drucker(1964), p.173; 그의 이런 생각은 P. F. Drucker(1973), 제10장 전략적 계획 수립 : 기업가적 스킬(Strategic Planning: The Entrepreneurial Skill, MTRP pp.121~129)'에서 더욱 집중적으로 전개된 바 있다.

203 서울시 서초동 피천득 산책로의 돌새김 글.

204 드러커의 시간경영 사상은 그 중요성만큼이나 그의 여러 책에서 중복해서 등장한다. P. F. Drucker(1967), p.51, 이재규 옮김(2004), 《피터 드러커의 자기경영노트》, 제2장 시간을 관리하는 방법, pp.187~214, 조영덕 개역(2020)의 동일한 장, 이재규 옮김(2001) 《프로페셔널의 조건》, 제8장 '자신의 시간을 관리하는 방법' pp.23~61.

205 이는 단순히 경험(經驗, Erfahren)을 말하는 것이 아니라 철학적 해석학(hermeneutics)이 말하는 체험이다.

‡ 참고문헌(References) ‡

국내 문헌, 번역 문헌

• 가스통 바슐라르 지음, 《새로운 과학정신》, 김용선 옮김, 인간사랑, 1990.

• 게오르그 짐멜 지음, 《돈의 철학》, 김덕영 옮김, 길, 2013.

• 구병진 지음, 〈불교사상에 근거한 경영패러다임 연구〉, 동국대학교 박사학위 논문, 2007.

• 군터 파울리 지음, 《청색경제: 저탄소 녹색 성장의 미래》, 이은주, 최무길 옮심, 가교출판, 2010.

• 김용운, 김용국 지음, 《동양의 과학과 사상 : 한국 과학의 가능성을 찾아서》, 일지사, 1984

• 김태산 지음, 〈중세 말 근대 초 유럽 기사의 몰락 요인에 관한 연구〉, 화랑대논문집, 제7집 2권, 육군사관학교, 2014년 12월,

• 김혜경 지음, 〈맬러리의 《아서왕의 죽음》에 나타난 기사도 규범과 여성의 힘〉, 호서대학교 대학원 영어영문학과 박사학위 논문, 2012.

• 남종국, 〈서양중세연구원(西洋中世史研究)〉 제18호, "상업 기록 속의 중세 이탈리아 상인과 상업 세계", pp129~163, 2006. 9.

• 니콜로 마키아벨리 지음, 《군주론》, 강정민, 김경희 옮김, 까치, 2008.

• 도날드 W. 셔번 지음, 《화이트헤드의 과정과 실재 입문》, 오영환, 박상태 옮김, 서광사, 2010.

• 도리안 지음, 《음악연주사》, 안미자 옮김, 세광출판사, 1991.

• 동영덕휘(東陽德輝) 重編, 笑隱大訴 校正 지음, 《칙수백장청규 역주(勅修百丈淸規 譯註)》, 최법혜 역주, 가산불교문화원출판부, 2008.

• 로라 오즈월드 지음, 《마케팅 기호학: 기호·전략·브랜드 가치》, 엄창호 옮김, 커뮤니케이션북스, 2013.

• 로버트 J. 고든 지음, 《미국의 성장은 끝났는가: 경제 혁명 100년의 회고와 인공지능 시대의 전망》, 이경남 옮김, 생각의힘, 2017.

- 마르틴 하이데거 지음, 《존재와 시간》(3판), 전양범 옮김, 동서문화사, 2008.
- 막스 베버 지음, 《프로테스탄티즘의 윤리와 자본주의 정신》, 김덕영 옮김, 길, 2011.
- 모리스 클라인 지음, 《수학의 확실성》, 박세희 옮김, 민음사, 1984.
- 문정엽 지음, 《스타트업, 드러커를 만나다》, 한울, 2021.
- 미야사카 유쇼 지음, 《불교에서 본 경제사상》, 여래 편집부 옮김, 여래, 1990.
- 미치오 모리시마 지음, 《왜 일본은 몰락하는가》, 장달중 외 옮김, 일조각, 1999.
- 미치오 모리시마 지음, 《왜 일본은 성공하였는가》, 이기준 옮김, 일조각, 1990(원저 1983).
- 박상하 지음, 《이기는 정주영, 지지 않는 이병철》, 경영자료사, 2014.
- 박영도, 〈인문논총(人文論叢)〉 27, "소유권과 자연법", 부산대학교 인문대학, pp.219~238, 1985. 6
- 박용태, 〈동양철학연구〉 제50집, "유교자본주의론의 베버 이론에 대한 오해", 동양 철학연구회, 2007년 5월 28일.
- 박우희 지음, 〈신동아〉 통권216호, "일본의 경제발전과 근면성", 1982년 8월, pp.365~371.
- 박우희 지음, 《한국의 자본주의 정신》, 박영사, 2001.
- 박정애, 〈교육사상연구〉 제24권 제1호, 2010, "피이퍼의 스콜라 철학에 비추어 본 자유교육의 성격", pp.53~68.
- 백종현 지음, 《칸트 이성철학 9서5제: 참 가치의 원리로서의 이성》, 아카넷, 2012.
- 백종현 지음, 《칸트와 헤겔의 철학: 시대와의 대화》, 아카넷, 2010.
- 베네딕투스 지음, 《Regula Benedicti: 베네딕도 수도 규칙》, 이형우 역주, 분도출판 사, 1991.
- 보도 섀퍼 지음, 《돈》, 이병서 옮김, 에포케, 2011.
- 보스턴컨설팅그룹 전략연구소 편저, 《전쟁과 경영》, 보스턴컨설팅서울사무소 옮김, 북21, 2001
- 빌헬름 딜타이 지음, 《정신과학과 개별화》, 이기홍 옮김, 지식을만드는지식, 2011.
- 사오위 지음, 《주역에서 경영을 만나다: 주역과 경영의 통섭》, 오수현 옮김, 사과나

무, 2012.

- 송경모 지음,《세계사를 뒤흔든 생각의 탄생》, 트로이목마, 2022.

- 송경모 지음,《피터 드러커로 본 경영의 착각과 함정들》, 을유문화사, 2016.

- 송경모,〈테크엠〉Vol.23,〈머니투데이〉, "로봇이 절대 대체할 수 없는 일", pp.128~131, 2015.05.

- 송경모,〈테크앤비욘드〉Vol.12, "기호가 바꾸는 세상, 지구에는 60억 개의 기호가 있다: Semiotics & Technology", pp92~95, 2014년 4월호.

- 송경모,〈테크엠〉, "스마트팩토리가 말하는 일자리의 미래", https://www.techm.kr/news/articleView.html?idxno=4174, 2017.09.20.

- 송경모,〈테크엠〉, "브리태니커부터 위키피디아까지 지식에 대한 욕망과 활용법", https://www.techm.kr/news/articleView.html?idxno=4816, 2018. 04. 30.

- 송경모,〈테크엠〉, "터치스크린과 아이폰, 기술과 혁신의 차이", https://www.techm.kr/news/articleView.html?idxno=4694, 2018.03.26.

- 송의달,〈조선경제〉, [송의달의 Live] "18년간 매일 새벽 6시 출근·오후 4시 칼퇴근해 '기적' 쏜 CEO", 2022.11.29.

- 시부사와 에이치 지음,《논어와 주판》, 노만수 옮김, 페이퍼로드, 2009.

- 안정석 지음,《마키아벨리 읽기》, 세창미디어, 2017.

- 요코타 히데키 지음,《회사의 목적은 이익이 아니다》, 임해성 옮김, 트로이목마, 2016.

- 우마코시 토오루 지음,《한국 근대대학의 성립과 전개 – 대학 모델의 전파 연구》, 한용진 옮김, 교육과학사, 2001.

- 위르겐 하버마스, 니클라스 루만 지음,《사회이론인가, 사회공학인가? 체계이론은 무엇을 수행하는가?》, 이철 옮김, 이론출판, 2018.

- 윌리엄 보몰, 윌리엄 보웬 지음,《공연예술의 경제적 딜레마》, 임상오 옮김, 해남, 2011.

- 유길준 지음,《유길준전서(兪吉濬全書), 1~2권》, 交詢社, 明治28年.

- 윤권순,〈인하대학교 법학연구〉제25집 제1호, "영국 특허법상 발명성(inventiveness) 개념의 역사적 기원", pp409~442, 2022년 3월 31일.

- 이덕훈 지음, 《일본의 경제발전과 무사도》, 비앤엠북스, 2009.
- 이미선, 〈프랑스학연구〉 제46집, "크레티엥 드 트르와의 소설 속 전투장면을 통해 본 기사도의 윤리 고찰", pp327~360, 2008.11.15.
- 이인식 지음, 《자연은 위대한 스승이다》, 김영사, 2012.
- 이인식 지음, 《지식의 대융합》, 고즈윈, 2008.
- 이인식, 이상헌, 송경모, 임성진, 황경현, 최영, 백이호, 김은희, 조황희, 강계두 지음, 《자연에서 배우는 청색기술》, 김영사, 2013.
- 이재규 지음, 《노년의 탄생》, 사과나무, 2009.
- 이재규 지음, 《역사에서 경영을 만나다》, 사과나무, 2008.
- 이재규 지음, 《이미 일어난 미래》, 북21, 2010.
- 이한섭 편저, 《일본어에서 온 우리말 사전》, 고려대학교 출판부, 2014.
- 인터브랜드 지음, 《우리는 어떤 의미를 먹고 마시는가: Best Global Brands 100》, 윤영호 옮김, 세종서적, 2013.
- 임레 라카토스 지음, 《수학적 발견의 논리(Proofs and Refutations: The Logic of Mathematical Discovery)》, 우정호 옮김, 민음사, 1991.
- 임마누엘 칸트 지음, 《실천이성비판》, 백종현 옮김, 아카넷, 2009.
- 임마누엘 칸트 지음, 《칸트의 역사철학》, 이한구 옮김, 서광사, 2009.
- 장기균, 오이 지음, 《중국철학사》, 송하경, 오종일 옮김, 일지사, 1984.
- 조지 쿠퍼 지음, 《돈, 피, 혁명: 경제와 과학의 특별한 지적 융합》, PLS번역 옮김, 송경모 감수, 유아이북스, 2015.
- 존 미클스웨이트, 에이드리언 울드리지 지음, 《누가 경영을 말하는가》, 박병우 옮김, 한국경제신문, 2000.
- 존 헤스켓 지음, 《산업디자인의 역사》, 정무환 옮김, 시공사, 2004.
- 주재현 지음, 〈베네딕투스 수도회 연구: 수도회 규칙을 중심으로〉, 석사학위논문, 장로회신학대학교 목회전문대학원, 2011.2.
- 짐 콜린스, 제리 포라스 지음, 《성공하는 기업들의 8가지 습관》, 위븐 포럼 옮김, 김영사, 2002.

- 철학아카데미 지음,《현대 철학의 모험》, 길, 2007.
- 카타리나 베렌츠 지음,《디자인 소사: 만국박람회에서 에코디자인까지, 디자인 160년사를 읽다》, 오공훈 옮김, 안그라픽스, 2013.
- 크리스티안 마두스베르그 지음,《센스메이킹: 이것은 빅데이터가 알려주지 않는 전략이다》, 김태훈 옮김, 김영사, 2017.
- 크리스티안 마두스베르그, 미켈 B. 라스무센 지음,《우리는 무엇을 하는 회사인가》, 박수철 옮김, 타임비즈, 2014.
- 패트릭 렌시오니 지음,《탁월한 CEO가 되기 위한 4가지 원칙》, 송경모 옮김, 위즈덤하우스, 2000.
- 페터 비에리 지음,《페터 비에리의 교양 수업》, 문항심 옮김, 은행나무, 2018.
- 프리드리히 A. 하이에크 지음,《치명적 자만》, 신중섭 옮김, 한국경제연구원, 1996.
- 플라톤 지음,《국가·정체》(개정증보판), 박종현 역주, 서광사, 2005.
- 플라톤 지음,《법률》(개정증보판), 박종현 역주, 서광사, 2005.
- 피터 F. 드러커 지음,《변화 리더의 조건》, 이재규 옮김, 청림출판, 2001.
- 피터 F. 드러커 지음,《프로페셔널의 조건》, 이재규 옮김, 청림출판, 2001.
- 피터 F. 드러커 지음, 릭 와츠만 엮음,《피터 드러커 강의》, 이재규 옮김, 랜덤하우스, 2011.
- 피터 F. 드러커, 프랜시스 헤셀바인, 조안 스나이더 컬 지음,《피터 드러커의 최고의 질문》, 유정식 옮김, 다산북스, 2017.
- 피터 F. 드러커 외 15인 지음,《CEO의 8가지 덕목》, 이수영 옮김, 시대의창, 2005.
- 필립 코틀러 & 조앤 셰프 지음,《전석 매진》, 용호성 옮김, 김영사, 2007.
- 핍 코번 지음,《신기술 성공의 법칙》, 허영주, 민봉식 옮김, 에이콘, 2007.
- 하르트무트 로자, 다비드 슈트렉커, 안드레아 콧트만 지음,《사회학 이론: 시대와 관점으로 본 근현대 이야기》, 최영돈, 이종희, 전태국 옮김, 한울아카데미, 2024.
- 허순강 지음,《'세금' 개그 콘서트: 한국에서의 상식》, 조세통람, 2019.
- 허연 지음,《피터 드러커, 재즈처럼 혁신하라: 재즈로 풀어 쓴 피터 드러커의 혁신 설명서》, 비즈페이퍼, 2015.

- 헤겔 지음, 《법철학》, 임석진 옮김, 한길사,

- 헤겔 지음, 《정신현상학I, II》, 임석진 옮김, 한길사,

- 혼다 켄 지음, 《돈의 IQ·EQ》, 홍찬선 옮김, 더난출판사, 2004.

외서(번역서 있는 경우 병기함)_____

- Adrian Johns, 《Piracy: The Intellectual Property Wars from Gutenberg to Gates》, University of Chicago Press, 2010.

- Alan B Krueger, 《Rockonomics: A Backstage Tour of What the Music Industry Can Teach Us about Economics and Life》, Currency, 2019.

- Alfred North Whitehead, 《Process and Reality》 (corrected Ed.), Free Press, 1978.

- Aristotle, 《Delphi Complete Works of Aristotle(Kindle Free eBook)》, Delphi Classics, 2013.

- Arthur M. Melzer, 《Philosophy between the Lines: the Lost History of Esoteric Writing》, The University of Chicago Press, 2014.

- Clayton M. Christensen, Efosa Ojomo, Karen Dillon, 《The Prosperity Paradox: How Innovation Can Lift Nations Out of Poverty》, Harper Business, 2019. (《번영의 역설》, 이경식 옮김, 부키, 2020.)

- Daniel P. Simon, 《The Money Hackers: How a Group of Misfits Took on Wall Street and Changed Finance Forever》, Harper Collins Leadership, 2020.

- Daron Acemoglu and James A. Robinson, 《The Narrow Corridor: State, Society, and the Future of Liberty》, Penguin Press, 2019 (《좁은 회랑》, 장경덕 옮김, 시공사, 2020).

- Dominik Heil, "Heidegger and the Corporate World", 〈Issues in Business Ethics〉 Vol. 35, Springer, 2011.

- Douglas B. Laney, 《Infonomics: How to Monetize, Manage, and Measure Information as an Asset for Competitive Advantage》, Routledge, 2017.

- Edmund Burke, 《Reflections on the Revolution in France》, 1795.

- Edward O. Wilson, 《Sociobiology》 (2nd ed.), Belknap Press, 2000.
- Erik Brynjolfsson and Andrew McAfee, 《Race Against The Machine: How the Digital Revolution is Accelerating Innovation, Driving Productivity, and Irreversibly Transforming Employment and the Economy》, Digital Fontier Press, 2012.
- Erik Brynjolfsson and Andrew McAfee, 《The Second Machine Age: Work, Progress, and Prosperity in a Time of Brilliant Technologies》, Norton & Company, 2014.
- Friedrich A. Hayek, 《Individualism and Economic Order》, The University of Chicago Press, 1948.
- Gareth Morgan, 《Images of Organization》, Sage Publications, 2006. (《조직이론: 조직의 8가지 이미지》, 박상언, 김주엽 옮김, 경문사, 2012.)
- Gary Hamel & Michele Zanini, 《Humanocracy: Creating Organizations as Amazing as the People Inside Them》, Harvard Business Review Press, 2020.
- George Spencer-Brown, 《Laws of Form》 (5th English Edition), Bohmeier Verlag, 2011. (original 1969.)
- Gunter Pauli, 《Zen and the Art of Blue》, Konvergenta, 2010.
- James M. Utterback, , William J. Abernathy, "A dynamic model of process and product innovation", 〈OMEGA〉 3 (6): pp639~656., 1975.12.01.
- Jane Gleeson-White, 《Double Entry: How the Merchants of Venice Created Modern Finance》, W.W.Norton&Company, 2011.
- Jerry Z. Muller, 《The Mind and the Market: Capitalism in the Modern European Thought》, Knopf: Random House, 2002.
- Joel Kotkin, 《The Coming of Neo-Feudalism: A Warning to the Global Middle》, Encounter Books, 2023.
- John Micklethwait and Adrian Wooldridge, 《The Company: A Short History of Revolutionary Idea》, Modern Library Imprint in Random House, 2003.
- Joseph A. Maciariello, Karen E. Linkletter, 《Drucker's Lost Art of

Management》, McGraw-Hill, 2011.(《CEO가 잃어버린 단어: 피터 드러커가 인문과 고전에서 찾은 경영의 가치》, 조성숙 옮김, 비즈니스맵, 2013.)

• Joseph Henrich, 《The WEIRDest People in the World: How the West Became Psychologically Peculiar and Particularly Prosperous》, Farrar, Straus and Giroux, 2020. (《위어드: 인류의 역사와 뇌 구조까지 바꿔놓은 문화적 진화의 힘》, 유강은 옮김, 21세기북스, 2022)

• Katharina Pistor, 《Code of Capital: How Law Creates Wealth and Inequality》, Princeton University Press, 2019.

• Leo Strauss, 《Persecution and the Art of Writing》, Greenwood Pub Group, 1952.

• Matthew Stewart, 《Management Myths: Why the Experts Keep Getting It Wrong》, W.W.Norton & Company, 2009.

• Michio Morishima, 《Why Has Japan 'Succeeded'?: Western technology and the Japanese ethos》, Cambridge University Press, 1982. (《왜 일본은 성공하였는가?》, 이기준 옮김, 일조각, 1983).

• Mihir A. Deasi, 《The Wisdom of Finance: Discovering Humanity in the World of Risk and Return》, Harper Business, 2017. (《금융의 모험: 세상에서 가장 지적이고 우아한 하버드 경제 수업》, 김홍식 옮김, 부키, 2018.)

• Niall Ferguson, 《The Ascent of Money: A Financial History of the World》, Penguin Books, 2009.

• Norman Bowie, 《Business Ethics: A Kantian Approach》, Blackwell Publishers, 1999.

• Norman Bowie and Patricia H. Werhane, 《Management Ethics》, 2004.

• Peter F. Drucker, "Five Deadly Business Sins", 〈Wall Street Journal〉, October 21, 1993.

• Peter F. Drucker, 《Concept of the Corporation》, Transaction Publishers, 1993. (Original John Day, 1946.) (《기업의 개념》, 정은지 옮김, 21세기북스, 2012).

• Peter F. Drucker, 《Innovation and Entrepreneurship》, Harper Perrenial, 1985. (《미래사회를 이끌어가는 기업가정신》, 이재규 옮김, 한국경제신문, 2004).

• Peter F. Drucker, 《Landmarks of Tommorrow》, Harper and Row, 1957 (new edition, 1996).

• Peter F. Drucker, 《Management: Tasks, Responsibility, Practices》, Harper Perrenial, 1973, 1974.(《매니지먼트: 경영의 과업, 책임, 실무》, 조성숙, 이건, 박선영 옮김, 21세기북스, 2008).

• Peter F. Drucker, 《Management Challenges for the 21st Century》, Harper Business, 1999.

• Peter F. Drucker, 《Managing For Results》, Harper Perrenial, 1964(new edition, 1986.) (《창조하는 경영자》, 이재규 옮김, 청림출판, 2008).

• Peter F. Drucker, 《Managing the Non-Profit Organization: Practices and Principles》, HarperCollins, 1990. (《비영리단체의 경영》, 현영하 옮김, 한국경제신문, 1995).

• Peter F. Drucker, 《Post-Capitalist Society》, Harper Business, 1993. (《자본주의 이후의 사회》, 이재규 옮김, 2003).

• Peter F. Drucker, 《The Age of Discontinuity: Guidelines to Our Changing Society》, Transactions Publishers, 1992 (original edition, Harper & Row, 1968). (《단절의 시대》, 이재규 옮김, 한국경제신문, 2003).

• Peter F. Drucker, 《The Ecological Vision : Reflections on the American Condition》, Routledge, 2000.

• Peter F. Drucker, 《The Effective Executive: The Definitive Guide to Getting the Right Things Done》, 1967. (《피터 드러커의 자기경영노트》, 이재규 옮김, 한국경제신문, 2004; 《피터 드러커 자기경영노트》 개역판, 조영덕 옮김, 한국경제신문, 2020)

• Peter F. Drucker, 《The End of Economic Man: the Origins of Totalitarianism》, Transaction Publishers, 1995(original 1939). (《경제인의 종말》, 이재규 옮김, 한국 경제신문, 2008).

• Peter F. Drucker, 《The New Realities: In Government and Politics, In Economics and Business, In Society and World View》, Harper & Row, 1989. (《새로운 현실》, 김용국 옮김, 시사영어사, 1989).

• Peter F. Drucker, 《The Practice of Management》, Harper Perrenial, 1954 (renewed edition, 1985). (《경영의 실제》, 이재규 옮김, 한국경제신문, 2006).

• Peter F. Drucker, 《The Unseen Revolution》, Harper & Row, 1976.; 《The Pension Fund Revoution》 (New ed.), Transaction Publishers, 1996.

• Raghuram Rajan, 《The Third Pillar: How Markets and the State Leave the Community Behind》, Penguin Books, 2020.

• Rita Gunter McGrath, 《Seeing Around Corners: How to Spot Inflection Points in Business Before They Happen》, Harper Business, 2019.

• Robert Simons, 《Levers of Control: How Managers Use Innovative Control Systems to Drive Strategic Renewal》, Harvard Business Review Press, 1994. (《창의적인 회사, 효율적인 관리》, 포스코경영연구소 번역, 오롬, 1995)

• Samuel Arbesman, 《The Half-Life of Facts: Why everything We Know Has an Expiration Date》, Current, Penguin Group, 2013. (《지식의 반감기》, 이창희 옮김, 책읽는수요일, 2014)

• Simon Winchester, 《Land: Hunger for Ownership Shaped the Modern World》, Harper, 2021.

• Thales Teixeira & Greg Piechota, 《Unlocking the Customer Value Chain: How Decoupling Drives Consumer Disruption》, Crown Currency, 2019 (《디커플링》, 김인수 옮김, 인플루엔셜, 2019)

• The Peter F. Drucker Foundation for Nonprofit Organization, 《The Drucker Foundation Self-Assessment Tool: Participant Workbook》 (2nd Ed.), Frances Hesselbein ed., 1999.

• Thomas Levenson, 《Money for Nothing: The Scientists, Fraudsters, and Corrupt Politicians Who Reinvented Money, Panicked a Nation, and Made the

World Rich》, Random House, 2020.

• Uri Gneezy and John List, 《The Why Axis: Hidden Motives and The Undiscovered Economics of Everyday Life》, Random House Business Books, 2014.